Die Googleisierung der Informationssuche

Media Convergence/ Medienkonvergenz

Edited on behalf of the
Research Unit Media Convergence of
Johannes Gutenberg-University Mainz (JGU) by
Stefan Aufenanger, Dieter Dörr, Stephan Füssel,
Oliver Quiring and Karl N. Renner

Herausgegeben im Auftrag des
Forschungsschwerpunkts Medienkonvergenz der
Johannes Gutenberg-Universität Mainz (JGU) von
Stefan Aufenanger, Dieter Dörr, Stephan Füssel,
Oliver Quiring und Karl N. Renner

Volume/Band 10

Die Googleisierung der Informationssuche

Suchmaschinen zwischen Nutzung und Regulierung

Herausgegeben von
Birgit Stark, Dieter Dörr und Stefan Aufenanger

DE GRUYTER

ISBN 978-3-11-033818-8
e-ISBN (PDF) 978-3-11-033821-8
e-ISBN (EPUB) 978-3-11-038944-9
ISSN 2194-0150

Library of Congress Cataloging-in-Publication Data
A CIP catalog record for this book has been applied for at the Library of Congress.

Bibliografische Information der Deutschen Nationalbibliothek
Die Deutsche Nationalbibliothek verzeichnet diese Publikation in der Deutschen Nationalbibliografie; detaillierte bibliografische Daten sind im Internet über http://dnb.dnb.de abrufbar.

Satz: Michael Peschke, Berlin
Druck und Bindung: CPI books GmbH, Leck
♾ Gedruckt auf säurefreiem Papier
Printed in Germany

www.degruyter.com

Inhalt

Birgit Stark

„Don't be evil"

Die Macht von Google und die Ohnmacht der Nutzer und Regulierer

1 Problemstellung: „Suchen statt Wissen"

Seit nahezu 16 Jahren existiert die Suchmaschine Google. Binnen weniger Jahre ist das „Googeln" zur globalen Kulturtechnik avanciert und hat den Umgang mit Wissen dramatisch verändert. Denn Suchmaschinenbetreiber wie Google ermöglichen und gestalten den Zugang zu Informationen im Netz. Sie machen Informationen online erst zugänglich und damit das Netz als grenzenloses Informationsportal im Alltag nutzbar. Dadurch bestimmen sie, welche Informationen im Netz gefunden werden und welche nicht. Das heißt aber auch: Netzinhalte, die nicht durch Suchmaschinen auffindbar sind, existieren für die breite Masse der Nutzer nicht.

Weit über fünf Milliarden Suchanfragen werden täglich an Google gestellt, im Monat sind es über hundert Milliarden. Kaum ein anderes Unternehmen hat in unserem Leben so viel Platz eingenommen wie Google. Dabei ist Google längst mehr als ein reines Internetunternehmen: In den letzten Jahren wurden fortlaufend neue Produkte (z. B. im Juni 2003 AdSense, im Mai 2007 Street View und im September 2008 das Betriebssystem Android) entwickelt oder weitere Firmen (z. B. im Oktober 2006 die Videoplattform YouTube, im August 2012 die Mobiltelefonsparte von Motorola, im Januar 2014 der Thermostat- und Rauchmelderhersteller Nest Labs) erworben. In diesem Kontext überrascht nicht, dass der Hightech-Konzern mittlerweile begonnen hat, u. a. selbstfahrende Autos, Datenbrillen (Google Glass) oder Kontaktlinsen für Diabetiker zu entwickeln. Die neueste Forschungsidee ist das Projekt „Loon", in dem vernetzte Gasballons entlegene Gegenden mit einem Internetzugang versorgen sollen. Mit einem immensen Forschungsbudget – 2013 lag es bei acht Milliarden Dollar – versucht der Konzern, unser Leben mit „künstlicher Intelligenz" zu verbessern (vgl. Schulz, 2014). Schon seit langem wird spekuliert, Google könnte zu Methoden der künstlichen Intelligenz greifen, nicht zuletzt um seine großen Datenbestände besser auszuwerten.

Von diesen Innovationsbestrebungen nicht ausgenommen ist auch der Such-Algorithmus von Google. Erst im Herbst 2013 wurde er grundlegend überarbeitet. „Hummingbird" (zu deutsch: Kolibri) soll helfen, bessere Ergebnisse zu komplexen Suchanfragen zu liefern. Er soll die Verbindung zwischen einzelnen Worten in einer Suchanfrage herstellen können, indem er den Satz in seiner Gesamtheit einordnet und sich nicht nur auf Schlagworte konzentriert. Diese Analysetechnik könnte zukünftig an Bedeutung gewinnen, weil immer mehr Suchanfragen über die Spracherkennung von Smartphones erfolgen (vgl. Ebert, 2013). Mittlerweile werden von der Google-Suchmaschine bei der Ermittlung der Trefferrelevanz über 200 Kriterien berücksichtigt, von denen viele individualisiert sind. Der neue Algorithmus, der rückwirkend verkündet wurde, basiert damit sowohl auf bereits länger existierenden als auch auf vielen neuen Elementen und stellt eine der bisher größten Veränderungen an der Suchmaschine dar. Völlig offen bleibt, wie er sich konkret auf die Suchergebnisse auswirken wird. An diesem Vorgehen lässt sich verdeutlichen, was durch die Geheimhaltung der Such-Algorithmen im Verborgenen bleibt. Ob den Suchmaschinennutzern Informationen und Meinungen vorenthalten werden, lässt sich nicht beurteilen. Letztlich besteht durchaus die begründete Gefahr, dass man nicht mehr „findet, was man sucht", sondern dass man das findet, was Google für relevant für den Nutzer hält.

2 Die Gatekeeper-Funktion von Suchmaschinen

Die Schlüsselrolle von Suchmaschinen bei der Informationssuche wird seit längerer Zeit in der Kommunikationswissenschaft kontrovers unter dem Schlagwort „Gatekeeper" diskutiert. In diesem Kontext wird nicht nur die Funktion als journalistisches Recherchewerkzeug thematisiert, sondern auch die Frage, inwieweit Suchmaschinen selbst journalistische Aufgaben übernehmen. Zweifelsohne erlangen sie durch die Zuschreibung von Relevanz, die in erster Linie der Komplexitätsreduktion dient, eine mit den traditionellen Massenmedien vergleichbare Position. Denn die Fülle an Informationen und Themen im Netz muss erst sortiert und eingeordnet werden, um überhaupt auffindbar zu werden. Genau diese Orientierungs- bzw. Thematisierungsfunktion wird klassisch dem Journalismus zugeschrieben und gilt in demokratietheoretischer Hinsicht als wesentliche Funktion der institutionalisierten Massenmedien: Ihre Aufgabe ist es, aus einer Vielzahl an Themen nach professionell-journalistischen Standards (z. B. Nachrichtenfaktoren) gesellschaftlich relevante auszuwählen, um auf diesem Wege (auch politische) Öffentlichkeit herzustellen.

In den letzten Jahren hat sich die Gatekeeper-Rolle verändert, denn mit der fortschreitenden gesellschaftlichen Durchdringung steigen die Einflusspotenziale von Suchmaschinenbetreibern. Das Internet ist für die Mehrheit der deutschen Bevölkerung mittlerweile zum integralen Bestandteil ihres Alltags geworden. Die zunehmende Vertrautheit mit dessen vielfältigen Möglichkeiten hat nicht nur zu einem rapiden Anstieg der täglichen Nutzungsdauer geführt, sondern das gesamte Kommunikationsverhalten gravierend verändert. Immer deutlicher wird, dass die wachsende Bedeutung des Internets auch Auswirkungen auf den Prozess der öffentlichen Meinungsbildung hat, denn es steigen nicht nur dessen Reichweite und Nutzungsdauer, sondern auch seine Bedeutung als journalistisches und politisches Medium. Demzufolge wird mittlerweile die Frage nach der Relevanz der verschiedenen Informationsmedien bzw. Mediengattungen – insbesondere des Internets – für die Meinungsbildung intensiv diskutiert. Verknüpft ist diese Fragestellung aber unweigerlich mit der Machtposition der neuen Informationsgatekeeper wie Google oder Facebook – was sich sowohl aus der Angebots- wie auch Nutzerperspektive herleiten lässt.

Aus Anbietersicht ändern sich Meinungsbildungsprozesse im Internet in mehrfacher Hinsicht: Durch die Vielzahl neuer, auch nicht professioneller Anbieter wird das Gatekeeper-Monopol des traditionellen Journalismus eingeschränkt. Inhaltliche Vermittlungsleistungen, die bislang allein in der Hand ausgebildeter Journalisten lagen, werden nun durch global agierende Wirtschaftsunternehmen übernommen. Die neuen Intermediäre wie Google und Facebook bieten zwar keine originären Inhalte an, steuern aber durch andere, technische Selektionsregeln den Informationszugang nachhaltig. Denn die von ihnen geschaffenen Infrastrukturen für das Informations- und Kommunikationsmanagement der Nutzer beruhen auf ganz eigenen Filter-, Aggregations- und Personalisierungsalgorithmen. Dabei erfolgt die Automatisierung von Selektionsprozessen im Netz neben Suchmaschinen auch über soziale Netzwerke und Empfehlungssysteme in Form aggregierter Nutzungsdaten („meist gelesen"). Diese neuen „user information regimes" (Webster, 2010) erbringen technische Vermittlungsleistungen, indem sie Informationen sammeln, selektieren, gewichten und aggregieren, und übernehmen in diesem Sinne klassische Gatekeeper-Funktionen. Allerdings unterliegen die Relevanzzuschreibungen dieser Systeme ganz anderen Kriterien als journalistisch-inhaltlichen. Inwieweit sich beide Formen von Auswahlkriterien gleichen oder gar äquivalente Vermittlungsleistungen erbringen können, ist bislang nur in Ansätzen erforscht (vgl. Beiler, 2013).

Suchmaschinen spielen in diesem Prozess eine zentrale Rolle, da sie generell den Zugang zur Informationsvielfalt im Netz und speziell zu meinungsrelevanten Informationsangeboten anderer Online-Anbieter überhaupt erst ermöglichen und damit die Auffindbarkeit verschiedener Positionen maßgeblich beeinflussen. Verstärkt wird diese Problematik dadurch, dass die meisten Menschen ihren Weg ins Internet über ein und dieselbe Suchmaschine finden: Google. Gleichwohl ist die dahinterstehende Firmenpolitik nicht in den Rechenschafts- und Pflichtstrukturen des Mediensystems verankert, sondern folgt rein marktwirtschaftlichen Kriterien. Denn finanziert wird Google über Werbung. Das heißt, im Fokus stehen nicht öffentliche, sondern Googles ureigenste, kommerzielle Interessen, die weder durch eine normative Rückbindung an gesellschaftliche Funktionen noch durch Aufsicht oder Regulierung an die Wahrung demokratietheoretisch wichtiger Prinzipien – etwa das der Vielfaltssicherung – gebunden sind. Im Gegenteil: zum Geschäftsmodell gehört es, umfassende Daten über die Nutzer zu sammeln, sodass diese Werbetreibenden gegenüber möglichst gut vermarktet werden können.

Um Werbung noch zielgerichteter verkaufen und die Nutzer noch fester an sich binden zu können, arbeitet das Unternehmen mit personalisierten Suchergebnissen: Gespeicherte Daten über bisherige Suchvorgänge werden zur Grundlage für den individualisierten Zuschnitt künftiger Trefferlisten. Das heißt, personalisierte Suchmaschinen erstellen für jeden einzelnen Nutzer individuell zusammengesetzte Ergebnislisten. Diese sind nicht darauf optimiert, den „Massengeschmack" zu treffen, sondern die individuellen Interessen des Nutzers optimal zu berücksichtigen. So können zwar unterschiedliche Sichtweisen in den Ergebnissen repräsentiert werden, es entsteht jedoch gleichzeitig die Gefahr, dass Nutzer langfristig Positionen, die von der eigenen abweichen, gar nicht mehr wahrnehmen. Diese laut Eli Pariser (2011) vorgefertigte „Filterblase" mit immer gleichen Themenbereichen und Treffertypen könnte zentrale gesellschaftsrelevante Themen aus der Wahrnehmung des Nutzers ausschließen. Die Gefahr eines eingeschränkten Informationszugangs steigt, da unerwartete Begegnungen mit fremden Themen und Meinungen unwahrscheinlicher werden. Diese Ungleichverteilung von Informationen birgt das Potenzial einer sich selbst verstärkenden sozialen Segmentierung und Polarisierung, die auf lange Sicht zu einer Fragmentierung der Öffentlichkeit führen kann (vgl. McQuail, 2005; Webster & Ksiazek, 2012).

Auch die Nutzer verstärken diese Prozesse durch ihr neues Informationsverhalten. Denn der Umgang mit Nachrichten hat sich durch die Angebotsvielfalt im Netz verändert: Einerseits werden im „Always On-Modus" die Zyklen immer kürzer, in denen man sich auf den aktuellen Stand über wichtige Ereignisse bringt (vgl. Müller, 2013). So ist das Internet geradezu prädestiniert, um sich ohne großen Rechercheaufwand schnell einen Überblick über das aktuelle Geschehen zu verschaffen. Andererseits hat sich das Spektrum relevanter politischer Angebote online mittlerweile ausgeweitet, so dass nicht mehr nur traditionelle journalistische Angebote als Orientierungspunkte gelten, sondern auch neue Nachrichtendienste wie Google News oder Google als Suchmaschinenportal, um überhaupt zu Onlinenachrichten zu gelangen (vgl. Hölig & Hasebrink, 2013). So dokumentiert die international vergleichende Studie „Reuters Institute Digital News Survey 2013", dass der Weg zu Onlinenachrichten überwiegend über Suchmaschinen führt. Darüber hinaus zeigt eine repräsentative Bevölkerungsumfrage des Hans-Bredow-Instituts zu medienübergreifenden Informationsrepertoires, dass Google selbst für die Meinungsbildung über politische Themen mittlerweile eine zentrale Rolle spielt. Konkret gefragt nach relevanten Angeboten für die politische Meinungsbildung wird Google – gleich nach der Tagesschau – als zweithäufigstes Angebot genannt. In der Wahrnehmung der Nutzer gewinnen Suchmaschinenanbieter – obwohl sie keine journalistischen Inhalte anbieten – also allein durch ihre Vermittlerfunktion beim Informationszugang an Bedeutung (vgl. Hasebrink & Schmidt, 2013).

Bislang gibt es jedoch keine etablierten Bewertungsmaßstäbe für den Einfluss von Suchmaschinen und ihren technisch orientierten Rankingkriterien auf Meinungsbildungsprozesse. Denn noch liegen keine Erkenntnisse darüber vor, welche Wirkungen die technischen Selektionsmechanismen im Zusammenspiel mit dem Informationsverhalten der Nutzer haben. Insbesondere die Nutzungsweisen von Suchmaschinen sind trotz ihrer enormen gesellschaftlichen Bedeutung aus kommunikationswissenschaftlicher Perspektive bislang nur unzureichend erforscht. So liegen in der Kommunikationswissenschaft zwar einige Studien zum Umgang der Nutzer mit Suchmaschinen und deren Wirkungen vor (vgl. z. B. Machill & Welp, 2003; Pan et al., 2007; Wirth et al., 2007).[1] Diese sind aber durchweg älteren Datums, und ihre Befunde lassen sich nicht einfach auf den Umgang mit den veränderten technischen Funktionen der Suchmaschinen – z. B. der Personalisierung von Trefferlisten oder der automatischen Vervollständigung von Suchbegriffen („Autocomplete-Funktion") – übertragen.

Kaum Beachtung fand in der Forschung bisher auch die Kompetenz der Nutzer im Umgang mit Suchmaschinen. Darunter fallen die Kenntnisse und Fähigkeiten bei der Suchmaschinennutzung, das Wissen über die Funktionsweise von Suchmaschinen und die Fähigkeit zur objektiven Einschätzung und Bewertung der Suchergebnisse (vgl. Gaulke, 2008). Bisherige Studien deuten darauf hin, dass die Suchmaschinenkompetenz vieler Nutzer unterentwickelt ist: Sie evaluieren Trefferlisten nur oberflächlich und wissen nicht, dass jede Trefferliste nur eine von zahllosen Optionen darstellt (vgl. z. B. Machill & Welp, 2003). Die wenigen vorhandenen Studien fragen auch nicht gezielt nach den unterschiedlichen Dimensionen der Suchmaschinenkompetenz und geben – da älteren Datums – keine Auskunft über Kompetenzen im Umgang mit ganz aktuellen technischen Entwicklungen wie etwa Personalisierungsprozessen. Zudem fehlen Untersuchungen, welche die Rolle der neuen Intermediäre nicht nur aus der isolierten Sicht einer Disziplin betrachten, sondern sich ihr in einem integrativen Ansatz aus verschiedenen Perspektiven nähern. Bislang haben sich verschiedene Wis-

1 Vgl. zu den Phasen der Suchmaschinenforschung Erlhofer (2007).

senschaftsdisziplinen weitgehend unabhängig voneinander mit Suchmaschinen befasst, ohne ihre Befunde gegenseitig zur Kenntnis zu nehmen und auf diese Weise voneinander zu profitieren.

3 Interdisziplinäres Projekt: Googleisierung der Informationssuche

Der vorliegende Band trägt zur Schließung dieser Forschungslücken bei. Eine aktuelle Bestandsaufnahme des Nutzerverhaltens und des damit verbundenen Wirkungs- und Gefahrenpotenzials von Suchmaschinen bildet die Basis für eine Analyse möglicher Regulierungsoptionen und eine Einordnung aus medienpädagogischer Sicht. Zugrunde liegt ein interdisziplinäres Forschungsprojekt der Johannes Gutenberg-Universität in Mainz, das vom Forschungsschwerpunkt Medienkonvergenz der Universität gefördert wurde.[2] Verantwortlich für die kommunikationswissenschaftliche Perspektive zeichnet Birgit Stark, für die medienrechtliche Dieter Dörr und für die medienpädagogische Stefan Aufenanger. Durch die Integration dieser Perspektiven leistet das Projekt einen wesentlichen Beitrag zum Verständnis und zur Prognose gegenwärtiger und zukünftiger Entwicklungen der Medienkonvergenz. Für den Sammelband wurden überdies ausgewählte Autorinnen und Autoren eingeladen, um das Thema breiter abzudecken und weitere relevante Perspektiven – insbesondere die technische, ökonomische und kulturelle – zu ergänzen.

Auf der Basis einer qualitativen und quantitativen Nutzerbefragung wird die Kompetenz der Nutzer im Umgang mit Suchmaschinen analysiert. Die Befragungen liefern Erkenntnisse darüber, wie Menschen im Internet nach Informationen suchen und sie auswählen, wie sie Suchmaschinen in diesen Prozess einbinden und wie stark ihr Bewusstsein für die damit verbundenen Probleme ist. Im Kontext der Ergebnisse werden medienpolitische und medienpädagogische Handlungsempfehlungen ausgearbeitet. Die rechtliche Bewertung des Sachverhalts diskutiert insbesondere die Frage, ob neue vielfaltssichernde Regelungen erforderlich

2 Ziel des interdisziplinären Forschungsschwerpunktes ist es, die rechtlichen und wirtschaftlichen Folgen der aktuellen Medienevolution, ihre kulturellen Potenziale und kreativen Möglichkeiten kritisch zu erfassen und wissenschaftlich aufzuarbeiten. Die durch die Medienkonvergenz induzierten Veränderungsprozesse können nur im interdisziplinären Verbund adäquat erforscht werden. Aus diesem Grunde kooperieren im Forschungsschwerpunkt die geistes- und die sozialwissenschaftlich orientierten Medienfächer der Johannes Gutenberg-Universität Mainz (Buchwissenschaft, Journalistik, Publizistik, Film- und Theaterwissenschaft, Neurolinguistik) mit Medienrecht, Medienpädagogik, Medienökonomie sowie Informatik und Suchtprävention.

sind und wie diese ausgestaltet werden könnten. Aus medienpädagogischer Sicht stellt sich die Frage, inwieweit erfolgreiche Konzepte aus anderen medienpädagogischen Bereichen auf die Suchmaschinennutzung übertragen werden können oder ob hierfür ganz neue Instrumente gefunden werden müssen. Zu diskutieren ist auch, an welche Zielgruppen (z. B. Kinder, Jugendliche, Erwachsene) sich solche Maßnahmen richten können und sollten und wie ihre Erfolgsaussichten einzuschätzen sind. Darüber hinaus wird die Angebotsperspektive in technischer und ökonomischer Hinsicht aufgearbeitet, sodass insgesamt zentrale Problem- und Fragestellungen des gesellschaftlich hoch relevanten Themenfeldes betrachtet werden.

4 Zentrale Erkenntnisse: Nutzerverhalten und -kompetenz

Im Rahmen der kommunikationswissenschaftlichen Teilstudie von Birgit Stark, Melanie Magin und Pascal Jürgens wurden im September 2012 neun qualitative Gruppendiskussionen mit jeweils drei Internetnutzern („Triaden") unterschiedlichen Alters und unterschiedlicher Medienkompetenz sowie im Mai 2013 eine quantitative, für die deutschen Internetnutzer ab 14 Jahren repräsentative Online-Befragung von 1.012 Personen durchgeführt. Mit den Gesprächen wurden grundlegende Verhaltensmuster bei der Internetsuche sowie nutzungsrelevante Einstellungen und Kompetenzen ermittelt. Die quantitative Online-Studie vertieft die qualitative Untersuchung, unter anderem mit folgenden zentralen Forschungsfragen: Welche Such- und Navigationsstrategien werden eingesetzt und welche situationalen, motivationalen und persönlichen Einflussfaktoren steuern das Selektionsverhalten? Welche Qualitätserwartungen werden an Suchmaschinen im Allgemeinen und Google im Speziellen gestellt? Und wie stark ist das Problembewusstsein der Nutzer über die Gatekeeper-Funktion (Image von Google, Bewertung der Marktposition) von Suchmaschinen ausgebildet?

Die Ergebnisse belegen zweifelsfrei die zentrale Rolle von Suchmaschinen bei der Informationssuche im Netz, allen voran die Rolle Googles: Aus Nutzerperspektive sind Suchmaschinen der Türöffner zum Internet. Dabei lässt sich die enorme subjektive Wertschätzung für Google nicht nur durch die Aussagen der Teilnehmer der qualitativen Studie veranschaulichen (z. B. „Für mich ist Google eigentlich das Internet"), sondern auch mit den quantitativen Nutzungszahlen: Google ist nicht nur jedem Befragten bekannt, sondern auch für die meisten die am häufigsten genutzte Suchmaschine. Keine andere Suchmaschine reicht auch nur annähernd an diesen Bekanntheits- und Nutzungsgrad heran, auch wenn beispielsweise Yahoo (81 %), web.de (67 %) oder Bing (63 %) zumindest einer breiten Mehrheit ein Begriff sind.[3] Noch klarer wird das Quasi-Monopol von Google auf dem deutschen Suchmaschinenmarkt angesichts der Tatsache, dass 92 % der Befragten von allen Suchmaschinen am häufigsten Google nutzen. Von einer solchen Popularität können die Konkurrenten nur träumen; sie werden von maximal 2 % der Befragten (T-Online) als präferierte Suchmaschine genannt.

Je nach Suchanlass und persönlichen Routinen werden unterschiedliche Suchstrategien gewählt, die aber alle ein übergeordnetes Ziel haben: Komplexität zu reduzieren, um möglichst schnelle Entscheidungen treffen zu können. Besonders einflussreich sind in diesem Kontext die automatischen Vorschläge bei der Eingabe von Suchbegriffen („Autocomplete-Funktion"): Rund 60 % der Nutzer greifen auf die von Google vorgeschlagenen Suchbegriffe zurück, nur 34 % nutzen spezifischere Suchmaschinen als Google, und lediglich 26 % wechseln die Suchmaschine, wenn Google nicht das gewünschte Ergebnis liefert. Auch für das Auffinden neuer Informationen im Netz spielt die Suchmaschine eine zentrale Rolle: Gefragt nach den Möglichkeiten, wie man auf unbekannte Seiten im Netz gelangt, geben fast drei von vier Befragten an, Suchmaschinen zu konsultieren. Insbesondere für ältere Nutzer sind sie ausschlaggebend, während jüngere Nutzer daneben auch relativ stark auf Facebook und persönliche Gespräche zurückgreifen.

Im Wissen über die Funktionsweise von Google jedoch zeigen sich Lücken und Widersprüche: Implizit setzen viele Befragte in beiden Erhebungen die Objektivität und Neutralität der Trefferlisten voraus, haben aber kaum tiefergehende Kenntnisse über die Funktionsweise von Suchmaschinen – bedingt sicherlich dadurch, dass dies die wenigsten überhaupt interessiert. Auch über die Personalisierungsproblematik wissen die wenigsten Nutzer Bescheid und reagieren darauf eher gleichgültig oder positiv als besorgt („das Internet weiß eh schon so viel über mich"; „beschleunigt die Suche, hat also eher Vorteile für mich") – und das, obwohl gleichzeitig das Thema Datenschutz vielen Befragten ein großes Anliegen ist. Der Marktanteil von Google wird deutlich unterschätzt. Zugleich wird das Quasi-Monopol mehrheitlich als gerechtfertigt betrachtet, weil Google das beste Angebot sei, und sogar als Vorteil gewertet, da sich hierdurch die Qualität der Suchergebnisse verbessere.

Der eigene Gebrauch des „Werkzeugs Google" wird jedenfalls nicht in Frage gestellt: Solange Google zufriedenstellende Resultate liefert, greifen viele Nutzer nahezu gedanken- und kritiklos darauf zurück. Markeninhärente Dissonanzen

3 Etwa jeder zweite Befragte kennt die Suchmaschinen T-Online (55 %), Ask (54 %), MSN-Search (53 %), GMX (52 %) und AOL (45 %). Relativ wenigen bekannt sind dagegen Search.com (31 %) und vor allem alternative Suchmaschinen wie Startpage (3 %), Ecosia (3 %) und Ixquick (1 %).

und Widersprüche werden (für sich selbst) reduziert, sehr häufig z. B. indem argumentativ zwischen (objektiver) „Internetauskunft" und dahinter stehendem Unternehmen differenziert wird. Generell scheinen alle Befragten – also auch die Könner unter den Usern – das Für und Wider von Google gegeneinander abzuwägen mit letztlich klarem Votum für den Nutzen, den Google ihnen bietet, und gegen mögliche Bedenken bezüglich Datensammlung und Personalisierung. Das zeigt sich auch in den relativ hohen Zufriedenheitswerten und einer durchweg positiven Imagebewertung von Google.

Zusammengenommen zeichnen die Ergebnisse ein konsistentes Bild der Informationssuche und -auswahl. Nutzer aller Alters- und Bildungsschichten verfügen über ein ausgesprochen schwaches Problembewusstsein für die Belange der Informations- und Meinungsvielfalt sowie die (Über-)Macht von einzelnen Gatekeeper-Unternehmen im Netz. Zudem wird deutlich, dass die unmittelbare Interaktion von Nutzern mit einem Suchmaschinenanbieter einen starken Einfluss auf die Informationsauswahl (und mittelbar auch auf das Image des Dienstes) hat. Mit dem Interaktionsdesign (z. B. den automatisierten Vorschlägen) steht den Betreibern somit ein überaus wirksames Instrument zur Verfügung, um Nutzerverhalten systematisch zu beeinflussen und bisherige Nutzungsmuster der eigenen Oberfläche anzupassen. Das Bild von vorwiegend rational agierenden und gründlich recherchierenden Nutzern ist unrealistisch, weil die meisten Suchanfragen mit niedrigem kognitivem Aufwand stattfinden. Die Ergebnisse belegen, dass die Rezipienten durchweg ein unkritisches, naives Bild von Google als Unternehmen haben, das sich auch in ihrem Umgang mit der Suchmaschine spiegelt: In der alltäglichen Nutzung vertrauen viele Nutzer blind auf die Auswahl- und Rangentscheidungen, ohne diese kritisch zu bewerten und zu hinterfragen. Langfristige Gewöhnungsprozesse verstärken die beschriebenen Effekte, denn Google ist gefühlt von Anfang an da(bei) und hat das Netzleben der Befragten von den ersten Schritten bis heute fortwährend geprägt.

5 Grundstrukturen einer rechtlichen Neuregulierung

Aus kommunikationspolitischer Sicht ist die Machtposition von Suchmaschinen im Allgemeinen und insbesondere die von Google äußerst kritisch zu bewerten – zumal bislang völlig offen ist, wie diesen Problemen begegnet werden kann. In der juristischen Bewertung stellen Personalisierungstechnologien und Autocomplete-Funktion in Kombination mit der marktbeherrschenden Stellung und der Naivität der Nutzer einen entscheidenden Wendepunkt dar. Entgegen der langjährigen Position, nach der die Betreiber als reine Vermittler keine eigene inhaltliche Verantwortung tragen, agieren Suchmaschinen wie Google nunmehr dediziert als Produzenten von inhaltlichen Komposita. Sie werden damit zum Player auf dem Meinungs- und Informationsmarkt. Ihnen kommt, ähnlich wie dem Rundfunk, Suggestivkraft zu.

Dieter Dörr und Simon Schuster nehmen eine umfassende Bestandsaufnahme aus rechtlicher Perspektive vor und skizzieren die Grundstrukturen einer Neuregelung. Mit Bezug zu den wichtigsten Ergebnissen der Nutzerstudie fächern sie in ihrem Beitrag das Thema in mehrere zentrale Komponenten auf: Ausgehend von der Annahme, dass das Verhältnis der Gesellschaft zu Google als dominantem Suchmaschinenanbieter – sowohl bei der privaten als auch bei der kommerziellen Nutzung – von starker Ambivalenz geprägt ist, bestimmen sie zunächst den geltenden rechtlichen Rahmen für Suchmaschinen. Denn Suchmaschinen als relativ junges Phänomen der Massenmedien können bislang nicht ohne weiteres unter die gültigen Regelungen des Medienkonzentrations- und Wettbewerbsrechts subsumiert werden. Die Schwierigkeiten bei der Einordnung von Google ergeben sich zum einen durch die Vielschichtigkeit des Angebots und zum anderen durch die Dynamik des Marktes. Da es im Medienrecht bisher an dediziert auf Suchmaschinen anwendbaren Regelungen fehlt, entwirft die Studie als neuen Zugang eine Sonderregelung entlang der bekannten Begründungszusammenhänge der Rundfunkregulierung.

Das vorgeschlagene Konzept einer Neuregulierung bindet mittels dreier Kriterien Suchmaschinenanbieter an ihre gesellschaftliche Verantwortung: (1) *Neutralität* bezeichnet gleiche Chancen auf aussichtsreiche Rankingplätze in Trefferlisten für alle Anbieter von Webinhalten. Um den Nutzern eine solche neutrale Auswahl aus dem gesamten Angebotsspektrum zu ermöglichen, dürfen Suchmaschinenbetreiber keinen Einfluss auf das Ranking von Suchergebnissen nehmen. (2) *Transparenz* zielt auf die hinreichende Offenlegung der Funktionsweise von Suchmaschinen, um interne und externe Manipulationen und Verfälschungen der Trefferlisten erkennen zu können. Die Manipulationsgefahr muss stärker auch in das Bewusstsein der Nutzer rücken. (3) *Kompetenz* zieht in Betracht, dass die größtmögliche Vielfalt im Internet wirkungslos bleibt, wenn Nutzer keinen Gebrauch von ihr machen. Die Stärkung der Medienkompetenz kann dieses Risiko mindern, indem Nutzer auf ihre eigenen Gestaltungsmöglichkeiten und ihre Eigenverantwortung hingewiesen werden. Dafür müssen die Suchmaschinenanbieter in die Pflicht genommen werden. Diese drei Kriterien sollte der Gesetzgeber bei der Erarbeitung entsprechender Handlungsoptionen berücksichtigen. Anspruch einer künftigen Regulierung muss sein, die Meinungsvielfalt zu sichern, ohne unverhältnismäßig in den Wettbewerb und die dynamischen Entwicklungsprozesse der digitalen Märkte einzugreifen.

6 Zum Aufbau und Inhalt des Sammelbandes

Ausgehend vom Nutzer diskutiert der Band im ersten Teil verschiedene Aspekte des Such- und Auswahlverhaltens im Netz. Hier geht eine Reihe von Autorinnen und Autoren sowohl auf die kommunikationswissenschaftliche als auch die – stark von der Informatikwissenschaft geprägte – technische Perspektive ein: Wie suchen Nutzer nach Informationen im Web? Welche Navigationsstrategien haben sie entwickelt? Welche Schlüsselqualifikationen bringen sie mit, welche fehlen ihnen? Ein Schwerpunkt wird dabei auf das Wechselspiel zwischen Nutzerverhalten und technischer Unterstützung gelegt, d.h. auf die Interaktion zwischen dem Menschen und dem Computer. Diese wechselseitige Einflussnahme spielt in unterschiedlichen Kontexten eine entscheidende Rolle, beispielsweise bei Personalisierungs- und Serendipitätseffekten. Darüber hinaus erfolgt eine medienkritische Einordnung von Suchmaschinen und ihren Wirkungsweisen aus gesamtgesellschaftlicher Perspektive.

Der erste Beitrag des Autorenteams Birgit Stark, Melanie Magin und Pascal Jürgens stellt die Kernergebnisse der interdisziplinär angelegten Studie aus kommunikationswissenschaftlicher Perspektive dar. Basierend auf den Ergebnissen der qualitativen und quantitativen Befragungsstudie werden das Nutzerverhalten im Such- und Auswahlprozess sowie die im Umgang mit Suchmaschinen generellen Erwartungen an Suchmaschinen beschrieben. Auf diesem Wege systematisiert der Beitrag die Erkenntnisse zum Navigationsverhalten im Internet aus theoretischer und empirischer Perspektive. Denn eingebunden ist die Ergebnispräsentation in die theoretischen Erklärungsansätze zum Selektionsverhalten bei der Online-Nutzung auf Basis entscheidungstheoretischer Modelle und aus der Informationsverarbeitungsperspektive. Die Ergebnisdarstellung konzentriert sich auf die informationsorientierte Suche im Netz im Allgemeinen und das Navigationsverhalten mit Hilfe von Suchmaschinen im Speziellen. Mittels einer Clusteranalyse werden verschiedene Nutzungsstile identifiziert und charakterisiert. Sie belegen, dass die unterschiedlichen Suchanlässe und damit Motive der Internetnutzung Verarbeitungs- und Auswahlstrategien beeinflussen.

Der zweite Beitrag vertieft die Nutzerperspektive vor allem in technischer Hinsicht. Dirk Lewandowski, Friederike Kerkmann und Sebastian Sünkler beschreiben mögliche Einflusspotenziale im Suchprozess. Sie fokussieren auf das Wechselspiel zwischen technischer Unterstützung und interessengeleiteter Darstellung der Suchergebnisse, d.h. auf die Frage, inwieweit die technisch induzierte Darstellung der Trefferlisten Nutzer gezielt interessengeleitet auf bestimmte Angebote lenkt. Relevant ist diese Fragestellung insbesondere durch die Monopolstellung von Google und die Dominanz algorithmischer Suchmaschinen. Um diese vielfältigen Wirkungszusammenhänge offenlegen zu können, werden in einem ersten Schritt das tatsächliche Suchverhalten und die Nutzererwartungen an Suchmaschinen systematisch beschrieben. Aufbauend auf einem Modell der Websuche werden im nächsten Schritt die einzelnen Phasen des Suchprozesses erläutert, um damit die zentralen Schaltstellen während der Suche identifizieren zu können: Indexierung, Ranking, Gestaltung der Trefferlisten, Query Understanding, Autocomplete-Funktion und Personalisierung. Abschließend stellen die Autoren gezielt die Frage, welches Interesse Suchmaschinenbetreiber daran haben könnten, Einfluss auf die Selektionsentscheidungen von Nutzern zu nehmen. Insbesondere ökonomische Interessen stehen selbstverständlich im Vordergrund, denn Suchmaschinen finanzieren sich ausschließlich durch Werbeanzeigen. So überrascht nicht, dass die Autoren zum Schluss kommen, dass Suchmaschinenbetreiber natürlicherweise daran interessiert sind, die Nutzer auf Textanzeigen und eigene Angebote zu führen. Textanzeigen spielen die entscheidende Rolle, weil sie für das Geschäftsmodell von Google zentral sind und Google mit jedem Klick auf eine Werbeanzeige Geld verdient. Deswegen werden sie im Kontext der Suchanfragen prominent platziert und ähneln in ihrer Darstellung den regulären Ergebnissen. Kommerzielles Interesse sorgt somit für ein eigenes Relevanzranking der Anzeigenliste und führt zu einer optischen Anpassung in der Darstellung. In der Folge können viele Nutzer Anzeigen und organische Suchergebnisse nicht mehr voneinander unterscheiden. Damit verlieren Suchmaschinen ihre neutrale Vermittlerfunktion und gewinnen mehr Einflussmöglichkeiten als ihnen von Nutzerseite zugesprochen werden.

Der nächste Beitrag von Pascal Jürgens, Birgit Stark und Melanie Magin fokussiert auf eine der bereits thematisierten Einflussmöglichkeiten von Suchmaschinen, nämlich die Personalisierung. Äußerst populär geworden sind die möglichen negativen Auswirkungen neuer Personalisierungstechnologien durch das Schlagwort der „Filter Bubble". Eli Pariser hatte 2011 auf der TED-Wissenskonferenz („Technology, Entertainment, Design") in nur wenigen Worten erklärt, welche Folgen personalisierte Suchergebnisse aus demokratiepolitischer Sicht haben können: Denn bekommen Nutzer nur das zu sehen, was zu ihrem Profil passt, können andere wichtige Themen komplett ausgeschlossen werden und die eigene Weltsicht kann eine ganz eigene Prägung erhalten. Das Thema „Personalisierung" ist in der Kommunikationswissenschaft bislang aber nur wenig erforscht. Der Beitrag leistet daher sowohl in theoretischer als auch methodischer Hinsicht Pionierarbeit: Er diskutiert das Thema „Search Engine Bias" interdisziplinär aus der Sicht der Kommunikationswissenschaft und Informatik. Auf Basis des Forschungsüberblicks werden Implikationen für die Bewertung personalisierter Algorithmen abgeleitet, um im zweiten Schritt ein methodisches Instrument vorzustellen, mit Hilfe dessen Personalisierungsprozesse identifizierbar und damit messbar gemacht werden sollen. Das vorgestellte Design simuliert hierfür authentisches Nutzerverhalten und liefert erste Hinweise auf die Höhe des Beeinflussungsgrades. Auch diese Ergebnisse stellen das Bild von Suchmaschinen als neutrale Informationsvermittler in Frage. Insgesamt belegt der Beitrag, dass die technischen Weiterentwicklungen eine Neubewertung erfordern, die den gewachsenen Wirkungspotenzialen sowohl auf individueller als auch auf gesellschaftlicher Ebene Rechnung trägt.

Anabel Quan-Haase und Lori McCay-Peet greifen in ihrem Artikel eine spannende Frage auf, die bislang aus kommunikationswissenschaftlicher Perspektive stark vernachlässigt wurde: Inwieweit wird die gerichtete, zielorientierte Informationssuche mit Hilfe von Algorithmen auch durch den Zufall beeinflusst? Gemeint sind zufällige, unerwartete Begegnungen und Beobachtungen, die bei der Online-Suche gemacht werden, obwohl man ursprünglich ein ganz anderes Ziel vor Augen hatte. Miriam Meckel hat bereits vor ein paar Jahren die Forderung aufgestellt, dem Zufall eine Chance zu geben. Denn was würde passieren, wenn es den Zufall nicht mehr gäbe, weil technisch gesteuerte Filter-, Aggregations- oder Personalisierungsalgorithmen den Informationszugang in digitalen Welten immer stärker lenken und Serendipitätseffekte durch sie verhindert werden? Die Autoren beginnen ihren Beitrag mit einer grundsätzlichen Begriffsbestimmung und verknüpfen die Betrachtung mit den Prozessen der Informationssuche und Wissensgenerierung. Auf diesem Wege können sie die Rolle des Zufalls im Informationsverhalten sowie den Einfluss persönlicher Merkmale näher bestimmen und eingrenzen. Im Forschungsüberblick werden diese Zuschreibungen in verschiedenen Modellvorstellungen gebündelt, sodass letztlich auch die Frage diskutiert werden kann, inwieweit verschiedene Plattformen das zufällige Auffinden von Informationen fördern oder hemmen können. Ganz konkret werden verschiedene digitale „Tools" unter dem Blickwinkel beleuchtet, inwieweit sie die theoretisch identifizierten Faktoren (u.a. „Noticing, Connection, Follow-Up, Unexpected Aspect and Reflection/Storytelling") beeinflussen können. Konkret geprüft werden die Suche in sozialen Netzwerken, Empfehlungssysteme, Tools zum persönlichen Informationsmanagement und Visualisierungen. Der Blick auf zukünftige Forschungsfelder zeigt, wie viele offene Fragen in Bezug auf das mehrdimensionale Konstrukt „Serendipity" noch zu beantworten sind.

Die medienpädagogische Perspektive wird im Beitrag von Stefan Aufenanger und Tabea Siebertz aufgenommen. Aufbauend auf dem Konzept der „Informationskompetenz" stellen die Autoren eine Experimentalstudie vor, in der die kognitiven Fähigkeiten der Nutzer – anhand konkreter Suchaufgaben – überprüft werden. Mit Hilfe der Beobachtung (Screenrecording) können sie zeigen, wie effizient Suchmaschinen bedient und genutzt werden. Theoretisch beginnt die Darstellung mit einer Skizze der relevanten Dimensionen des Konzeptes „Informationskompetenz". Sie wird sowohl als Teilbereich der Medienkompetenz als auch eigene Fähigkeit bei der Recherche von Informationen mit Hilfe von Medien verstanden und umfasst vielfältige Aspekte. Zentrale Komponenten sind die Suche und die Bewertung von Informationen. Damit gilt der Erwerb von Informationskompetenz als wichtige Schlüsselqualifikation in der heutigen Wissensgesellschaft. Allerdings dokumentieren die empirischen Befunde, dass die gewünschten Fähigkeiten nicht immer vorhanden sind. Die begleitenden Online-Befragungen vor und nach dem Experiment belegen eine Diskrepanz zwischen der positiven Selbsteinschätzung und den tatsächlich vorhandenen Kompetenzen. Gezeigt hat sich auch, dass die meisten Probanden nicht den direkten Weg über die zur Verfügung stehenden Operatoren gehen, sondern indirekte Wege wählen oder auch zu keinem Ergebnis kommen. So fiel die anfangs positive Selbsteinschätzung der Probanden nach dem Experiment schlechter aus. Vor diesem Hintergrund überrascht der Appell der Autoren, die Informationskompetenz von Internetnutzern noch stärker institutionell zu fördern, nicht. Als erster wichtiger Schritt werden die Standards des Deutschen Bibliotheksverbands gesehen, die aber für die Nutzung von Suchmaschinen noch einer wirksameren Konkretisierung bedürfen. Denn bislang konzentrieren sich die konkreten Handlungsempfehlungen (beispielsweise der Landesmedienanstalten) hauptsächlich auf Kinder und Jugendliche.

Der Beitrag von Friederike Siller und Jasmin Bastian beschäftigt sich mit der speziellen Zielgruppe der Kinder und Jugendlichen. Das Internet ist in die Lebenswelt von Jugendlichen umfassend eingedrungen: Im Jahr 2013 besitzen bereits nahezu 90 % der 12- bis 19-Jährigen ein internetfähiges Handy. Insbesondere kommunikative Dienste faszinieren Kinder im Netz. Daneben informieren sie sich im schulischen und außerschulischen Kontext zu vielfältigen Themen, wobei sie zwangsläufig in Kontakt mit Suchmaschinen kommen. Der Beitrag dokumentiert, nach welchen Inhalten Kinder im Netz überhaupt suchen und wie hoch die informationsbezogenen Anteile ihrer Internetnutzung sind. Er hinterfragt, welche Fähigkeiten und Fertigkeiten Heranwachsende benötigen, um selbstbestimmt an Informationen zu gelangen, und bewertet damit Informationskompetenz auch aus der medienpädagogischen Perspektive. Als Voraussetzung heben die Autorinnen hervor, dass die Entwicklung von Medien- und Informationskompetenz beim instrumentellen Erwerb von Wissen um Programme und Anwendungen beginnt. Wichtig ist zudem die Grundannahme, dass Medienkompetenz erlernbar ist und demzufolge erworben, geübt und weiterentwickelt werden kann. Unter dieser Voraussetzung stellt sich zwangsläufig die Frage, auf welche Angebote Kinder im Netz überhaupt treffen und ob sie die Urteilskraft bzw. die Reflexionsfähigkeit haben, Informationen entsprechend auszuwählen. Als wichtige Teilkompetenzen von Informationskompetenz im Rahmen des Suchprozesses werden folgende Punkte detailliert diskutiert: konkrete Zieldefinition und -eingrenzung, gezielte

Informationssuche (z. B. Kenntnis und Wissen über Suchmaschinen, Formulierung von Suchanfragen), kritische Reflexion von, verantwortungsvoller Umgang mit und Weiterverwertung der gefundenen bzw. gewonnenen Informationen. Projekte zur Förderung von Informationskompetenz sind allerdings oft zwischen den Extremen der bewahrenden und der emanzipatorischen Position angesiedelt und vernachlässigen jeweils relevante Kriterien. Die Autorinnen diskutieren eine Reihe von Verbesserungsvorschlägen bzw. Lösungsansätzen, um die Vermittlung von Informationskompetenz in einschlägigen Projekten zu optimieren. Hilfreich für den ersten Einstieg sind in ihren Augen in jedem Fall Kindersuchmaschinen, die eine Art sichere „Startrampe" für den Einstieg bieten.

Abschließend beschäftigt sich Astrid Mager mit den unterschiedlichen Interessenlagen der beteiligten Akteure auf dem Suchmaschinenmarkt. In ihrer kritischen Auseinandersetzung wird das heterogene Netzwerk an Akteuren und Belangen in der Tradition der „sozialen Konstruktion" von Technologie analysiert. Im Mittelpunkt stehen dabei nicht die Technologie, sondern die Werte, die hinter der Entwicklung stecken. Denn die „Ideologie des Suchalgorithmus" wird als Ausdruck des gegenwärtigen Kapitalismus verstanden. Empirisch stützt sich die Autorin auf die Befunde von qualitativen Experteninterviews, die das Nachvollziehen von Akteurs-Netzwerken und Interessenlagen ermöglichen. Interviewt wurden zum einen Programmierer, Softwareentwickler und weitere Techniker von unterschiedlichen Suchmaschinen, zum anderen Politiker, Netzaktivisten und Suchmaschinenoptimierer. Ergänzt wird das Material durch diverse Gespräche im wissenschaftlichen Forschungsbetrieb. Insbesondere wurden Interviews mit Wissenschaftlern aus den USA und Deutschland geführt, die sich mit Suchmaschinen und deren gesellschaftspolitischen Implikationen befassen. Mit Hilfe der Interviews kann gezeigt werden, wie sowohl Anbieter als auch Nutzer die kapitalistische Logik von Suchmaschinen wie Google stabilisieren, indem sie Allianzen mit Suchmaschinen eingehen, um ihre eigenen Ziele und Interessen zu verfolgen. Unterstützt werden diese Mechanismen durch ein geschickt praktiziertes „system of punishments and rewards" der Suchmaschinenanbieter. Insgesamt gibt der Beitrag einen umfassenden Einblick in die Spannungsfelder und Interessenkonflikte zwischen globaler Suchtechnologie und nationaler Gesetzgebung. Anschaulich beschrieben wird auch, wie die kommerzielle Ausrichtung privater Suchmaschinen in einem gesellschaftspolitischen Kontext geformt wurde, der sich durch ein techno-euphorisches Klima der Innovation, eine neoliberale Politik der Privatisierung und gesetzliche Rahmenbedingungen auszeichnet, die global agierende Suchmaschinenanbieter nicht mehr gänzlich erfassen können. Im Ausblick werden konkrete Handlungsempfehlungen aus unterschiedlichen Akteursperspektiven skizziert, wie Suchtechnologien zukünftig neu gestaltet werden können. Alles in allem plädiert die Autorin dafür, den Fokus der Aufmerksamkeit von den gesellschaftlichen Auswirkungen der Suchmaschinen hin zu sozialen Praktiken und Machtbeziehungen, die Suchmaschinen gestalten und hervorbringen, zu verschieben.

Im zweiten Teil des Bandes werden Implikationen aus der medienrechtlichen Perspektive aufgegriffen und konkrete Handlungsempfehlungen ausgesprochen. Seit geraumer Zeit wird die Notwendigkeit der Regulierung von Suchmaschinen intensiv diskutiert. Denn Suchmaschinen stellen die Medienpolitik vor ganz neue Herausforderungen. Sie betreffen nicht nur zahlreiche verschiedene Politikfelder und Rechtsbereiche (z. B. Datenschutz, Jugendschutz, Urheberrecht), sondern überschreiten auch Ländergrenzen in weitaus stärkerem Maße als andere Mediengattungen und -angebote. Hinzu kommt, dass sich der Suchmaschinenmarkt so rasant weiterentwickelt, dass medienpolitische Gegenmaßnahmen häufig zu spät gesetzt werden, um Fehlentwicklungen aufhalten zu können. Viele herkömmliche medienpolitische Instrumente lassen sich zudem auf die neuen Akteure und Problemlagen kaum anwenden.

Hans Hege und Eva Flecken befassen sich sehr grundsätzlich mit der Problemstellung, ob Suchmaschinen reguliert werden müssen. Denn sie stellen sich erst einmal die Frage, welche Bedeutung Suchmaschinen für die Gesellschaft haben und ob sich aus dieser gesamtgesellschaftlichen Relevanz die Notwendigkeit einer Regulierung ableiten lässt. Berücksichtigt werden in der Debatte sowohl kultur- und medientheoretische als auch juristische Überlegungen. Als Ausgangspunkt der Debatte wird die Frage thematisiert, wie sich unser Verhältnis zu Wissen und Information im Internetzeitalter verändert hat. Was bedeutet es, wenn Wissen digital und weltweit verfügbar wird? Welche Implikationen ergeben sich aus dem „Googeln" als neue Kulturtechnik? Unter der Annahme, dass Wissen sowohl zeitabhängig als auch konsensual gebildet wird, aber auch kontingent ist, werden die wichtigen „Kontingenzbearbeiter" in der analogen und digitalen Welt identifiziert und deren Funktionsweisen beschrieben und miteinander verglichen. Pointiert ausgedrückt: Journalisten versus Algorithmen – denn im digitalen Zeitalter klassifizieren, gewichten und bewerten auch Suchmaschinen die Relevanz von Informationen und nicht mehr ausschließlich Journalisten. Das Prinzip der Suche ist nicht Neutralität, sondern Relevanz für den Einzelnen, und genau dieses Prinzip kann zu „blinden Flecken" in der Wahrnehmung, zur so genannten „Filter Bubble", führen. Mit dem Blick auf die Monopolstellung von Google werden diese möglichen Risiken im Detail diskutiert, um dann Anwendungsmöglichkeiten klassischer Ansätze der Regulierung aufzuzeigen. Dem werden aber auch Alternativen wie der Gedanke einer öffentlich finanzierten bzw. öffentlich-rechtlichen Suchmaschine gegenübergestellt. Denn warum sollte man beispielsweise nicht einen Teil des Rundfunkbeitrags für eine „neue Kulturtechnik" einsetzen?

Ansgar Koreng vertieft einen wichtigen aktuellen Punkt aus der juristischen Debatte, der in den letzten Monaten – sowohl auf europäischer Ebene als auch in den USA – immer wieder für Schlagzeilen gesorgt hat: Er greift die Diskussion um Netzneutralität auf. Der diskriminierungsfreie Transport von Daten setzt voraus, dass Access-Provider die Datenpakete aller Kunden – egal welchen Inhalt und welches Ziel sie haben – gleich behandeln. Ausgehend von der Annahme, dass die Debatte bislang zu eng geführt wird, erweitert er den Begriff der Netzneutralität im Sinne eines allgemeinen informationsrechtlichen Prinzips. Denn jede Einschränkung bestehender Informations- und Kommunikationsmöglichkeiten ist in demokratietheoretischer Hinsicht als bedenklich einzustufen. Um das Thema in einen weiten Kontext einzuordnen, wird Netzneutralität in einem ersten Schritt als medienrechtliches Problem erläutert. Vielfaltssicherung als medienrechtliches Prinzip steht im Mittelpunkt dieser Ausführungen. Dabei nimmt der Autor auch Bezug auf bestehende Regulierungsmodelle für Rundfunk und Presse, um im zweiten Schritt das Regulierungsbedürfnis für die Kommunikationsinfrastruktur im Internet im Allgemeinen und für Suchmaschinen im Speziellen aufzuzeigen. Diskutiert werden Vor- und Nachteile öffentlich-rechtlicher versus privatrechtlicher Regulierungsansätze, also die Frage, ob eine Behörde oder zivilrechtliche Normen für die Marktteilnehmer die Aufgaben übernehmen könnten, vergleichbar zu Regulierungskonzepten im Kartellrecht. Die letztgenannte Option ist in den Augen des Autors die vielversprechendere, denn staatliche Behörden würden zwangsläufig an Staatsgrenzen scheitern. Haftungsprivilegierung gäbe es im zweiten Modell nur dann, wenn Informationsgatekeeper wie Access-Provider oder Suchmaschinenanbieter sich strikt dem Grundsatz der Neutralität verpflichten. Auf diesem Wege könnte das Regulierungsziel „Suchmaschinenneutralität" zumindest binnenpluralistisch verwirklicht werden.

Der letzte Beitrag von Dieter Dörr und Simon Schuster präsentiert den bereits beschriebenen Vorschlag für eine Neuregulierung von Suchmaschinen. Die Antwort auf die Frage einer Neuregulierung ist auch von den technischen Fortschritten und der Digitalisierung der Gesellschaft geprägt. Beide Entwicklungen haben den Einfluss des Internets auf die Meinungsvielfalt in der öffentlichen Diskussion gegenüber den traditionellen Massenmedien wie Presse und Fernsehen verändert und vergrößert. Die drei vorgeschlagenen Kriterien der Suchmaschinenneutralität, der Suchmaschinentransparenz (sowohl gegenüber möglichen Kontrollinstanzen als auch gegenüber den Nutzern) und der Medienkompetenz können als Anhaltspunkte dienen, anhand derer eine wirkungs- und maßvolle Regulierung gelingen kann. Die Autoren betonen, dass die bislang diskutierten Regulierungsmechanismen in die richtige Richtung gehen, dass sich viele Ansätze allerdings zu stark auf einzelne Regulierungspunkte konzentrieren. Sie übersehen insoweit, dass eine Regulierung von Suchmaschinen nur bei einer

Sicherung und Stimulierung der Meinungsvielfalt auf den unterschiedlichsten Ebenen zielführend ist. Staatliche Aufsichtsmechanismen und die Nutzerkompetenz bei der Einstellung des Suchmaschinenlayouts müssen ebenso gestärkt werden wie die Verantwortung der Suchmaschinenbetreiber für den Schutz der Neutralität der Suche.

Dieser moralischen Verpflichtung hat sich Google schon längst unterworfen, wie das Motto „Don't be evil" beweist. Ob das Unternehmen diesem Anspruch allerdings gerecht wird, kann angesichts der zusammengetragenen empirischen Befunde in diesem Sammelband durchaus kritisch hinterfragt, wenn nicht sogar bezweifelt werden. Unbestritten wird uns auch zukünftig die Gatekeeper-Stellung von Suchmaschinen beschäftigen, denn Informationen zu suchen und zu finden ist für uns alle zu einer Schlüsselqualifikation geworden – zumal jede Gesellschaft auf Wissen basiert und in einer digitalen Gesellschaft grundsätzlich gemeinsames Wissen elementar ist.

Literatur

Beiler, M. (2013). *Nachrichtensuche im Internet*. Konstanz: UVK Verlagsgesellschaft.

Ebert, C. (2013). Google Hummingbird – kein Update, sondern neuer Such-Algorithmus! *Webmagazin*. Retrieved April 6, 2014, from http://webmagazin.de/business/seo/Google-Hummingbird-kein-Update-sondern-neuer-Such-Algorithmus-167655

Erlhofer, S. (2007). *Informationssuche im World Wide Web. Taktiken und Strategien bei der Nutzung von Suchmaschinen*. Berlin: Wissenschaftlicher Verlag.

Gaulke, M. (2008). *Suchmaschinenkompetenz. Was wissen wir wirklich über Suchmaschinen*. Masterarbeit, Hochschule Pforzheim. Retrieved April 6, 2014, from http://www.suchmaschinenkompetenz.de/

Hasebrink, U. & Schmidt, J.-H. (2013). Medienübergreifende Informationsrepertoires. *Media Perspektiven, 1*, 2-12.

Hölig, S. & Hasebrink, U. (2013). Nachrichtennutzung in konvergierenden Medienumgebungen. *Media Perspektiven, 11*, 522-536.

Pan, B., Hembrooke, H., Joachims, T., Lorigo, L., Gay, G., & Granka, L. (2007). In Google We Trust: Users' Decisions on Rank, Position, and Relevance. *Journal of Computer-Mediated Communication, 12*(3), 801-823.

Pariser, E. (2011). *The Filter Bubble: What the Internet Is Hiding from You*. London et al.: Penguin.

Machill, M. & Welp, C. (2003). *Wegweiser im Netz. Qualität und Nutzung von Suchmaschinen*. Gütersloh: Verlag Bertelsmann Stiftung.

McQuail, D. (2005). *Mass Communication Theory*. London et al.: Sage Publications.

Müller, T. (2013). Habitualisierte Mobilnutzung – Smartphones und Tablets gehören zum Medienalltag. *Media Perspektiven, 9*, 410-422.

Schulz, T. (2014). Larry und die Mondfahrer. *Spiegel* 10/2014, 58-67.

Webster, J. G. (2010). User Information Regimes: How Social Media Shape Patterns of Consumption. *Northwestern University Law Review, 104*(2), 593-612.
Webster, J. G. & Ksiazek, T. B. (2012). The Dynamics of Audience Fragmentation: Public Attention in an Age of Digital Media. *Journal of Communication, 62*(1), 39-56.
Wirth, W., Böcking, T., Karnowski, V., & Pape, von, T. (2007). Heuristic and Systematic Use of Search Engines. *Journal of Computer-Mediated Communication, 12*(3), 778-800.

Birgit Stark, Melanie Magin und Pascal Jürgens

Navigieren im Netz

Befunde einer qualitativen und quantitativen Nutzerbefragung

1 Einführung

Für das Leben in der modernen Gesellschaft hat „Wissen“ eine enorme und immer größer werdende Bedeutung. Wissen wird – neben Kapital, Bodenschätzen und Arbeit – zu einer eigenständigen Produktivkraft.[1] Mit dem Schlagwort „Wissensgesellschaft“ wird dieser grundlegende Strukturwandel von der Industriegesellschaft zu einer wissensbasierten Gesellschaft zum Ausdruck gebracht: Die Erzeugung, Verteilung, Vermittlung und Aneignung von Wissen nimmt mittlerweile eine vorrangige Position in der Wertschöpfungskette ein, so dass die Geschwindigkeit der Wissensgenerierung und Umsetzung in neue Produkte und Dienstleistungen über die Wettbewerbsfähigkeit mitentscheidet. Damit wird der Zugang zur Ressource „Wissen“ zur zentralen Frage: Welches Wissen wird wie nachgefragt und unter welchen Konditionen angeboten?

In den letzten Jahren haben medienkonvergente Entwicklungsprozesse die Schaffung neuen Wissens exponentiell beschleunigt. Dabei hat sich das Internet als „Schaltzentrale“ einer konvergenten Medienwelt etablieren können und den Umgang mit der Ressource „Wissen“ radikal verändert. Denn durch das „Zusammenwachsen“ oder auch „Verschmelzen“ bisher getrennter Kommunikations- bzw. Medienbereiche auf technischer und inhaltlicher Ebene verändern sich die Bedingungen für die Erzeugung und Speicherung, die Verbreitung und Nutzung von Wissen grundlegend. Langfristig könnten sich die informationstechnischen Auswirkungen auf die Konstitution von Wissen als ähnlich weitreichend wie jene des Buchdrucks erweisen.[2]

Die ubiquitäre Zugänglichkeit von Information führt allerdings auch zu einer Reihe von Problemen. So resultiert das schnelle Wachstum des Wissensangebots nicht nur in einer ungleichen Informationsversorgung, sondern auch zu einem Überangebot und dem Problem seiner Verarbeitung. Denn es ist nicht immer leicht, in der Informationsflut das für uns wichtige und richtige Wissen – sei es aus individueller oder gesellschaftlicher Perspektive – zu erkennen und zu beherrschen. Infolgedessen wächst der Orientierungsbedarf auf Konsumen-

1 Belwe 2001.
2 Hofmann 2001.

tenseite: Um in der Fülle an Informationen Relevantes zu finden, haben sich in vielen Bereichen neue Intermediäre herausgebildet. Mit ihnen gewinnen Filtersysteme an Relevanz, deren Aggregations- und Auswahlregeln auf spezifischen (Personalisierungs-)Algorithmen und Software-Architekturen basieren.

Suchmaschinen wie Google etwa spielen für das Auffinden von Informationen im Internet die entscheidende Rolle, denn sie ermöglichen und gestalten den Zugang zu Informationen im Netz und sind so zum zentralen Gatekeeper geworden. Das heißt aber auch: Netzinhalte, die durch sie nicht auffindbar sind, existieren für die breite Masse der Nutzer nicht. Die Relevanz von Informationen „ergibt sich aus der Platzierung, die Realität aus der Sichtbarkeit. Was ich schnell finde, ist richtig und wichtig".[3] Die Vermittlungsleistung besteht darin, dass Suchmaschinen Informationen selektieren, gewichten und aggregieren. Auch wenn der neue Intermediär Google keine originären Inhalte anbietet, steuert er also den Informationszugang nachhaltig und gewinnt damit neben traditionellen Anbietern zunehmend an Bedeutung für die Meinungsbildung.[4]

Allerdings unterliegen technisch orientierte Relevanzzuschreibungen bzw. Rankingsysteme ganz anderen Kriterien als journalistisch-inhaltlichen. Inwieweit sich beide Formen von Auswahlkriterien gleichen oder gar zur Grundlage äquivalenter Vermittlungsleistungen werden können, ist bislang nur in Ansätzen erforscht.[5] Es fehlen vor allem Erkenntnisse darüber, wie sich diese technischen Selektionsmechanismen im Zusammenspiel mit dem Navigationsverhalten der Nutzer auswirken. Insbesondere die Nutzungsweisen von Suchmaschinen und ihre Einflussmöglichkeiten sind trotz der enormen gesellschaftlichen Bedeutung aus kommunikationswissenschaftlicher Perspektive bislang nur unzureichend erforscht.

An dieser eklatanten Forschungslücke setzt unsere Studie an. Ziel ist es, Klarheit darüber zu gewinnen, wie Menschen im Internet nach Informationen suchen und sie auswählen, wie sie Suchmaschinen in diesen Prozess einbinden und welche unterschiedlichen Navigationstypen sich identifizieren lassen. Aufbauend auf der bestehenden Forschung aus der Ära der nicht-personalisierten, statischen Suchmaschinen[6] fokussiert die vorliegende Studie den Umgang der Nutzer mit der neueren reaktiven Technologie von Suchmaschinen (Schlagwort: Personalisierungsalgorithmen).[7]

---

3 Herbold 2013.

4 Zu den möglichen technischen Einflussfaktoren seitens der Suchmaschinenbetreiber vgl. den Beitrag von Lewandowski, Kerkmann und Sünkler in diesem Band.

5 Beiler 2013.

6 Z. B. Hargittai 2002; Pan et al. 2007; Wirth et al. 2007.

7 Vgl. hierzu ausführlich den Beitrag von Jürgens, Stark und Magin i. d. B.

Der vorliegende Beitrag präsentiert die Ergebnisse einer qualitativen und quantitativen Nutzerbefragung und systematisiert damit die Erkenntnisse zum Navigationsverhalten im Netz aus theoretischer und empirischer Sicht. Eingebunden in eine allgemeine Einführung, die aus funktionaler Perspektive die informationsbezogenen Nutzungsmotive des Internets beschreibt und so die zunehmende Bedeutung der Informationssuche im Netz veranschaulicht, werden anschließend Prozesse der Selektion und Rezeption bei der informationsorientierten Suche erklärt. Theoretisch wird das Selektionsverhalten bei der Online-Nutzung mit Hilfe entscheidungstheoretischer Modelle und aus der Informationsverarbeitungsperspektive erklärt. Allerdings gibt es bislang kein kohärentes theoretisches Modell, das diese sehr heterogenen Erklärungsansätze adäquat auf die Suchmaschinennutzung anwendet, so dass dieser Beitrag verschiedene Ansätze auf den Online-Bereich überträgt. Im nächsten Schritt werden ausgewählte empirische Befunde zum Navigationsverhalten dargestellt: Was weiß man bisher darüber, wie Internetnutzer auf einer Website navigieren und Inhalte mit Hilfe von Suchmaschinen auswählen? Der zweite Teil des Beitrags widmet sich schließlich der Ergebnisdarstellung. Er konzentriert sich auf die informationsorientierte Suche im Netz im Allgemeinen und das Navigationsverhalten mit Hilfe von Suchmaschinen im Speziellen. Dabei kommen auch die allgemeinen Motive für die Internetnutzung zur Sprache, die als wichtige Kontextvariable dienen, um mittels einer Clusteranalyse unterschiedliche Nutzertypen zu identifizieren.

2 Selektion und Verarbeitung im Netz aus theoretischer Sicht

2.1 Internetnutzung im Alltag

Das Internet ist für die meisten Onliner mittlerweile zum integralen Bestandteil ihres Alltags geworden. Die zunehmende Vertrautheit mit seinen vielfältigen attraktiven Möglichkeiten hat dazu geführt, dass die Nutzungsdauer, nicht zuletzt auch durch mobile Endgeräte und die Ausweitung der Unterwegsnutzung, rapide angestiegen ist. Nahezu drei Stunden verbringt jeder Onliner mittlerweile täglich im Netz. Überraschenderweise hat sich trotz der enormen Erweiterung der Angebotspalette die Rangfolge der meistgenutzten Internetanwendungen in den letzten Jahren kaum verändert. Die Online-Recherche (konkret die mehr oder weniger zielgerichtete Suche) und die Nutzung von Suchmaschinen zählen neben der E-Mail-Kommunikation nach wie vor zu den wichtigsten Anwendungen im

Netz.[8] Die Nutzung von Suchmaschinen gehört spätestens seit 2007 selbstverständlich zum Online-Alltag, und deren Relevanz ist im Zeitverlauf sogar noch gestiegen. Dabei hat die junge Generation der 14- bis 29-Jährigen von der Möglichkeit, Informationen schnell über Suchmaschinen zu erhalten, von Anfang an intensiver Gebrauch gemacht als die ältere.[9]

Dass Information eine grundlegende Funktion des Internets ist, wird auch an einer Reihe weiterer informationsbezogener Nutzungsschwerpunkte deutlich. So hat sich seit 2007 nicht nur die Nachrichtennutzung im Netz in allen Generationen intensiviert, sondern auch die Nachfrage nach aktuellen Serviceinformationen (z. B. Verkehr, Wetter) ist stark angestiegen. Bedarfsorientiert wurden zudem von Anfang an Ratgeber- und Verbraucherinformationen im Netz abgerufen.[10] Insgesamt zeigt sich in einer weiten Definition von Informationsangeboten[11] sehr anschaulich, dass die Online-Informationsnutzung mittlerweile einen enormen Stellenwert besitzt. Darüber hinaus ist in den letzten zehn Jahren das Interesse an nahezu allen verfügbaren Themenbereichen im Netz angestiegen. Das Internet ist damit zweifelsohne zur zentralen „Anlaufstelle für Informationen aus allen Bereichen des Lebens“[12] geworden.

Zudem wird es in jüngster Zeit durch die optimierten, permanenten Zugriffsmöglichkeiten öfter und spontaner als früher genutzt, oft um Informationen zu ganz alltäglichen Dingen rasch zu erhalten[13], aber auch, um Onlinenachrichten zu konsumieren.[14] Denn der Zugang zu und der Umgang mit Nachrichten haben sich durch die Verbreitung von Smartphones und die wachsende Angebotsvielfalt im Netz verändert: Im „Always On-Modus“ werden die Zyklen immer kürzer, innerhalb derer die Nutzer sich auf den aktuellen Stand über wichtige Ereignisse bringen.[15] In Deutschland verweisen Langzeitstudien wie die AWA auf ein neues, zunehmend anlass- und ereignisgetriebenes On-Demand-Informationsverhalten, das zu einer Enthabitualisierung des politischen Informationsverhaltens führt.[16] Dazu trägt auch bei, dass sich das Spektrum relevanter politischer Angebote online mittlerweile ausgeweitet hat: Als Orientierungspunkte, um zu Onlinenachrichten zu gelangen, dienen nicht mehr nur traditionelle journalistische

8 Van Eimeren & Frees 2013: 362.
9 Mende, Oehmichen & Schröter 2013: 34-36.
10 Mende, Oehmichen & Schröter 2013: 37-39; van Eimeren & Frees 2013: 364-365.
11 Schweiger 2010: 188.
12 Van Eimeren & Frees 2013: 364.
13 Müller 2013.
14 Hölig & Hasebrink 2013.
15 Müller 2013.
16 Köcher & Bruttel 2011.

Angebote, sondern auch Suchmaschinen wie Google und neue Nachrichtendienste wie Google News.[17]

Die international vergleichende Studie „Reuters Institute Digital News Survey 2013“ zeigt anschaulich, dass der Weg zu Onlinenachrichten überwiegend über Suchmaschinen führt. Darüber hinaus dokumentiert die repräsentative Bevölkerungsumfrage des Hans-Bredow-Instituts zu medienübergreifenden Informationsrepertoires, dass Google selbst bei der Meinungsbildung über politische Themen mittlerweile eine zentrale Rolle spielt. Konkret gefragt nach relevanten Angeboten für die politische Meinungsbildung wird Google – gleich nach der Tagesschau – in dem offenen Erhebungsverfahren als zweithäufigstes Angebot genannt. Daneben finden sich als weitere mögliche Informationsquellen sowohl in der Gesamtbevölkerung als auch in den jüngeren Altersgruppen weitere Onlineprovider. In der Wahrnehmung der Nutzer gewinnen diese Plattformen – obwohl sie keine journalistischen Inhalte anbieten – also allein durch ihre Vermittlerfunktion beim Informationszugang an Bedeutung für die politische Meinungsbildung.[18]

Zusammenfassend bleibt festzuhalten, dass Suchmaschinen nicht nur für das Auffinden allgemeiner Informationen zunehmend wichtiger werden, sondern auch für die politische Meinungsbildung im Kontext der Nachrichtennutzung, so dass ihre Relevanz für den Meinungsbildungsprozess in den letzten Jahren insgesamt gestiegen ist. Deutlich wird dies an einer Vielzahl von Indikatoren, welche die hohe Popularität von Suchmaschinen in sehr unterschiedlichen Lebensbereichen dokumentieren.

Nach den informationsorientierten Motiven der allgemeinen Internetnutzung geht es im Folgenden um die Prozesse bei der Auswahl von Online-Inhalten, also um die Selektion und Rezeption von Online-Angeboten.

2.2 Prozesse der Selektion und Rezeption

Selektivität bzw. Selektion als Schlüsselkonzept der Medienwirkungs- und Mediennutzungsforschung blickt auf eine lange Tradition zurück und ist im Zuge der digitalen Angebotserweiterung wieder populär geworden. Gemeint ist die nicht zufällige Auswahl von Medienangeboten bzw. Alternativen, die im Kontext der Hypertext- und Usability-Forschung auch als Navigation bezeichnet wird.[19] Selektion findet im Umgang mit Medien auf mehreren Ebenen statt, denn ausge-

17 Hölig & Hasebrink 2013.

18 Hasebrink & Schmidt 2013: 8-9.

19 Stark 2006.

wählt wird nicht nur in der präkommunikativen Phase, sondern auch während und nach der Rezeption. Während der Zuwendung äußert sich Selektivität in besonderer Aufmerksamkeit für bestimmte Medienbotschaften oder einzelne Bestandteile der Botschaften, während der Rest unbeachtet bleibt. Diese selektive Wahrnehmung während der Rezeptionsphase geht einher mit unterschiedlichen Behaltensleistungen in der postkommunikativen Phase. Nur ein Bruchteil dessen, was rezipiert wird, wird auch behalten, wobei das Involvement während der Rezeption die Erinnerungsleistung nach der Zuwendung entscheidend prägt. Das heißt, Personen, die sich aktiv bestimmten Botschaften zuwenden, sind hinterher fähig, mehr Informationen wiederzugeben als Personen, die diesen nur passiv ausgesetzt sind.[20]

Donsbach hat das Konzept der Selektion durch die Einteilung in unterschiedliche Selektionsphasen ausdifferenziert. Er geht von einer sehr breiten Definition des Selektivitätsbegriffs aus: „Selektionsverhalten ist ein Prozess, in dem Individuen aus den ihnen in ihrer Umwelt potentiell zur Verfügung stehenden Signalen mit Bedeutungsgehalt aufgrund von deren physischen oder inhaltlichen Merkmalen bestimmte Signale bewusst oder unbewusst auswählen oder vermeiden."[21] In den verschiedenen Phasen der Mediennutzung kategorisiert er die einzelnen Selektionsprozesse wie folgt: Im ersten Schritt können Menschen zunächst entscheiden, ob sie überhaupt Medien nutzen oder lieber anderen Beschäftigungen nachgehen möchten. Im zweiten Schritt müssen sie beschließen, welches Medium sie nutzen wollen. Bei der intermediären Selektion geht es hierbei um die Auswahl aus verschiedenen Typen von Medien (z. B. Fernsehen vs. Internet), bei der intramediären Selektion um die Auswahl eines bestimmten Medienprodukts innerhalb einer Mediengattung (z. B. Google vs. Spiegel Online). Im dritten Schritt müssen sich die Rezipienten für ein bestimmtes redaktionelles Angebot entscheiden (z. B. einen Artikel oder ein Programmangebot). Im vierten Schritt schließlich wählen sie innerhalb des redaktionellen Angebots einzelne Informationen (Argumente, Wertungen) aus, denen sie Aufmerksamkeit schenken, die sie ganz oder teilweise rezipieren und die sie entweder behalten oder vergessen.[22]

Auf das Internet übertragen finden Selektionsprozesse in allen drei Phasen des Kommunikationsprozesses statt (präkommunikative Phase: Starten des Webbrowsers und Entscheidung für ein Webangebot; kommunikative Phase: Ansehen der Website und Verarbeiten einzelner Fakten und Bewertungen; postkommunikativ: Erinnerung an bestimmte Fakten).[23] Differenzierter kann dieser

20 Levy & Windahl 1985.
21 Donsbach 1991: 24ff.
22 Donsbach 1991.
23 Schweiger 2007: 159.

Auswahlprozess bei der Online-Nutzung in einem Ablaufmodell als einander abwechselnde Selektions- und Rezeptionsphasen modelliert werden.[24] In der Selektionsphase versucht der Rezipient, Informationen entsprechend seiner vorhandenen Bedürfnisse zu finden. Hier wechseln sich bereits Selektionshandlungen und Evaluationsphasen ab. Je nachdem, ob der gewünschte Inhalt gefunden wird, erfolgen weitere Selektionshandlungen (beispielsweise das Anklicken eines Links oder das Umformulieren einer Suchanfrage), dem wiederum Evaluationen und schließlich die eigentliche Rezeption folgen.

Der prozesshafte Verlauf der Navigation wird auch im integrativen „Clickstream"-Modell von Wirth und Brecht beschrieben.[25] Vier zentrale Komponenten beschreiben auf der Mikroebene die Auswahlentscheidungen: Selektionsziel, Selektionsorientierung, Selektionshandlung und Zielevaluation. Interesse und Intentionalitätsgrad bestimmen maßgeblich das Ziel einer Suche. Dieses kann sowohl (a) hoch intendiert oder spontan als auch (b) spezifisch oder allgemein gefasst sein. An welchen Merkmalen der auszuwählenden Inhalte sich der Nutzer orientiert, wird unter dem Begriff „Selektionsorientierung" zusammengefasst. Aus dem objektiven Merkmalsraum werden allerdings nicht alle möglichen Merkmale wahrgenommen, sondern lediglich die – inhaltlich, strukturell, technisch oder gestalterisch – auffälligsten. Von diesen wahrgenommenen Optionen klickt der Nutzer beispielsweise eine oder mehrere an und vollzieht damit bestimmte Navigationshandlungen. Berücksichtigt werden aus den möglichen Handlungsoptionen immer nur diejenigen, die bereits im bisherigen Entscheidungsprozess berücksichtigt wurden. Das Ergebnis der ausgeführten Navigationshandlung führt letztlich wieder zu einer Zielevaluation, die gegebenenfalls das Selektionsziel nochmals verändert.[26] Das Modell beschreibt nach Schweiger „einen heuristischen Entscheidungsverlauf, der neben dem Selektionsziel (bzw. erstrebten Nutzen) eines Rezipienten stark von der medialen Präsentation der Entscheidungsalternativen geprägt wird".[27]

Selektionsprozesse im Netz bestehen demnach aus mehreren Entscheidungen, in deren Ablauf Inhalte mit Blick auf ihren erwarteten Nutzen (auch im Kontext von Vorwissen) bewertet werden. Nach Schweiger kann dieser Prozess direkt erfolgen, aber auch indirekt, wenn er durch externe Informationsquellen beeinflusst wird.[28] Dies können bei Websites beispielsweise Werbung, Empfehlungen anderer oder Berichte in traditionellen Massenmedien sein. Insgesamt

---

24 Schweiger 2010: 197.
25 Wirth & Brecht 1998, 1999.
26 Schweiger 2010: 198.
27 Schweiger 2007: 185.
28 Schweiger 2007: 186.

lässt sich die Auswahlsituation im Netz und damit der Suchprozess als iterativer Prozess beschreiben, wobei die eigentliche Auswahl in den Trefferlisten die zentrale Selektionshandlung darstellt.[29]

2.3 Selektion und Rezeption als Informationsverarbeitung

Erklärt werden kann dieser Entscheidungsprozess auf Basis unterschiedlicher Ansätze. So können Selektionsentscheidungen sowohl aus der entscheidungstheoretischen als auch aus der Informationsverarbeitungsperspektive, die insbesondere die Rolle von Vorwissen und Routinen einbezieht, beschrieben werden.[30] Allerdings würde es den Rahmen dieses Beitrags sprengen, diese sehr unterschiedlichen Erklärungsansätze ausführlich zu beschreiben. Er beschränkt sich daher auf diejenigen Aspekte, die relevant sind, um Auswahlentscheidungen bei der Informationssuche im Netz zu erklären. Hierzu wurde zu Beginn der Forschung ein Kriterienkatalog entwickelt, der Einflussfaktoren sowohl auf der Medien- als auch auf der Rezipientenseite berücksichtigt und sich konkret auf entscheidungsrelevante Faktoren bezieht.[31] Wirkliche entscheidungstheoretische Konzepte zur Erklärung des mehrstufigen Auswahl- prozesses für das Navigieren im Web fehlen bislang. Die bisherige Suchmaschinenforschung hat sich deshalb stark an den verschiedenen Aspekten der Informationsverarbeitung orientiert. Zentral ist hier die Frage, unter welchen Bedingungen Mediennutzung effizient erfolgen kann und welche Rolle in diesem Kontext das Involvement der Nutzer spielt, das den Willen und damit die Fähigkeit der Rezipienten zur Aufnahme und Verarbeitung von Informationen maßgeblich beeinflusst.

Zu den zahlreichen Ansätzen, die sich mit dem Stellenwert des Involvements im Verarbeitungsprozess befassen, gehört das heuristisch-systematische Modell (HSM).[32] Es zieht die Möglichkeit von eher flüchtiger, mit geringeren kognitiven Anstrengungen verbundener Informationsverarbeitung in Betracht, nimmt also zwei unterschiedliche Informationsverarbeitungsmechanismen – die systematische und die heuristische Verarbeitung – an, weshalb es auch als Zweiprozesstheorie der Einstellungsänderung bezeichnet wird. Das Modell geht davon aus, dass die Wirkungen von relativ wichtigen inhaltlichen Variablen und vergleichsweise unwichtigen Botschaftsvariablen auseinanderfallen, und stellt damit den

---

29 Beiler 2005: 167.

30 Schweiger 2007: 167.

31 Vgl. nachfolgendes Kapitel.

32 Chaiken 1980. Dem HSM in seinen Grundannahmen sehr ähnlich ist das Elaboration Likelihood-Modell von Petty und Cacioppo (1986).

Prozess der Informationsverarbeitung durch den Botschaftsempfänger in den Mittelpunkt.[33]

Verarbeitet ein Rezipient eine wahrgenommene Botschaft auf systematische Weise, so strebt er nach der Bildung eines möglichst validen Urteils. Er versucht, alle potenziell relevanten Informationen – insbesondere inhaltlicher bzw. themenrelevanter Art – zu sammeln, gegeneinander abzuwägen und in Beziehung zu seinen Vorkenntnissen und Erfahrungen zu setzen. Dabei werden aktiv sowohl unterstützende als auch gegensätzliche Informationen und Argumente berücksichtigt, um sich kritisch ein möglichst differenziertes Bild über Vor- und Nachteile der entsprechenden Position zu machen. Auf Basis dieser sorgfältigen Evaluation wird im zweiten Schritt ein analytisches, wohlbegründetes Urteil gefällt. Der kognitive Aufwand für die mühevolle systematische Informationsverarbeitung ist in aller Regel hoch. Damit der Rezipient zu dieser Art der Informationsverarbeitung bereit und willig ist, muss er über ausreichende Motivation sowie kognitive Fähigkeiten bzw. Ressourcen verfügen, sich mit dem Gegenstand zu befassen und die Argumente hinsichtlich ihrer Gültigkeit zu beurteilen.[34]

Die heuristische Verarbeitung ist weit weniger analytisch und erfordert nur geringe kognitive Anstrengungen. Hier stützt sich das Urteil weniger auf Inhalt und Qualität der dargebotenen Argumente, sondern der Rezipient fokussiert auf Informationen, die ihm die Anwendung einfacher Entscheidungsregeln – sogenannter Heuristiken – gestattet. Hierunter versteht man eine Art routinehaftes „Rezeptwissen" über typisches, bestimmten Situationen angemessenes Verhalten und über die adäquate Beurteilung bestimmter Sachverhalte, beispielsweise „Experten haben Recht", „Statistiken lügen nicht" oder „die Mehrheit irrt sich nicht". Derartige Entscheidungshilfen bzw. „Faustregeln" wurden aufgrund vergangener Erfahrungen und Beobachtungen erlernt, sind im Gedächtnis als Wissensstrukturen gespeichert und können durchaus eine gewisse empirische Validität beanspruchen. Sie ermöglichen dem Rezipienten eine relativ schnelle Entscheidungsfindung, weil sie die Bewertung der zur Verfügung stehenden Informationen erleichtern und verkürzen.[35]

Ausgelöst wird der Einsatz von Heuristiken durch sogenannte heuristic cues, also „Fingerzeige", die darauf hindeuten, dass die gespeicherte Heuristik auf eine Situation zutrifft und anwendbar ist. Hierunter fallen etwa Merkmale des Kommunikators wie Attraktivität und Glaubwürdigkeit oder Merkmale der Botschaft, z. B. die Zahl der Argumente. Zur Urteilsbildung werden also Merkmale herangezogen, welche mit dem eigentlichen Botschaftsinhalt nur wenig zu tun

33 Barth & Bengel 1998: 78.
34 Chaiken 1980: 752-754; Todorov, Chaiken & Henderson 2002: 197.
35 Brosius 1995: 106-108.

haben. Heuristisch verarbeitet wird dann, wenn Motivation und Fähigkeiten, sich gedanklich mit einem Sachverhalt zu befassen und ihn zu beurteilen, gering ausgeprägt sind.[36] Die beiden Entscheidungsstrategien treten meist nicht in Reinform auf, sondern stellen die beiden Endpunkte eines Kontinuums dar, auf dem sich letztlich alle Auswahlentscheidungen der Nutzer verorten lassen.

Die Frage, welche grundsätzlichen Entscheidungsregeln im Online-Suchprozess zum Einsatz kommen, ist bislang unterschiedlich beantwortet und vor allem im Kontext der relevanten Einflussfaktoren diskutiert worden. Das heißt, ob sich der Nutzer für ein strategisches Vorgehen entscheidet oder das heuristische als für den individuellen Zweck ausreichend betrachtet, hängt von einer Reihe von Faktoren ab, deren Zusammenspiel aber bislang nur wenig empirisch erforscht worden ist. Auf den ersten Blick erscheint es plausibel, dass Entscheidungsprozesse im Online-Suchprozess stärker heuristisch geleitet werden, weil der Alltag von einer wahren Informationsflut gekennzeichnet ist, und dem Einzelnen oft Zeit und kognitive Kapazitäten fehlen, sich sorgfältig und analytisch mit all diesen Informationen zu beschäftigen.

2.4 Einflussfaktoren auf die Informationssuche und -auswahl

Wirth und Schweiger haben in einer sehr frühen Zusammenstellung die Einflussfaktoren auf internetspezifische Selektionsentscheidungen systematisiert.[37] Beiler hat diese später auf das Selektionsverhalten in Ergebnislisten von Suchmaschinen übertragen.[38] Einfluss auf den Auswahlprozess bei der Informationssuche besitzen demnach nicht nur soziodemografische Variablen wie Geschlecht, Bildung und Alter, sondern auch eine Vielzahl an Kontext-, Situations- und Personenmerkmalen.

2.4.1 Kontext der Suchsituation und der Suchaufgabe

Wirth und Schweiger fassen unter Kontextfaktoren Kriterien, „die nicht die einzelne Selektionsentscheidung, sondern eine Sequenz von Entscheidungen betreffen und zu einem übergeordneten Ziel führen“.[39] Darunter fallen finanzielle, zeitliche und technische Randbedingungen, unter denen die Informationssuche im

36 Chaiken 1980: 752-754; Todorov, Chaiken & Henderson 2002: 197-198.
37 Wirth & Schweiger 1999.
38 Beiler 2005.
39 Wirth & Schweiger 1999: 60.

Netz abläuft, und damit sämtliche Zugangsvoraussetzungen, die für die Nutzung unerlässlich sind (im Einzelnen: Kosten, Zeitaufwand, Länge des Entscheidungswegs und Optionsdichte). Mittlerweile dürfte vor allem der Kostenfaktor so gut wie keine Rolle mehr spielen, während der Zeitdruck nach wie vor einen wesentlichen Einfluss auf das Auswahlverhalten ausüben kann. Für die Suchmaschinennutzung spielen daneben vor allem Task-Effekte eine große Rolle. Hier sind nach Beiler insbesondere die Art der Suchaufgabe, das jeweilige Suchmotiv und das aufgabenspezifische Involvement von Bedeutung.[40]

2.4.2 Situationsmerkmale

Situationsmerkmale im engeren Sinne sind nach Beiler u. a. Merkmale, welche die Einfluss- und Kontrollmöglichkeiten sowie die Transparenz der Auswahlsituation aus der Perspektive des Nutzers beschreiben. Das Lesen und Betrachten von Webseiten kann beispielsweise weitaus eigenständiger kontrolliert werden als die Rezeptionssituation beim Fernsehen. Zudem ist eine Auswahlentscheidung beim Surfen immer leicht rückgängig zu machen, so dass Fehler jederzeit durch einen Mausklick wieder aufgehoben werden können (Reversibilität). Damit ist der Verhaltensaufwand insgesamt als gering zu bezeichnen. Beiler betont in diesem Kontext, dass dadurch nicht jede Entscheidung bis ins letzte durchdacht werden muss, sondern heuristische Suchstrategien und spontane Entscheidungen begünstigt werden.[41] Verstärkend kommt die begrenzte Transparenz der Suchsituation hinzu, in der wenige Informationen als Entscheidungsgrundlage dienen müssen. Denn die Kenntnis der Nutzer über die Auswahl- und Auflistungskriterien der Suchmaschinen und die Gewissheit, wohin die gelisteten Suchergebnisse führen, sind in aller Regel gering.

2.4.3 Persönliche Merkmale

Nach Beiler sind hierunter „dauerhafte, transsituationale Merkmale des Nutzers zu verstehen, die die Verarbeitung und Selektion von Informationen beeinflussen.“[42] Dazu werden mitunter die allgemeine Interneterfahrung der Nutzer und damit auch die Vertrautheit mit dem Medium generell sowie ihre konkrete Suchmaschinenexpertise gezählt. Insbesondere eine höher ausge-

40 Beiler 2005: 171.
41 Beiler 2005: 172.
42 Beiler 2005: 170.

prägte Suchmaschinenkompetenz führt zu einem reflektierteren Vorgehen bei der Formulierung von Suchanfragen und der Analyse der gefundenen Treffer.[43] Generell hilft eine höhere Medienkompetenz, die vielen Auswahloptionen besser einschätzen zu können, und ermöglicht dadurch erfolgreichere Such- und Entscheidungsstrategien.[44]

Eng verwoben ist der Kompetenzfaktor mit dem Konzept der Habitualisierung. So sind ritualisierte bzw. habitualisierte Nutzungsmuster Teil einer Art kognitiver Entlastungsstrategie, insbesondere in Bezug auf Entscheidungsprozesse bei wiederholten Selektionshandlungen.[45] Habitualisierte Mediennutzung kann in diesem Sinne als spezielle Form der Medienkompetenz verstanden werden, die es erlaubt, bei minimalem Aufwand äußerst effizient Entscheidungen zu treffen. Dies dürfte gerade in den letzten Jahren an Bedeutung gewonnen haben, weil mittlerweile ein Großteil der Internetnutzer auf langjährige, breite Erfahrungen mit dem Internet zurückblicken kann.

Darüber hinaus gehören zu den persönlichen Einflussfaktoren das Involvement bzw. die Motivation sowie die Persönlichkeit bzw. die kognitiven Stile. Motivationale Faktoren spielen in der Rezeptions- und Wirkungsforschung seit langem eine wichtige Rolle und sind, wie schon erwähnt, auch im heuristisch-systematischen Modell zentral. Hinsichtlich der Suchmaschinennutzung geht man davon aus, dass das Involvement die erfolgreiche Bewältigung der Informationssuche, insbesondere durch die Sorgfalt im Evaluationsprozess, beeinflusst. Das heißt, je größer das Involvement, desto gründlicher werden Trefferlisten evaluiert und desto gründlicher werden die aufgenommenen Informationen verarbeitet. Auch kognitive Persönlichkeitsmerkmale beeinflussen den Umgang mit Suchmaschinen, da sie als „Stilmerkmale" der Informationsverarbeitung Selektionsentscheidungen lenken, insbesondere hinsichtlich einer elaborierten bzw. oberflächlichen Prüfung der Auswahloptionen.[46]

Alles in allem lässt sich die Selektionssituation im Web wie folgt charakterisieren: Webnavigation ist ein Prozess, der verstanden werden kann als eine Aneinanderreihung von Auswahlentscheidungen, die durch situationale, motivationale, kognitive und persönliche Faktoren beeinflusst werden. Um den Such- und Auswahlprozess aufrechtzuerhalten, muss der Nutzer dabei fortlaufend weitere Entscheidungen treffen, welche manchmal auf der Basis einer gründlichen, bewussten Abwägung getroffen werden, manchmal jedoch auch auf eher unbewusste und habitualisierte Weise. Die Entscheidungssituation im Web lässt

43 Hölscher 2002.
44 Schweiger 2007: 181.
45 Wirth & Schweiger 1999: 57-58.
46 Wirth & Schweiger 1999: 58.

sich im Vergleich zu Nutzungskontexten bei anderen Medien zusammenfassend an ganz spezifischen Merkmalen festmachen: Nutzer haben in der Regel nur wenige Informationen darüber, wohin Links führen (geringe Transparenz, hohe Unsicherheit). Demgegenüber steht, dass sie in der Regel starke Kontrolle über die Suchsituation haben, also Verarbeitungsgeschwindigkeit und -modus weitestgehend selbst bestimmen können. Zudem lassen sich vor dem Hintergrund des geringen Verhaltensaufwands aber auch jederzeit mögliche Fehler relativ leicht korrigieren, denn einzelne Entscheidungen besitzen wenig Relevanz (hohe Reversibilität).

2.5 Der adaptive Nutzer

Wirth und Schweiger schlagen vor dem Hintergrund der vorgestellten Einflussfaktoren das Modell des adaptiven Nutzers vor.[47] Ausgehend von der Annahme, dass sich der Nutzer – bewusst oder unbewusst – in einem Kosten-Nutzen-Kalkül entscheiden muss, postulieren sie, dass er auf die wahrgenommenen situativen Anforderungen flexibel, aber keinesfalls zwangsläufig rational oder bewusst reagiert. Das vorhandene Repertoire an Auswahlstrategien wird demnach in Abhängigkeit von den Rahmenbedingungen eingesetzt. Die situative Angemessenheit der Handlung hängt allerdings auch von deren kognitiver Verfügbarkeit ab. Für den Abruf spielen wiederum habitualisierte Nutzungsmuster eine wichtige Rolle. Allerdings wäre die Vorstellung von einem stets passiv-reagierenden adaptiven Nutzer nicht korrekt, denn motivationale Faktoren können zu einem erhöhten Involvement führen und das Engagement im Entscheidungsprozess verstärken. Reflektierte Entscheidungen sind somit insbesondere bei starker Motivation und Entschlossenheit zu erwarten. Empirisch überprüft wurde das Modell bisher allerdings nur in Ansätzen.[48]

In einer Mehrmethoden-Studie bestätigt sich generell die Annahme des adaptiven Nutzers, der relativ flexibel auf die wahrgenommenen situativen Anforderungen reagiert. In einem flexiblen Kosten-Nutzen-Kalkül zeigen sich unterschiedliche kognitive Verarbeitungsstrategien, die situations- und personenabhängig variieren und stärker in Richtung des heuristischen Modells tendieren. Neben der Komplexität der Suchanfrage und der Rankingposition in der Trefferliste sind das Involvement, die Interneterfahrung sowie Alter und Bildung zentrale Einflussfaktoren. Nur wenn das wahrgenommene Risiko beispielsweise einer Fehlentscheidung relativ hoch ist oder wider Erwarten keine passenden

47 Wirth & Schweiger 1999: 65-68, in Anlehnung an Payne et al. 1993.
48 Wirth et al. 2007.

Ergebnisse gefunden werden, wird gründlicher bzw. systematischer evaluiert. Während Nutzer mit mehr Erfahrung problemlos zwischen verschiedenen Auswahlstrategien wechseln können, fallen weniger versierte Nutzer meist auf bewährte Strategien (z. B. die Auswahl des ersten Treffers) zurück.[49]

Beiler kann diese Grundannahmen in einem adaptierten Selektionsmodell anhand von Befragungsergebnissen bestätigen.[50] Auf der Basis von sieben verschiedenen Dimensionen kristallisieren sich unterschiedliche kognitive Stile heraus, die situational stark variieren. Die Spannweite bewegt sich von „sehr reflektiertem, bewusstem und evaluativen Auswahlverfahren, das an Rational-Choice-Ansätze erinnert, über intuitiv-heuristische Informationsverarbeitung bis hin zu spontanen bzw. Zufallsentscheidungen."[51] Beiler schließt daraus, dass bei der Trefferauswahl bei Suchmaschinen eine „übergeordnete Rationalität zum Tragen"[52] kommt. In Anlehnung an Raffée[53] spricht er vom „Prinzip der Sparsamkeit", bei dem ein bestimmtes Ziel – nämlich ein korrektes Suchergebnis – mit einem Minimum an Aufwand erreicht werden soll. Belege für diese These der „Meta-Rationalität" findet der Autor in mancherlei Hinsicht. So bestätigt sich der Einfluss des Involvements: Je stärker es ist, desto reflektierter wählt der Nutzer aus und desto intensiver verfolgt er das Ziel, ein wirklich gutes Ergebnis zu finden. Im Kontext der Suchaufgabe ist der Faktor Zeitdruck hochrelevant: Unter hohem Zeitdruck treffen Nutzer ihre Auswahl stärker heuristisch. Das gilt auch bei hoher wahrgenommener Glaubwürdigkeit der Suchmaschine: Eine ausführliche Prüfung der Suchergebnisse entfällt weitestgehend, wenn die Rezipienten dem Anbieter bzw. der Marke vertrauen. Ähnlich kann man die Entscheidungslogik im Kontext der intransparenten Auswahlsituation interpretieren: Eine intuitiv-heuristische Auswahl erlaubt auch dann zu Entscheidungen zu kommen, wenn nur wenige Informationen zur Verfügung stehen. Bezüglich der soziodemographischen Merkmale ist im Modell von Beiler das Alter eine zentrale Variable: Je älter Suchmaschinennutzer sind, umso mehr Informationen berücksichtigen sie im Evaluationsprozess und umso reflektierter fällt die Entscheidung.[54] Entscheidend für das Selektionsverhalten sind also nach den vorliegenden Ergebnissen die Wahrnehmung der Auswahlsituation, aber auch das Involvement, die Interneterfahrung und Suchmaschinenkompetenz, der subjektiv empfundene Zeitdruck und das Alter der Rezipienten.

---

49 Wirth et al. 2007.
50 Beiler 2005.
51 Beiler 2013: 39.
52 Beiler 2005: 185.
53 Raffée 1969.
54 Beiler 2005: 181.

Auf einer Metaebene werden diese Nutzungsprozesse öfters in Bezug zum dynamisch-transaktionalen Ansatz gesetzt.[55] Denn der Nutzer ist im Suchprozess sowohl handelndes Subjekt als auch Betroffener (und damit aktiver und passiver Kommunikationsteilnehmer zugleich). In diesem Zusammenspiel werden die Suchergebnisse in der Trefferliste aufgrund der aktiven Eingabe des Nutzers erstellt, der dann aber nur aus den von der Suchmaschine angebotenen Inhalten auswählen kann. Diese wechselseitige Einflussnahme bezeichnet Beiler als „transaktionalen Koselektionsprozess zwischen Nutzer und Suchmaschine".[56]

Konkret bezogen auf die Nutzungssituation und die Auswahlprozesse bei der Informationssuche gibt es eine Reihe von Typologien, die Arten und Formen von Suchanfragen und damit unterschiedliche Entscheidungssituationen charakterisieren. Sie versuchen die verschiedenen Modi bzw. Strategien der Informationsnutzung im Allgemeinen und der Online-Informationsnutzung im Speziellen zu modellieren. Auf diese zum Teil sehr unterschiedlichen Sucharten und -typen soll hier nicht im Einzelnen eingegangen werden.[57] Zentral ist aber die Unterscheidung von zwei Metastrategien: einerseits die zielgerichtete Suche nach Informationen (auch als Recherche oder Information Retrieval bezeichnet), andererseits das so genannte Browsing, das in der Regel dazu dient, sich einen Überblick (z. B. über ein Themengebiet oder die aktuelle Nachrichtenlage) zu verschaffen. Einstimmig werden diese Metastrategien als unterschiedliche Nutzungsmodi bezeichnet, welche die Navigationsstrategien und damit auch den Gebrauch von Suchmaschinen beeinflussen.[58]

3 Forschungsstand: Ausgewählte empirische Befunde

Studien, die konkrete Ergebnisse hinsichtlich des Suchverhaltens, insbesondere der Formulierung von Suchanfragen und der Trefferauswahl liefern, zeichnen ein sehr konsistentes Bild über die Nutzer.[59] In der Regel werden Suchmaschinen stark habitualisiert aufgerufen.[60] Aus Sicht der ökonomischen Theorie werden Suchmaschinen als Erfahrungs- und Vertrauensgüter bezeichnet: Erfahrungsgü-

55 Früh & Schönbach 1982.

56 Beiler 2005: 186.

57 Vgl. zusammenfassend Schmidt-Mänz 2007: 29ff.

58 Wirth & Brecht 1999; Suckfüll et al. 2008; Schweiger 2010: 196-197.

59 Vgl. zusammenfassend Schmidt-Mänz 2007; Tremel 2010; Beiler 2013: 36-40.

60 Garnier 2009.

ter in dem Sinne, dass ihr Nutzen und ihre Qualität erst beurteilt werden können, nachdem man sie eingesetzt hat. Vertrauensgüter, weil die Beurteilung ihrer Leistung aus der Sicht des Anwenders nahezu unmöglich ist. So kann er die Relevanz der Treffer und die Angemessenheit des Rankings nicht überprüfen und damit die Leistung an sich nicht bewerten. Ist aber erst einmal Vertrauen hergestellt, schlägt es sich in wiederholter Nutzung wieder, die sich bei regelmäßigen positiven Erfahrungen in habitualisiertes Verhalten umwandelt.[61] Im Fall von Google ist mittlerweile von langfristigen Gewöhnungsprozessen auszugehen, da ehemalige Konkurrenten kaum noch eine Rolle spielen. Bereits vor rund zehn Jahren vertrauten die meisten Nutzer in Deutschland lediglich einer Suchmaschine, nämlich Google.[62] Eine aktuelle repräsentative Studie des Pew Research Centers dokumentiert die Vormachtstellung von Google auch für die USA: Im Jahr 2012 geben 83 % der Befragten an, dass Google ihre meistgenutzte Suchmaschine ist. Weit abgeschlagen mit 6 % der Nennungen folgt Yahoo. Acht Jahre davor war dieser Abstand mit 47 % zu 26 % noch weitaus enger.[63]

Als Suchanfragen werden in der Regel so genannte Einwort-Suchanfragen, das heißt relativ einfache Anfragen, formuliert.[64] Anspruchsvollere Techniken wie etwa die Profi-Suche oder Suchoperatoren (z. B. „und“, „oder“) kommen kaum zum Einsatz. Logfile-Auswertungen bestätigen dies: Sie dokumentieren, dass die Nutzer mehrheitlich nur eine einzige Suchanfrage pro Sitzung absenden und sich nur in den wenigsten Anfragen Operatoren oder Modifikationen finden.[65] Die Startanfrage ist in der Regel sehr allgemein formuliert, wobei sich generell drei übergeordnete Suchstrategien unterscheiden lassen: In der Top-down-Strategie starten die Nutzer mit sehr allgemeinen Begriffen und versuchen die Ergebnisse im weiteren Verlauf sukzessive einzugrenzen. In der Bottom-up-Strategie hingegen beginnen sie umgekehrt mit speziellen Suchanfragen, die erst im Lauf des Suchprozesses verallgemeinert werden. In der Kombinationsstrategie werden die Anfragen auch abwechselnd oder parallel (in verschiedenen Browserfenstern) miteinander angewandt. Soziodemographische Unterschiede bei der Formulierung von Suchanfragen lassen sich kaum feststellen. Zur Frage, ob die vorhandene Expertise die Anfragen beeinflusst, finden sich widersprüchliche Befunde. Werden Anfragen modifiziert, dann meist im Sinne einer Spezifizierung: Werden nicht die gewünschten Informationen gefunden, werden beispiels-

61 Machill & Beiler 2008.
62 Machill & Beiler 2008.
63 Purcell, Brenner & Rainie 2012.
64 Machill & Welp 2003.
65 Vgl. zusammenfassend Schmidt-Mänz 2007: 26-29.

weise die Suchbegriffe enger gefasst, ergänzt oder neu formuliert.[66] Gerade in diesem Kontext – speziell bei der Startanfragenformulierung – spielt die mittlerweile etablierte Autocomplete-Funktion (Autovervollständigung) von Google eine große Rolle. Bislang liegen jedoch keine empirischen Befunde vor, wie sich die Suchanfragenroutine mit dieser Funktion verändert hat.

Auch bei der Evaluation der Trefferlisten wird stark schematisch und vereinfacht ausgewählt: So werden in der Regel die ersten Ergebnisse auf der Trefferliste angeklickt. Diesen „Primacy-Effekt der Linkselektion“ konnten mehrere Studien bestätigen.[67] Aus entscheidungstheoretischer Hinsicht ist ein derartiges Verhalten nicht verwunderlich, denn mit zunehmender Zahl an Optionen (hier: Links) steigt die Wahrscheinlichkeit einfacher Heuristiken. Inhalts- und Logfileanalysen bestätigen zudem, dass eine Reihe von Attributen in der Präsentation und Darstellungsform die Auswahlwahrscheinlichkeit erhöht. Dazu gehören die Aufmacher-Teaser, Links mit eindeutigen Überschriften, die Verständlichkeit einer Überschrift, sowie Überschriften mit Reizwörtern.[68] Darüber hinaus konnte Seibold auch die Bedeutung von Nachrichtenfaktoren für die Selektion nachweisen.[69]

Insgesamt deuten die Ergebnisse darauf hin, dass Nutzer wenig kompetent im Umgang mit Suchmaschinen sind und kaum Hintergrundwissen über Suchmaschinen haben.[70] Diese Naivität ist sicherlich im Kontext der hohen Nutzerzufriedenheit mit dem Angebot und den Rechercheergebnissen zu sehen. Aktuelle Ergebnisse aus den USA dokumentieren hohe Akzeptanzwerte und damit nutzerseitig großes Vertrauen in die Fähigkeiten von Suchmaschinen. Die Mehrheit der Internetnutzer ist davon überzeugt, dass Suchmaschinen ausgewogene, unverzerrte Ergebnisse liefern und vertraut den erhaltenen Informationen. In der Wahrnehmung der Nutzer sind zudem die Relevanz der Ergebnisse und damit die Qualität von Suchmaschinen im Zeitverlauf gestiegen. Gleichzeitig sind die Nutzer relativ zufrieden mit ihrer eigenen Kompetenz im Umgang mit Suchmaschinen. In der wahrgenommenen Selbsteinschätzung ist diese Kompetenz im Vergleich zum letzten Befragungszeitpunkt (2004) sogar leicht gestiegen. Die gewachsene Zufriedenheit mit den eigenen Fähigkeiten geht einher mit der Wahrnehmung, bei der Suche auch erfolgreicher zu sein.[71]

---

66 Vgl. zusammenfassend Tremel 2010: 95-97.
67 U. a. Seibold 2002; Pan et al. 2007.
68 Schweiger 2010: 199.
69 Seibold 2002.
70 Machill & Welp 2003.
71 Purcell, Brenner & Rainie 2012.

Insgesamt zeichnen die empirischen Ergebnisse ein ambivalentes Bild des typischen Suchmaschinenanwenders: Angesichts der vielen Angebotsoptionen und der intransparenten Auswahlsituation trifft der Nutzer, seinem Kosten-Nutzen-Kalkül folgend, Auswahlentscheidungen meist mit wenig kognitivem Aufwand. Auswahlkriterien sind die Rankingposition und eine Vielzahl weiterer Attribute in der Darstellung der Trefferlisten, aber auch Anlass und Motive der Suche. Ob der Nutzer heuristisch oder systematisch vorgeht, hängt von einer Reihe von Faktoren ab, die bislang nur schwer systematisiert werden können. Die mittlerweile stark vorhandenen Habitualisierungseffekte und das den Suchmaschinenanbietern entgegengebrachte relativ große Vertrauen bedingen sich gegenseitig und führen dazu, dass der generelle Gebrauch von Suchmaschinen kaum hinterfragt wird.

Alles in allem macht der bisherige Forschungsstand deutlich, dass das Such- und Navigationsverhalten im World Wide Web die Forschung nicht nur vor theoretische, sondern auch vor methodische Herausforderungen stellt. Die komplexe Abfolge von Entscheidungssequenzen, die durch eine Vielzahl von Faktoren beeinflusst wird, kann prinzipiell mittels nur einer Methode nicht erschöpfend abgebildet werden.[72] Prozessbeschreibende Verfahren wie Eye-Tracking-Analysen, Videoaufzeichnungen, die Methode des Lauten Denkens oder Logfile-Analysen werden meist in experimentellen Designs angewendet. Aber auch qualitative und quantitative Befragungen kommen zum Einsatz.

4 Erkenntnisinteresse, Forschungsfragen und Methode

Die vorliegende Mehrmethodenstudie widmet sich dem Suchverhalten der Nutzer im Netz auf Basis von Befragungsergebnissen. Mittels einer qualitativen (Teilstudie 1) und einer quantitativen (Teilstudie 2) Nutzerbefragung will sie klären, wie Menschen generell im Netz nach Informationen suchen und Informationen selektieren. Zentral sind in diesem Zusammenhang die Fragen: Welche Einflussfaktoren lenken den Selektionsprozess? Welche Navigationsstrategien und -modi lassen sich identifizieren und wie lassen sie sich systematisieren? Wie beeinflussen habitualisierte Verhaltensweisen den Selektionsprozess? Welche Rolle spielen Suchmaschinen in diesem Prozess?

Das übergeordnete, gemeinsame Ziel beider Teilstudien besteht darin, das Modell des adaptiven Nutzers zu spezifizieren, das heißt, die Einflussfaktoren für

72 Wirth et al. 2009.

unterschiedliche Auswahlsituationen stärker zu systematisieren – vor allem im Kontext der aktuellen Marktentwicklung und den neuen, zum Teil stark veränderten technischen Optionen von Suchmaschinen (insbesondere Google). Ausgehend vom Forschungsstand wurden als relevante Einflussfaktoren schwerpunktmäßig das Involvement, die Interneterfahrung (Suchmaschinen- bzw. Recherchekompetenz) und mögliche Task-Effekte (Anlass der Suche, Motive, Komplexität der Suche) einbezogen. Außerdem ist anzunehmen, dass Habitualisierungseffekte eine Rolle spielen. Am Ende soll eine Typologie von Internetnutzern bzw. Nutzungsstilen stehen, die übergreifende Verhaltensweisen im Internet bündelt.

Bei der Suche im Netz handelt es sich, wie oben beschrieben, um einen vielschichtigen, iterativen Prozess, der aus zahlreichen, miteinander verwobenen Entscheidungen besteht und von vielen verschiedenen Faktoren beeinflusst werden kann. Um diesen Prozess in seiner gesamten Komplexität abbilden zu können, legen die beiden Teilstudien ihre Schwerpunkte auf unterschiedliche Aspekte, abhängig von den Stärken der jeweiligen Methode. Denn nicht alles, was qualitativ untersucht werden kann, lässt sich auch quantitativ abfragen und umgekehrt. Einige Aspekte des Suchprozesses, die in beiden Teilstudien thematisiert wurden, kamen aber jeweils zu sehr ähnlichen Ergebnissen, sodass davon ausgegangen werden kann, dass sich die Ergebnisse der qualitativen Befragung auf die breite Mehrheit der Internetnutzer übertragen lassen. Eine besondere Stärke der Untersuchung liegt in der Kombination der Ergebnisse aus beiden Teilstudien. Denn zum einen können die Befunde der quantitativen Befragung mit den Ergebnissen der qualitativen Teilstudie besser erklärt werden, zum anderen können die qualitativen Ergebnisse mithilfe der quantitativen verallgemeinert werden.

Im Zentrum der qualitativen Studie steht das Zusammenspiel der relevanten Einflussfaktoren im Such- und Auswahlprozess. Gruppendiskussionen mit jeweils drei Internetnutzern (sogenannte Triadengespräche) ermöglichen die Teilnehmer individuell zu befragen und unterschiedliche Verhaltensweisen zu kontrastieren. Zudem regt die dynamische Interaktion zu einer intensiven Auseinandersetzung mit dem Forschungsthema an. Eine besondere Stärke der Triaden besteht darin, dass sie erlauben, die Teilnehmer vor Ort Suchaufgaben im Internet durchführen zu lassen, um das Thema Suchmaschinen-Nutzung nicht auf reine Erfahrungsberichte zu reduzieren. Hierdurch lässt sich der Selektionsprozess weitaus realitätsnäher modellieren und vor allem lassen sich die relevanten Attribute bzw. heuristic cues in den Trefferlisten besser identifizieren als durch reine Gespräche mit den Teilnehmern über ihr Suchverhalten. Ziel der Suchaufgaben war auch, die Selektionshandlungen anhand der Trefferauswahl und der vorgenommenen Überprüfungs- und Verifikationsstrategien entscheidungstheoretisch zu charakterisieren. Jeder der Triaden wurde je eine von jeweils zwei Suchaufgaben mit unterschiedlichem Komplexitätsgrad gestellt.[73] Der Fokus der Gespräche lag somit auf der Ermittlung von grundlegenden Verhaltensmustern bei der Informationssuche im Internet sowie nutzungsrelevanten Einstellungen und Kompetenzen. Thematische Schwerpunkte waren:

- die generelle Nutzung des Internets bzw. von Suchmaschinen
- das Entscheidungsverhalten im Suchprozess: Wie wird gesucht und selektiert? (Anlässe und Motive, Eingabestrategien und -routinen, Umgang mit Trefferlisten: Verifikations- und Überprüfungsstrategien)

In Zusammenarbeit mit dem Marktforschungsunternehmen Klare Antworten wurden vom 25. bis 27. September 2012 in München neun 90-minütige, leitfadengestützte Triadengespräche durchgeführt. Hauptkriterien für die Auswahl der 27 Probanden und die Zusammenstellung der Kleingruppen waren eine möglichst breite Altersstreuung (die Teilnehmer waren zwischen 16 und 66 Jahre alt) und eine unterschiedliche Internet- bzw. Suchkompetenz, die zuvor in einem Screening mittels einer Kombination aus Selbstauskunft und Fremdeinschätzung bestimmt wurde.[74] Die Triadengespräche erbrachten tiefgreifende Erkenntnisse über das Online-Suchverhalten, deren Aussagekraft aufgrund der geringen Teilnehmerzahl jedoch eingeschränkt ist.

In der quantitativen Folgestudie wurden ausgewählte Themenfelder wieder aufgegriffen mit dem klaren Fokus, verschiedene interdisziplinär relevante Fragestellungen beantworten zu können.[75] Zudem sollten die qualitativen Befunde auf eine breitere empirische Basis gestellt und geprüft werden, ob das Suchver-

---

73 Die beiden Aufgaben von geringer Komplexität und mit einer eindeutig richtigen Antwort bestanden darin, die Webseite des aktuellen indischen Regierungsoberhaupts bzw. die persönliche Website des medienpolitischen Sprechers der Grünen in Bayern zu finden. Als komplexere Suchaufgaben sollten die Teilnehmer herausfinden, welches aktuell der beste Fernseher unter 1 m Bilddiagonale ist bzw. ob der Mieter bei Schimmelbefall die Miete kürzen kann, und wenn ja, um wieviel.

74 Konkrete Rekrutierungskriterien waren Alter, Bildung, Geschlecht sowie Internet- und Suchmaschinenkompetenz (operationalisiert durch Häufigkeit der Internetnutzung, Wissen über erweiterte Browsereinstellungen, Suchmaschinennutzung und subjektive Einschätzung der Suchmaschinenkompetenz anhand einer fünfstufigen Skala).

75 Die quantitative Befragung beinhaltete verschiedene Fragen zu medienpolitisch und medienpädagogisch relevanten Problembereichen, beispielsweise die Marktdominanz von Google, das Wissen der Nutzer über die Funktionsweise von Suchmaschinen und die Bekanntheit der Auswirkungen von Personalisierungsprozessen bei Suchmaschinen. Siehe dazu die Beiträge von Dörr und Schuster, von Jürgens, Stark und Magin sowie von Aufenanger und Siebertz in diesem Band. Die Ergebnisdarstellung im vorliegenden Beitrag konzentriert sich auf das Auswahl- und Entscheidungsverhalten im Suchprozess.

halten der 27 Triadenteilnehmer als typisch für die 54,2 Millionen bzw. 77,2 % der Deutschen, die im Jahr 2013 das Internet nutzten, betrachtet werden kann.[76] Dazu flossen die Befunde der Triadengespräche in die Gestaltung des quantitativen Fragebogens ein, das heißt, der Such- und Auswahlprozess und das allgemeine Informationsverhalten im Netz wurden mit dem durch die Triaden erworbenen Vorwissen in entsprechende Skalen transferiert.

Um die Zielgruppe – die Internetnutzer – direkt zu erreichen, eignet sich eine Onlinebefragung besonders gut. Allerdings ist Repräsentativität in Onlinebefragungen nur schwer herzustellen, weil sich der Internetzugang nach Alters- und Bildungsgruppen in der Bevölkerung unterschiedlich verteilt: Ältere Menschen und niedrig Gebildete nutzen das Internet zu einem geringeren Anteil als Jüngere und besser Gebildete[77] und sind daher meist auch in Onlinebefragungen unterrepräsentiert. Um dieses Problem zu lösen, wurden die Befragungsteilnehmer aus dem Online-Access-Panel eines Umfrageinstituts (Response-Now) rekrutiert. Vom 21. bis 28. Mai 2013 wurden 1.012 Internetnutzer zwischen 16 und 82 Jahren, quotiert nach Alter, Geschlecht, Bildung und Bundesländern, befragt. Die Befragten waren zu 52 % männlich, das Durchschnittsalter lag bei 42 Jahren, und jeweils rund ein Drittel verfügte über maximal Hauptschulabschluss, mittlere Reife oder Abitur (mit oder ohne Studium). Die Quoten wurden somit nahezu durchgängig erfüllt, lediglich Personen mit höchstens Hauptschulabschluss sind geringfügig unterrepräsentiert, Personen mit mittlerer Reife und Abitur leicht überrepräsentiert. Die Abweichungen sind aber so gering, dass im Folgenden mit ungewichteten Daten gearbeitet werden kann.

Interessant ist neben der Soziodemografie der Befragten auch ihre Interneterfahrung, die aus theoretischer Sicht das Suchverhalten im Netz entscheidend beeinflussen sollte. Die diesbezügliche Varianz in der Stichprobe war allerdings eher gering, weil mittlerweile nahezu alle Nutzer über langjährige Erfahrungen mit dem Internet verfügen. Im Durchschnitt nutzen sie es seit dem Jahr 2000, wobei Männer (1999) etwas früher als Frauen (2001) und – naturgemäß – die Befragten ab 30 Jahren früher als diejenigen unter 30 Jahren online gingen. Lediglich 3 % der Befragten sind erst seit höchstens fünf Jahren im Netz unterwegs. Doch die Interneterfahrung hängt nicht nur von den Jahren ab, die ein Nutzer online ist, sondern auch von der Häufigkeit und Dauer, mit der er sich in dieser Zeit im Netz aufgehalten hat. Daher wurde aus der Anzahl der Nutzungsjahre, der Anzahl der Nutzungstage pro Woche und der Anzahl der Stunden, die der Nutzer an diesen Tagen im Schnitt online ist, ein Index gebildet, mit dessen Hilfe sich der

76 Van Eimeren & Frees 2013: 358, 360.
77 Van Eimeren & Frees 2013: 360.

Einfluss der Interneterfahrung auf die Selektion und Verarbeitung prüfen lässt.[78] Die Befragten wurden zu jeweils rund einem Drittel in die Kategorien „wenig", „mittlere" und „große Interneterfahrung" eingeteilt.

Die oben beschriebenen theoretischen Annahmen werden im Folgenden Schritt für Schritt empirisch geprüft. Hierbei wird jeweils auf die Ergebnisse derjenigen Teilstudie zurückgegriffen, die den größten Aufschluss über die jeweiligen Aspekte versprechen. Tabelle 1 gibt einen Überblick über die verwendeten Indikatoren.

Tabelle 1: Theoretische Grundlagen und Indikatoren zu ihrer Untersuchung.

Theoretische Grundlagen	**Indikatoren**
Internetnutzung im Alltag	Suchanlässe und -motive (quantitativ/qualitativ)
Prozesse der Selektion und Rezeption	Einfluss externer Informationsquellen (quantitativ/qualitativ)
Einfluss des Kontexts	Einfluss des Kontexts der Suchsituation (qualitativ)
Einfluss der Situationsmerkmale	Formulierung von Suchanfragen (qualitativ) Transparenz der Auswahlsituation (qualitativ/quantitativ)
Einfluss persönlicher Merkmale	Geschlecht, Alter, Bildung, Interneterfahrung (quantitativ, z. T. qualitativ)
Selektion und Rezeption als Informationsverarbeitung	Strategien der Trefferauswahl: Hinweisreize in Trefferlisten (qualitativ) Verarbeitungsstrategien im Umgang mit Trefferlisten (quantitativ)

5 Ergebnisse

Um zu klären, wie Internetnutzer bei ihrer Suche im Netz vorgehen, wie sie also nach Informationen suchen, diese auswählen und verarbeiten, wird im Folgenden der gesamte Prozess der Selektion und Verarbeitung von Informationen im Netz nachgezeichnet – ausgehend von den Suchanlässen und Motiven, aus

78 Unter der Annahme, dass Nutzungshäufigkeit und -dauer der Befragten über die Zeit hinweg konstant geblieben sind, wurde der Index wie folgt berechnet: Interneterfahrung = Anzahl Nutzungsjahre x 52 Wochen pro Jahr x Online-Tage pro Woche x Online-Stunden pro Online-Tag.

denen heraus gesucht wird, über den Einfluss, den verschiedene Faktoren auf den Suchprozess nehmen, und die Formulierung von Suchanfragen bis hin zur Trefferauswahl und den dabei eingesetzten Auswahlstrategien.

5.1 Internetnutzung im Alltag: Motive

Zu Beginn jeder Suche im Netz steht ein Bedürfnis oder Motiv, aus dem heraus Menschen überhaupt ins Internet gehen. Wie oben erwähnt, machen bisherige Studien die Informationssuche und die soziale Interaktion als zentrale Motive der Internetnutzung aus.[79] Um dieses Ergebnis zu überprüfen, wurden die Teilnehmer der quantitativen Befragung gebeten, auf einer fünfstufigen Skala von „nie" (1) bis „täglich oder fast täglich" (5) anzugeben, wie häufig sie bestimmte Dinge im Internet tun. Je höher die im Folgenden angegebenen Mittelwerte sind, desto häufiger gehen die Befragten also der entsprechenden Beschäftigung nach.

Die Mittelwerte liegen durchweg über 3 (Tabelle 2). Das bedeutet, dass die Befragten sämtlichen Tätigkeiten im Netz im Durchschnitt mindestens einmal pro Monat nachgehen. Besonders oft nutzen die Befragten das Internet zur sozialen Interaktion, z. B. via E-Mail, Chat und soziale Netzwerken (4,17). Zentral ist aber auch die Suche nach verschiedenen Informationsformen, die differenziert abgefragt wurden und deren Bedeutung in Summe die der sozialen Interaktion übersteigt. Aussagen einzelner Probanden in den Triadengesprächen stützen die Vermutung, dass vor allem die Informationssuche für viele Nutzer den Kern des eigenen Surfverhaltens bildet („Ich bin eigentlich andauernd auf der Suche nach Informationen.").

Allerdings wird hierbei, wie von den theoretischen Ansätzen postuliert, zwischen verschiedenen Informationsmodi differenziert: Je weniger komplex die gesuchten Informationen sind, desto öfter wird danach gesucht. So sind Lösungen für Alltagsfragen (z. B. Adressen, Öffnungszeiten; 3,80) und simple Fakten (z. B. Begriffsbedeutungen; 3,72) viel häufigere Suchobjekte als größere Themenkomplexe (z. B. Lebensmittelallergien; 3,33). Außerdem zeigen die Triadengespräche, wie vielfältig die Themen der Informationssuche sein können, nach denen situations- und motivationsabhängig mit unterschiedlich hohem kogniti-

79 Van Eimeren & Frees 2013: 362-364. Gemäß der ARD/ZDF-Onlinestudie sind Suchmaschinen die am häufigsten genutzte Onlineanwendung: 83 % der dort Befragten machen mindestens einmal wöchentlich davon Gebrauch, und 72 % suchen mit ihrer Hilfe oft zielgerichtet nach bestimmten Informationen oder Angeboten. Die häufigste Form des sozialen Austausches im Netz ist das Senden und Empfangen von E-Mails (79 %). Daneben nutzen 39 % Online-Communities, 26 % chatten und 10 % sind in Gesprächsforen unterwegs.

ven Aufwand gesucht wird. Die Informationen, nach welchen die Triadenteilnehmer üblicherweise suchen, lassen sich grob in vier Bereiche unterteilen: (1) Als *Hilfe für den Alltag* kann die Suche nach Kontaktdaten (z. B. Öffnungszeiten, Telefonnummern), Anbietern von Dienstleistungen (z. B. Werkstätten, Ärzte), Wegbeschreibungen (Routenplaner) oder der Übersetzung einzelner Wörter bezeichnet werden. Derartige Suchvorgänge erfordern nur einen geringen kognitiven Aufwand. (2) Ein zweiter Suchbereich ist die *Freizeitplanung* (z. B. Reisen, kulturelle Aktivitäten, Informationen zu eigenen Hobbies). (3) Produkt-, Preis- und Anbietervergleiche sowie Musikdownloads lassen sich unter dem Oberbegriff *Kaufinteresse* subsumieren. (4) Schließlich dient die Internetsuche der *Aneignung von Wissen über komplexere Fragestellungen* (z. B. Erläuterung von Fachbegriffen, Recherche von Hintergrundinformationen zu Personen, Ereignissen o. Ä.).

Seltener als zu sozialer Interaktion und Informationssuche, aber im Durchschnitt immer noch mindestens einmal im Monat, dient das Internet zur Unterhaltung z. B. mittels Onlinespielen, Videos oder Fernsehen (3,46) sowie zum Kauf und Verkauf von Produkten (3,23).

Der Stellenwert der einzelnen Motive hängt deutlich mit Alter, Bildungsgrad und Interneterfahrung der Befragten zusammen. Grundsätzlich sind (nahezu) alle Motive umso wichtiger, je jünger und je besser gebildet die Befragten sind und je mehr Interneterfahrung sie besitzen, was vermutlich mit ihrer häufigeren und längeren Internetnutzung zusammenhängt. Besonders auffällig ist, dass die unterhaltungs- und die interaktionsorientierte Nutzung Domänen der jüngsten Internetnutzer sind – ein Alterseffekt, der sich schon in den Triadengesprächen gezeigt hatte: Viele der jüngeren Triadenteilnehmer verbringen viel Zeit auf Social Networking Sites (insbesondere Facebook), dem Videoportal YouTube und konsumbezogenen Websites wie ebay und Amazon. Die informationsbezogene Nutzung hingegen ist unter den älteren Teilnehmern stärker verbreitet, von denen viele häufig allgemein und nicht zielgerichtet im Internet recherchieren und online Nachrichten lesen.

Das Geschlecht hingegen wirkt sich in der quantitativen Teilstudie überraschenderweise nicht auf die Motive der Internetnutzung aus – im Gegensatz zu vielen anderen Untersuchungen, in denen es sich als entscheidende Determinante der Internetnutzung erwiesen hat.[80] Diese Diskrepanz dürfte methodisch bedingt sein: An Online-Access-Panels wie dem, aus dem die Befragten rekrutiert wurden, beteiligen sich vermutlich eher onlineaffine Personen beiderlei Geschlechts.

80 Vgl. z. B. Initiative D21 2012.

Tabelle 2: Anlässe und Motive der Internetnutzung.

	Geschlecht				Alter
	Männlich	Weiblich	Unter 30	30-49	Ab 50
	(n=526) MW	(n=486) MW	(n=276) MW	(n=428) MW	(n=308) MW
Mich mit anderen Menschen austauschen, z. B. per E-Mail, per Chat oder in sozialen Netzwerken	4,17	4,18	4,64[a]	4,18[b]	3,75[c]
Nach Lösungen für Alltagsdinge suchen, Adressen oder Öffnungszeiten	3,81	3,79	3,99[a]	3,85[a]	3,56[b]
Nach einfachen Fakten suchen, z.B. der Bedeutung eines Fremdworts	3,72	3,72	3,97[a]	3,79[a]	3,40[b]
Unterhaltungsangebote nutzen, z.B. Onlinespiele, Videos, Fernsehen	3,42	3,51	4,19[a]	3,56[b]	2,67[c]
Informationen zu größeren Themen recherchieren, z.B. zu Lebensmittelallergien	3,35	3,31	3,64[a]	3,35[b]	3,04[c]
Produkte kaufen oder verkaufen, z. B. auf Amazon oder Ebay	3,22	3,24	3,30[a]	3,34[a]	3,02[b]

Frage: Es gibt ja viele Dinge, für die man das Internet nutzen kann. Einige davon sehen Sie hier. Wie ist das bei Ihnen, wie häufig tun Sie diese Dinge im Internet?

Mittelwerte auf einer fünfstufigen Skala (5 = täglich oder fast täglich; 4 = einmal bis ein paar Mal in der Woche; 3 = einmal bis ein paar Mal im Monat; 2 = seltener; 1 = nie).

Quelle: eigene Daten. Basis: Stichprobe von 1.012 Internetnutzern.

[a, b, c] Mittelwerte in derselben Zeile desselben Tabellenbereichs (Geschlecht, Alter, Bildung, Interneterfahrung), die kein Superskript gemeinsam haben, unterscheiden sich statistisch signifikant, d.h. die Befragten der jeweiligen Gruppe unterscheiden sich signifikant hinsichtlich des jeweiligen Merkmals von den anderen Gruppen ($p<0,05$; Scheffé Post-Hoc-Tests).

	Bildung			Interneterfahrung			Gesamt
	max. Hauptschule	mittlere Reife	Abitur mit/ ohne Studium	wenig	mittel	viel	
	(n=324)	(n=342)	(n=346)	(n=334)	(n=337)	(n=341)	(n=1.012)
	MW	MW	MW	MW	MW	MW	MW
	3,89	4,16^{b}	4,46^{c}	3,80^{a}	4,29^{b}	4,43^{b}	4,17
	3,58^{a}	3,79^{b}	4,01^{c}	3,52^{a}	3,87^{b}	4,01^{b}	3,80
	3,41^{a}	3,71^{b}	4,02^{c}	3,44^{a}	3,83^{b}	3,89^{b}	3,72
	3,24^{a}	3,49^{ab}	3,64^{b}	3,12^{a}	3,45^{b}	3,81^{c}	3,46
	3,04^{a}	3,29^{b}	3,66^{c}	3,10^{a}	3,35^{b}	3,55^{b}	3,33
	3,15	3,27	3,26	3,01^{a}	3,27^{b}	3,40^{b}	3,23

5.2 Prozesse der Selektion und Rezeption: Einfluss externer Informationsquellen

Schweiger[81] geht wie oben beschrieben davon aus, dass Selektionsentscheidungen durch externe Informationsquellen beeinflusst werden. Welche Rolle solche für die Befragten spielen, wurde in der quantitativen Befragung mittels der Frage geprüft, wie sie auf bisher unbekannte Seiten oder interessante neue Informationen im Netz aufmerksam werden.

Die wichtigste Informationsquelle sind demnach Suchmaschinen, was den Befunden anderer Studien entspricht.[82] Fast drei von vier Befragten (72 %) geben an, diese als Informationsquelle zu konsultieren (Abbildung 1). Welche enorme Bedeutung dabei insbesondere dem Marktführer Google zukommt, zeigen die Triadengespräche: Die große Mehrheit der Probanden, selbst die Versierten unter ihnen, verwendet keine andere Suchmaschine. Google ist bei den meisten entweder als Startseite oder Toolbar eingerichtet und kann daher stets direkt angesteuert werden, was in aller Regel unabhängig vom Suchanlass auch passiert. Die Befragten nutzen überwiegend die Suchrubriken „Web", „Bilder" und „Maps", seltener Funktionen wie „Videos" und „News".

Suchmaschinen sind also die wichtigste, aber bei weitem nicht die einzige Quelle neuer Informationen im Netz. Als solche besitzt auch im Internetzeitalter die interpersonale Kommunikation – sowohl offline als auch online – einen hohen Stellenwert: 58 % der Befragten werden durch Erzählungen von anderen, z. B. in persönlichen Gesprächen, und 38 % durch Links in Mails von Bekannten auf neue Inhalte im Netz aufmerksam. 37 % gelangen über Hinweise in Social Networking Sites wie Facebook zu bisher unbekannten Informationen, die meist ebenfalls von Freunden und Bekannten stammen dürften. Angesichts der Tatsache, dass sich Onlinecommunities in den vergangenen Jahren zunehmender Beliebtheit erfreuen und mittlerweile von 39 % der deutschen Internetnutzer mindestens einmal wöchentlich genutzt werden[83], ist damit zu rechnen, dass ihre Nutzerzahl und damit ihr Stellenwert als Informationsquellen im Netz künftig noch weiter steigen werden – eine spannende Entwicklung, die es weiter zu beobachten gilt. Die Triadengespräche deuten allerdings darauf hin, dass auch in diesem Fall Google als Vermittler zum Tragen kommt: Zwar greifen viele Triadenteilnehmer beim Suchen auf bekannte, spezialisierte Plattformen zurück (z. B. Wikipedia für Wissen, YouTube für Videos und Amazon für Produkte), steuern diese aber nicht direkt, sondern über Google an. Das dürfte

81 Schweiger 2007: 186.
82 Van Eimeren & Frees 2013: 363.
83 Van Eimeren & Frees 2013: 362-363.

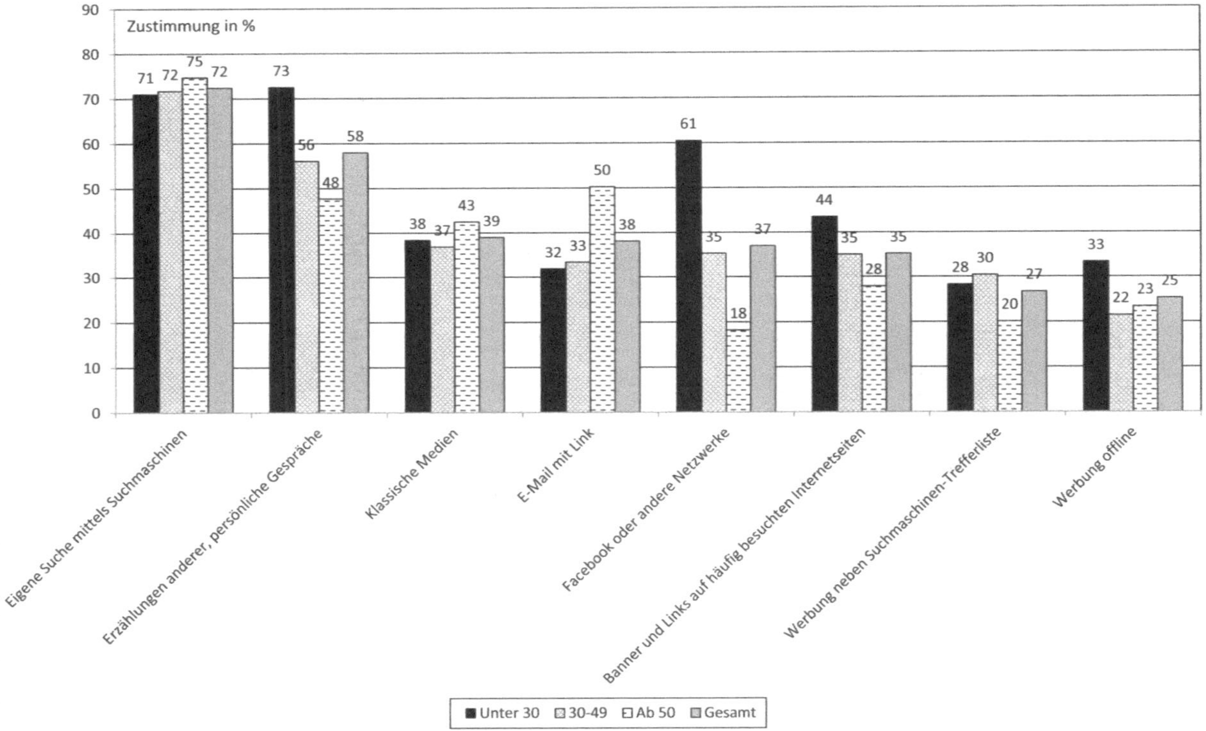

Abbildung 1: Einfluss externer Informationsquellen.
Frage: Wie werden Sie eigentlich auf neue Seiten aufmerksam (die Sie noch nicht kannten) oder auf interessante, neue Informationen im Internet?
Quelle: eigene Daten. Basis: Stichprobe von 1.012 Internetnutzern.

auch für Social Networking Sites gelten. Nur einige, eher jüngere Nutzer gelangen mittels Bookmarks direkt auf die gesuchten Plattformen.

Allerdings führen mitnichten nur Onlinequellen zu neuen Informationen: Etwa gleich bedeutend wie die Social Networking Sites sind in dieser Hinsicht klassische journalistische Medien, also Radio, Fernsehen, Zeitschriften und Zeitungen (39 %), was ihre fortdauernde Relevanz im digitalen Zeitalter belegt – wobei es freilich sein kann, dass die Befragten hierunter zum Teil die Onlinepräsenzen der traditionellen Medien verstanden haben. Etwa jeder Dritte (35 %) wird durch Banner und Links auf oft besuchten Internetseiten auf neue Informationen aufmerksam. Die am wenigsten relevanten Informationsquellen sind Werbung neben Trefferlisten (27 %) und Werbung offline in Form von Anzeigen, Plakaten, Fernseh- oder Radiospots (25 %), was mit einer generellen Reaktanz gegenüber Werbung zu tun haben könnte. Diese Annahme wird durch die Triadengespräche gestützt, die zeigen, dass Werbeanzeigen im Rahmen von Trefferlisten zwecks Vereinfachung weitgehend ignoriert werden.

Die Wege zu neuen Informationen werden weniger stark durch soziodemografische Merkmale und die Interneterfahrung beeinflusst als die Suchanlässe. Lediglich das Alter wirkt sich auch hierauf recht deutlich aus. Insbesondere die Befragten unter 30 Jahren stoßen auf anderen Wegen auf neue Informationen als diejenigen ab 30 Jahren: Vor allem Social Networking Sites, aber auch Offline-Werbung, persönliche Gespräche, Banner und Links sind für sie zentralere Informationsquellen (Abbildung 1).

5.3 Einflussfaktoren auf die Informationssuche und -auswahl

Die Suche im Netz findet nicht im „luftleeren Raum“ statt, sondern ihr Verlauf kann durch verschiedene Einflussfaktoren geprägt werden. Den theoretischen Annahmen zufolge spielen hierbei neben den persönlichen Merkmalen insbesondere der Kontext und die Merkmale der Suchsituation bzw. -aufgabe eine Rolle. Ihr Einfluss auf den Suchprozess wird im Folgenden untersucht.

5.3.1 Einfluss des Kontexts der Suchsituation

Das Modell des adaptiven Nutzers geht davon aus, dass die Nutzer beim Suchen unterschiedlich vorgehen und unterschiedlich ausdauernd sind, je nachdem, wie sie die Auswahlsituation wahrnehmen und wie involviert sie in den Suchprozess sind. Die Triadengespräche bestätigen diese Annahme: Je komplexer und schwieriger der Suchanlass und die Suchanfrage, desto konzentrierter suchen die Triadenteilnehmer, und desto höher sind der damit verbundene zeitliche und kognitive Aufwand sowie ihre Motivation und ihr Durchhaltevermögen. Idealtypisch lassen sich die Suchvorgänge nach ihrem Schwierigkeitsgrad in zwei Kategorien und damit verbundene Vorgehensweisen einteilen: Einfachen, schnellen Suchanfragen stehen komplexe, langwierige Suchvorgänge gegenüber. Diese beiden Suchformen beschreiben zwei Pole eines Kontinuums und gehen bei realen Suchvorgängen fließend ineinander über, beispielsweise wenn eine eigentlich kurze Recherche in längeres Browsen „ausartet".

(1) *Einfache, schnell zu erledigende Suchen* beinhalten alles, von dem man weiß oder fest annimmt, dass und auch wo es zu finden sein sollte („Alles, was auf Wikipedia steht."; „Dinge, die man ganz klar einkreisen kann, die 1 zu 1 stimmen müssen.") – also beispielsweise die oben erwähnte Hilfe für den Alltag in Form von Informationen zu Personen, Adressen, Fakten, Fachbegriffen, Terminen oder Produkten. Die Ausdauer bei solchen Suchvorgängen, die oft kurzfristig und unter Zeitdruck erfolgen, ist gering, die Befragten erwarten dabei vor allem schnelle Resultate. Dieses eher flüchtige „Googeln" dürfte in enger Verbindung mit der heuristischen Verarbeitung stehen.

(2) Anders verhält es sich mit *vielschichtigen Suchen und Fragestellungen*, die häufig ohne eindeutiges Ergebnis bleiben und bei denen es eher darum geht, Tipps und unterschiedliche Meinungen einzuholen („Dann landet man in Foren und jeder sagt was anderes."). Hierunter fallen etwa komplexere Produkt- und Preisvergleiche (z. B. zu Urlaubsreisen) und schwer zu ermittelnde, sehr (fach-)spezifische Informationen (z. B. technische Problemlösungen oder wissenschaftliche Themen). Solche langwierigen Suchvorgänge werden zum Teil zwar als langweilig erlebt, insgesamt aber mit mehr Ausdauer verfolgt. Das liegt nicht zuletzt am oft höheren Involvement, bedingt dadurch, dass es dabei z. B. im Fall von teuren Produktkäufen wie Autos oder Urlaubsreisen um bares Geld geht, dass das Herz der Suchenden an bestimmten Themen hängt oder dass es sich um Pflichtaufgaben – etwa für Schule oder Studium – handelt, denen diszipliniert nachgegangen wird bzw. werden muss. Diese Art der Suche erfordert einen deutlich höheren kognitiven Aufwand und dürfte somit eher der systematischen Verarbeitung entsprechen.

5.3.2 Einfluss der Situationsmerkmale

Aus theoretischer Sicht beeinflussen auch die Merkmale der Suchsituation selbst das Suchverhalten im Netz und den Umgang mit Trefferlisten – konkret also die Einfluss- und Kontrollmöglichkeiten, in unserer Studie operationalisiert über die

Formulierung der Suchanfrage und die Transparenz der Auswahlsituation insbesondere in Bezug auf das Ranking.

5.3.2.1 Formulierung von Suchanfragen

Suchmaschinen sind undurchschaubare „black boxes“, die wenig darüber preisgeben, wie ihre Trefferlisten zustande kommen und welche Kriterien dabei eine Rolle spielen.[84] Daher hat der Nutzer nur wenige Einflussmöglichkeiten darauf, was ihm angezeigt wird. Die wohl zentralste dieser wenigen Möglichkeiten ist die Formulierung der Suchanfragen. Denn wie oben beschrieben, ist der Nutzer im Umgang mit Suchmaschinen passiv und aktiv zugleich: Auswählen kann er letztendlich nur aus den Optionen, welche die Suchmaschine ihm anbietet, in diesem Sinne ist er also passiv. Doch welche Möglichkeiten ihm die Suchmaschine anzeigt, kann er durch seine Eingabe von Suchbegriffen aktiv beeinflussen. Aus der bisherigen Forschung ist bekannt, dass viele Nutzer mit wenig komplexen, oft nur aus einem Wort bestehenden Suchanfragen operieren.[85] Tiefergehende Erkenntnisse über die Überlegungen der Nutzer, die hinter diesem Vorgehen stehen, fehlen bislang aber. Daher wurde dies in den Triadengesprächen thematisiert und mittels der vor Ort auszuführenden Suchaufgaben nachvollzogen.

Es zeigt sich, dass die konkreten Vorgehensweisen bei der Eingabe zum Teil stark variieren, abhängig vom Suchanlass, aber auch von Persönlichkeitsmerkmalen, was deren entscheidenden Einfluss auf die Suche im Netz nochmals unterstreicht. Insgesamt lassen sich drei grundlegende Ansätze der Suchanfragenformulierung skizzieren:

(1) Bei der *Pseudo-Suche* haben die Nutzer von vornherein eine bestimmte Website als Ziel ihrer Suche vor Augen. Aus Gewohnheit und Bequemlichkeit wird aber nicht deren URL direkt in die Adresszeile des Browsers eingegeben, sondern der Name der gesuchten Website, zum Teil sogar die URL selbst, in die Suchmaske von Google. Der gesuchte Ziel-Link findet sich dann in der Regel unter den ersten drei Treffern der Trefferliste.

(2) Bei der *halboffenen Suche* sind die Suchbegriffe meist relativ klar umrissen, etwa wenn nach bestimmten Personen oder Produkten gesucht wird. Weil die Nutzer in diesem Fall nicht auf ein bestimmtes Angebot fixiert sind, schränken sie ihre Suche zwar nicht von vornherein ein, haben aber durchaus „Favoritenwebsites“ im Hinterkopf.

(3) Bei der *offenen Suche* haben die Nutzer noch keine Idee, wohin ihre Suche sie führen wird. Es gilt daher zunächst, sich an präzise Suchbegriffe „heranzutas-

84 Vgl. den Beitrag von Jürgens, Stark und Magin i. d. B.
85 Vgl. z. B. Höchstötter & Koch 2009.

ten". In diesem Fall kommt die Suchmaschinenerfahrung und -kompetenz zum Tragen: Sehr versierte Nutzer beginnen oft mit vielen Stichworten und reduzieren deren Zahl anschließend, was in etwa der oben beschriebenen Bottom-up-Strategie entspricht. Weniger routinierte Nutzer hingegen starten mit wenigen Suchbegriffen, teilweise mit einer Ein-Wort-Suchanfrage, und ergänzen anschließend sukzessive weitere Begriffe, was eher der Top-down-Strategie zuzuordnen ist.

Deutlich wird daran auch, dass sich die Formulierung von Suchanfragen nach vielen Jahren Erfahrung mit Suchmaschinen und insbesondere Google hochgradig habitualisiert hat. Bei der halboffenen und der offenen Suche setzen sich die Nutzer aber zumindest etwas intensiver mit den Trefferlisten auseinander als bei der Pseudo-Suche.

Die Eingabegewohnheiten, mit denen die Probanden versuchen Eingabefehler zu vermeiden und die Präzision ihrer Suchanfragen zu erhöhen, variieren in Abhängigkeit von Persönlichkeitsmerkmalen, wobei insbesondere der Suchmaschinenerfahrung und -kompetenz eine wichtige Rolle zukommt: Sehr versierte Nutzer achten auf die Reihenfolge der eingegebenen Stichwörter („das Oberthema nach vorne") und verlassen sich bei ihrer Starteingabe stärker auf die Interpretationsleistung von Google, während weniger routinierte User vorsichtiger agieren, wie schon im Kontext der offenen Suche erwähnt. Interessant ist hierbei, dass Anpassungsbemühungen auf Nutzerseite zum Teil mit technischen Modifikationen auf Anbieterseite verknüpft werden. Bestes und wichtigstes Beispiel dafür ist die verstärkte Nutzung der Autocomplete-Funktion von Google, die generell als große Vereinfachung bei der Suche erlebt wird („Das geht dann deutlich schneller, da hilft mir Google extrem."). Dies zeigt, dass die Suchmaschinenanbieter es in der Hand haben, mittels technischer Modifikationen das gesamte Suchverhalten der Nutzer grundlegend zu verändern.

Die persönlichen Vorlieben und Erfahrungen bestimmen auch darüber, ob komplette Sätze in die Suchmaske eingegeben werden. Einige Befragte hatten dies früher praktiziert, arbeiten mittlerweile aber lieber mit Stichworten. Andere wiederum berichten, dass sich bei ihnen gerade in jüngster Vergangenheit die Eingabe kompletter Fragen als praktikabel erwiesen hat („Damit kommt man heute tatsächlich zu einem Ergebnis."). Etliche Probanden haben die Erfahrung gemacht, dass Suchanfragen in Form kompletter Fragen die Wahrscheinlichkeit von Internet-Diskussionsforen unter den ersten Treffern erhöhen. Diese werden daher zum Teil entweder bewusst eingesetzt, wenn Foren als Treffer für bestimmte Fragestellungen toleriert oder sogar explizit gewünscht sind, oder aber bewusst vermieden, wenn Foren wenig hilfreich erscheinen („Da kommen erst mal nur Foren und da würde wieder so viel diskutiert, dass ich dann keine Lust mehr habe, es mir durchzulesen.").

Wie stark die Formulierung von Suchanfragen von Person zu Person variiert, zeigt auch die Bearbeitung der vier konkreten Suchaufgaben, die vor allem auf den Suchprozess als solchen und weniger auf das (erfolgreiche) Ergebnis der Suche fokussierten. Insbesondere fällt auf, dass jüngere Nutzer tendenziell schneller und versierter mit den Suchmasken umgehen können, dadurch aber nicht zwingend erfolgreicher im Auffinden relevanter bzw. hilfreicher Treffer sind als ältere Befragte.

Trotz dieser individuellen Unterschiede, die eine übergreifende Bewertung der Ergebnisse erschweren, erweisen sich bestimmte Eingabemuster und -strategien aber generell als erfolgversprechender für die weitere Suche. Deutlich wird, dass schon die Formulierung der Suchanfrage mit darüber bestimmt, wie der Suchende im weiteren Suchverlauf vorgeht – ein klarer Beleg für die Pfadabhängigkeit des Suchprozesses, aber auch für die Einflussmöglichkeiten des Nutzers auf das Suchergebnis. Insgesamt zeigt sich, dass fast jeder Nutzer seine Suche mit bestimmten subjektiven (und oft unbewussten) Annahmen startet. Fließen diese Annahmen in die Formulierung der Suchbegriffe ein, kann das die Suche durchaus verlangsamen oder behindern, weil die Bandbreite der Ergebnisse dann von vornherein eingeschränkt ist und der Nutzer oft länger braucht, um die relevanten Treffer zu finden.

Als zielführend erweist sich die stichwortartige Eingabe zentraler Begriffe aus der gestellten Suchaufgabe (z. B. „Miete kürzen bei Schimmelbefall“ oder „Mietkürzung Schimmelbefall“), die zu einer relativ vielfältigen Auswahl an Treffern führt, aus denen im zweiten Schritt die hilfreichen Quellen selektiert werden können. Beginnt der Nutzer hingegen direkt mit der Suche nach potenziell hilfreichen, ganz konkreten Zieladressen (z. B. Mieterschutzbund, deutscher Mieterbund), erhält er eine (stark) limitierte oder wenig zielgerichtete Trefferliste, die oft eine erneute, gegebenenfalls breiter aufgestellte Suchanfrage erforderlich macht. Als erste Anlaufstelle dient den Suchenden generell häufig die Online-Enzyklopädie Wikipedia. Mit den dort gefundenen Informationen wird die Suche anschließend fortgesetzt.

Die Suchaufgaben belegen darüber hinaus, dass viele Probanden die notwendige Präzision vermissen lassen, die für ein rasches Erreichen des Suchziels notwendig wäre. Sie verwenden z. B. potenziell fehlerbehaftete Begriffsabkürzungen, lassen relevante Suchaspekte weg und machen sehr viele Flüchtigkeitsfehler. Dies spricht für eine stark heuristisch geprägte Verarbeitung und ist zweifellos dadurch bedingt, dass es sich bei der Suche im Netz um eine Niedrigkostensituation handelt, in der Fehlentscheidungen leicht revidiert werden können.

5.3.2.2 Transparenz der Auswahlsituation (Ranking)

Der Einfluss der Suchsituation kommt nicht nur in der Einfluss- und Kontrollmöglichkeit der Suchanfragenformulierung zum Ausdruck, sondern auch in der Transparenz des Rankings für die Suchenden. Dass es darum nicht allzu gut bestellt ist, belegen beide Teilstudien. In den Triadengesprächen (unter anderem bei der Bearbeitung der Suchaufgaben) zeigte sich, dass viele Probanden wenig Ahnung davon haben, nach welchen Kriterien die Treffer in den Ergebnislisten gerankt werden. Sehr häufig wird die Klickhäufigkeit bzw. Beliebtheit des Treffers vermutet („Je öfter eine Seite angeklickt wird, umso weiter oben steht sie in der Liste."), häufig Wortübereinstimmungen zwischen Suchanfrage und Treffer sowie vage Gerüchte um wirtschaftliche bzw. finanzielle Einflüsse („Da wird sich gut eingekauft mittlerweile."; „Bei Produkten ist klar: Wer am meisten zahlt, steht oben."). Seltener nennen die Probanden die Aktualität des Treffers als Rankingkriterium („Weil das von 2006 ist, steht es nicht an Platz 1."). Das tatsächliche Prinzip des PageRank-Algorithmus – die Verlinkungen auf anderen Webseiten – wird ebenfalls nur selten und vor allem von Befragten unter 30 Jahren aufgezählt. Für eine geringe Transparenz der Suchergebnisse spricht auch, dass nur die wenigsten Triadenteilnehmer schon von personalisierten Suchergebnissen bei Google gehört hatten.[86] Das geringe Wissen hierüber dürfte auch dadurch bedingt sein, dass kein wirklicher Antrieb vorhanden ist das Funktionsprinzip von Google zu hinterfragen, solange die Suchmaschine die gewünschten Ergebnisse liefert.

Diese grundlegende Tendenz bestätigt sich in der quantitativen Teilstudie. Hier wurden den Befragten in Form eines Quiz acht Aussagen über mögliche Rankingkriterien vorgelegt (z. B. „Wenn der Besitzer einer Website Google dafür bezahlt, werden seine Inhalte immer ganz vorne in den Trefferlisten angezeigt" oder „Webseiten, auf die viele andere Webseiten verweisen, stehen in der Trefferliste weit vorne"). Die Hälfte dieser Aussagen war korrekt. Die Befragten sollten angeben, ob sie die jeweilige Aussage für richtig oder falsch hielten. Im Durchschnitt waren 5,1 Antworten der Befragten korrekt – ein eher niedriger Wert angesichts der Tatsache, dass es jeweils nur zwei Antwortoptionen gab („richtig" und „falsch"). Selbst bei rein zufälligem Anklicken liegt die Wahrscheinlichkeit für eine richtige Antwort also bei 50 % bzw. vier richtigen Antworten. Nur 25 von 1.012 Befragten (2 %) antworteten in allen acht Fällen korrekt. Diese Befunde belegen nicht nur eine geringe Transparenz der Trefferlisten, sondern auch, dass die Suchmaschinenkompetenz vieler Nutzer sehr gering ausgeprägt ist.

86 Zur Personalisierung von Suchmaschinen vgl. Jürgens, Stark und Magin i. d. B.

5.4 Selektion und Rezeption als Informationsverarbeitung

Hat man von einer Suchmaschine eine Trefferliste generieren lassen, müssen im letzten Schritt der Suche die „richtigen" unter den zahlreichen Treffern gefunden und ausgewählt werden. Wie die Nutzer dabei vorgehen, wurde in beiden Teilstudien auf unterschiedliche Weise geprüft: In den Triadengesprächen wurde ausführlich über die Rolle von Hinweisreizen in den Trefferlisten diskutiert, während in der quantitativen Befragung vor allem generelle Evaluierungsstrategien untersucht wurden.

5.4.1 Hinweisreize in Trefferlisten

Das Modell des adaptiven Nutzers geht davon aus, dass Auswahlentscheidungen bei der Internetsuche einem Kosten-Nutzen-Kalkül folgend in der Regel mit geringem kognitiven Aufwand getroffen und stark von heuristic cues abhängig gemacht werden. Die Triadengespräche zeigen, dass das Layout der Trefferlisten eine ganze Reihe solcher Hinweisreize bietet. Als Grundregel kann gelten, dass die Ergebnislisten immer von oben nach unten durchgesehen werden, denn die obersten Treffer werden generell als nützlicher betrachtet. Die Position innerhalb der Trefferliste ist somit ein erster, ganz zentraler Hinweisreiz, der dazu führt, dass häufig trotz der enormen Trefferanzahl nur aus einer Handvoll Ergebnissen ausgewählt wird („Ich entscheide mich meistens aus den ersten vier bis fünf Treffern."; „Wir haben ja die Erfahrung gemacht, dass da meistens die richtige Antwort dahinter steckt."). Einige Befragte klicken sogar grundsätzlich (nur) auf den ersten Treffer („Das erste klicke ich eigentlich immer an und wenn das wirklich nicht passt, dann schaue ich genauer."). Zweite und weitere Ergebnisseiten werden nur in Ausnahmefällen angesehen („Man denkt ja, dass die erste Seite die besten Ergebnisse enthält."). Dieser Umgang der Nutzer mit den Trefferlisten führt dazu, dass die eigentlich gegebene Treffervielfalt massiv eingeschränkt wird. Zudem wird daran deutlich, wie zentral für die Anbieter von Websites eine Rankingposition ganz oben in der Trefferliste ist: Wer es nicht „auf die vorderen Ränge" schafft, existiert für die breite Masse der Nutzer schlichtweg nicht. Da das PageRank-Verfahren vielfach verlinkte, populäre Treffer bevorzugt und weit vorne listet, leiden kleine, (noch) unbekannte Seiten unter einem massiven Wettbewerbsnachteil.

Weitere Hinweisreize für die Trefferauswahl stellt das Layout der Trefferliste bereit, das mittlerweile bei den meisten Suchmaschinen nach dem Vorbild von Google gestaltet ist. Vermutlich prägen die Gestaltungsprinzipien von Google die Wahrnehmungs- und Verarbeitungsstrukturen der Rezipienten inzwischen so stark, dass andere Suchmaschinen kaum eine Wahl haben als sich in ihrem Layout dem Marktführer anzupassen, um überhaupt noch genutzt zu werden. Die Nutzer bewerten die Qualität und Erfolgsaussicht einzelner Treffer vor allem anhand der unterschiedlich farbigen Textelemente (Abbildung 2):

Abbildung 2: Hinweisreize in Trefferlisten.

(1) Ein besonders wichtiger Hinweisreiz ist die *blaue Überschrift* als prägnantestes Merkmal eines Treffers. Sie wird von vielen (insbesondere weniger bis durchschnittlich versierten) Nutzern als erstes mit der Suchanfrage abgeglichen. Je mehr Wörter darin fettgedruckt sind, desto besser wird die Qualität des Treffers eingestuft („um zu schauen, ob es zu meinen Suchbegriffen passt“). Bekannte bzw. als seriös wahrgenommene Website-Anbieter genießen einen Vertrauensvorschuss und begünstigen, wenn sie in der blauen Überschrift vorkommen, das Anklicken des Treffers.

(2) Den *grünen Adress-Link* (die URL) unter der blauen Überschrift (also die zweite Zeile des Treffers) zieht nur ein Teil der Befragten – tendenziell die routinierteren unter ihnen – für die Auswahlentscheidung heran. Auch hierbei spielen Bekanntheit und Seriosität des Treffers eine große Rolle („Wenn ich da als Adresse gutefrage.net sehe, dann weiß ich, das ist ein Forum, das hilft mir jetzt nicht weiter.“).

(3) Der *schwarze Textausschnitt* unter dem Adress-Link schließlich dient in zweierlei Hinsicht zur Glaubwürdigkeitsprüfung: Wie bei der Überschrift und wiederum eher von den weniger bis durchschnittlich versierten Usern wird

die Passung zur Suchanfrage als umso besser empfunden, je mehr Wörter fett formatiert sind. Fettdruck begünstigt also die Auswahl. Nur routiniertere Personen gehen einen Schritt weiter und überprüfen zumindest, ob die Wörter aus der Suchanfrage in einem sinnvollen textlichen Zusammenhang (so wie beabsichtigt) erscheinen oder nicht.Weitere Trefferelemente werden nur vereinzelt geprüft. Hierunter fallen z. B. die Länderkennung oder eine (bei weitem nicht immer vorhandene) Datumsangabe, die dazu dienen können, irrelevante oder nicht mehr aktuelle Treffer herauszufiltern. Mit allen verfügbaren Hinweisreizen, also der kompletten Ergebnisliste, setzen sich die Befragten lediglich in dem äußerst seltenen Fall auseinander, dass keines dieser Indizien für sich genommen eine Entscheidung herbeiführen kann. Einige (ältere und weniger routinierte) Befragte sondieren die Trefferliste lediglich deshalb generell ausführlicher, weil sie Ergebnisse vermeiden möchten, „bei denen ich nachher etwas bezahlen muss." Alles in allem deuten diese Befunde auf eine stark heuristische Verarbeitung der Trefferlisten hin.

5.4.2 Verarbeitungsstrategien im Umgang mit Trefferlisten

In der quantitativen Teilstudie wurden die Befragten gebeten, für einige (zum Teil in der qualitativen Befragung als zentral identifizierten) Vorgehensweisen anhand einer fünfstufigen Skala von „trifft überhaupt nicht zu" (1) bis „trifft voll und ganz zu" (5) anzugeben, wie stark sie persönlich diese anwenden. Je höher die im Folgenden angeführten Mittelwerte sind, desto verbreiteter ist die jeweilige Vorgehensweise (Tabelle 3).

Am gebräuchlichsten ist das Betrachten der ersten Ergebnisseite von oben nach unten inklusive scrollen (4,04), gefolgt vom Einsatz von Suchoperatoren wie „und" bzw. „oder" (3,80). Die aus der qualitativen Befragung bekannte große Bedeutung von Zusatzinformationen in der Trefferliste bestätigt sich: Bilder, Untertitel und der schwarze Textausschnitt (3,70) sowie die Bekanntheit der Linkquellen (3,67) sind zentrale heuristic cues. Gleiches gilt für die Autocomplete-Funktion (3,64). Liefert die erste Trefferliste zu viele Treffer, aber nicht das gewünschte Ergebnis, arbeiten viele Befragte mit einem ähnlichen Suchbegriff und hoffen auf weniger Ergebnisse (3,20) oder greifen – allerdings deutlich seltener – auf eine alternative Suchmaschine zurück (2,69). Noch etwas häufiger werden sogar von vornherein spezifische Suchmaschinen eingesetzt (2,98).

Die beiden am stärksten heuristischen Strategien – immer den ersten Treffer anzuklicken (3,06) und nur die ersten drei Ergebnisse anzuschauen, nicht aber den Rest der Trefferliste (2,48) – scheinen weniger verbreitet zu sein als die meisten zuvor genannten, eher systematischen Vorgehensweisen. Das widerspricht aber nicht nur den Ergebnissen der Triadengespräche, sondern auch den Befunden automatisierter Erhebungen des Umgangs mit Trefferlisten.[87] Dafür sind zwei Erklärungen denkbar: Entweder möchten die Befragten ungern zugeben, dass sie die Trefferlisten nur sehr oberflächlich verarbeiten (soziale Erwünschtheit), oder es ist ihnen gar nicht bewusst, eben weil es sich dabei um ein heuristisches Vorgehen handelt.

Beim Vergleich der verschiedenen soziodemografischen Gruppen zeigt sich erneut der Einfluss persönlicher Merkmale auf das Suchverhalten entsprechend der Modellvorstellung vom adaptiven Nutzer. Am stärksten wirkt sich wiederum das Alter der Befragten auf ihre Verarbeitungs- und Auswahlstrategien aus: Bei sieben von zehn möglichen Strategien unterscheiden sich die Altersgruppen signifikant. Fast alle diese Strategien werden von den Befragten unter 30 Jahren am häufigsten und von denen ab 50 Jahren am seltensten eingesetzt. Nur der Rückgriff auf alternative Suchmaschinen, wenn die gewünschten Informationen zunächst nicht gefunden werden, kommt bei den ältesten am häufigsten und bei den jüngsten am seltensten vor. Relativ deutlich beeinflusst auch die Bildung den Umgang mit den Trefferlisten, wobei höher gebildete Nutzer tendenziell etwas systematischer mit den Trefferlisten umgehen als die niedriger gebildeten. Das Geschlecht und die Interneterfahrung hingegen scheinen erneut kaum einen Einfluss zu haben, was wie schon erwähnt darauf zurückzuführen sein könnte, dass die Teilnehmer eines Online-Access-Panels generell relativ technikaffin sind.

87 Vgl. z. B. Pan et al. 2007.

Tabelle 3: Verarbeitungsstrategien im Umgang mit Trefferlisten.

	Geschlecht		Alter		
	Männlich (n=526) MW	Weiblich (n=486) MW	Unter 30 (n=276) MW	30-49 (n=428) MW	Ab 50 (n=308) MW
Ich schaue mir die erste Seite von oben nach unten an (d.h. ich scrolle auch nach unten).	4,01	4,07	4,04	4,10	3,96
Wenn ich nicht die gesuchten Informationen finde, verfeinere ich meine Suche (z.B. durch Verknüpfungen mit und/oder).	3,82	3,78	4,03[a]	3,82[b]	3,57[c]
Die Vorschläge, die Google mir während der Eingabe des Suchbegriffs macht, nehme ich in der Regel an.	3,56[a]	3,85[b]	3,89[a]	3,65[b]	3,60[c]
Für meine Auswahl spielen Zusatzinformationen in der Trefferliste eine große Rolle (z.B. Bilder, Untertitel, kurze Inhaltsbeschreibungen).	3,62	3,73	3,86[a]	3,69[a]	3,48[b]
Ich versuche anhand der Links eine erste Auswahl zu treffen, wobei ich mich an der Bekanntheit der Quellen orientiere.	3,63	3,66	3,77[a]	3,63[ab]	3,55[b]
Wenn ich zu viele Ergebnisse erhalte, verwende ich einen ähnlichen Begriff und hoffe auf weniger Ergebnisse.	3,20	3,19	3,25	3,24	3,10
In der Regel klicke ich einfach das erste Suchergebnis an.	2,95[a]	3,17[b]	3,32[a]	2,99[b]	2,91[b]
Ich verwende von vorneherein spezifische Suchmaschinen, um schneller und übersichtlicher zu Ergebnissen zu kommen.	2,90	3,06	3,10	2,95	2,91
Wenn ich nicht die gesuchten Informationen finde, probiere ich es mit einer anderen Suchmaschine, die genauere Treffer liefert.	2,71	2,66	2,41[a]	2,74[b]	2,86[b]
Ich schaue mir nur die ersten drei Ergebnisse an und den Rest nicht.	2,47	2,50	2,62[a]	2,40[b]	2,49[ab]

Frage: Wenn man mit Hilfe einer Suchmaschine im Netz sucht, erhält man in der Regel eine Vielzahl an Treffern. Als Nutzer kann man mit diesen Trefferlisten ganz unterschiedlich umgehen. Hier sehen Sie einige Vorgehensweisen. In welchem Maß treffen die folgenden Aussagen auf Sie persönlich zu? Mittelwerte auf einer fünfstufigen Skala (5 = trifft voll und ganz zu; 4 = trifft eher zu; 3 = teils, teils; 2 = trifft eher nicht zu; 1 = trifft überhaupt nicht zu).

Bildung			Interneterfahrung			Gesamt
max. Hauptschule	mittlere Reife	Abitur mit/ ohne Studium	wenig	mittel	viel	
(n=324)	(n=342)	(n=346)	(n=334)	(n=337)	(n=341)	(n=1.012)
MW	MW	MW	MW	MW	MW	MW
3,98[a]	3,96[a]	4,16[b]	3,90[a]	4,10[b]	4,12[b]	4,04
3,64[a]	3,81[ab]	3,94[b]	3,60[a]	3,92[b]	3,87[b]	3,80
3,75	3,68	3,68	3,72	3,78	3,61	3,70
3,57	3,70	3,75	3,58	3,76	3,69	3,67
3,51[a]	3,70[b]	3,71[b]	3,59	3,65	3,69	3,64
3,19	3,20	3,20	3,27	3,11	3,22	3,20
3,16[a]	3,07[ab]	2,94[b]	3,21[a]	2,99[ab]	2,96[b]	3,06
3,01	3,06	2,87	2,94	3,07	2,92	2,98
2,81[a]	2,73[ab]	2,53[b]	2,61	2,65	2,79	2,69
2,62[a]	2,45[ab]	2,39[b]	2,58	2,45	2,43	2,48

Quelle: eigene Daten. Basis: Stichprobe von 1.012 Internetnutzern.

[a, b, c] Mittelwerte in derselben Zeile desselben Tabellenbereichs (Geschlecht, Alter, Bildung, Interneterfahrung), die kein Superskript gemeinsam haben, unterscheiden sich statistisch signifikant, d.h. die Befragten der jeweiligen Gruppe unterscheiden sich signifikant hinsichtlich des jeweiligen Merkmals von den anderen Gruppen ($p<0,05$; Scheffé Post-Hoc-Tests).

5.5 Nutzungsstile und ihre Dimensionen im Überblick

In den vorangegangenen Kapiteln wurde der Suchprozess in seiner gesamten Komplexität analysiert. Ziel der vorliegenden Studie ist aber auch, in der Vielzahl an Details übergreifende Nutzungsstrukturen und -stile zu identifizieren. Wir gehen davon aus, dass die verschiedenen Motive der Internetnutzung, der Einfluss externer Informationsquellen sowie die generellen Auswahl- und Verarbeitungsstrategien in Kombination miteinander verschiedene Nutzertypen bzw. Nutzungsstile im Netz hervorbringen. Um diese zu identifizieren, werden die zuvor beschriebenen quantitativen Ergebnisse mithilfe multivariater Analyseverfahren weiterführend ausgewertet. Zunächst werden dazu die relevanten Dimensionen von Nutzungsstilen (Motive, Informationsquellen sowie die Auswahl- und Verarbeitungsstrategien) mittels Faktorenanalysen (Hauptkomponentenanalysen) sichtbar gemacht.[88] Diese Dimensionen wiederum bilden die Grundlage für eine hierarchische Clusteranalyse, die darauf abzielt, unter Berücksichtigung des gesamten Suchvorgangs grundlegende Nutzertypen mit unterschiedlichen Nutzungspraktiken und -routinen zu ermitteln.

Die sechs abgefragten Motive der Internetnutzung lassen sich dadurch auf drei Dimensionen reduzieren, die zusammengenommen 75 % der Varianz erklären (Tabelle 4): (1) Unter der *Informationssuche* lassen sich die Recherche zu größeren Themenkomplexen sowie die Suche nach einfachen Fakten und nach Lösungen für Alltagsdinge subsummieren. (2) Auf dem Faktor *Unterhaltung und soziale Interaktion* laden die Nutzung von Unterhaltungsangeboten wie Onlinespielen und Videos sowie der Austausch mit anderen, z. B. mittels E-Mails, Chats oder Social Networking Sites. (3) Eine eigene Dimension bildet das *Onlineshopping*, also der Kauf und Verkauf von Produkten im Netz.

88 Die Zahl der Faktoren bzw. Stildimensionen wird jeweils anhand dreier Kriterien bestimmt: dem Ellenbogenkriterium (Scree-Plot), einer Varianzaufklärung von mindestens 60% der ursprünglichen Varianz durch die latenten Faktoren und möglichst ausgewogenen Kommunalitäten.

Tabelle 4: Motive der Internetnutzung – Dimensionen.

	Informationssuche	Soziale Interaktion und Unterhaltung	Shopping
Informationen zu größeren Themen recherchieren, z. B. zu Lebensmittelallergien	**.838**	.129	.130
Nach einfachen Fakten suchen, z. B. der Bedeutung eines Fremdworts	**.829**	.203	.107
Nach Lösungen für Alltagsdinge suchen, z. B. Adressen oder Öffnungszeiten	**.770**	.240	.179
Unterhaltungsangebote nutzen, z. B. Onlinespiele, Videos, Fernsehen	.150	**.825**	.059
Mich mit anderen Menschen austauschen, z. B. per E-Mail, per Chat oder in sozialen Netzwerken	.228	**.762**	.086
Produkte kaufen oder verkaufen, z. B. auf Amazon oder Ebay	.219	.106	**.969**
Erklärte Varianz (rotiert)	35%	23%	17%

Hauptkomponentenanalyse mit Varimax-Rotation. KMO = .815; Bartletts Test auf Sphärizität: χ^2 (15) = 1507,3; $p<.001$. Quelle: eigene Daten. Basis: Stichprobe von 1.012 Internetnutzern.

Hinsichtlich der Informationsquellen können vier Dimensionen identifiziert werden, die zusammen 63 % der Varianz erklären (Tabelle 5): (1) Auf dem Faktor *Onlinewerbung* laden Banner und Links auf Internetseiten sowie Werbeanzeigen neben Trefferlisten. (2) Zu den *traditionellen Medien* lassen sich Fernsehen, Radio und Printmedien sowie Offline-Werbung zusammenfassen. (3) Die *persönlichen Kontakte* beinhalten Erzählungen anderer, z. B. in Gesprächen, Social Networking Sites und – teilweise – E-Mails mit Links von Bekannten. (4) Letztere laden aber auch auf dem vierten Faktor, der zudem die Suchmaschinen umfasst und sich entsprechend mit *Suchmaschinen und E-Mails* betiteln lässt.

Tabelle 5: Externe Informationsquellen – Dimensionen.

	Onlinewerbung	**Traditionelle Medien**	**Persönliche Kontakte**	**Suchmaschinen und E-Mails**
Über Banner und Links auf Internetseiten, die ich sowieso häufig aufsuche	**.802**	.022	.056	.118
Über die Werbung neben der Trefferliste, wenn ich mit Suchmaschinen suche	**.749**	.148	.092	-.070
Ich höre/ lese etwas in den klassischen Medien (also Radio, Fernsehen, Zeitschriften, Zeitung)	-.039	**.825**	.073	.093
Über Werbung offline, also Anzeigen, Plakate, Fernseh- oder Radiospots	.242	**.718**	.103	-.054
Jemand erzählt mir davon, z. B. in persönlichen Gesprächen	-.009	.230	**.717**	.103
Ich werde über Facebook oder andere Netzwerke darauf aufmerksam gemacht	.257	-.077	**.707**	-.237
Jemand schickt mir eine E-Mail mit einem Link	-.026	.120	**.476**	**.536**
Ich suche selbst mit Hilfe von Suchmaschinen	.059	-.021	-.133	**.848**
Erklärte Varianz (rotiert)	17%	16%	16%	14%

Hauptkomponentenanalyse mit Varimax-Rotation. b. KMO = .660; Bartletts Test auf Sphärizität: χ^2 (28) = 442,6; p<.001. Quelle: eigene Daten. Basis: Stichprobe von 1.012 Internetnutzern.

Die Auswahl- und Verarbeitungsstrategien schließlich lassen sich mittels der Faktorenanalyse erkennbar in das heuristisch-systematische Modell einordnen (Tabelle 6): (1) Die *heuristische* Verarbeitung beinhaltet das Anklicken des ersten Treffers, die Nutzung der Autocomplete-Funktion und das Betrachten der lediglich ersten drei Treffer. Die Vorschläge der Autocomplete-Funktion können somit als weiterer heuristic cue interpretiert werden. (2) Als *systematisch* werden das

Tabelle 6: Auswahl- und Verarbeitungsstrategien – Dimensionen.

	Heuristisch	Systematisch	Alternative Suchmaschinen	Semi-systematisch
In der Regel klicke ich einfach das erste Suchergebnis an.	**.822**	-.057	.098	.087
Die Vorschläge, die Google mir während der Eingabe des Suchbegriffs macht, nehme ich in der Regel an.	**.720**	.328	-.046	.122
Ich schaue mir nur die ersten drei Ergebnisse an und den Rest nicht.	**.638**	-.229	.420	.060
Ich schaue mir die erste Seite von oben nach unten an (d.h. ich scrolle auch nach unten).	-.066	**.778**	-.011	-.003
Wenn ich nicht die gesuchten Informationen finde, verfeinere ich meine Suche (z. B. durch Verknüpfungen mit und/oder).	.066	**.698**	.143	.105
Für meine Auswahl spielen Zusatzinformationen in der Trefferliste eine große Rolle (z. B. Bilder, Untertitel, kurze Inhaltsbeschreibungen).	.072	**.556**	.108	.383
Wenn ich nicht die gesuchten Informationen finde, probiere ich es mit einer anderen Suchmaschine, die genauere Treffer liefert.	-.003	.085	**.832**	.085
Ich verwende von vorneherein spezifische Suchmaschinen, um schneller und übersichtlicher zu Ergebnissen zu kommen.	.220	.153	**.721**	.111
Ich versuche anhand der Links eine erste Auswahl zu treffen, wobei ich mich an der Bekanntheit der Quellen orientiere.	.155	.226	-.023	**.798**
Wenn ich zu viele Ergebnisse erhalte, verwende ich einen ähnlichen Begriff und hoffe auf weniger Ergebnisse.	.056	-.012	.425	**.634**
Erklärte Varianz (rotiert)	17%	16%	16%	12%

Hauptkomponentenanalyse mit Varimax-Rotation. b. KMO = .747; Bartletts Test auf Sphärizität: χ^2 (45) = 1488,6; p<.001. Quelle: eigene Daten. Basis: Stichprobe von 1.012 Internetnutzern.

Ansehen der ersten Seite von oben nach unten, die Verfeinerung der Suchanfrage mittels Suchoperatoren und das Heranziehen von Zusatzinformationen in der Trefferliste zusammengefasst. (3) Eine dritte Strategie besteht im Einsatz *alternativer Suchmaschinen* von vornherein oder falls die Suche keinen Erfolg hat.

(4) Unter der *semi-systematischen* Verarbeitung – also auf dem Kontinuum zwischen heuristischem und systematischem Prozessieren angesiedelt – lassen sich die Orientierung an der Bekanntheit der Quellen und die Verwendung ähnlicher Suchbegriffe in der Hoffnung auf weniger Ergebnisse subsummieren. Diese vier Faktoren gemeinsam erklären 61 % der Varianz.

Im letzten Schritt der Analyse werden die ermittelten Dimensionen mithilfe einer hierarchischen Clusteranalyse zu typischen Verhaltensweisen bei der Suche im Netz verdichtet. Jeder Befragte wird dabei einer bestimmten Klasse von einander ähnlichen Befragten zugeordnet. Die sich daraus ergebenden typischen Gruppierungen von Verhaltensweisen bei der Suche im Netz werden als Nutzungsstile im Netz interpretiert. Allgemein lassen sich Nutzungsstile als „situationsübergreifende Vorgehensweisen verstehen, die Personen bei der Nutzung einer Mediengattung bevorzugt an den Tag legen".[89] Entsprechend der einzelnen Selektions- und Rezeptionsphasen bei der Informationssuche sind die entscheidenden Dimensionen, anhand derer das Suchverhalten im Netz beschrieben wird, die Suchanlässe und -motive im Zusammenspiel mit möglichen Informationsquellen und die verschiedenen Navigationsstrategien. Jeder Typ lässt sich anschließend anhand persönlicher Merkmale der ihm zugeordneten Befragten näher charakterisieren.[90]

Der Scree-Plot legt eine Vier-Cluster-Lösung nahe, das heißt, die Befragten können insgesamt vier Nutzungsstilen zugeordnet werden. Diese werden im Folgenden – geordnet nach ihrer Häufigkeit – inhaltlich beschrieben. Es geht dabei zum einen um ihr Navigationsverhalten, zum anderen um die soziodemografischen und sonstige Merkmale, die unter den jeweiligen Internetnutzern überwiegen. Die Tabellen 7 und 8 zeigen die vier Typen und ihre Charakteristika im Überblick.

---

89 Schweiger 2005: 175.

90 Für die Clusteragglomeration wurde der Ward-Algorithmus gewählt, der im Gegensatz zu anderen Algorithmen nicht dazu tendiert kleine Cluster zu bilden, die aus wenigen Ausreißern bestehen (Backhaus et al. 2006: 489-556).

Tabelle 7: Nutzungsstile im Netz.

	Die Distanzierten (n=356) MW	Die Kontaktfreudigen (n=322) MW	Die Vielseitigen (n=177) MW	Die Informationssucher (n=157) MW
Motive				
Informationssuche	-0,35[a]	0,02[b]	0,31[c]	0,40[c]
Soziale Interaktion und Unterhaltung	-0,59[a]	0,43[b]	0,42[b]	0,00[c]
Shopping	-0,03	0,09	0,04	-0,16
Informationsquellen				
Onlinewerbung	-0,15[a]	-0,32[ab]	1,33[c]	-0,52[b]
Traditionelle Medien	-0,29[a]	-0,19[a]	0,15[b]	0,88[c]
Persönliche Kontakte	-0,66[a]	0,63[b]	0,33[c]	-0,16[d]
Suchmaschinen und E-Mails	-0,05[a]	-0,42[b]	0,42[c]	0,50[c]
Auswahlstrategien				
Heuristisch	-0,08[a]	0,34[b]	-0,12[a]	-0,39[c]
Systematisch	-0,34[a]	-0,03[b]	0,39[c]	0,41[c]
Alternative Suchmaschinen	-0,10[a]	0,20[b]	0,03[ab]	-0,22[a]
Semi-Systematisch	-0,21[a]	0,22[b]	0,26[b]	-0,28[a]

Quelle: eigene Daten. Basis: Stichprobe von 1.012 Internetnutzern.

[a, b, c, d] Mittelwerte in derselben Zeile, die kein Superskript gemeinsam haben, unterscheiden sich statistisch signifikant, d.h. die Befragten der jeweiligen Gruppe unterscheiden sich signifikant hinsichtlich des jeweiligen Merkmals von den anderen Gruppen ($p<0,05$; Scheffé Post-Hoc-Tests).

Relativ am stärksten vertreten sind die *Distanzierten* (35 %). Die diesem Nutzungsstil zugeordneten Internetnutzer zeichnen sich vor allem durch das aus, was sie im Internet nicht suchen und nicht tun: Sie nutzen das Internet unterdurchschnittlich häufig, um Informationen zu suchen, um sich zu unterhalten und um Kontakte zu pflegen. Damit zusammenhängend werden sie auch besonders selten durch persönliche Kontakte auf neue Informationen im Netz aufmerksam. Nur gelegentlich dienen ihnen traditionelle Medien und Onlinewerbung als

Tabelle 8: Charakteristika der vier Nutzungsstile.

	Die Distanzierten (n=356)	Die Kontaktfreudigen (n=322)	Die Vielseitigen (n=177)	Die Informationssucher (n=157)	Gesamt (n=1.012)
Soziodemografische Merkmale					
Geschlecht (Anteil Männer, %)	54	49	54	52	52
Alter (Jahre, MW)	46,9	36,7	38,4	43,4	41,6
Bildungsgrad (%)					
Hauptschule	37	33	27	23	32
Mittlere Reife	34	33	37	31	34
Abitur	28	34	36	46	34
Interneterfahrung					
Internetnutzung an x Tagen pro Woche (MW)	6,41	6,52	6,76	6,73	6,56
Dauer der Internetnutzung pro Tag (MW; 2=1-2 Std.; 3=3-4 Std.; 4=5-6 Std.)	2,68	3,19	3,23	3,04	3,00
Interneterfahrung gesamt (Index: 1=wenig, 2=mittel, 3=viel)	1,85	2,02	2,21	2,10	2,01
Zugangswege ins Netz					
Anzahl der Zugangswege ins Internet (MW)	1,90	2,46	2,61	2,48	2,29
Internetzugang über Smartphone (%)	33	58	63	50	49
Internetzugang im Büro, kann diesen auch für private Zwecke nutzen (%)	16	25	33	29	24
Internetzugang zuhause über Tablet (%)	11	19	16	26	17
Wissen über Suchmaschinen					
Richtige Antworten Quiz (MW)	4,89	5,08	5,33	5,18	5,08

Quelle: eigene Daten. Basis: Stichprobe von 1.012 Internetnutzern.

Informationsquellen, noch am ehesten greifen sie auf Suchmaschinen zurück. Auf sie treffen eher heuristische als systematische Verarbeitungsstrategien zu, sehr ausgeprägt ist aber keine bestimmte Verarbeitungsweise. Unter den Angehörigen dieses Nutzungsstils finden sich im Vergleich zu den drei anderen mehr Männer (54 %), und sie sind älter (im Durchschnitt 47 Jahre) und niedriger gebildet (37 % maximal Hauptschulabschluss). Die Distanz zum Internet spiegelt sich auch in Nutzungshäufigkeit und -dauer, Interneterfahrung und Geräteausstattung wider: Die Distanzierten sind seltener und kürzer online als die drei anderen Typen, verfügen somit auch über weniger Interneterfahrung und gehen über weniger verschiedene und eher traditionelle Zugangswege ins Netz. Neuere technische Angebote wie Smartphones und insbesondere Tablets nutzen sie kaum. Insgesamt scheinen sie dem Internet skeptisch gegenüberzustehen, was mit einer relativ geringen Medienkompetenz zusammenhängen könnte: Im Wissenstest über die Funktionsweise von Suchmaschinen beantworten sie im Schnitt von allen Typen die wenigsten Fragen richtig, nämlich nur 4,9 von 8.

Die zweitgrößte Gruppe sind die *Kontaktfreudigen* (32 %). Ihre Internetnutzung scheint auffällig gut in ein enges Netz persönlicher Kontakte eingebettet zu sein. Die Vertreter dieses Nutzungsstils nutzen das Internet besonders häufig zur Pflege persönlicher Kontakte und zur Unterhaltung und erhalten dementsprechend auch von ihren Freunden und Bekannten besonders häufig Hinweise auf neue Informationen im Netz. Onlinewerbung, traditionelle Medien und Suchmaschinen sind für sie im Vergleich dazu nur untergeordnete Informationsquellen. Mit Trefferlisten verfahren die Kontaktfreudigen eher heuristisch bzw. semisystematisch, ziehen bei Bedarf aber auch alternative Suchmaschinen heran. Geschlecht, Bildungsgrad und Interneterfahrung dieser Befragten entsprechen ziemlich genau dem Bevölkerungsdurchschnitt, sie sind aber im Mittel etwas jünger (37 Jahre). Gemessen in Tagen nutzen sie das Internet nicht viel häufiger als die Distanzierten, halten sich aber, wenn sie online sind, deutlich länger im Netz auf. Die Zahl der Wege, über die sie online gehen, liegt etwas über dem Bevölkerungsdurchschnitt, was vor allem auf den überdurchschnittlichen Gebrauch von Smartphones zurückzuführen ist. Beim Wissenstest liegt ihr Ergebnis mit 5,1 richtigen Antworten genau im Bevölkerungsdurchschnitt.

Den beiden anderen Nutzungsstilen sind jeweils nur etwa halb so viele Befragte zugeordnet wie den Distanzierten und den Kontaktfreudigen. Die drittgrößte Gruppe sind die *Vielseitigen* (18 %), deren herausragendes Merkmal mit „von allem etwas mehr (als der Durchschnitt)" umschrieben werden kann. Die Vielseitigen nutzen das Internet weit überdurchschnittlich zu Kontaktpflege bzw. Unterhaltung und zur Informationssuche. Um neue Informationen im Netz zu finden, greifen sie auf alle möglichen Quellen öfter zurück als die drei anderen Typen, ganz besonders häufig aber auf Onlinewerbung. Verarbeitet werden die gefundenen Informationen oft systematisch oder semi-systematisch; die heuristische Verarbeitung hingegen ist vergleichsweise selten. Unter den Vielseitigen finden sich eher Männer als Frauen (54 %), eher jüngere Befragte (Durchschnittsalter 38 Jahre) und eher höher als niedriger Gebildete (36 % Abitur). Dass sie das Internet so vielseitig nutzen, könnte damit zusammenhängen, dass die Vertreter dieses Nutzungsstils mehr Zeit im Netz verbringen als die drei anderen Typen, sowohl gemessen in Tagen pro Woche als auch in Stunden pro Tag. Somit verfügen sie zudem über die größte Interneterfahrung. Vielseitig ist auch ihr technischer Zugang ins Netz: Sie nutzen im Durchschnitt die meisten unterschiedlichen Zugangswege, besonders oft aber das Smartphone und den Internetzugang im Büro. Von allen vier Typen wissen sie am besten über die Funktionsweise von Suchmaschinen Bescheid (5,3 richtige Antworten im Wissenstest).

Die kleinste Befragtengruppe schließlich sind die *Informationssucher* (16 %), für welche das Internet in erster Linie ein Informationsmedium darstellt. Von allen Typen ziehen sie es am häufigsten zur Informationssuche heran, während sie an Onlineshopping kaum interessiert sind. Die Informationsorientierung dieses Nutzungsstils kommt auch darin zum Ausdruck, dass seine Vertreter besonders oft über die traditionellen Massenmedien auf neue Inhalte im Netz aufmerksam werden. Daneben nutzen sie vor allem Suchmaschinen und E-Mails als Informationsquellen, während persönliche Kontakte und vor allem Onlinewerbung als solche kaum eine Rolle spielen. Wenn die gewünschten Informationen gefunden sind, gehen die Informationssucher offensichtlich sehr rational damit um, denn die systematische Verarbeitung ist bei ihnen stärker, die heuristische und die semi-systematische Verarbeitung sowie der Gebrauch alternativer Suchmaschinen sind schwächer ausgeprägt als bei den drei anderen Nutzungsstilen. Unter den Informationssuchern finden sich etwas mehr Männer als Frauen (52 %), sie sind etwas älter als der Bevölkerungsdurchschnitt (43 Jahre) und weit überdurchschnittlich gebildet (46 % mit mindestens Abitur). Gemessen in Tagen sind sie fast genauso häufig online wie die Vielseitigen, halten sich dann aber im Schnitt kürzer als diese und die Kontaktfreudigen im Netz auf. Sie verfügen über die zweitgrößte Interneterfahrung nach den Vielseitigen. Mit 2,5 Zugangswegen ins Netz können sie als relativ technikaffin betrachtet werden, wobei vor allem ihre überdurchschnittliche Nutzung von Tablets auffällt. Im Wissenstest schneiden sie mit 5,2 korrekten Antworten nach den Vielseitigen am besten ab – möglicherweise, weil sie sich auch über die Funktionsweise von Suchmaschinen bereits informiert haben.

6 Diskussion und Fazit

Die vorliegende Studie untersucht, wie Menschen im Netz nach Informationen suchen und auf welchen Wegen sie diese selektieren. Die empirischen Befunde dokumentieren eine Vielzahl an Navigationsstrategien, in denen Suchmaschinen allerdings immer eine zentrale Rolle für das Auffinden von Informationen spielen. Denn zum einen ist die Informationssuche integraler Bestandteil der Internetnutzung, zum anderen genießen Suchmaschinen – insbesondere Google – bei den unterschiedlichsten Informationsanfragen große Popularität. Sowohl beim Browsing als auch bei der zielgerichteten Suche (oft für Alltagsfragen in sehr unterschiedlichen Lebensbereichen) werden Suchmaschinen als Orientierungshilfe genutzt. Damit spielen sie aber auch bei der Suche nach unbekannten Seiten oder interessanten neuen Informationen im Netz eine zentrale Rolle. Ihre hohe Relevanz zeigt sich auch in der direkten Gegenüberstellung mit externen Informationsquellen. Zwar werden die interpersonale Kommunikation und traditionelle Massenmedien ebenfalls häufig als externe Informationsquellen genannt; im Netz selbst aber sind Suchmaschinen mittlerweile das wichtigste Werkzeug zum Auffinden neuer Informationen.

Generell reagieren die Nutzer sehr flexibel auf die situativen Anforderungen unterschiedlicher Informationsanlässe und -motive. Folglich bestätigen sowohl die qualitativen als auch quantitativen Ergebnisse die Modellvorstellung vom adaptiven Nutzer. In Abhängigkeit der Art der Suchanfrage bzw. dem jeweiligen Suchmotiv variiert das aufgabenspezifische Involvement der Nutzer: Je komplexer und schwieriger die Suchaufgabe ist, desto höher ist der eingesetzte zeitliche und kognitive Aufwand, was gleichbedeutend mit einer systematischen Verarbeitung sein dürfte.

Abhängig vom jeweiligen Suchmotiv variiert auch die Suchanfragenformulierung, die zudem ganz konkret von Persönlichkeitsmerkmalen (beispielsweise der Suchmaschinenerfahrung und -kompetenz) und Habitualisierungseffekten moderiert wird. Bestätigt werden kann daneben die Annahme, dass heuristische Vorgehensweisen durch die Intransparenz der Auswahlsituation forciert werden. Denn Kenntnisse über die Auswahl- und Rankingkriterien von Suchmaschinen sind nur ansatzweise vorhanden.

Im eigentlichen Auswahlprozess der relevanten Treffer orientiert sich der Nutzer an einer Reihe von Merkmalen bzw. Hinweisreizen, die vorwiegend technischer oder gestalterischer Natur sind: Entscheidend sind die Rankingposition und das Layout der Trefferliste. Die Selektionsorientierung wird also – wie im Click-Stream-Modell angenommen – durch die wahrgenommenen Merkmale bzw. Optionen beeinflusst. Eindeutig schlechtere Chancen haben Angebote, die nicht auf den ersten Plätzen bzw. auf der ersten Seite der Trefferliste angezeigt werden. Nicht ganz so zentral, aber ebenfalls bedeutsam als Hinweisreiz für die Auswahl ist die Bekanntheit der Quelle als inhaltliches Kriterium.

Bündelt man die vielfältigen Auswahlstrategien faktorenanalytisch, lassen sich diese gut erkennbar in das heuristisch-systematische Modell der Informationsverarbeitung einordnen. Denn auf einem Kontinuum möglicher Evaluationsstrategien finden sich sowohl sehr reflektierte, bewusste Auswahlverfahren als auch stärker intuitiv-heuristische Verarbeitungsstrategien. Interessant ist, dass sich in dieser Kategorisierung die „Autocomplete-Funktion" eindeutig in der heuristischen Verarbeitungsstrategie verorten lässt. Die automatisierten Vorschläge der Autocomplete-Funktion können somit als entscheidender heuristic cue gewertet werden und beeinflussen als solcher die Selektionsorientierung der Nutzer eher unterbewusst.

In der Clusteranalyse lassen sich vier übergeordnete Nutzungsstile identifizieren, die als medienspezifische Nutzungsstile interpretiert werden können, da sie stark von den Eigenschaften des Mediums Internet geprägt sind. Inwieweit diese intramedialen Nutzungsmuster auf andere Mediengattungen übertragbar sind und damit als transmediale Nutzungsstile gelten können, muss noch geprüft werden. Sichtbar wird, dass Auswahlprozesse im Netz durch ein Zusammenspiel unterschiedlichster Faktoren gesteuert werden, in dem sowohl persönliche Merkmale (insbesondere das Alter) als auch situative Kontextfaktoren (vor allem die unterschiedlichen Motive der Internetnutzung) eine Rolle spielen. Eingebettet sind diese Auswahlroutinen jedoch in einen größeren Gesamtkontext im Umgang mit dem Medium allgemein. Dazu gehören z. B. die Nutzungsintensität, die technische Affinität (sichtbar an der Ausstattung und den genutzten Zugangswegen) und offensichtlich die Suchmaschinenkompetenz. Entscheidendes persönliches Merkmal ist das Alter: So kristallisieren sich bei den Nutzungsstilen zwei jüngere Gruppen heraus (die Kontaktfreudigen und die Vielseitigen), die eindeutig kommunikations- und unterhaltungsorientiert im Netz unterwegs sind und eine hohe Smartphone-Affinität aufweisen. Ihr Selektionsverhalten im Umgang mit den Trefferlisten unterscheidet sich jedoch: Während die Kontaktfreudigen eindeutig stärker heuristisch auswählen, verarbeiten die Vielseitigen die Ergebnisseiten systematischer. Unterhaltungsorientierte Nutzungsmotive begünstigen damit offenbar spontane bzw. unreflektierte Auswahlroutinen. Daraus folgt, dass grundsätzlich vorhandene, dominierende Motive das Selektionsverhalten grundlegend und stetig prägen.

Für die kleinste Gruppe der Informationssucher präsentiert sich das Netz buchstäblich als klassisches Informationsmedium, dessen Inhalte sehr reflektiert und selektiv evaluiert werden. Eine informationsbezogene Gebrauchswertorientierung fördert offensichtlich diese Herangehensweise. Diese Nutzergruppe ist insgesamt höher gebildet und weiß auch mit am besten über die Funktionsweise von Suchmaschinen Bescheid. Die älteste und größte Nutzergruppe der Distanzierten hingegen ist niedriger gebildet und zeigt sich weniger technikaffin. Offensichtlich spielt das Netz in ihrem Leben keine zentrale Rolle, so dass sie keine wirklich differenzierten Auswahlstrategien ausgebildet haben.

Trotz der genannten Unterschiede wirken sich die persönlichen Merkmale insgesamt vor allem in der quantitativen Teilstudie schwächer aus als erwartet: Zwar spielen das Alter und teilweise die Bildung eine Rolle, das gilt aber weniger für die Interneterfahrung und vor allem das Geschlecht. Dies könnte methodische Gründe haben: Die Rekrutierung aus einem Online-Access-Panel könnte verzerrend wirken und die Variable Interneterfahrung müsste möglicherweise anders operationalisiert werden. Auf letzteres deuten auch die Ergebnisse der qualitativen Teilstudie hin, die recht offensichtliche Unterschiede zwischen Nutzern mit großer und weniger großer Erfahrung gezeigt haben.

Alles in allem dokumentieren die Befunde anschaulich, wie hochkomplex die Suche im Netz ist – und wie anspruchsvoll es ist, sie zu untersuchen. Denn Suchen im Netz ist eindeutig als Niedrigkostensituation zu bezeichnen; das heißt, das Kosten-Nutzen-Kalkül der Nutzer führt dazu, dass mit nur sehr geringem kognitiven Aufwand gesucht wird. Vieles, was sie während der Suche tun, ist ihnen gar nicht bewusst und kann folglich nicht erschöpfend abgebildet werden. Angesichts der Tatsache, dass es dabei um unbewusst ablaufende Prozesse geht und dass soziale Erwünschtheit die Antworten beeinflusst haben könnte, wäre es sicherlich gewinnbringend, die gewonnenen Erkenntnisse experimentell und/oder mittels Blickaufzeichnungsstudien zu validieren.

Darüber hinaus zeigt sich, dass Suchmaschinenanbieter nicht nur das Potenzial besitzen, die Selektionsorientierung und -entscheidung durch technische Infrastrukturen nachhaltig zu prägen, sondern diese potenziellen Einflussmöglichkeiten bereits ganz konkret durch bestimmte Funktionen und Gestaltungsmerkmale zu ihrem eigenen Vorteil modifiziert bzw. ausgebaut haben (Beispiel Autocomplete-Funktion). Argumentiert wird seitens der Anbieter selbstverständlich, dass diese medialen Präsentationstechniken hauptsächlich die Interessen der Nutzer bedienen. Zu leugnen ist allerdings kaum, dass hierbei sowohl die Interessen von Werbetreibenden als auch die eigenen, ausschließlich kommerziell orientierten, eine gewichtige Rolle spielen. Damit wird unmissverständlich deutlich, dass diese Darbietungsformen dazu führen, dass bestimmte Entscheidungsalternativen aus Sicht der Nutzer nicht wahrnehmbar sind und aus den wenigen überhaupt wahrgenommenen nochmals stark selektiert wird. Der Nutzer in seiner Konsumentenrolle ist in diesem Interessenskonflikt der „schwächste Akteur“. Ihm ist lediglich daran gelegen die gefühlte Komplexität im Suchprozess zu reduzieren und möglichst rasch die passenden Informationen zu finden. Inwieweit Suchmaschinen dadurch ihre neutrale Vermittlerfunktion bereits verloren haben und es einer stärkeren gesellschaftlichen Kontrolle sowie einer medienpolitischen Regulierung des Marktes bedarf, sollte umfassend geprüft werden.

Literatur

Backhaus, K., Erichson, B., Plinke, W., Weiber, R. (2006). *Multivariate Analysemethoden: Eine anwendungsorientierte Einführung*. Berlin: Springer.

Barth, J. & Bengel, J. (1998). *Prävention durch Angst? Stand der Furchtappellforschung*. Köln: Bundeszentrale für gesundheitliche Aufklärung.

Belwe, K. (2001). Editorial Wissensgesellschaft. *Aus Politik und Zeitgeschichte B36/2*. Bonn: Bundeszentrale für politische Bildung.

Beiler, M. (2005). Selektionsverhalten in den Ergebnislisten von Suchmaschinen. Modellentwicklung und empirische Überprüfung am Beispiel von Google. In M. Machill & N. Schneider (Hrsg.), *Suchmaschinen: Neue Herausforderungen für die Medienpolitik* (S. 165-189). Berlin: Vistas.

Beiler, M. (2013). *Nachrichtensuche im Internet. Inhaltsanalyse zur journalistischen Qualität von Nachrichtensuchmaschinen*. Konstanz, München: UVK.

Brosius, H.-B. (1995). *Alltagsrationalität in der Nachrichtenrezeption. Ein Modell zur Wahrnehmung und Verarbeitung von Nachrichteninhalten*. Opladen: Westdeutscher Verlag.

Chaiken, S. (1980). Heuristic versus systematic information processing and the use of source versus message cues in persuasion. *Journal of Personality and Social Psychology*, 39, 752-756.

Donsbach, W. (1991). *Medienwirkung trotz Selektion. Einflußfaktoren auf die Zuwendung zu Zeitungsinhalten*. Köln, Weimar: Böhlau.

Früh, W. & Schönbach, K. (1982). Der dynamisch-transaktionale Ansatz. Ein neues Paradigma der Medienwirkungen. *Publizistik, 27*, 74-88.

Garnier, M. (2009). Search engine loyalty: Considering the commitment-loyalty link from a hedonic versus utilitarian perspective. *International Journal of Internet Marketing and Advertising, 5*(1-2), 43-73.

Hargittai, E. (2002). Beyond logs and surveys: In-depth measures of people's Web use skills. *Journal of the American Society for Information Science and Technology, 53*(14), 1239-1244.

Hasebrink, U. & Schmidt, J.-H. (2013). Medienübergreifende Informationsrepertoires. *Media Perspektiven, 1*, 2-12.

Herbold, A. (2013). „Google ist unser Leben". *Zeit Online* vom 27. September 2013. Verfügbar unter: http://www.zeit.de/digital/internet/2013-09/google-denken-suchen-geburtstag/

Höchstötter, N. & Koch, M. (2009). Standard parameters for searching behaviour in search engines and their empirical evaluation. *Journal of Information Science 35*(1), 45-65.

Hofmann, J. (2001). Digitale Unterwanderungen: Der Wandel im Innern des Wissens. *Aus Politik und Zeitgeschichte* B 36/2, 3-6. Bonn: Bundeszentrale für politische Bildung.

Hölscher, C. (2002). *Die Rolle des Wissens im Internet. Gezielt suchen und kompetent auswählen*. Stuttgart: Klett-Cotta.

Hölig, S. & Hasebrink, U. (2013). Nachrichtennutzung in konvergierenden Medienumgebungen. *Media Perspektiven, 11*, 522-536.

Initiative D21 (2012). *(N)Onliner Atlas 2012. Basiszahlen für Deutschland. Eine Topographie des digitalen Grabens durch Deutschland.* Berlin: Initiative D21.
Köcher, R. & Bruttel, O. (2011). *Social Media, IT & Society 2011.* Frankfurt am Main.
Levy, M.R. & Windahl, S. (1985). The Concept of Audience Activity. In K. E. Rosengren, L. A. Wenner & P. Palmgreen (Hrsg.), *Media Gratifications Research. Current Perspectives* (S. 109-122). Beverly Hills, London, New Delhi: Sage.
Machill, M. & Welp, C. (2003). *Wegweiser im Netz. Qualität und Nutzung von Suchmaschinen.* Gütersloh: Verlag Bertelsmann Stiftung.
Machill, M. & Beiler, M. (2008). Suchmaschinen als Vertrauensgüter. Internet-Gatekeeper für die Informationsgesellschaft? In: D. Klumpp, H. Kubicek, A. Roßnagel, W. Schulz (Hrsg.): *Informationelles Vertrauen für die Informationsgesellschaft* (S.159-172). Berlin, Heidelberg: Springer.
Mende, A., Oehmichen, E. & Schröter, C. (2013). Gestaltwandel und Aneignungsdynamik des Internets. *Media Perspektiven, 1,* 33-49.
Müller, T. (2013). Habitualisierte Mobilnutzung - Smartphones und Tablets gehören zum Medienalltag. *Media Perspektiven, 9,* 410-422.
Pan, B., Hembrooke, H., Joachims, T., Lorigo, L., Gay, G., & Granka, L. (2007). In Google We Trust: Users' Decisions on Rank, Position, and Relevance. *Journal of Computer-Mediated Communication, 12*(3), 801-823.
Payne, J.W., Bettmann, J.R. & Johnson, E.J. (1993). *The adaptive decision maker.* Cambridge, MA: Cambridge University Press.
Petty, R. E. & Cacioppo, J.T. (1990). *Communication and Persuasion. Central and Peripheral Routes to Attitude Change.* New York: Springer Verlag.
Purcell, K., Brenner, J. & Rainie, L. (2012). *Search Engine Use 2012.* Pew Research Center's Internet & American Life Project.
Raffée, H. (1969). *Konsumenteninformation und Beschaffungsentscheidung des privaten Haushalts.* Stuttgart: Poeschel.
Schmidt-Mänz, N. (2007). *Untersuchung des Suchverhaltens im Web. Interaktion von Internetnutzern mit Suchmaschinen.* Hamburg: Dr. Kovač.
Schweiger, W. (2005). Gibt es einen transmedialen Nutzungsstil? Theoretische Überlegungen und empirische Hinweise. *Publizistik, 50*(2), 173-200.
Schweiger, W. (2007). *Theorien der Mediennutzung. Eine Einführung.* Wiesbaden: VS.
Schweiger, W. (2010). Informationsnutzung online: Informationssuche, Selektion, Rezeption und Usability von Online-Medien. In W. Schweiger, K. Beck (Hrsg.): *Handbuch Online-Kommunikation* (S. 184-210). Wiesbaden: VS.
Seibold, B. (2002). *Klick-Magnete. Welche Faktoren bei Online-Nachrichten Aufmerksamkeit erzeugen.* München: Reinhard Fischer.
Stark, B. (2006). *Fernsehen in digitalen Medienumgebungen. Eine empirische Analyse des Zuschauerverhaltens.* München: Reinhard Fischer.
Suckfüll, M., Bleuel, F. & Scharkow, M. (2008). *Exploring Modes of Internet Use.* Working Paper. Berlin.
Todorov, A., Chaiken, S., Henderson, M. D. (2002). The Heuristic-Systematic Model of Social Information Processing. In J. D. Dillard, M. Pfau (Hrsg.): *The Persuasion Handbook. Developments in Theory and Practice* (S. 195-211). Thousand Oaks/London/New Delhi: SAGE Publications.

Tremel, A. (2010). *Suchen, finden – glauben?: Die Rolle der Glaubwürdigkeit von Suchergebnissen bei der Nutzung von Suchmaschinen.* Dissertation, LMU München: Sozialwissenschaftliche Fakultät.

Van Eimeren, B., Frees, B. (2013). Rasanter Anstieg des Internetkonsums – Onliner fast drei Stunden täglich im Netz. *Media Perspektiven, 7-8,* 358-372.

Wirth, W., Böcking, T., Karnowski, V., & von Pape, T. (2007). Heuristic and Systematic Use of Search Engines. *Journal of Computer-Mediated Communication, 12*(3), 778-800.

Wirth, W., Böcking, T., Karnowski, V., & von Pape, T. (2009). The WEBNAS analysis method: A holistic approach to the analysis of web navigating and searching behavior. *Communication Methods & Measures, 3*(3), 115-146.

Wirth, W. & Brecht, M. (1998). Medial und personal induzierte Selektionsentscheidungen bei der Nutzung des World Wide Web. In P. Rössler (Hrsg.), *Online-Kommunikation. Beiträge zu Nutzung und Wirkung* (S. 147-168). Opladen: Westdeutscher Verlag.

Wirth, W. & Brecht, M. (1999). Selektion und Rezeption im WWW: Eine Typologie. In W. Wirth, W. Schweiger (Hrsg.), *Selektion im Internet. Empirische Analysen zu einem Schlüsselkonzept* (S. 149-178). Opladen: Westdeutscher Verlag.

Wirth, W. & Schweiger, W. (1999). Selektion neu betrachtet: Auswahlentscheidungen im Internet. In W. Wirth, W. Schweiger (Hrsg.), *Selektion im Internet. Empirische Analysen zu einem Schlüsselkonzept* (S. 43-70). Opladen: Westdeutscher Verlag.

Dirk Lewandowski, Friederike Kerkmann und Sebastian Sünkler

Wie Nutzer im Suchprozess gelenkt werden

Zwischen technischer Unterstützung und interessengeleiteter Darstellung

1 Einleitung

Suchmaschinen werden von ihren Nutzern als Informationsvermittler ohne eigene Interessen wahrgenommen (Stark, Magin & Jürgens, i. d. B.). Während Suchmaschinen noch vor einigen Jahren vor allem wegen der Reihung der Trefferlisten (dem *Ranking*) kritisch betrachtet wurden, müssen wir inzwischen aufgrund der weit komplexeren Trefferdarstellungen (der *Universal Search*, die Elemente aus unterschiedlichen Datenbeständen auf einer Ergebnisseite kombiniert und die Treffer aus diesen Beständen auf unterschiedliche Weise darstellt) fragen, inwieweit die von den Suchmaschinen intendierte technische Unterstützung des Suchprozesses auch gleichzeitig eine Steuerung im Sinne der Eigeninteressen der Suchmaschinenbetreiber ist.

Am deutlichsten mag der Verdacht der interessengeleiteten Ergebnisdarstellung werden, wenn man das EU-Kartellverfahren gegen Google (AT. 39740-Google) betrachtet: Hier geht es gerade darum, inwieweit dieser Anbieter seine eigenen vertikalen Angebote auf den Trefferseiten der allgemeinen Websuche besonders hervorheben darf, bzw. inwieweit Konkurrenzangebote aufgeführt und gleichberechtigt hervorgehoben werden müssen (European Commision, 2010).

In diesem Kapitel wird die Unterstützung des Nutzers im Suchprozess beschrieben und aufgezeigt, an welchen Stellen Suchmaschinen ihren Nutzern auf der einen Seite tatsächliche Hilfe anbieten, und andererseits diese vornehmlich technische Unterstützung durch die Interessen der Suchmaschinenbetreiber gelenkt werden (kann).

Die Bedeutung der interessengeleiteten Unterstützung im Suchprozess ergibt sich aus der massenhaften Suchmaschinennutzung (ComScore, 2010), der Dominanz der algorithmischen Suchmaschinen gegenüber anderen Ansätzen bei der Suche im Web (Griesbaum, Bekavac & Rittberger, 2009) und der Dominanz einer einzigen Suchmaschine (Schmidt, 2012).

Aus technischer Sicht sind Suchmaschinen Systeme, die mittels eines Crawlers (d.h. einem Computerprogramm, das automatisch das World Wide Web durchsucht und Websites indexiert) Inhalte aus dem Web erfassen und diese über eine Benutzerschnittstelle durchsuchbar machen (Lewandowski, 2013a). Suchmaschinen beruhen somit im Gegensatz zu anderen Informationssystemen wie bspw. Bibliothekskatalogen oder Datenbanken nicht auf einem klar abgegrenzten Datenbestand eigener Inhalte, sondern bauen sich durch Traversieren des Web und die Erschließung von Inhalten Dritter erst einen eigenen Datenbestand (den sogenannten *Index*) auf (Lewandowski, 2013a).

Es wäre allerdings zu kurz gegriffen, Suchmaschinen als alleinstehende Systeme zu betrachten. Vielmehr sind sie den Einflüssen durch weitere Akteure, die den Prozess der Websuche ebenfalls tangieren, ausgesetzt. Röhle (2010) benennt neben den Suchmaschinenbetreibern die Nutzer, die Inhalteanbieter (und die in ihren Diensten stehenden Suchmaschinenoptimierer) sowie die Werbetreibenden (S. 14) als weitere Akteure.

Aus dieser Konstellation unterschiedlicher Akteure mit zum Teil divergierenden Interessen ergibt sich ein komplexes Zusammenspiel: Inhalteanbieter stellen Informationen im Web bereit, legen die Gestaltung fest und treffen Maßnahmen, um ihre Inhalte in den Suchmaschinen sichtbar zu machen. Suchmaschinen erstellen aus diesen Inhalten ihren Index und agieren als Metainformationsdienste, die diesen Informationsbestand nach bestimmten Regeln (Crawlingintervalle und -methoden, Rankingalgorithmen, Standardeinstellungen, Ergebnisdarstellung) durchsuchbar machen. Der Nutzer wiederum wählt Suchmaschine und Suchanfrage aus und verwendet sowohl die Suchmaschine als auch die eigentlichen Inhalte. Suchmaschinenoptimierer beeinflussen die Inhalte (unmittelbar) und die Suchmaschinen (mittelbar), Werbetreibende legen die Verbindung von Anzeigen zu Suchbegriffen fest.

2 Der Suchmaschinennutzer

Um die angebotene technische Unterstützung im Suchprozess und ihre Auswirkungen zu verstehen, muss man das Verhalten der Suchmaschinennutzer und ihre Erwartungen an die Suchmaschinen verstehen. Gerade die enorme Diskrepanz zwischen Erwartungen an die Funktion der Suchmaschinen und dem tatsächlichen Verhalten der Nutzer hat dazu geführt, dass eine starke technische Unterstützung des Suchprozesses überhaupt nötig wurde.

2.1 Nutzerverhalten

Der Nutzer einer Suchmaschine lässt sich üblicherweise durch folgende Eigenschaften charakterisieren: (1) Länge und Komplexität seiner Suchanfragen, (2)

Art bzw. Intention der Anfrage sowie (3) individuelles Verhalten im Suchprozess und im Umgang mit den Ergebnissen.

Web-Suchmaschinen sind, unabhängig von Geschlecht und Alter, die meistgenutzte Anwendung im Internet (van Eimeren & Frees, 2013, S. 363) und gelten als der zentrale Einstiegspunkt für die Web-Nutzung. Suchmaschinen werden von allen Nutzergruppen verwendet, von Laien bis hin zu Experten; die Laiensuche allerdings gilt als der Standardfall. So zeigen Studien bspw., dass die an Suchmaschinen gestellten Suchanfragen in der Regel sehr kurz und häufig unspezifisch sind (Jansen & Spink, 2006; Höchstötter & Koch, 2009). Die Mehrzahl der Nutzer verzichtet zudem auf die Verwendung von Suchoperatoren (z. B. Anführungszeichen für Phrasensuchen, Minuszeichen zum Ausschluss bestimmter Begriffe) (Schmidt-Mänz, 2007). Gründe für eine seltene Nutzung solcher Operatoren liegen darin, dass Nutzer nicht allzu viel Zeit und kognitive Energie für ihre Recherchen aufwenden wollen (Machill et al., 2003).

Schon vor dem Aufkommen der Websuche stellte die Untersuchung von Anfragetypen bspw. im Kontext der Bibliotheksrecherche ein Interesse der Forschung dar (u.a. Frants, Shapiro & Voiskunskii, 1997; Kantor, 1976). Im Kontext der Websuche basiert die Analyse der Anfragetypen im Wesentlichen auf dem richtungsweisenden Aufsatz von Andrei Broder (2002), in dem er drei Arten von *Suchintentionen* identifiziert: informations-, navigations- und transaktionsorientierte Anfragen. Broders Definition folgend

- zeichnet sich eine informationsorientierte Anfrage durch das Bedürfnis, Informationen zu einem bestimmten Thema zu finden, aus. Als Ergebnis ist nicht ein bestimmtes einzelnes Dokument, sondern eine Auswahl an unterschiedlichen relevanten Dokumenten gewünscht.
- wird eine navigationsorientierte Anfrage verwendet, wenn der Nutzer eine bestimmte Website finden möchte, von deren Existenz er bereits weiß oder deren Existenz er zumindest für wahrscheinlich hält. Typischerweise findet eine solche Anfrage ihre Verwendung bei der Suche nach der Homepage einer bestimmten Person, eines Unternehmens oder einer Institution. Das Informationsbedürfnis ist mit der Anzeige eines (des korrekten) Treffers umfassend befriedigt.
- liefert eine transaktionsorientierte Anfrage als Ergebnis eine Website, auf der wiederum eine gewünschte Transaktion durchzuführen ist. Als Beispiele lassen sich u.a. der Download einer Software, der Kauf eines Produktes oder die weitere Suche in einer Datenbank nennen.

Auch wenn dieses Modell zwar nicht das ganze Spektrum tatsächlich vorkommender Suchanfragen abdecken kann (Burghardt et al., 2013) und es intensive Bemühungen um detailliertere Modelle in diesem Forschungsbereich gibt, so dient dabei doch Broders Taxonomie vielfach als Ausgangspunkt, die dann entsprechend modifiziert wird. Ein solches ergänztes Modell bspw. entwickeln Lewandowski, Drechsler & von Mach (2012), indem sie die genannten Anfragearten nach Broder zusätzlich um Anfragen mit kommerzieller Intention (d.h. der Nutzer hat Interesse an einem kommerziellen Angebot und steht damit möglicherweise auch Anzeigen positiv(er) gegenüber) und lokale Anfragen (d.h. der Nutzer ist an Informationen mit Bezug zu seinem aktuellen geographischen Standpunkt interessiert) erweitern.

Auch in Bezug auf sein Verhalten auf den Suchergebnisseiten zeigt sich der durchschnittliche Nutzer als leicht zufriedenzustellen: Er betrachtet mehrheitlich lediglich die erste Suchergebnisseite (Jansen & Spink, 2006) und sieht sich vor allem die Treffer auf den vorderen Listenplätzen im sichtbaren Bereich[1] an (Hotchkiss, 2006; Pan et al., 2007). Eine *Suchsession* (also die Abfolge von Suchanfragen, die ein Nutzer innerhalb einer bestimmten Zeitspanne ausführt) dauert im Schnitt weniger als 30 Minuten und umfasst meist weniger als drei Anfragen. Sofern eine Suchanfrage innerhalb einer Session modifiziert wird, geschieht dies häufiger durch die Formulierung einer neuen Suchanfrage mit anderen Begriffen als durch eine Anpassung der ursprünglichen Suchanfrage durch das Hinzufügen oder Entfernen von Suchtermen (Jansen et al., 2007).

2.2 Nutzererwartungen an Suchmaschinen

Nutzer erwarten von den gängigen Suchmaschinen eine intuitive Benutzerführung und die unaufgeforderte Qualifizierung ihrer möglicherweise unpräzisen Suchanfragen. Das „Verstehen" des tatsächlichen Informationsbedarfs durch die Suchmaschine unabhängig von der Formulierung wird vorausgesetzt (Lewandowski, 2011a). Machill et al. bringen schon 2003 das Verhalten der Nutzer bei der Eingabe der Suchanfragen auf den Punkt: „Die meisten Nutzer sind nicht willens, bei der Formulierung ihres Suchziels allzu viel kognitive und zeitliche Energie aufzuwenden" (S. 169). Im Lauf der Jahre konnten keine Veränderungen in der (Unter-)Komplexität der eingegebenen Suchanfragen festgestellt werden, wohl aber bei der zunehmenden Interpretationsleistung der Suchmaschinen.

1 Zwei zentrale Bereiche lassen sich auf einer Suchergebnisseite voneinander unterscheiden: Der sichtbare Bereich (die sogenannte „visible area") umfasst den oberen Teil, der bei Aufruf einer Trefferseite unmittelbar, d.h. ohne Scrollen für den Nutzer sichtbar ist. Der unsichtbare Bereich („scroll area") dagegen beschreibt den unteren Teil einer Suchergebnisseite, der für den Nutzer nur durch aktives Scrollen sichtbar wird (Lewandowski & Höchstötter, 2009).

Der durchschnittliche Nutzer geht zudem davon aus, dass die Suchbegriffe einfach aneinandergereiht werden können und relevante Treffer geliefert werden, ohne Operatoren verwenden müssen (Machill et al., 2003; Quirmbach, 2011). Das Nutzerverhalten ist hier (vermutlich) stark durch die Nutzung von Google geprägt, d.h. eine einfache Bedienungsmöglichkeit wie bei Google wird vorausgesetzt.

Auf ihre Anfragen hin wiederum erwarten Nutzer relevante, qualitativ hochwertige Suchergebnisse sowie ein elaboriertes Rankingverfahren, das die Präsentation der relevantesten Ergebnisse auf den vorderen Plätzen der Trefferliste sicherstellt (u.a. Pan et al., 2007).

In Hinblick auf die Benutzerführung und die Gestaltung der Suchergebnisseiten erwarten Suchmaschinennutzer eine hohe Nutzerfreundlichkeit bzw. Usability sowie eine bestimmte Interface-Gestaltung (ein Feld für die Eingabe von Suchbegriffen, ein „Suche"-Button zum Abschicken der Suchanfrage, etc.; Quirmbach, 2012).[2]

3 Der Suchprozess

Suchanfragen stehen nicht isoliert, sondern sind ein Element im Prozess der Websuche. Ein zentrales Anliegen der Forschungen zum Informationssuchverhalten ist die Beschreibung von Suchprozessen und die Ausarbeitung von Modellen, die Suchprozesse vorhersagen können. In der Informationswissenschaft wurden zahlreiche Modelle (teils für spezifische Anwendungsfelder) vorgeschlagen (Fisher, Erdelez, & McKechnie, 2005); eine Übertragung der wichtigsten Modelle auf die Websuche findet sich in (Burghardt et al., 2013).

In der weiteren Diskussion soll ein einfaches Modell der Websuche, das man als Minimal- oder Konsensmodell bezeichnen kann, verwendet werden (Lewandowski, 2012; siehe Abbildung 1). Hier wird der Suchprozess im Rahmen der Websuche wie folgt beschrieben:

Der Nutzer beginnt mit der Auswahl einer ihm geeignet erscheinenden bzw. bekannten Suchmaschine (Schritt 1). Wenn diese ausgewählt und aufgerufen ist, folgt die Eingabe der Suchanfrage (Schritt 2). Der Nutzer sieht die Ergebnisse auf der Trefferseite der Suchmaschine (Search Engine Result Page, SERP) durch und wählt einen ihm relevant erscheinenden Treffer aus (Schritt 3). Diesen ruft er auf

2 Man kann hier diskutieren, welchen Stellenwert der Einfluss der Suchmaschinenbetreiber bei der Gestaltung der Suchmaschinen auf das Verhalten, und welchen Stellenwert das Nutzerverhalten für die Gestaltung von Suchmaschinen hat. Deutlich wird jedoch, dass es sich um einen wechselseitigen Prozess handelt, und Vorwürfe an die Suchmaschinenbetreiber, sie hätten die Nutzer zu einem „schlechten Rechercheverhalten" erzogen, ins Leere laufen.

und evaluiert ihn auf seine Tauglichkeit im Hinblick auf den Informationsbedarf (Schritt 4). Bestenfalls wird das Informationsbedürfnis damit unmittelbar befriedigt. Möglicherweise ist aber eine weitere Navigation oder Suche innerhalb der aufgerufenen Website erforderlich, um die benötigte Information zu finden (optional: Schritt 5).

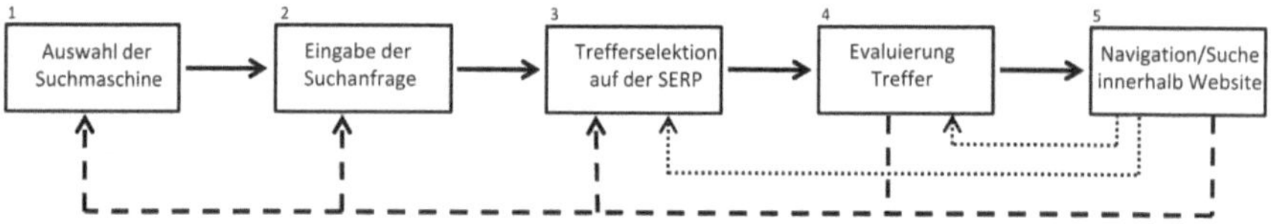

Abbildung 1: Schaubild des Suchprozesses aus Lewandowski (2012).

Für den Fall, dass die Ergebnisliste keinen geeignet erscheinenden Treffer zurückliefert oder aber der aufgerufene Treffer weder unmittelbar noch bei weiterer Suche oder Navigation innerhalb der ausgewählten Website die erforderlichen Informationen bereithält, sind folgende Optionen denkbar:

- Der Nutzer kehrt zur Ergebnisseite zurück, wählt einen anderen Treffer aus und durchläuft die Schritte 3-5 erneut.
- Der Nutzer reformuliert seine Suchanfrage und durchläuft die Schritte 2 bis 5 ein weiteres Mal.
- Der Nutzer wählt eine andere Suchmaschine aus und beginnt den Suchprozess von vorn.

Damit wird deutlich, dass der Prozess der Websuche nicht gradlinig verlaufen muss; vielmehr kann es an allen Punkten des Suchprozesses zum Abbruch oder zur Neuorientierung des Nutzers kommen (Lewandowski, 2012b).

Die Ergebnisseite einer Suchmaschine, die ein Nutzer auf seine Anfrage hin als Teilschritt im Suchprozess erhält, besteht üblicherweise aus unterschiedlichen Elementen, die sich bei den gängigen Anbietern stark ähneln. Allerdings hat im Bereich der Darstellung von den Anfängen der Web-Suchmaschinen bis heute eine rasante Entwicklung stattgefunden: Angefangen bei einer traditionellen Darstellung in Listenform (auch bekannt als „ten blue links“; Balasubramanian & Cucerzan, 2010), die eine bestimmte Anzahl organischer (d.h. aus dem grundlegenden Datenbestand generierten) Treffer nach absteigender Relevanz als textuelle Liste präsentierten, hat sich die Ergebnispräsentation hin zu einer dynamischen, personalisierten Form mit Darstellung unterschiedlicher Elemente, Dimensionen und Kollektionen entwickelt.

Eine Steuerung bzw. Beeinflussung des Nutzerverhaltens ergibt sich also in den einzelnen Schritten des Suchprozesses, vor allem aber in der Präsentation der Suchergebnisseiten. Allerdings ist auch zu berücksichtigen, dass eine (willentliche oder technisch bedingte) Beeinflussung bereits durch Prozesse, die vor der eigentlichen Suche ablaufen, erfolgt. Im Folgenden wird auf die Stellen, an denen das Nutzerverhalten beeinflusst werden kann, eingegangen.

4 Beeinflussung der Nutzer durch Suchmaschinenbetreiber

4.1 Indexierung

Alle Suchmaschinen basieren auf einem sogenannten Index, d.h. einer Datenbank, die die aufgefundenen Dokumente im Web verzeichnet. Ein Index entsteht durch *content acquisition*. Diese wird vor allem über das sogenannte *Crawling* realisiert. Beim Crawling werden Links auf bereits bekannten Dokumenten verfolgt, um so neue Dokumente zu entdecken. Als Ideal für einen Index gilt eine vollständige und aktuelle Abdeckung der verfügbaren Webinhalte; ein Ziel, das durch den dynamischen Datenbestand im Web nicht erreichbar ist. Die Inhalte im Web verändern sich stetig, Dokumente kommen hinzu, werden gelöscht oder dynamisch generiert (Ntoulas, Cho & Olston, 2004). Hinzu kommt, dass Dokumente im sogenannten invisible Web (auch *Hidden* oder *Deep Web*, also dem Teil des World Wide Web, der nicht für Suchmaschinen zugänglich ist) nicht indexiert werden können. Grund dafür sind technische Gegebenheiten oder ein bewusster Ausschluss des Crawlers durch die Anbieter der Dokumente, z. B. bei Inhalten in kommerziellen Fachdatenbanken (Sherman & Price, 2001). Aussagen über die gesamte Anzahl der Dokumente im World Wide Web lassen sich aufgrund seiner Struktur somit nicht treffen.

Bei der Erstellung eines Suchmaschinenindex finden Entscheidungen über zu indexierende Inhalte auf den folgenden Ebenen statt (Lewandowski, 2013b):

- *Spam*: Suchmaschinen versuchen bereits beim Crawling Spamdokumente auszuschließen. Dabei ist nicht bekannt, nach welchen Kriterien der Ausschluss erfolgt. Probleme ergeben sich auf dieser Ebene dadurch, dass einerseits trotz Filtermechanismen nicht gewährleistet werden kann, dass Spam nicht in den Index aufgenommen wird und dass andererseits auch „echte" Dokumente fälschlicherweise als Spam klassifiziert werden könnten.
- *Sperrung von Inhalten aufgrund gesetzlicher Bestimm*ungen: Suchmaschinen unterdrücken die Anzeige von verbotenen und jugendgefährdenden Inhalten, wenn gesetzliche Vorgaben in den jeweiligen Ländern dies gebieten.

Diese Art der Einschränkung durch Vorgaben aus den Ländern ist in Bezug auf einen freien Informationszugang für alle eine Form der Zensur. Regierungen üben damit Einfluss auf die Suchmaschinenbetreiber aus. Ein bekanntes Beispiel ist die Umsetzung der chinesischen Länderversion von Google. Google unterstützt durch eine Anpassung der Ergebnislisten in Bezug auf die chinesische Zensur von Webinhalten aktiv die Internetpolitik des Landes (Weber & Drüeke, 2013; Röhle, 2010).

– *Ausschluss von unerwünschten Inhalten*: Eine weitere Form ist der Ausschluss von Inhalten nach eigenen Kriterien der Suchmaschinen, die unter dem Begriff „Unerwünschtheit" zusammengefasst werden können. Inhalte, auf die diese Kriterien zutreffen, werden nicht indexiert. Auch wenn der Ausschluss bestimmter Inhalte, wie z. B. kinderpornografischer Dokumente, wünschenswert sein kann (s. z. B. Watters et al., 2013), ist nicht transparent, auf welcher Basis die Entscheidung über die Aufnahme bzw. den Ausschluss von Inhalten durch die Suchmaschinenbetreiber erfolgt.

Die Indexierung der Webinhalte bedeutet einen hohen technischen und finanziellen Aufwand, was dazu geführt hat, dass nur wenige Suchmaschinenanbieter einen eigenen Index pflegen. Durch diesen Umstand greift eine Vielzahl von Anbietern auf vorhandene Indexe zurück. Daraus hat sich ein eigener Markt für Suchmaschinenindexe entwickelt (Lewandowski, 2013b). Nennenswerte Anbieter von Indexen sind Google und Bing, die eine Nutzung von Suchergebnissen aus ihrem Index im Rahmen von Geschäftsvereinbarungen für Dritte anbieten und dabei auch ihre Technologien für das Ranking der Suchergebnisse bereitstellen. Die Abnehmer unterliegen bei der Nutzung der Angebote aber bestimmten Einschränkungen: So dürfen bspw. keine Veränderungen innerhalb der gelieferten Ergebnisse vorgenommen werden und ein direkter Zugriff auf den Index (im Gegensatz zu den Top-Suchergebnissen) ist nicht möglich.

Mit der Indexierung beginnt die Beeinflussung des Nutzers im Suchprozess bereits bei der Inhaltserschließung des Webs durch die Suchmaschinen. Auf der einen Seite soll durch eine möglichst vollständige Indexierung von Webinhalten ein umfassender und offener Informationszugang angeboten werden. Auf der anderen Seite entscheiden die Suchmaschinen nach eigenen Kriterien und gesetzlichen Vorgaben, welche Inhalte aus dem Web zugänglich sind. Durch diese Umstände ergibt sich in jedem Fall eine Verzerrung der Suchergebnisse, da Nutzer darauf angewiesen sind, die bereitgestellten Ergebnisse zu verwenden. Diese Verzerrung findet dabei auch bei der Nutzung von Suchdiensten statt, die einen Partnerindex verwenden, da diese keinen Einfluss auf den verwendeten Suchmaschinenindex des Anbieters ausüben können.

4.2 Ranking

Als Ranking wird bei Suchmaschinen eine gereihte Sortierung von Suchergebnissen nach ihrer (suchmaschinenseitig angenommenen) Relevanz bezeichnet. Suchanfragen produzieren in der Regel eine große Anzahl von Treffern. Eine Sichtung aller Treffer wäre für den Nutzer nicht zu bewältigen, daher setzen Suchmaschinen Rankingalgorithmen, bestimmt durch verschiedene Rankingfaktoren, ein, um dem Nutzer jeweils die relevantesten Ergebnisse zu seiner Anfrage auf den vorderen Plätzen zu liefern. Dabei haben Personalisierung (s. Abschnitt Personalisierung) und Query Understanding (s. Abschnitt Query Understanding) Einfluss auf das Ranking der Ergebnisse.

Für das Ranking selbst gibt es unzähligen Kriterien, die sich nach Lewandowski (2010) in vier Gruppen einteilen lassen:
- Text matching: Dabei wird gemessen, wie gut Suchanfrage und Dokument hinsichtlich ihres Textes zusammenpassen. Wörter aus den Suchanfragen werden mit den Wörtern im Dokument abgeglichen. Dabei werden u.a. Vorkommen, Häufigkeiten und Position der Wörter im Dokument bei der Relevanzbewertung berücksichtigt.
- Popularität: Bei der Popularität wird angenommen, dass populäre Dokumente relevanter sind als weniger populäre. Für die Ermittlung der Popularität von Dokumenten werden dabei die Linkstruktur im Web und Bewertungen von Nutzern (explizite Bewertungen von Dokumenten oder implizierte Bewertungen durch Klicks) gemessen.
- Aktualität: Bei der Bewertung der Aktualität wird einerseits das tatsächliche bzw. relative Erstellungs- bzw. Aktualisierungsdatum der Dokumente berücksichtigt. Andererseits wird durch die Suchmaschinen entschieden, in welchen Fällen die Anzeige aktueller Dokumente überhaupt sinnvoll ist.
- Lokalität: Mit Lokalität wird die „Nähe" eines Dokuments zum Standort des Nutzers bezeichnet. Im Ranking der Ergebnisse werden Dokumente bevorzugt, die zum Standort des Nutzers passen. Die Standortbestimmung erfolgt dabei implizit, z. B. über die IP-Adresse des Geräts, von der aus die Suchanfrage gesendet wurde.

Das Ziel des Rankings unter Berücksichtigung dieser Faktoren ist eine Sortierung der Trefferliste, um die bestmöglichen Ergebnisse zu einer Suchanfrage auszugeben. Dabei gilt das „Best First"-Prinzip – die Top-Ergebnisse auf den obersten Positionen der Trefferliste sollen das Informationsbedürfnis des Nutzer bestmöglich abdecken. Dieser Ansatz deckt sich auch mit dem typischen Verhalten von Suchmaschinennutzern, die in der Regel nur wenige Ergebnisse auf der ersten Suchergebnisseite ansehen (s. Abschnitt Nutzerverhalten). Neben der Auslieferung der Top-Ergebnisse spielt auch die Diversität der Treffer in der Ergebnisliste eine wichtige Rolle, um bspw. mehrdeutige Suchanfragen umfassend zu bedienen (Denecke, 2012).

Das Ranking unterliegt vielen verschiedenen Faktoren und wird auch durch Maßnahmen der Personalisierung beeinflusst. Rankingalgorithmen sollen eine weitgehende Objektivität leisten (wobei Rankingprozesse nicht objektivierbar sind, da bereits die Gruppen der Faktoren subjektive Einflussfaktoren zeigen). Eine Gleichbehandlung aller Dokumente ist nur dadurch gewährleistet, dass für alle Dokumente die gleichen Rankingalgorithmen eingesetzt werden. Suchmaschinenbetreiber legen ihre Algorithmen und Rankingfaktoren jedoch nicht offen, somit kann auch bei diesem Prozess eine Manipulation im Suchprozess nicht ausgeschlossen werden. Dokumente können prinzipiell bevorzugt in den Ergebnissen platziert werden. Hinweise auf eine solche Beeinflussung finden sich beispielweise bei Edelman (2010), auch wenn bislang noch keine systematische Untersuchung zu einer solchen Manipulation vorliegt.

4.3 Gestaltung der Suchergebnisseiten

Die Präsentation von Suchergebnissen in Web-Suchmaschinen hat durch ihre stark verbreitete Nutzung einen Vorbildcharakter für zahlreiche andere Informationssysteme. Während in der Regel nur die organischen Suchergebnisse in dem System in Form von Listen angezeigt werden, setzen Web-Suchmaschinen inzwischen auf eine Durchmischung der Suchergebnisse auf den Suchergebnisseiten. Zu den Inhalten, die inmitten und um die regulären Treffer herum platziert werden, zählen u. a. Ergebnisse aus anderen Kollektionen (wie Bilder, Videos, Nachrichten), Ergebnisse aus eigenen Diensten der Suchmaschinen (wie Landkarten, Shoppingergebnisse, Faktencontainer die direkte Antworten auf Fragen liefern), aber auch Werbung in Form von Textanzeigen und Suchvorschläge (Lewandowski & Höchstötter, 2009).

Auf den Suchmaschinen-Ergebnisseiten werden unterschiedliche Ergebnistypen präsentiert (Lewandowski & Höchstötter, 2009; Lewandowski, 2013a; s. Abbildung 2):

- Organische Ergebnisse: Bei den organischen Treffern handelt es sich um die echten Suchergebnisse, d. h. um die Dokumente, die aus dem Index mit Hilfe von Algorithmen generiert werden.
- Hinweise auf weiterführende Kollektionen (z. B. Nachrichten, Bilder, Videos), die sich in der Regel als *Tab* oberhalb des Eingabefeldes befinden.

– Suchvorschläge, die dem Nutzer Vorschläge zur Verbesserung seiner Suchanfrage unterbreiten. Solche Vorschläge sind vor allem bei den häufig verwendeten Einwort-Anfragen sinnvoll.
– Werbeanzeigen: Hierbei handelt es sich um kontextbasierte Textanzeigen, die passend zu den Suchanfragen angezeigt werden und in ihrer Darstellung den organischen Treffern ähneln. Suchmaschinen sind verpflichtet, solche Treffer als Werbung zu kennzeichnen. Die Platzierung dieser Treffer erfolgt nach einem Auktionsverfahren zwischen den Werbetreibenden, die den Suchmaschinenbetreiber pro getätigtem Klick auf ihre Werbung bezahlen (Jansen, 2011).
– Universal-Search-Ergebnisse: Darunter werden Treffer geführt, die aus anderen Kollektionen stammen. Universal-Search-Ergebnisse werden innerhalb der organischen Treffer platziert und weichen von der Darstellung der organischen Treffer ab. Sie sind auf die jeweilige Kollektion angepasst, so werden bspw. Bilder und Videos mit Vorschaubildern präsentiert.
– Fakteninformationen: Auf den Suchergebnisseiten finden sich auch direkte Antworten zu Faktenfragen, Faktencontainer (z. B. Wettervorhersagen) oder auch aggregierte Informationen zu Entitäten wie Personen oder Städten.

Abbildung 2: Ergebnistypen auf einer SERP.

Der Einfluss der Gestaltung der Suchergebnisseite auf den Nutzer erfolgt auf zwei Ebenen: Zum einen geht es darum, was wahrgenommen wird, zum anderen darum, was dann tatsächlich ausgewählt (angeklickt) wird.

In den bekannten Eyetracking-Studien, die sich mit der Wahrnehmung von Suchergebnissen auf den Suchergebnisseiten befassen (z. B. Hotchkiss, 2006; Lorigo et al., 2008) werden nur einfache Listendarstellungen betrachtet. In diesen Listendarstellungen ist das typische Verhalten zu beobachten, dass sich Nutzer in der Regel nur die ersten Ergebnisse ansehen. Spätere Treffer werden seltener wahrgenommen und auch die Aufmerksamkeit – gemessen anhand der Verweildauer innerhalb der Trefferbeschreibungen – nimmt mit absteigender Platzierung der Treffer ab. Dieses Blickverhalten wird als „Golden Triangle" bezeichnet (vgl. Quirmbach, 2009).

Mit der Durchmischung der Ergebnisse durch die Universal Search ergibt sich allerdings ein verändertes Blickverhalten: Grafische Elemente bzw. besondere Hervorhebungen verändern den typischen Blickverlauf, so dass eine generelle Aussage über den Blickverlauf (und damit über die Wahrnehmung) auf den Suchergebnisseiten nicht mehr getroffen werden kann.

Die Durchmischung der Suchergebnisseite mit den angesprochenen Ergebnistypen bietet dem Nutzer zusätzliche Möglichkeiten, sein Informationsbedürfnis zu befriedigen, da nicht mehr allein organische Ergebnisse angezeigt werden. Es entsteht dadurch ein Mehrwert für den Nutzer, aber auch für den Suchmaschinenbetreiber. Durch die Einbindung von Ergebnismodulen, wie der Universal Search mit Ergebnissen aus anderen Dokumentenkollektionen, kann der Betreiber den Nutzer länger im eigenen Netzwerk halten, da dieser auf andere Suchräume innerhalb der Suchmaschine gelenkt wird. Die Durchmischung der Treffer bietet den Suchmaschinen auch die Möglichkeit, eigene Angebote als Ergebnismodule einzubinden. Damit kann der Nutzer im Suchprozess direkt auf solche Angebote gesteuert werden. Das Risiko dabei ist, dass vergleichbare Dienste von Konkurrenten kaum Beachtung auf den Suchergebnisseiten der Suchmaschine finden. Nutzer können so bewusst von gleichwertigen Angeboten weggeführt werden.

Problematisch an der Einbindung eigener Angebote in Universal-Search-Containern ist vor allem, dass den Nutzern kaum bewusst sein dürfte, dass es sich 1. tatsächlich um weitere Angebote der genutzten Suchmaschine handelt und 2. Alternativen durchaus verfügbar sind, allerdings nicht gleichwertig in den Trefferlisten dargestellt werden.

Als Beispiel lässt sich die Einbindung der lokalen Suchergebnisse in den Google-Trefferlisten anführen: Diese Ergebnisse füllen bei zahlreichen lokalen Suchanfragen einen Großteil des sichtbaren Bereichs der Suchergebnisseite aus; die Daten kommen aus den von Google erstellten Bewertungsseiten für lokale Unternehmen. Alternative Anbieter sind in diesem Bereich zuhauf vorhanden und werden in den organischen Suchergebnissen auch durchaus angezeigt. Allerdings werden diese Ergebnisse aufgrund der Dominanz der Google-eigenen Ergebnisse kaum wahrgenommen und geklickt (vgl. Lewandowski & Sünkler, 2013).

4.4 Query Understanding

Mit Hilfe des Query Understanding versuchen Suchmaschinen den Kontext von Suchanfragen zu interpretieren, um dem Nutzer dadurch passendere Ergebnisse liefern zu können. Suchmaschinen versuchen durch die Interpretation der Anfragen nicht explizit ausgedrückte Kontextinformationen zu rekonstruieren.[3]

Für das Query Understanding ist es notwendig, dass Suchanfragen auf verschiedenen Ebenen analysiert werden (s. Abbildung 3). Damit werden die Daten generiert, die für die Anfrageinterpretation von Nutzern notwendig sind. Auf der untersten Ebene steht dabei die Suchanfrage selbst, die ohne Zusatzinformationen verwendet werden kann. Die Ebene darüber bezieht sich auf die in der Vergangenheit geklickten Ergebnisse zu jeder Suchanfrage. Dadurch lässt sich erkennen, welche Ergebnisse bevorzugt angeklickt wurden. Die gewonnenen Klickdaten lassen sich für Häufigkeiten nutzen, um bspw. festzustellen, ob die Suchanfragen informationsorientiert oder navigationsorientiert sind (s. Abschnitt Nutzerverhalten). Such-Sessions, d. h. die Abfolge von Suchanfragen, welche ein Nutzer in einer bestimmten Zeitspanne ausführt, befinden sich auf der nächsten Ebene. Dabei können aktuelle Sessions genutzt werden, um durch um- oder neu formulierte Suchanfragen und Klicks auf Dokumente das aktuelle Thema der Session zu bestimmen. Auf der obersten Ebene ist die Personalisierung (s. Abschnitt Personalisierung). Für die Interpretation der Suchanfragen können die gespeicherten Suchanfragen und angeklickte Dokumente eines Nutzers aus vergangenen, gespeicherten Sessions dazu genutzt werden, die Intention dieses Nutzers bei zukünftigen Anfragen einzuschätzen. Gleichzeitig ist auch ein Vergleich aktuell angefallener Daten in der Suchsession mit Sessions anderer Nutzer aus der Vergangenheit möglich, um aus den bekannten Sessions Annahmen über die Intentionen zu gewinnen.

Suchmaschinen nutzen das Query Understanding für die Generierung von Suchvorschlägen (s. Abschnitt Suchvorschläge), für eine automatische Anfrageerweiterung sowie zur Steuerung der organischen Ergebnisse, der Werbung und der Universal-Search-Ergebnisse. Die Steuerung der Ergebnistypen bezieht sich vor

3 Eine Zusammenstellung der Kriterien, mit deren Hilfe der Kontext einer Suchanfrage erschlossen werden kann, bieten Calderon-Benavides, Gonzalez-Caro und Baeza-Yates (2010).

allem auf die Relevanz der Ergebnisse zu den gestellten Suchanfragen. Sie bietet eine Hilfestellung, relevante Ergebnisse zu ungenauen oder unverständlichen Anfragen zu liefern.

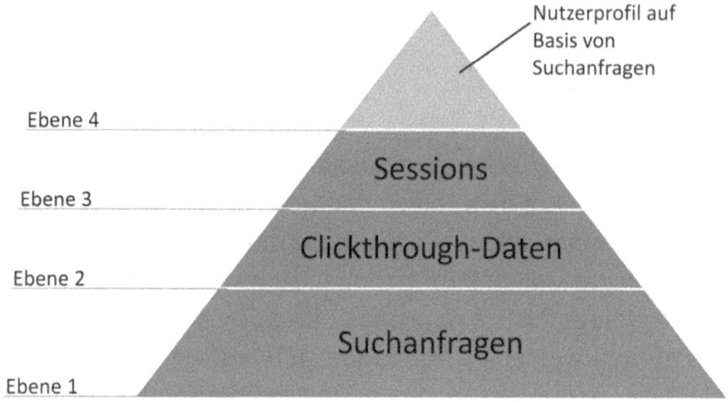

Abbildung 3: Ebenen der Suchanfragenanalysen aus Lewandowski (2011a).

Durch das Query Understanding greift die Suchmaschine auf verschiedenen Ebenen in den Suchprozess der Nutzer ein. Zusammenfassend betrachtet ist die Interpretation einer Suchanfrage nur eine Interpretation aus mehreren möglichen; auch wenn die Analyse der Anfragen auf mehreren Ebenen stattfindet, ist nicht gewährleistet, dass der Nutzer die tatsächlich für ihn relevanten Ergebnisse erhält. Suchmaschinen liefern die Ergebnisse nach den wahrscheinlichsten Interpretationen, um die Bedürfnisse der meisten Benutzer zu befriedigen. Durch die Analyse der Suchanfragen und der Bestimmung der möglichen Intention können Suchmaschinen Einfluss auf die Ergebnispräsentation nehmen, um kommerzielle Interessen zu verfolgen. So können eigene Angebote und Werbung passend zu den Interpretationen platziert werden.

4.5 Suchvorschläge

Suchvorschläge sollen Nutzern bei der Formulierung von Anfragen helfen und „Null-Treffer"-Seiten und schlechte bzw. ungenaue Ergebnisseiten vermeiden.

Suchvorschläge während der Eingabe („query suggestions", „autocomplete") sind automatisch generierte Vorschläge, die auf vergangenen Suchanfragen basieren. Die Nutzung der Vorschläge ist optional, allerdings nehmen die Suchmaschinen mit den Vorschlägen Einfluss auf die Selektionsentscheidungen in dem Sinne, dass Nutzer sich bei der Umsetzung ihres Informationsbedürfnisses in eine Suchanfrage von den Vorschlägen lenken lassen. Dies kann auf der einen

Seite zu präziseren Suchanfragen führen, auf der anderen Seite aber zu einer Verengung der möglichen Anfrageformulierungen auf nur wenige Optionen.

Suchvorschläge beschränken sich nicht auf den Schritt der Eingabe der Suchanfrage (in dem eine dynamische Vervollständigung der begonnenen Suchanfrage angeboten wird), sondern werden auch auf den Suchergebnisseiten angeboten. Man spricht hier von verwandten Suchanfragen, die statisch ausgegeben werden.

Suchvorschläge werden dabei mit Hilfe verschiedener Datenquellen generiert. Zunächst basieren die Vorschläge auf Anfragen, die durch Nutzer in der Vergangenheit gestellt wurden. Dabei handelt es sich nicht um Vorschläge der ewigen Popularität, sondern um populäre Anfragen aus der jüngsten Vergangenheit. Dadurch kommt es oft zu Suchvorschlägen, die sich auf Themen beziehen, die hochaktuell sind. Suchvorschläge sind damit sehr dynamisch, da sie sich ständig verändern. Eine andere Methode zur Gewinnung von Suchvorschlägen ist eine Verknüpfung zu den indexierten Dokumenten im Suchmaschinenindex. Bei Web-Suchmaschinen ist diese Vorgehensweise eher unüblich, wird aber z. B. bei Produktkatalogen eingesetzt, die durch die Generierung von Suchvorschlägen, basierend auf ihrem Produktsortiment, Nutzer direkt zu ihren Produkten führen wollen.

Suchmaschinenbetreiber beeinflussen die Generierung von Suchvorschlägen durch ein Ranking der Vorschläge und durch den Einsatz von Filtern. Suchvorschläge unterliegen, ebenso wie die Dokumente im Suchmaschinenindex, einem Ranking (s. Abschnitt Ranking), das sich an den Rankingfaktoren für die Suchergebnisse orientiert. Dazu zählen Popularität (Suchaufkommen der jeweiligen Anfrage), Aktualität (Suchaufkommen der Anfrage in einem bestimmten Zeitraum), der lokale Bezug (Suchaufkommen der Anfrage in Bezug auf den Standort des Nutzers) und ggf. die kommerzielle Motivation (bevorzugte Anzeige eigener Angebote) der Suchmaschinen. Durch Filter nehmen die Suchmaschinenbetreiber Einfluss auf die Vorschlagslisten. Wie bei der Indexierung spielen dabei rechtliche Faktoren eine Rolle, z. B. wenn es um den Schutz von Personen oder Personengruppen geht. Prominentes Beispiel ist dabei der Fall Bettina Wulff.[4] Wie bei der Indexierung entscheiden Suchmaschinen aber auch im eigenen Ermessen darüber, welche Suchvorschläge unerwünscht sind. Eine Methode dafür sind Stoppwortlisten, die Wörter enthalten, bei denen Suchvorschlägen nicht angezeigt werden sollen. Durch eine Einflussnahme auf die Suchvorschläge durch die

4 Das Beispiel wird in Lewandowski und Quirmbach (2013) ausführlich diskutiert.

Anbieter können auch Vorschläge gemacht werden, die den Nutzer auf eigene Angebote führen sollen.[5]

Suchvorschläge nehmen bei Verwendung einen direkten Einfluss auf den Suchprozess eines Nutzers. Sie unterstützen bei der Formulierung einer Suchanfrage, vermeiden Fehlschreibweisen oder „Null-Treffer"-Seiten und können zu präziseren Ergebnissen führen. Sie können dadurch einen Mehrwert bieten, indem sie den Nutzer bei seinem Informationsbedürfnis Hilfestellung leisten und daneben auch weitere thematische Aspekte zu den Anfragen liefern. Nachteile für Nutzer ergeben sich durch die Einflussnahme der Suchmaschinenbetreiber vor allem in Form von Filtern, aber potenziell auch durch gezielte Manipulation der Listen zur Lenkung von Nutzern auf Suchmaschinen-eigene Angebote.

4.6 Personalisierung

Personalisierung bezeichnet im Allgemeinen die Anpassung eines Objekts an die Bedürfnisse eines Subjekts. In Bezug auf Web-Suchmaschinen lässt sich Personalisierung in drei Ebenen unterteilen (Riemer & Brüggemann, 2009):

1. Personalisierung der Suchverfahren: Verfahren zur Personalisierung während der Eingabe und Verarbeitung von Suchanfragen.
2. Personalisierung der Suchmaschinen: Möglichkeiten zur Einschränkung des Suchraums (z. B. auf Nachrichten, Bilder oder Videos) vor der Formulierung der Anfrage und eine personalisierte Darstellung der Ergebnisse auf der Suchergebnisseite.
3. Personalisierung des Sucherlebnisses: Techniken, die dem Nutzer in verschiedenen Phasen des Suchprozesses Möglichkeiten zur Anpassung des Sucherlebnisses bieten. Dazu zählen u. a. die Nutzung von Browser-Toolbars, der Zugriff auf eine persönliche Suchhistorie oder eine profilbasierte Anpassung der Suchanfragen, insbesondere der Lokalität, um Ergebnisse passend zum Standort des Nutzers auszugeben. Ebenso ist es möglich, ein Ergebnis-Ranking und Ranking von Suchvorschlägen zu erstellen, das den in einem Profil gespeicherten Interessengebieten entspricht und auf vergangenen gespeicherten Suchanfragen in der Suchhistorie sowie auf in der Vergangenheit geklickten Webseiten basiert.

---

5 In der Websuche sind bislang keine Fälle bekannt, in denen eine solche direkte Beeinflussung stattgefunden hat. Im Bereich E-Commerce ist es allerdings gängige Praxis sowohl bei den Suchvorschlägen als auch im Ranking, Angebote aufgrund kommerzieller Erwägungen besonders hoch zu ranken.

Während einige Verfahren der Personalisierung unabhängig von gespeicherten Nutzerprofilen nutzbar sind, basieren andere auf dem Profil des Nutzers. Zu den Verfahren, die ohne Profil nutzbar sind, zählen z. B. die Auswahl eines Suchraums (z. B. Bildersuche, Nachrichtensuche, Videosuche) und die Filtermöglichkeiten, um Ergebnisse einzugrenzen. Nutzer können über individuelle Einstellungen Sprache, Standort und zu suchende Datentypen wie bspw. PDF oder Word-Dokumente wählen. Auch eine implizite Anpassung der Suchanfragen durch Query Understanding (s. Abschnitt Query Understanding) innerhalb einer Suchsession ist denkbar. Andere Verfahren benötigen den Zugriff auf hinterlegte Nutzerprofile.

Die größte Entwicklung innerhalb der Personalisierung von Suchmaschinen ist die Personalisierung des Rankings der Suchergebnisse. Implizite Informationen dafür werden aus dem Surfverhalten des Nutzers gewonnen und können durch explizite Informationen, z. B. durch direkte Bewertungen des Nutzers oder durch seine Kontakte in sozialen Netzwerken, ergänzt werden.

Personalisierung bietet dem einzelnen Nutzer einen Mehrwert durch eine Qualitätsverbesserung, da eine hohe Anzahl nicht relevanter Ergebnisse gefiltert wird. Diskussionen bei der Personalisierung ergeben sich aber in den Bereichen der Vertrauenswürdigkeit von Suchmaschinen, der Wahrung des Datenschutzes und bei der Beeinflussung des Nutzers im Suchprozess.

Durch die gesammelten Daten in den Profilen bestehen Möglichkeiten, Suchergebnisse, Werbung und eine angepasste Anzeige eigener Angebote individuell auf den Nutzer zuzuschneiden. Dem Nutzer werden dadurch Suchergebnisse präsentiert, die für ihn persönlich wahrscheinlich eine höhere Relevanz haben. Es wird auch darauf hingewiesen, dass die Personalisierung dazu führt, Nutzer in ihrer Meinung zu bestärken und andere Meinungen zu unterdrücken (prominent vor allem Pariser, 2011, mit seiner griffigen These von der „Filter Bubble"). Außerdem würden neue Entdeckungen, die bei einer Durchmischung der Trefferliste gegeben sind, wenn eine Personalisierung stattfindet, nicht mehr möglich oder zumindest unwahrscheinlicher.

Neben der Aussteuerung der konkreten Ergebnisse besteht ein Problem der Personalisierung auch in ihrer Intransparenz: Auch wenn Nutzer bspw. die Suchvorgänge, auf denen die Personalisierung ihrer aktuellen Suchergebnisse beruht, einsehen können, so kann daraus nicht geschlossen werden, in welcher Weise diese Suchvorgänge in die Personalisierung einfließen und wie die Ergebnisse verändert wurden. Die systematische Überprüfung von Verzerrungen in den Suchergebnissen wird so erschwert (wenn nicht gar unmöglich gemacht), da der Effekt der Personalisierung nicht von anderen Rankingfaktoren isoliert werden kann.

5 Interesse der Suchmaschinenbetreiber an einer Beeinflussung des Suchprozesses

In den vorangegangenen Abschnitten wurden zahlreiche Einflussmöglichkeiten dargestellt. Es muss hier betont werden, dass sich solche Einflussmöglichkeiten schlicht durch den Aufbau von Suchmaschinen ergeben und nicht einer besonderen Suchmaschine eigen sind. Eine Suchmaschine, die keinen Einfluss auf die Wahrnehmung und die Selektionsentscheidungen ausüben würde, ist schlicht nicht möglich. Zu fragen ist allerdings, welches Interesse Suchmaschinenbetreiber haben könnten, *gezielt* Einfluss auf die Selektionsentscheidungen ihrer Nutzer zu nehmen.

Als Wirtschaftsunternehmen sind Suchmaschinen daran interessiert, ihre Gewinne zu maximieren. Ihre Erlöse erzielen sie dabei vor allem durch Textanzeigen; bspw. erzielt Google mehr als 95 % seiner Erlöse durch solche Anzeigen (Google Annual Report, 2012). Textanzeigen zeichnen sich dadurch aus, dass sie im Kontext der Suchanfrage ausgegeben werden (d.h. es findet ein eigenes Relevanzranking der Anzeigenliste statt) und dass sie in ihrer Darstellung den regulären („organischen") Ergebnissen ähneln.

Wie diese besteht die Trefferbeschreibung aus einer Überschrift, einer kurzen Zusammenfassung und aus einer Angabe zur Website bzw. einer URL. Auch in der farblichen Gestaltung ähneln die Anzeigen den organischen Suchergebnissen. Gekennzeichnet werden die Anzeigen (bzw. Anzeigen*blöcke*) derzeit durch das Wort „Anzeigen" sowie durch eine farbliche Unterlegung. Das Modell der Textanzeigen wurde vor allem durch den Marktführer Google geprägt, der mit der Einführung des AdWords-Konzeptes seine Werbefreiheit aufgab (Lewandowski & Höchstötter, 2009).

Da vielen Nutzern nicht klar ist, wie sich Suchmaschinen finanzieren und bei welchen Elementen auf den Suchergebnisseiten es sich um Anzeigen handelt (Bundesverband Digitale Wirtschaft, 2009), ist allerdings zu fragen, ob es die Suchmaschinenbetreiber nicht zumindest in Kauf nehmen, dass Nutzer in Unkenntnis der Herkunft der Treffer auf Anzeigen klicken.

Textanzeigen werden pro Klick abgerechnet (Jansen, 2011), d.h. die Suchmaschinenbetreiber verdienen nicht mit dem *Anzeigen* von Werbung Geld, sondern erst, wenn Nutzer diese Werbung auch tatsächlich anklicken. Je häufiger Anzeigen angeklickt werden, desto mehr Geld verdient der Suchmaschinenbetreiber.

Aus der geschilderten Gestaltung und dem Geschäftsmodell ergibt sich nun, dass es im kommerziellen Interesse der Suchmaschinenbetreiber liegt, die Werbung möglichst so zu gestalten, dass sie von Nutzern geklickt wird. Es besteht zumindest die Versuchung, so weit zu gehen, dass Nutzer die Werbung nicht oder nur schwer von den organischen Suchergebnissen unterscheiden können.

Ein weiterer kritischer Bereich ist das Einspielen der Ergebnisse aus sogenannten vertikalen Suchen im Rahmen der Universal Search (Quirmbach, 2009), bspw. die Anzeige von lokalen Suchergebnissen innerhalb der Suchergebnisseiten. Im Rahmen der Universal Search liegt es im Interesse der Suchmaschinenbetreiber, die Nutzer auf ihre eigenen Angebote zu lenken, da sich dort wiederum Gelegenheit ergibt, durch weitere Werbeeinblendungen (oder andere Geschäfte) Geld zu verdienen. Damit wird allerdings die Kernaufgabe von Suchmaschinen, nämlich zwischen Nutzern und suchmaschinenfremden Angebote im Netz zu *vermitteln*, infrage gestellt.

Zuletzt schließlich ist noch darauf hinzuweisen, dass es auch im kommerziellen Interesse der Suchmaschinenbetreiber liegt, in den organischen Ergebnissen solche bevorzugt anzuzeigen, auf denen von der Suchmaschine bereitgestellte Werbung (bspw. Googles AdSense) präsentiert wird. Es soll allerdings betont werden, dass das Vorhandensein einer solchen systematischen Bevorzugung bislang noch nicht in empirischen Studien umfangreich untersucht wurde (Lewandowski, 2011b).

6 Fazit

Suchmaschinen greifen durch verschiedene technische Maßnahmen aktiv in den Suchprozess ein und bedienen dabei die Interessen ihrer Nutzer, die Interessen von Werbetreibenden sowie ihre eigenen Interessen. So unterstützen sie ihre Nutzer bei der Formulierung von Suchanfragen, versuchen deren Informationsbedürfnisse bestmöglich zu interpretieren, die relevantesten Ergebnisse auszuliefern und ihnen gut nutzbar zu präsentieren. Werbetreibenden bieten Suchmaschinen eine Plattform, mit der sich möglichst breit Nutzer und potentielle Käufer erreichen lassen. Gleichzeitig sind Suchmaschinen an der Sicherstellung ihres Geschäftsmodells sowie an ökonomischem Erfolg interessiert.

Durch die Personalisierung der Suche sowie dem Ansatz des Query Understanding sollen die Ergebnisse noch stärker auf die persönlichen Präferenzen des Nutzers zugeschnitten werden. Suchmaschinen versuchen, die Nutzer zu den „richtigen" Ergebnissen zu lenken und somit die Kundenzufriedenheit zu steigern.

Andererseits muss in diesem Zusammenhang kritisch betrachtet werden, welche eigenen Interessen dabei durch den Suchmaschinenbetreiber verfolgt werden. Suchmaschinen finanzieren sich fast ausschließlich durch Werbeanzeigen. Die Gestaltung der Textanzeigen auf den Suchergebnisseiten ähnelt der Gestaltung der regulären Treffer, was dazu führt, dass viele Nutzer Anzeigen und organische Suchergebnisse nicht unterscheiden können. Suchmaschinen verdienen durch die Klicks ihrer Kunden auf die Textanzeigen und es ist zu vermuten, dass ein Teil der Klicks auf die Anzeigen durch die Unwissenheit der Nutzer zustande kommt. Werbetreibende könnten ebenfalls dadurch profitieren, da Nutzer aufgrund ihrer Unerfahrenheit in Bezug auf die Unterscheidung von regulären Treffern und Textanzeigen auf die Angebote der Werbetreibenden klicken. Dadurch erhöht sich die Sichtbarkeit ihrer Werbung auf den Suchergebnisseiten. Ein weiteres Interesse der Suchmaschinen liegt darin, ihre Kunden durch die Anzeige von Universal-Search-Ergebnissen auf ihre eigenen Angebote zu lenken. Dort können die Betreiber weitere Möglichkeiten nutzen, um über Werbung oder andere Möglichkeiten Geld zu verdienen.

Somit wird die ursprüngliche Kernaufgabe von Suchmaschinen, zwischen suchmaschinenfremden Angeboten im Web und Nutzern zu vermitteln, nur noch teilweise erfüllt. Zusammenfassend betrachtet sind Suchmaschinen nicht die neutralen Mittler zwischen Nutzern und Inhalten, für die sie von einem Großteil der Nutzer gehalten werden. Sie unterstützen ihre Nutzer zwar auf vielfältige Weise im Suchprozess, verfolgen offensichtlich aber auch in nicht geringem Maße Eigeninteressen. Weitere Forschung in diesem Bereich ist notwendig: So fehlen bislang bspw. empirische Untersuchungen darüber, welche Vorstellungen Nutzer von Suchmaschinen im Detail haben, welchen Einfluss dies auf die einzelnen Schritte im Suchprozess hat oder welche Rolle die Gestaltung von Suchmaschinen für das Rechercheverhalten der Nutzer spielt.

Literatur

Broder, A. (2002). A taxonomy of web search. *ACM Sigir forum*, *36*(2), 3-10.

Balasubramanian, N., & Cucerzan, S. (2010). Topic pages: An alternative to the ten blue links. In *Semantic Computing (ICSC), 2010 IEEE Fourth International Conference on* (S. 353-360). IEEE.

Bundesverband Digitale Wirtschaft. (2009). *Nutzerverhalten auf Google-Suchergebnisseiten: Eine Eyetracking-Studie im Auftrag des Arbeitskreises Suchmaschinen-Marketing des Bundesverbandes Digitale Wirtschaft (BVDW) e.V.* Verfügbar unter: http://www.hottracker.de/whitepaper/Eyetracking-Studie_2008_Ergebnisbericht.pdf

Burghardt, M., Elsweiler, D., Meier, F. & Wolff, C. (2013). Modelle des Informationsverhaltens bei der Websuche. In Lewandowski, D. (Hrsg.) *Handbuch Internet-Suchmaschinen 3 – Suchmaschinen zwischen Technik und Gesellschaft*. AKA-Verlag, Heidelberg.

Calderon-Benavides, L., Gonzalez-Caro, C., & Baeza-Yates, R. (2010). Towards a Deeper Understanding of the User's Query Intent. In *SIGIR 2010 Workshop on Query Representation and Understanding* (S. 21-24). New York: ACM.

ComScore. (2010). comScore Reports Global Search Market Growth of 46 Percent in 2009. Verfügbar unter: http://comscore.com/Press_Events/Press_Releases/2010/1/Global_Search_Market_Grows_46_Percent_in_2009

Denecke, K. (2012). Diversity-Aware Search: New Possiblities and Challenges for Web Search. In D. Lewandowski (Hrsg.), *Web Search Engine Research* (S. 139-162). Bingley: Emerald.

Edelman, B. (2010). Hard-Coding Bias in Google "Algorithmic" Search Results. *benedelman.org*. Verfügbar unter: http://www.benedelman.org/hardcoding/

European Commision. (2010). *Kartellrecht: Die Kommission untersucht mögliche Kartellrechts-verstöße durch Google*. Verfügbar unter: http://europa.eu/rapid/press-release_IP-10-1624_de.htm

Fisher, K. E., Erdelez, S., & McKechnie, L. (Hrsg.). (2005). Theories of Information Behavior. *ASIST Monograph Series*. New Jersey: Information Today.

Frants, V. I., Shapiro, J., & Voiskunskii, V. G. (1997). *Automated Information Retrieval: Theory and Methods. Library and Information Science*. San Diego: Academic Press.

Google Annual Report. (2012). *Google Inc.*. Verfügbar unter: https://investor.google.com/pdf/20121231_google_10K.pdf

Griesbaum, J., Bekavac, B., & Rittberger, M. (2009). Typologie der Suchmaschine im Internet. In D. Lewandowski (Hrsg.), *Handbuch Internet-Suchmaschinen* (S. 18-52). Heidelberg: Akademische Verlagsgesellschaft Aka GmbH.

Höchstötter, N., & Koch, M. (2009). Standard parameters for searching behaviour in search engines and their empirical evaluation. *Journal of Information Science, 35*(1), 45-65.

Hotchkiss, G. (2006). *Eye Tracking Report: Google, MSN, and Yahoo! Compared. Enquiro, Kelowna, BC, Canada*. Verfügbar unter: http://new.enquiroresearch.com/812-DT/ET2.pdf

Jansen, B. J., & Spink, A. (2006). How are we searching the World Wide Web? A comparison of nine search engine transaction logs. *Information Processing & Management, 42*(1), 248-263.

Jansen, B. J., Spink, A., Blakely, C., & Koshman, S. (2007). Defining a session on Web search engines. *Journal of the American Society for Information Science and Technology, 58*(6), 862-871.

Jansen, J. (2011). *Understanding sponsored search: Core elements of keyword advertising*. New York: Cambridge University Press.

Kantor, P. B. (1976). Availability Analysis. *Journal of the American Society for Information Science, 27*(5-6), 311-319.

Lewandowski, D. (2010). Der OPAC als Suchmaschine. In J. Bergmann & P. Danowski (Hrsg.), *Handbuch Bibliothek 2.0* (S. 87–107). München: Saur / de Gruyter.

Lewandowski, D. (2011a). Query Understanding. In D. Lewandowski (Hrsg.), *Handbuch Internet-Suchmaschinen 2: Neue Entwicklungen in der Web-Suche* (S. 55-75). Heidelberg: Akademische Verlagsgesellschaft AKA.

Lewandowski, D. (2011b). The influence of commercial intent of search results on their perceived relevance. In *Proceedings of the 2011 iConference* (S. 452-458). New York: ACM.

Lewandowski, D. (2012). Informationskompetenz und das Potenzial der Internetsuchmaschinen. In W. Sühl-Strohmenger (Hrsg.), *Handbuch Informationskompetenz* (S. 101–109). Berlin: De Gruyter.

Lewandowski, D. (2013a). Suchmaschinen. In R. Kuhlen, W. Semar, & D. Strauch (Hrsg.), *Grundlagen der praktischen Information und Dokumentation.* (6. Ausgabe., S. 495-508). Berlin: De Gruyter.

Lewandowski, D. (2013b). Suchmaschinenindices. In D. Lewandowski (Hrsg.), *Handbuch Internet-Suchmaschinen 3: Suchmaschinen zwischen Technik und Gesellschaft* (S. 143-161). Berlin: Akademische Verlagsgesellschaft AKA.

Lewandowski, D., Drechsler, J., & Mach, S. (2012). Deriving query intents from web search engine queries. *Journal of the American Society for Information Science and Technology, 63*(9), 1773-1788.

Lewandowski, D., & Höchstötter, N. (2009). Standards der Ergebnispräsentation. In D Lewandowski (Hrsg.), *Handbuch Internet-Suchmaschinen* (S. 204-219). Heidelberg: Akademische Verlagsgesellschaft Aka.

Lewandowski, D., & Quirmbach, S. (2013). Suchvorschläge während der Eingabe. In Dirk Lewandowski (Hrsg.), *Handbuch Internet-Suchmaschinen 3: Suchmaschinen zwischen Technik und Gesellschaft* (S. 273-298). Berlin: Akademische Verlagsgesellschaft AKA.

Lewandowski, D., & Sünkler, S. (2013). Representative online study to evaluate the commitments proposed by Google as part of EU competition investigation AT. 39740-Google: *Report for Germany.* http://www.bui.haw-hamburg.de/fileadmin/user_upload/lewandowski/google-reports/Google_Online_Survey_DE.pdf

Lorigo, L., Haridasan, M., Brynjarsdóttir, H., Xia, L., Joachims, T., Gay, G., Granka, L., Pellacini, F., & Pan, B. (2008). Eye tracking and online search: Lessons learned and challenges ahead. *Journal of the American Society for Information Science and Technology, 59*(7), 1041-1052.

Machill, M., Neuberger, C., Schweiger, W., & Wirth, W. (2003). Wegweiser im Netz: Qualität und Nutzung von Suchmaschinen. In M. Machill & C. Welp (Hrsg.), *Wegweiser im Netz* (S. 13-490). Gütersloh: Bertelsmann Stiftung.

Ntoulas, A., Cho, J., & Olston, C. (2004). What's new on the web?: the evolution of the web from a search engine perspective. In *Proceedings of the 13th international conference on World Wide Web* (S. 1-12). UCLA Computer Science Carnegie Mellon University: ACM.

Pan, B., Hembrooke, H., Joachims, T., Lorigo, L., Gay, G., & Granka, L. (2007). In Google we trust: users' decisions on rank, position, and relevance. *Journal of Computer-Mediated Communication, 12*(3), 801-823.

Pariser, E. (2011). *The Filter Bubble: What The Internet Is Hiding From You.* London: Viking.

Quirmbach, S. (2009). Universal Search - Kontextuelle Einbindung von unterschiedlicher Quellen und Auswirkungen auf das User Interface. In Dirk Lewandowski (Hrsg.), *Handbuch Internet-Suchmaschinen* (S. 220-248). Heidelberg: Akademische Verlagsgesellschaft Aka GmbH.

Quirmbach, S. (2011). User Experience und Usability in Suchmaschinen. In D. Lewandowski (Hrsg.), *Handbuch Internet-Suchmaschinen 2: Neue Entwicklungen in der Web-Suche* (S. 57-65). Heidelberg: Akademische Verlagsgesellschaft AKA.

Quirmbach, S. M. (2012). *Suchmaschinen.* Berlin: Springer.

Riemer, K., & Brüggemann, F. (2009). Personalisierung der Internetsuche - Lösungstechniken und Marktüberblick. In Dirk Lewandowski (Hrsg.), *Handbuch Internet-Suchmaschinen* (S. 148-171). Heidelberg: Akademische Verlagsgesellschaft Aka.

Röhle, T. (2010). *Der Google-Komplex: Über Macht im Zeitalter des Internets.* Bielefeld: Transcript.

Schmidt, H. (2012, 12. März). Googles Marktanteil steigt auf 96 Prozent in Deutschland. *Focus Online*. Verfügbar unter: http://www.focus.de/digital/internet/netzoekonomie-blog/suchmaschinen-googles-marktanteil-steigt-auf-96-prozent-in-deutschland_aid_723240.html

Schmidt-Mänz, N. (2007). *Untersuchung des Suchverhaltens im Web: Interaktion von Internetnutzern mit Suchmaschinen*. Hamburg: Verlag Dr. Kovac.

Sherman, C., & Price, G. (2001). *The Invisible Web: Finding Hidden Internet Resources Search Engines Can't See*. Cyberage Books.

van Eimeren, B., Frees, B. (2013). Rasanter Anstieg des Internetkonsums – Onliner fast drei Stunden täglich im Netz. *Media Perspektiven, 7-8*, 358-372.

Watters, P. A., Lueg, C., Spiranovic, C., & Prichard, J. (2013). Patterns of ownership of child model sites: Profiling the profiteers and consumers of child exploitation material. *First Monday, 18*(2). http://firstmonday.org/ojs/index.php/fm/article/view/4300/3409

Weber, K., & Drüeke, R. (2013). Suchmaschinen, Politik und Regulierung: Werkzeug, Objekt und Subjekt. In Dirk Lewandowski (Hrsg.), *Handbuch Internet-Suchmaschinen 3: Suchmaschinen zwischen Technik und Gesellschaft* (S. 35-51). Berlin: Akademische Verlagsanstalt AKA.

Pascal Jürgens, Birgit Stark und Melanie Magin

Gefangen in der Filter Bubble?

Search Engine Bias und Personalisierungsprozesse bei Suchmaschinen

1 Einleitung

Suchmaschinen sind die wichtigsten Navigationshilfen im Internet, die als Gatekeeper Webseiten selektieren und bewerten (Pan et al., 2007; Wirth, Böcking & Karnowski, 2007). Durch die Einführung von Personalisierungstechnologien (Google, 2009) hat sich ihr oberflächlich identisches Angebot in jüngster Zeit gewandelt: Die vormals einheitlichen Trefferlisten werden nun, basierend auf Algorithmen und von den meisten Nutzern unbemerkt, für jeden User auf Basis vorangegangener Suchvorgänge und gespeicherter Nutzerpräferenzen individuell angepasst. Mittlerweile in vielen Bereichen üblich (z. B. Online-Marketing, soziale Netzwerkplattformen), sind solche Prozesse bei Suchmaschinen gesellschaftlich und medienpolitisch besonders relevant, weil Suchmaschinen den Nutzern das Auffinden von und den Zugang zu Informationen und damit die Nutzung des Internets erst ermöglichen. Die Personalisierung von Trefferlisten birgt somit zwei Wirkungspotenziale, die kritisch zu hinterfragen sind: (a) Durch die kontinuierliche Anpassung der Suchergebnisse an Nutzerpräferenzen besteht auf der Mikroebene die Gefahr einer zunehmenden Verengung der wahrgenommenen Perspektiven (vgl. Konzept der „Filter Bubble", Pariser, 2011). (b) Als Folge der Divergenz von Suchergebnissen zwischen einzelnen Nutzern können auf der Makroebene bei gesellschaftlich relevanten Themen unterschiedliche Informationsniveaus entstehen (vgl. Fragmentierungshypothese, z. B. Webster & Ksiazek, 2012; Napoli, 2011).

Neben diesen medienpolitisch relevanten Folgen stellen Personalisierungsprozesse auch eine methodische Herausforderung für die Wissenschaft dar: Um ihnen Rechnung zu tragen, müssen sie in Analysen von Inhalten computervermittelter Kommunikation sowie deren Rezeption und Wirkung künftig zumindest identifiziert und beschrieben, besser aber noch in die Erhebungsmethoden einbezogen werden, um die gewonnenen Daten als Indikatoren für breitere gesellschaftliche Entwicklungen verwenden zu können. Erschwerend kommt hinzu, dass die genaue Funktionsweise der zugrunde liegenden Algorithmen von den Anbietern geheim gehalten wird und somit bislang eine „black box" darstellt. Dadurch steigen Komplexität und Aufwand solcher Studien erheblich.

Das folgende Kapitel leistet einen Beitrag zur theoretischen und methodischen Aufarbeitung des durch technische Innovation veränderten Untersuchungsgegenstands. Es fasst zunächst die bestehende Forschung zu den Auswirkungen der Selektionsmechanismen von Suchmaschinen (dem „Search Engine Bias“) zusammen. Anschließend wird die Personalisierung von Suchergebnissen als Methode der individuellen Optimierung von Trefferlisten vorgestellt. Diese neue Technologie modifiziert die Funktionsweise von Suchmaschinen und eröffnet somit neue Wirkungspotenziale, denen durch methodische Weiterentwicklungen begegnet werden muss. Ein aus der angewandten Informatik entliehenes Werkzeug für systematische Tests von Webseiten ermöglicht die Entwicklung eines universell einsetzbaren methodischen Instruments, mit dem sich Personalisierungsprozesse identifizieren, messen und transparent machen lassen. Erste Ergebnisse einer damit durchgeführten Studie zeigen bislang jedoch nur schwache Effekte in Form von individuell unterschiedlichen Treffern.

2 Search Engine Bias

Suchmaschinen sind nicht nur aufgrund ihrer großen gesellschaftlichen Relevanz für unterschiedliche Disziplinen von Interesse. Ihre Funktionsweise und die Auswirkungen ihrer Nutzung berühren die Kernanliegen zahlreicher Wissenschaften. So beschäftigt sich die Rechtswissenschaft mit Fragen wie der Verantwortung von Suchmaschinen für angezeigte Inhalte (Grimmelmann, 2007), Informationswissenschaft und Psychologie untersuchen die Interaktion der Nutzer mit den Angeboten (z. B. Knight & Spink, 2008) und Sozialwissenschaften wie die Kommunikationswissenschaft widmen sich den Auswirkungen auf einzelne Nutzer (etwa Hargittai, 2007; Wirth et al., 2007) und die Gesellschaft (Machill et al., 2003). Ihren Ursprung haben Suchmaschinen aber – wie viele andere Schlüsseltechnologien des Internets auch – in der Informatik. Diese ist nicht nur zunehmend Bestandteil interdisziplinärer Forschungsprojekte (Hindman, Tsioutsiouliklis & Johnson, 2003; Pan et al., 2007), sie liefert mit der Literatur zu deren Entstehung und einer eigenen Tradition der Evaluation auch einen entscheidenden Beitrag zum Verständnis der komplexen Technologie (Zimmer, 2010a).

Bereits in der ersten Hälfte des 20. Jahrhunderts wuchs mit den neuen technischen Möglichkeiten der Computer das Interesse an Verfahren, die in großen Datenbeständen gezielt Informationen lokalisieren können (Bush, 1945; vgl. den Literaturüberblick bei Singhal, 2001). Erste einfache Algorithmen aus den 1950er Jahren führten daraufhin zur Etablierung des heute als „Information Retrieval“ bezeichneten Forschungsfelds innerhalb der Informatik (Luhn, 1957), das sich primär mit dem Auffinden relevanter Informationen beschäftigt. Moderne Dienste wie die Google-Suche sind ein Produkt dieser Forschung, und aus der damit verbundenen Perspektive lassen sich viele der Eigenheiten erklären, die Suchmaschinen ebenso wie ihre Entwicklung und Bewertung prägen. Am deutlichsten zeigt sich diese Herkunft wohl an der Evaluation. Die Qualität von Information Retrieval-Systemen wird traditionell anhand von zwei Maßen bestimmt: Dem *Recall* – der Zahl der relevanten Dokumente, die zu einer Suchanfrage geliefert werden, und der *Precision* – dem Anteil der gelieferten Dokumente, die relevant sind (Singhal, 2001). Die Erkenntnisse solcher Evaluationen leiten die Entwicklung weiterer technischer Konzepte und besitzen deshalb einen großen Einfluss auch auf in der Praxis verwendete Systeme. Als Basis für die Bewertung der Relevanz dienen Einschätzungen von menschlichen Codierern, die angeben, ob einzelne Treffer als Ergebnisse zu einer Suchanfrage passen oder nicht. Erst in den letzten Jahren werden zunehmend weitere Kriterien für die Qualität von Treffern entwickelt, die sich stärker auf den Nutzen für den Rezipienten beziehen (Lewandowski & Höchstötter, 2008; McNee, Riedl & Konstan, 2006).

Die ersten Suchmaschinen und damit die Vorläufer von Google und Co. waren meist wissenschaftliche Projekte, die wenige Jahre nach der Erfindung des WWW (Berners-Lee, 1989) entstanden. Sie übertrugen Konzepte aus dem Information Retrieval auf Webseiten und erlaubten Nutzern erstmals, Inhalte im Netz anhand von darin auftauchenden Suchbegriffen zu finden (van Couvering, 2008). Das zunächst breite Spektrum der verfügbaren Angebote schrumpfte mit der einsetzenden Kommerzialisierung des Netzes rasch, und aus dem darauf folgenden Konsolidierungsprozess (Diaz, 2008) gingen drei Anbieter – Google, Microsoft und Yahoo! – als Sieger hervor. Ein wesentlicher Erfolgsfaktor für diese drei Angebote war der Einsatz von Algorithmen (z. B. Googles PageRank), die Webseiten nicht nur nach dem Inhalt, sondern vor allem nach deren „Reputation“ in Form der darauf verweisenden Links bewerten (Brin & Page, 1998; Kleinberg, 1999; Hess, 2008). Der Algorithmus, auf den neben Marktführer Google auch die Konkurrenten Yahoo! und Microsoft in einer jeweils eigenen Variante setzen (Hess, 2008), ist vom Konzept her einfach: Jede Webseite erhält einen Wert, der ihr „Ansehen“ im Netz repräsentiert. Diese Reputation (bei Google PageRank genannt) entsteht aus den Links, die auf die Seite verweisen. Jeder Link wirkt als ein Vertrauensbeweis, der umso größer ausfällt, je höher die Reputation des Autors bzw. der verweisenden Seite selbst ist. Wenn demnach eine wichtige Qualitätszeitung wie die Süddeutsche Zeitung, die einen hohen PageRank besitzt, mit einem Link auf eine bislang unbekannte Seite verweist, dann gewinnt diese besonders viel Reputation. Verweist im Gegenzug die unbekannte Seite auf sueddeutsche.de, dann erhöht dieser Vertrauensbeweis den PageRank der Zeitung nur unwesentlich.

Der Algorithmus selbst ist nur ein Teil der komplexen Architektur einer Suchmaschine, die aus drei großen Teilbereichen besteht (vgl. beispielsweise Brin & Page, 1999). (1) Das erste Element, der sogenannte *Crawler*, durchkämmt das Internet, lädt Webseiten herunter und speichert sie. (2) Eine zweite Verarbeitungskomponente, der *Indexer*, nimmt die gespeicherte Webseiten entgegen und analysiert sie. In diesem Schritt werden Metadaten über den Inhalt und die Link-Struktur erzeugt, die eine maschinelle Bewertung der Seite ermöglichen: Neben den im Text verwendeten Wörtern und weiteren Faktoren (z. B. der Aktualität, vgl. Google, o. D.) werden hier die für den PageRank-Algorithmus verwendeten Links extrahiert. (3) Die dritte und letzte Komponente ist schließlich die für Nutzer sichtbare *Webseite* (z. B. google.de). Diese nimmt Suchanfragen entgegen, erzeugt anhand des im zweiten Schritt generierten Indexes eine Liste potenzieller Treffer und zeigt diese dem Nutzer an.

Mit der Einführung dieser „bewertenden“ Algorithmen, der wachsenden Bedeutung und der fortschreitenden Kommerzialisierung der Suche wurde eine Frage zunehmend wichtiger: Nehmen Suchmaschinen Einfluss auf die Auswahl der Nutzer, und wenn ja, welche Inhalte werden bevorzugt, und welche benachteiligt?

Computersysteme sind, das stellten schon die Urväter der Informatik klar (Wiener, 1950), nicht bereits kraft ihrer maschinellen Natur neutral – weder in Bezug auf die Auswahl von Informationen, die sie wiedergeben, noch in Bezug auf andere ethisch relevante Dimensionen (Friedman & Kahn, 2008). Vielmehr können sie ebenso wie Menschen (z. B. Journalisten) systematischen Verzerrungen unterliegen, die als „Bias“ des Systems bezeichnet werden (Friedman & Nissenbaum, 1993, 1996). Die Verantwortung für solche Verzerrungen – „giving undue prominence to some items at the expense of others” (Mowshowitz & Kawaguchi, 2002a, S. 142) – liegt unter Umständen bei den Ingenieuren, die das System entwerfen. Beispielsweise stellt sich bereits in der Konzeptionsphase von Software die Frage, ob diese später die Privatsphäre von Nutzern einschränkt und ob diesem negativen Nebeneffekt entgegengewirkt werden kann. Im Kontext von Suchmaschinen werden mit „Search Engine Bias“ solche Hypothesen bezeichnet, nach denen Suchmaschinen durch ihre Selektion und Sortierung von Informationen eine Verzerrung hervorrufen und damit auf die Informationsauswahl manipulativ Einfluss nehmen. Die in der Literatur kontrovers diskutierte Frage ist: Zu welchem Grad tragen hierfür die Suchmaschinen selbst, die Nutzer oder andere Akteure (z. B. Wirtschaftsunternehmen) die Verantwortung?

In der Informatik hat unter anderem die Theorie der „Ethics of Information Systems“ [1] einen Beitrag zur Systematisierung dieser ethischen Probleme geleistet. Friedman und Nissenbaum (1993, 1996) differenzieren grundsätzlich zwischen drei Ursachen für Bias: (1) *Exogener Bias („preexisting social bias“)* entsteht, wenn ein System bestehende soziale Ungerechtigkeiten repliziert. Das wäre etwa der Fall, wenn eine Suchmaschine die Benachteiligung von gesellschaftlichen Randgruppen dadurch wiederholt, dass sie deren Webseiten nur eine geringe Sichtbarkeit, also einen weit abgeschlagenen Platz in den Trefferlisten, zugesteht. (2) *Endogener* oder *„technical bias“* wird hingegen durch Merkmale des technischen Systems selbst erzeugt und fällt deshalb unmittelbar in den Verantwortungsbereich der Entwickler. Ein Beispiel hierfür ist die interne Zensur einer Suchmaschine, die systematisch bestimmte Inhalte aus dem Index ausschließt. (3) Die dritte Kategorie von Bias (*„emergent social bias“*) entsteht erst in der Interaktion des Nutzers mit dem System. Die Verzerrung ist hier zwar im System veranlagt, wird aber erst unter dem Einfluss bestimmter externer Bedingungen wirksam. Solche Fälle können nicht immer antizipiert werden. So ist die absichtliche Manipulation von Suchmaschinen zu eigenen Zwecken (Search Engine Optimization, SEO) ein Einfluss, dessen erklärte Absicht darin liegt, das Verhalten des Systems zu den eigenen Gunsten zu verschieben. Das Ziel von SEO ist, eigene Angebote in den Trefferlisten höher zu platzieren und somit einen Bias hervorzurufen.

In diesem dreigliedrigen Schema lassen sich die Positionen und Befunde zum Search Engine Bias verorten. Die extremste Position – dass Suchmaschinen perfekt objektiv seien und demnach keine Verzerrungen irgendeiner Art aufwiesen – wird in der Literatur nicht vertreten; wohl aber finden sich verschiedene Positionen zu exogenem und endogenem Bias.

Bereits in einem der ersten Aufsätze dieses Forschungszweigs stellten Introna und Nissenbaum (2000) das Konzept einer neutral (weil automatisch) agierenden Suchmaschine in Frage. Ausgehend von der Beobachtung, dass Ingenieure bei der Entwicklung von Algorithmen eine Reihe von Entscheidungen treffen müssen, argumentieren sie, dass Suchmaschinen nicht neutral sein können, sondern zwangsläufig Schauplatz „politischer“ Konflikte sind (vgl. auch die Übersicht zu Search Engine Bias von Goldman, 2006).

Das Konzept des Search Engine Bias mündete zusammen mit den Forderungen nach ethischem Design von Technologien in einer Reihe von quantitativen Überprüfungen. Zunächst stand dabei die Frage nach der Vollständigkeit des

---

1 Friedman und Kahn (2008) zählen hierzu die Theorien der Computer-Ethik, „Social Informatics“, „Computer-Supported Cooperative Work“, „Participatory Design“ und als hier besonders relevanten Ansatz das „Value Sensitive Design“ (S. 1247ff.). Vgl. auch das Handbuch von Himma und Tavani (2008) sowie den Literaturüberblick von Mitcham (1995).

Indexes im Zentrum, einem Index-Bias: Bilden Suchmaschinen einen angemessenen Anteil des Netzes ab oder fehlen wichtige bzw. große Teile der Seiten, weil sie schlichtweg nicht erfasst worden sind? Mowshowitz und Kawaguchi (2002a, 2002b) stellten in einem Vergleich unterschiedlicher Suchmaschinen fest, dass die gefundenen Seiten sich zwischen den Angeboten durchaus unterschieden und dass diese Differenzen nicht themenabhängig waren. Die jeweiligen „blinden Flecke", so die Autoren, ließen sich allerdings in Anbetracht der Größe des Internets nicht beheben. Deshalb sei ein gesunder Wettbewerb mit zahlreichen konkurrierenden Suchmaschinenanbietern die beste Möglichkeit, um einem Bias vorzubeugen – ein Szenario, das in Zeiten von Googles Quasi-Monopol nicht mehr realistisch ist, was mögliche negative Folgen von Search Engine Bias aktuell immer drängender werden lässt (Dörr & Schuster, i. d. B.). Vaughan und Thelwall (2004) wandten sich ebenfalls der Vollständigkeit der indexierten Seiten zu und zeigten in einer ländervergleichenden Erhebung, dass Herkunftsland und Sprache Einfluss auf die Sichtbarkeit von Webseiten hatten. Die Autoren betonen allerdings, dass die bessere Auffindbarkeit von US-amerikanischen Webseiten nicht in einer immanenten Ungerechtigkeit der Software begründet liege, sondern lediglich ein ohnehin vorhandenes Ungleichgewicht in der Popularität repliziere (und damit ein „preexisting social bias" sei).

In Anbetracht der Fülle an Ergebnissen ist bei Suchmaschinen jedoch nicht nur entscheidend, ob eine Seite im Index auftaucht. Mindestens ebenso wichtig ist die Position, an der sie in der Trefferliste erscheint, denn in der Regel verteilt sich die Aufmerksamkeit der Nutzer auf wenige der obersten Ergebnisse (Pan et al., 2007; Stark, Magin & Jürgens, i. d. B.). Ein weiteres Einfallstor für Bias besteht also in der Verzerrung der Popularität. Der hiermit verknüpfte Diskurs hat zwei Ebenen, denn bereits bevor das Problem auf Suchmaschinen übertragen wurde, hatte der Physiker Barabási (2002) aufgezeigt, dass die Link-Struktur des Internets selbst höchst ungleich verteilt ist: Einige wenige Seiten vereinen einen Großteil der Links und damit der Aufmerksamkeit auf sich, während der Rest des Webs kaum Beachtung findet. Da Suchmaschinen mit Algorithmen auf Popularitätsbasis eben aus dieser Struktur ihre Sortierung der Treffer ableiten, befürchteten einige Autoren einen Matthäus- oder „rich-get-richer"-Effekt: Indem sie die ohnehin beliebtesten Angebote auf die ersten Rangplätze stellten, verzerrten Suchmaschinen die Verteilung der Aufmerksamkeit zusätzlich. Zwei breit angelegte empirische Messungen lieferten Unterstützung für die Hypothese des Popularitäts-Bias (Hindman et al., 2003; Pandey et al., 2005); allerdings kam eine Nachfolgestudie zu dem entgegengesetzten Ergebnis (Fortunato et al., 2005).

Ein klarer Beleg für einen universellen endogenen „technical bias" von Suchmaschinen steht somit noch aus. Zwar belegen vereinzelte Studien (z. B. Gerhart, 2004) immer wieder punktuelle Unzulänglichkeiten bei einzelnen Themen.

Für den Nachweis einer systematischen Verzerrung fehlt bislang allerdings die methodische Basis einer longitudinalen Erhebung über verschiedene Themen hinweg: Selbst wenn die Ergebnisse etwa der aufwändigen Studie von Hindman et al. (2003) einen Bias nachweisen konnten, so verbietet bereits die technische Entwicklung der letzten zehn Jahre eine Extrapolation in die heutige Zeit. Denn die seitdem eingeführte Technologie der Personalisierung (Google, 2009) hat das Potenzial, deutlich stärker als zuvor in die Reihenfolge der Suchergebnisse einzugreifen. Durch die individuelle Anpassung von Trefferlisten an das Interessensprofil des einzelnen Nutzers kann sie nicht nur bestehenden Bias verstärken oder verhindern (vgl. Goldman, 2006) – sie birgt auch erstmals die Gefahr eines „emergent social bias", der sich aus der Interaktion von System und Nutzer ergibt.

3 Personalisierung

3.1 Personalisierung als Teilbereich technischer Empfehlungssysteme

Unter dem Begriff „Personalisierung" werden Methoden zusammengefasst, die digitale Inhalte an individuelle Merkmale des einzelnen Nutzers anpassen. Darunter fällt der regionale Wetterbericht einer Nachrichtenwebseite (Anpassung an den Ort des Nutzers) ebenso wie der Kontaktvorschlag einer Webseite für Partnervermittlung (Anpassung an Interessen und Charakter des Nutzers, vgl. Pitkow et al., 2002). In beiden Fällen verwendet ein Computersystem messbare oder zumindest erfragbare Merkmale, deren Ausprägungen bei jedem einzelnen Nutzer für eine individuelle Zusammenstellung der angezeigten Informationen genutzt werden. Als unmittelbarer Nutzen steht im Vordergrund, „passende" Informationen anzubieten, eine Überflutung mit uninteressanten bzw. irrelevanten Informationen zu verhindern und den Nutzer dadurch zu entlasten. Eingesetzt werden solche Verfahren nicht nur bei Suchmaschinen, sondern bereits seit langem erfolgreich im Online-Marketing. Dem Nutzer werden dabei digitale Werbeanzeigen präsentiert, die mit seinen Interessen übereinstimmen. Dadurch sollen seine Verweildauer auf den „passenden" Webseiten und die Wahrscheinlichkeit kommerzieller Transaktionen erhöht werden. In jüngerer Zeit finden solche Methoden aber auch bei der Suche Anwendung (Google, 2009). Die Suchmaschine „lernt" dabei aus jeder Suchanfrage zunehmend mehr über die Interessen eines Nutzers und berücksichtigt diese Informationen bei den folgenden Anfragen, indem sie Angebote bevorzugt, die nicht nur zum aktuellen Suchbegriff, sondern auch zu den allgemeinen Interessen passen.

Die allgemeine Funktionsweise solcher Methoden ist sehr einfach, wird aber in der Praxis aufgrund der großen Zahl der involvierten Variablen und aufgrund des unvorhersehbaren und dynamischen Charakters der verwendeten Daten oft komplex und schwer vorhersagbar.

In der Informatik werden Personalisierungstechnologien im Forschungszweig der Empfehlungssysteme („Recommender Systems“) entwickelt und evaluiert. Diese setzen sich ganz allgemein zum Ziel, Nutzern möglichst passende Empfehlungen zu liefern. Die dazu verwendeten Verfahren beruhen ganz allgemein auf zwei Elementen:

(1) der Auswahl der Merkmale, die für die Empfehlung bzw. Personalisierung herangezogen werden. Bei einer Partnervermittlung etwa könnten solche Merkmale Hobbys, die sexuelle Orientierung, das Alter und die eigenen sowie gewünschte Charaktermerkmale des Partners bzw. der Partnerin sein.

(2) dem darauf aufbauenden mathematischen Modell bzw. dessen Umsetzung in der Form eines Algorithmus. Selbst wenn dieselben Merkmale verwendet werden, können sich zwei Empfehlungssysteme drastisch unterschiedlich verhalten, wenn die Merkmale unterschiedlich gewichtet werden. So könnte ein besonders tolerantes Modell einer Dating-Seite Personen auch dann als potenzielle Partner vorschlagen, wenn diese in einem gewünschten Merkmal ganz und gar nicht übereinstimmen. Ein restriktiveres Model hingegen könnte voraussetzen, dass in manchen oder gar allen Merkmalen eine perfekte Übereinstimmung vorliegen muss. Das würde die Erfolgsaussichten der Verkupplung möglicherweise erhöhen, aber zu deutlich weniger Kontaktoptionen führen.

Ganz allgemein versuchen Empfehlungssysteme anhand dieser beiden Komponenten aus einem großen Pool an Objekten „gute“ (bzw. für den jeweiligen Nutzer „passende“) zu empfehlen. Ein weiteres prominentes Beispiel hierfür ist die Empfehlung von Produkten, die dem gerade betrachteten oder gekauften ähneln, auf Online-Shopping-Portalen. Zunächst werden die Merkmale der Produkte festgelegt, aus denen sich das Konzept der Ähnlichkeit ergibt. Einfache manifeste Merkmale sind etwa der Preis, die Farbe oder der Hersteller. Der Komplexität sind allerdings keine Grenzen gesetzt. So könnte als Merkmal genauso ein latentes Konstrukt dienen, etwa das durch Worthäufigkeiten abgeleitete Genre eines Buchs oder für die Dating-Seite ein latent gemessenes Persönlichkeitskonstrukt. Im zweiten Schritt erfolgt der eigentliche Vergleich der Objekte. Hier entscheidet sich letztlich, welche Produkte sich ähnlich genug sind, um dem Nutzer angezeigt zu werden. Das Portal kann beispielsweise Bücher empfehlen, die thematisch dem angesehenen Artikel sehr nahe liegen. Die Empfehlungen werden dabei immer besser, je mehr Informationen über einen Nutzer vorliegen.

Auch wenn der Begriff „Personalisierung“ in der Fachliteratur eindeutig im gerade beschriebenen Sinn verwendet wird, werden in der Praxis häufig Angebote als personalisiert oder personalisierbar bezeichnet, wenn der Nutzer diese den eigenen Vorstellungen und Wünschen anpassen kann, indem er beispielsweise das Aussehen einer Webseite oder die Auswahl der angezeigten Informationen ändert. Solche Anpassungen, die der Nutzer aktiv selbst vornimmt, sind genau genommen eine „customization" (also eine Modifikation). Personalisierte Angebote hingegen funktionieren vollautomatisch und ohne Initiative des Rezipienten (vgl. zu diesem Unterschied Sundar & Marathe, 2010). Ein Überblick über die Funktionsweise von Empfehlungssystemen findet sich beispielsweise bei Adomavicius und Tuzhilin (2005) oder im Handbuch von Ricci et al. (2011).

3.2 Personalisierung von Suchmaschinen

Die Personalisierung von Suchmaschinen verbindet die Funktionsweise von Information Retrieval (der Suche) mit der Strategie von Recommender Systems (den auf individuellen Präferenzen basierenden Empfehlungen), um die Rangreihenfolge der Treffer in Ergebnislisten an die Interessen des einzelnen Nutzers anzupassen. Ergebnisse, die gut zu dessen bisherigem Suchverhalten passen, werden dadurch bevorzugt positioniert und sind unmittelbar verfügbar (Pitkow et al., 2002). Durch die Einbeziehung von individuellen Präferenzen sollen die von Nutzer zu Nutzer verschiedenen Wünsche und Zielsetzungen berücksichtigt werden, um genauere und aus der Sicht des Suchenden relevantere Ergebnisse zu liefern. Die Qualität der Ergebnisse hängt hierbei unmittelbar mit der Qualität der Daten über die Nutzerpräferenzen zusammen, die in sogenannten Präferenzprofilen gespeichert werden. Je mehr und je akkuratere Informationen über die Bedürfnisse eines Rezipienten vorliegen, desto besser können irrelevante Treffer vermieden und passende Treffer bevorzugt werden. Theoretisch bieten sich hierfür freiwillige Selbstauskünfte und demografische Daten an (Ma, Pant & Sheng, 2007). Aufgrund der geringeren Belastung für die Nutzer sind allerdings passive Erhebungen in der Praxis deutlich relevanter (Sugiyama, Hatano & Yoshikawa, 2004). Diese spielen sich meist jenseits der bewussten Wahrnehmung der Nutzer ab, weil sie nicht in eigenen Messungen stattfinden, sondern die bei der regulären Nutzung ohnehin anfallenden Verhaltensdaten auswerten. Ausgehend von den Inhalten, die ein Nutzer in der Vergangenheit aufgerufen hat, seinem darauf folgenden Clickverhalten und weiteren, in der Praxis größtenteils geheim gehaltenen Prädiktoren werden Vermutungen über die Präferenzen aufgestellt (Teevan, Dumais & Horvitz, 2005).

Obwohl Personalisierungstechnologien auf ein reges Forschungsinteresse stoßen, ist die Perspektive der Nutzer in diesem Kontext noch kaum beachtet worden. Das ist umso erstaunlicher, als gerade deren Zufriedenheit das Ziel der gesamten Anstrengungen ist. Bei der Evaluation von neuen Methoden greift die Informatik – wie weiter oben bereits beschrieben – auf Studien kleinen Umfangs zurück, in denen menschliche Codierer die Qualität von Empfehlungen bzw. Suchergebnissen bewerten. Solche Studien zeigen, dass Personalisierung im Schnitt zu einer größeren Zufriedenheit mit den Ergebnissen führt (Teevan, Dumais & Horvitz, 2010). Die Aussagekraft der Ergebnisse ist allerdings begrenzt, da die Versuchspersonen weder die Technologie als Ganzes noch möglicherweise auftretende Nebenwirkungen bewerten, sondern lediglich die isolierte Qualität der Ergebnisse.

Ob die Personalisierung einen Mehrwert darstellt und den Nutzern – zumal ungefragt – angeboten werden soll, hängt jedoch von einer weitaus breiteren Zustimmung ab (vgl. den Abschnitt zur Ethik von Computersystemen, Kapitel 2). Welche Einstellungen Rezipienten gegenüber der Personalisierung haben – und, allem voran – ob sie diese überhaupt kennen, ist bislang nicht untersucht. Im Rahmen dieser Studie wurde deshalb erstmals im Rahmen einer quantitativen, repräsentativen Onlinebefragung (vgl. Stark, Magin & Jürgens, i. d. B.) die Einschätzung der Nutzer erhoben. Von den 1012 befragten deutschen Internetnutzern[2] gaben in einer gestützten Abfrage 59 % an, schon einmal von der Personalisierung von Suchergebnissen gehört zu haben. Ob mit der bloßen Kenntnis allerdings ein tieferes Wissen um die Funktionsweise einhergeht, kann bezweifelt werden. Mit 67 % Zustimmung sah ein Großteil der Nutzer tatsächlich einen Mehrwert in personalisierten Ergebnissen, sofern sie Inhalte enthalten, die tatsächlich besser auf die eigenen Präferenzen abgestimmt sind (vgl. Abbildung 1). Auch die Tatsache, dass zukünftige Ergebnisse anhand des bisherigen Suchverhaltens angepasst werden (61 %) und dass sich hierdurch notwendigerweise die Reihenfolge der Ergebnisse ändert (57 %), akzeptiert die Mehrheit der Befragten.

Einige Anwendungsgebiete und Nebeneffekte von Personalisierung treffen jedoch auf weitaus weniger Zustimmung. Eine Anpassung von Treffern nach dem geografischen Ort des Nutzers, individuell ausgewählte Werbung und die Verwendung von Verhaltensdaten aus Diensten außerhalb der Suchmaschine (z. B. aus sozialen Netzwerken) befürwortet jeweils nur etwa die Hälfte der Nutzer. Interessant ist, dass insbesondere die für jedwede Personalisierung zwingend notwendige Speicherung von Daten über die eigenen Interessen von einer deutlichen Mehrheit (64 %) abgelehnt wird. Offenbar fehlen hier das notwendige Wissen und die Medienkompetenz, um alle Implikationen der Technologie abzuschätzen. Auch wenn die Ergebnisse der Befragung eine grundsätzliche Offenheit für

2 Die Befragung wurde innerhalb eines Online-Access-Panels durchgeführt und ist nach Alter, Bildung und Bundesland repräsentativ für die Population der deutschen Online-Nutzer. Eine ausführlichere Beschreibung der Ergebnisse findet sich im Beitrag von Stark, Magin und Jürgens i. d. B.

angepasste Ergebnisse widerspiegeln, zeigen sie doch auch, dass Internetnutzer einerseits über die Konsequenzen aufgeklärt werden müssen und ihnen andererseits die Entscheidung für oder gegen die Verwendung freigestellt werden muss.

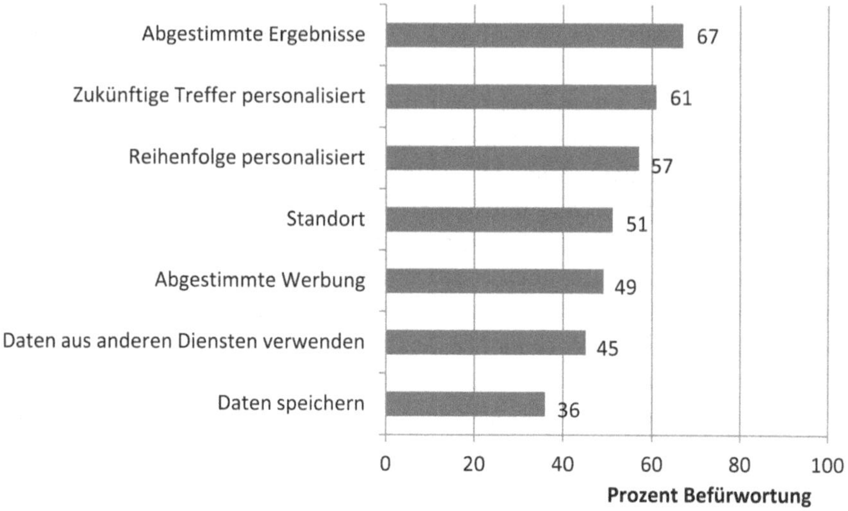

Abbildung 1: Befürwortung von Auswirkungen der Personalisierung.

Frage: Die Personalisierung von Suchergebnissen kann verschiedene Auswirkungen haben. Hier sehen Sie einige davon. Wir möchten gerne wissen, ob Sie diese befürworten oder ablehnen. (Anteile „Ja, das befürworte ich.“)

Quelle: Eigene Daten. Basis: Stichprobe von 1.012 Internetnutzern.

3.3 Problematische Nebeneffekte der Personalisierung von Suchmaschinen

Auf den ersten Blick erscheint die Personalisierung als kleine Modifikation eines ohnehin komplexen und sowohl empirisch als auch theoretisch schwer zugänglichen Phänomens. Schließlich ist das Auswahl- und Sortierverhalten von Suchmaschinen bereits in seiner ursprünglichen, einheitlichen Form nicht leicht abzubilden. Personalisierte, auf den einzelnen Nutzer zugeschnittene Suchergebnisse haben jedoch potenziell drastische Auswirkungen sowohl auf die methodischen Zugänge als auch auf mögliche Varianten des Search Engine Bias. Für die Bewertung der Rolle von Suchmaschinen stellt sie somit einen bedeutsamen qualitativen Sprung dar. Mit ihr wandelt sich das Wirkungspotenzial von Search Engine Bias von einer uniformen Beeinflussung zu einer – zumindest potenziell – differenziert und individuell wirkenden Kraft. Erhielten zuvor alle Suchenden, die aus einem kulturell oder sprachlich homogenen Raum stammten, bei identischen Suchanfragen dieselben Suchergebnisse, sehen einzelne Nutzer oder Gruppen jetzt unter Umständen unterschiedliche Treffer. Diese Differenzierung hat eine Reihe zunächst theoretischer, auf lange Sicht aber möglicherweise schwerwiegender gesamtgesellschaftlicher und methodischer Konsequenzen.

Im Kern verlagern individuell unterschiedliche Suchergebnisse die Quelle des Bias von der Suchmaschine auf den Nutzer. Wo vormals einheitliche „Ungerechtigkeiten“ stehen konnten, die entweder die soziale Realität spiegelten (exogener bzw. preexisting social bias) oder durch das System selbst erzeugt wurden (endogener bzw. technical bias), hängen nun das Auftreten, die Richtung und die Stärke des Bias vom Verhalten der Nutzer ab – schließlich determiniert deren Suchverhalten, so das Ziel von Personalisierung, die zukünftigen Ergebnisse. Hieraus ergeben sich zwei gänzlich neue Wirkungen und ein methodisches Problem (vgl. Tabelle 1).

Tabelle 1: Typologie potenzieller Auswirkungen von Search Engine Bias.

	Exogener Bias (preexisting social bias)	Endogener Bias (technical bias)	Bias aus Interaktion (emergent social bias)
Index	Seiten aufgrund von Zensur nicht auffindbar	Seiten nicht auffindbar, weil die Suchmaschine sie nicht indexiert	–
Sortierung (Ranking)	Repliziert bestehende Machtstrukturen	Verstärkt bestehende Machtstukturen („rich-get-richer“-Effekt)	Fokussiert Ergebnisse auf Interessensprofil der Nutzer (Einengung der Ergebnisvielfalt); **selbstverstärkend**
		Bevorzugt Angebote des Suchmaschinenbetreibers	
Publikum	–	–	Fragmentierung der Nutzer (keine geteilte Wahrnehmung)
			Digital Divide (kompetente Nutzer profitieren stärker)
Methodik	–	–	Tests von Auswahl- und Sortierungsstrategien der Suchmaschinen nicht mehr repräsentativ

(1) Personalisierung kann zu einem individuellen „rich-get-richer-Effekt" führen, durch den die ohnehin ausgeprägten Interessen des Nutzers weiter in den Vordergrund gestellt werden. Die ursprüngliche Variante dieses Bias (die durch Sortier-Algorithmen wie PageRank erzeugt werden kann) hat zur Folge, dass ohnehin beliebte Inhalte zusätzliche Aufmerksamkeit erhalten. Davon profitieren aber immerhin solche Webseiten, die bereits durch eine Vielzahl von Links in einem quasi basisdemokratischen Prozess ausgewählt wurden (vgl. Diaz, 2008). Eine individuelle Bevorzugung einzelner Merkmale – seien das Quellen, Themen oder andere Aspekte – durch Personalisierung könnte hingegen dazu führen, dass einzelne Rezipienten eine verzerrte Sicht auf die Inhalte im Netz entwickeln. In diesem Fall hinge die Tendenz des Bias von den Interessen des Nutzers ab. Bei der Personalisierung handelt es sich darüber hinaus um einen sich selbst verstärkenden Prozess: Im Zeitverlauf werden immer mehr Informationen über das Rezeptions- und Selektionsverhalten des einzelnen Nutzers gesammelt, die ab einem gewissen Zeitpunkt auf bereits personalisierten Suchergebnissen basieren. Dies ermöglicht zwar eine akkuratere Schätzung des Interessensprofils, kann aber die Vielfalt der Inhalte in Trefferlisten immer weiter reduzieren („Over-Specialization" – siehe dazu Adomavicius & Tuzhilin, 2005).

(2) Neben der Wirkung auf die Informationsauswahl des einzelnen Nutzers kann Personalisierung auch gänzlich neue Effekte auf der Ebene des Gesamtpublikums und somit der Gesamtgesellschaft haben. Wenn die Suchmaschine Nutzern unterschiedliche Ergebnisse zu denselben Suchbegriffen liefert, löst das die ehemals geteilte Wahrnehmung von Themen möglicherweise auf und könnte im Extremfall zu einer Fragmentierung des Publikums führen, die durch Pariser (2011) die plakative Bezeichnung „Filter Bubble" erhielt. Pariser warnt davor, dass zunehmend spezifischere Suchergebnisse in einer sich konsequent verengenden, einseitigen „Blase" (Filter Bubble) an Informationen resultieren könnten, in der ein Rezipient nur von Dingen erfährt, die mit seinem Interessensprofil konform sind, aber nicht mit neuen Informationen und Sichtweisen konfrontiert wird. Als prägnantes, wenn auch in seiner Reichweite begrenztes Beispiel führt er an, dass sich Suchergebnisse zu politischen Themen unter verschiedenen seiner Bekannten signifikant unterscheiden. Der Autor geht damit über die reine Diagnose der Personalisierung hinaus: Er vermutet, dass diese Technologie in der Lage ist, Nutzern mit unterschiedlichem Suchverhalten durch unterschiedliche Treffer unterschiedliche Perspektiven auf Themen zu vermitteln und somit langfristig eine Fragmentierung der Öffentlichkeit zu fördern (vgl. auch Webster & Ksiazek, 2012; Napoli, 2011).

(3) Weiterhin hat die Personalisierung schwerwiegende methodische Auswirkungen auf den wissenschaftlichen Zugang zu Suchmaschinen. Denn der Teil der Ergebnisse, der aufgrund von individuellen Nutzerprofilen angezeigt wird, ist der empirischen Erhebung nicht zugänglich. Alle bislang vorliegenden Erkenntnisse (vgl. den Abschnitt zu Search Engine Bias) verlieren damit aus heutiger Sicht potenziell ihre Repräsentativität.

Aus dem Blickwinkel der Praxis erscheint das dystopische Szenario von vollständig isolierten Nutzern und einer komplett fragmentierten Öffentlichkeit allerdings nicht sonderlich realistisch. Mit einer vollständig personalisierten Informationsauswahl dürften die wenigsten Rezipienten zufrieden sein – allein schon, weil so der Stoff für Anschlusskommunikation fehlen würde. Deshalb kann es nicht im Interesse von Betreiberfirmen wie Google liegen, die Technologie so einzusetzen.

Wahrscheinlicher als dieser Extremfall ist ein differenziertes Szenario: Ebenso wie bei anderen Technologien könnten sich privilegierte und kompetentere Nutzer die Personalisierung eventuell stärker zunutze machen, während benachteiligte Gruppen sich ausschließlich davon leiten lassen und leichter in den „goldenen Käfig" dysfunktionaler eigener Interessen (etwa von Unterhaltungsangeboten) geraten könnten. Letztlich würde die Technologie demnach in Anhängigkeit vom Nutzer und seiner Medienkompetenz wirken. Dieses Szenario entspricht der Hypothese der digitalen Kluft (Hargittai, 2008; van Deursen & van Dijk, 2011): Nutzer mit unterentwickelter Medienkompetenz wären unter diesem Gesichtspunkt möglicherweise mit einheitlichen Suchmaschinen, die ebenso wie Massenmedien für alle Rezipienten identisch sind, besser bedient, weil sie von den Möglichkeiten, die eigene Informationsauswahl stärker selbst zu beeinflussen, nicht konstruktiv Gebrauch machen.

Jenseits dieser grundlegenden Verzerrungsmuster sind aus technischer Perspektive nahezu unbegrenzte Varianten von Personalisierungseffekten denkbar, die jedoch von außen, ohne Einblick in den Quelltext des Algorithmus oder Insider-Wissen kaum rekonstruiert werden können. In der Informatik-Literatur zu Personalisierung finden sich zahlreiche Vorschläge für Merkmale des Inhalts, der Nutzer und des weiteren Kontexts, die für die Anpassung der Ergebnisse herangezogen werden können.[3] Das grundlegende Ziel der Personalisierung bleibt identisch: Zum Nutzer passende Inhalte hervorzuheben. Je nach gewähltem „Feature" kann die Hervorhebung beispielsweise auf der Basis von Themen, sozialen Kontakten oder Quellen geschehen. Individuelle oder gar gesellschaftliche

3 Vgl. beispielsweise die Sonderausgaben der Zeitschrift „User Modeling and User-Adapted Interaction" 19 (1-2) (Mobasher & Tuzhilin, 2009) und 23 (2-3) (Brusilovsky & Chin, 2012) sowie die Proceedings der einschlägigen Konferenzen wie der ACM SIGIR.

Konsequenzen dieser Ansätze sind aus sozialwissenschaftlicher Sicht nicht abzuschätzen.[4]

Trotz der offensichtlichen Relevanz haben sich bislang nur wenige Studien explizit mit dem durch Personalisierung ausgelösten Bias auseinandergesetzt. Eine Pilotstudie von Feuz, Fuller und Stalder (2011) überprüfte grundsätzlich, ob Personalisierung überhaupt auftritt, also ob sich Suchergebnisse bei Nutzerkonten mit unterschiedlichem Suchverlauf unterscheiden. Die Autoren konnten nachweisen, dass die Trefferlisten tatsächlich nach einiger Zeit Unterschiede aufwiesen, untersuchten aber nicht genauer, welche Inhalte davon profitierten. Allerdings traten die meisten Abweichungen ohnehin erst auf vergleichsweise weit hinten liegenden Ergebnisseiten auf, die in der durchschnittlichen Nutzung keine Rolle spielen. Die Studie verwendete zudem die Werke dreier berühmter Philosophen als Beispiel, an dem die Effekte gezeigt werden sollten. Ob die besondere Sprache philosophischer Texte diese zu einem geeigneten Stimulusmaterial macht, ist unklar.

Eine Überprüfung der Hypothesen auf der Publikumsebene, also Eli Parisers (2011) plakativ publizierter „Filter Bubble“ und der dadurch möglicherweise entstehenden digitalen Kluft, stehen noch aus. Die Suchmaschinenforschung befindet sich somit in der unbefriedigenden Lage, dass bestehende Erkenntnisse durch die Personalisierung teilweise irrelevant werden, weil Search Engine Bias nicht mehr nur vom Algorithmus abhängt, sondern in Verbindung mit ihm auch durch individuelles Verhalten auftreten kann. Gleichzeitig verhindert die gestiegene Komplexität der Technologie ein rasches Aufarbeiten der Forschungslücke. An erster Stelle muss also stehen, einen universell einsetzbaren, validen Zugang zu finden, der personalisierte Suchergebnisse abzubilden vermag. Darauf aufbauend können Forschungsfragen zu den durch die Einführung der Personalisierung erweiterten und neu hinzugekommenen Problemen des Search Engine Bias bearbeitet werden. Die vorliegende Studie leistet zu beiden Punkten einen Beitrag: Zunächst wird eine Methode entwickelt, die dem aktuellen Stand der Suchmaschinentechnik gerecht wird. Diese wird daraufhin in einem ersten Anwendungsbeispiel verwendet, um folgende vier grundlegende Forschungsfragen zur Personalisierung zu prüfen:

FF1: Wirkt sich der Einsatz von Personalisierung auf die Suchergebnisse aus? (Basiseffekt)

4 Selbst in der Informatik sind analytischen und auf Simulationen basierten Untersuchungen dieser Algorithmen dort Grenzen gesetzt, wo es um die Bewertung der empfohlenen Inhalte durch die Nutzer geht.

FF2: Kann der Einfluss von Personalisierung stark genug sein, um für das Suchverhalten eines normalen Nutzers relevant zu werden? (Relevanz)
FF3: Verengt Personalisierung die Vielfalt der Ergebnisse, indem sie einen im Nutzerprofil stark vertretenen Aspekt in den Vordergrund stellt? (Bias)
FF4: Ist Personalisierung so ausgeprägt, dass zwei Nutzern zu ein und demselben Suchbegriff Ergebnisse aus gänzlich oder zumindest teilweise unterschiedlichen Perspektiven angezeigt werden? (Grundlage der Fragmentierung)

Zwei relevante Fragekomplexe bleiben hier außen vor: Die Hypothesen auf Publikumsebene (Fragmentierung, Digital Divide) können nur anhand von Nutzerdaten untersucht werden. Hierzu wäre eine Auswertung von Protokolldaten (Logfiles) und/oder Befragungsdaten erforderlich. Der vorgenommene Test der Fragmentierung (FF4) bezieht sich nur auf die technische Möglichkeit, also die Frage, ob Personalisierung überhaupt zu gänzlich unterschiedlichen Sichtweisen führen *kann*. Ob die Nutzerschaft der Suchmaschinen *tatsächlich fragmentiert ist*, kann mit der verwendeten Datenbasis nicht beantwortet werden. Des Weiteren ergibt sich ein umfassendes Bild von den Auswirkungen von Suchtechnologien erst dann, wenn nicht nur die Ergebnisse zu einzelnen Suchbegriffen oder Themen punktuell abgefragt werden. Vielmehr sind Analysen zu sorgfältig ausgewählten Themenbereichen wünschenswert, wie Hindman et al. (2003) sie für politische Inhalte vorgenommen haben.

4 Methodik der Suchmaschinenforschung

4.1 Suchmaschinen als Black Box für die Wissenschaft

Vor dem Hintergrund der konsequenten Weiterentwicklungen von Suchmaschinen erscheint der Forschungsstand bereits ohne das Hinzuziehen der Personalisierungsthematik heterogen: Phänomene wie das Nutzerverhalten, die der Wissenschaft unmittelbar zugänglich sind, erhalten verstärkt Aufmerksamkeit (vgl. zur Übersicht Knight & Spink, 2008). Studien hingegen, die empirisch das Auswahl- und Sortierverhalten von Suchmaschinen messen, sind und bleiben selten. Dabei erfordern gerade technische Neuerungen zumindest regelmäßige Überprüfungen alter Befunde, wenn nicht sogar ein kontinuierliches Monitoring. Die Gründe für diese Forschungslücke liegen scheinbar auf der Hand: Sowohl die genaue Funktionsweise des Crawlings der Inhalte als auch die darauf aufsetzenden Ranking-Algorithmen sind gut gewahrte Firmengeheimnisse, die bei Bekanntwerden nicht nur von der Konkurrenz, sondern auch von Websitebetreibern, Werbetreibenden und Betrügern zur Realisierung von deren eigenen Interessen genutzt würden. Die ihnen zugrundeliegenden Technologien sind extrem kostenintensiv und weisen komplexes Verhalten auf, das sich nur in Grundzügen analytisch bzw. durch Simulationen erschließen lässt.

Für Außenstehende aller Art – Nutzer, Wissenschaft, Politik und Gesellschaft – sind Suchmaschinen als Ganzes damit schlichtweg eine *Black Box*. Weder Input, Funktionsweise und Output von Suchmaschinen in Form von Trefferlisten noch die Nutzung können in einer der gesellschaftlichen Bedeutung angemessenen Gründlichkeit untersucht werden. Analysen müssen sich stattdessen behelfsmäßig auf einige wenige, unvollständige Erkenntnisquellen stützen.

Am schwersten wiegt der fehlende Einblick in die *Black Box* für alle Forschungsinteressen, die sich auf der Systemebene mit der Wirkung von Suchmaschinen auseinandersetzen. Denn in ihrem Fokus stehen nicht einzelne Suchvorgänge oder -ergebnisse, sondern die Auswirkungen des Systems in seiner gesamten Breite, wie dies etwa in Bezug auf den Search Engine Bias notwendig ist. Eine Kombination an technischen und wirtschaftlichen Faktoren führt auf der Ebene aller drei Suchmaschinenkomponenten (Crawling, Indexing und Ranking) sowie auf der Ebene der Nutzer zu deutlichen Einschränkungen empirisch-wissenschaftlicher Zugänge:

(1) Auf der Ebene des *Crawlings* (des Entdeckens und Herunterladens von Seiten) ist unklar, welche Bereiche des Internets von einer Suchmaschine erfasst werden. Trotz intensiver Entwicklungen decken auch die größten Anbieter bei weitem nicht das gesamte Netz ab. Besonders Inhalte, die erst nach einer Nutzerregistrierung erscheinen (das sogenannte „Deep Web"), sind unterrepräsentiert (Madhavan et al., 2008).

(2) Auf der Ebene des *Indexings* (der Aufnahme von Seiten in den durchsuchbaren Datenbestand) ist unbekannt, nach welchen Kriterien Seiten ex ante aus der Datenbank ausgeschlossen werden (Introna & Nissenbaum, 2000). Forscher können punktuell testen, ob spezifische Seiten in einer Suchmaschine gefunden werden können (vgl. Mowshowitz & Kawaguchi, 2002a; Vaughan & Thelwall, 2004). Prinzipiell lässt sich durch wiederholte Anfragen auch prüfen, ob ein fehlender Eintrag schlichtweg zuvor unbekannt war (Crawling) oder ob er aus einem anderen Grund ausgeschlossen wurde (Indexing/ Schwarze Liste).

(3) Die größte Beachtung wird der Intransparenz auf der Ebene des *Rankings* (der Reihung von Suchergebnissen) gewidmet. Im Fall von Google ist zwar das Kernkriterium des Algorithmus – die Anzahl der auf eine Seite verweisenden Links – bekannt (Brin & Page, 1998). Google selbst spricht jedoch mittlerweile von insgesamt über 200 verschiedenen „Signalen", die darüber mitbestimmen, an welcher Position der Trefferliste ein Ergebnis erscheint.

Sowohl die große Anzahl dieser Signale als auch die permanente Anpassung des Algorithmus, geografische bzw. sprachliche Anpassungen und die große Menge möglicher Suchanfragen erschweren jeden Versuch einer Rekonstruktion der Bewertungskriterien der Suchalgorithmen.

(4) Von allen Ebenen ist die des *Nutzerverhaltens* die transparenteste, da das Verhalten der Rezipienten der Beobachtung zumindest prinzipiell offen steht. So wird das Suchverhalten im Rahmen regulärer, breit angelegter Instrumente wie des GfK Media Efficiency Panels erfasst, die das gesamte Online-Verhalten einer Stichprobe erheben. Gängige Datenquellen waren zudem früher Suchmaschinenprotokolle, aus denen die Suchanfragen (anonymisierter) Nutzer ersichtlich waren. Ein solcher Datensatz wurde 2006 von AOL der Forschung zur Verfügung gestellt (Pass, Chowdhury & Torgeson, 2006), musste aber zurückgezogen werden, nachdem die Identität einzelner Suchenden aus den Daten rekonstruiert werden konnte. Ähnliche Probleme – z. B. mit Daten aus dem sozialen Netzwerk Facebook (Zimmer, 2010b) – haben dazu geführt, dass Nutzerdaten mittlerweile selbst in anonymisierter Form quasi nicht mehr veröffentlicht werden. Beide Datenzugänge teilen zudem in der Regel die Schwäche, dass nur das Selektionsverhalten der Rezipienten protokolliert wird, nicht aber der Inhalt der Webseiten, auf denen dieses jeweils stattfindet. Somit sind zwar Auswertungen der verwendeten Suchanfragen möglich, Interpretationen der auf den Ergebnislisten getroffenen Auswahl allerdings kaum.

Direkte Einblicke in die Funktionsweise von Suchmaschinen sind somit weitgehend verwehrt. Als Alternative bedient sich die Forschung öffentlich zugänglicher Informationsquellen, um zumindest indirekte Schlüsse zu ziehen:

(1) *Wissenschaftliche Arbeiten aus der Informatik* liefern Einsichten in die theoretische Funktionsweise (vgl. etwa den ursprünglichen Artikel zu Googles PageRank (Brin & Page, 1998) oder Publikationen der Forschungsabteilung von Microsoft, etwa Murray und Teevan (2007), wobei aber oft unklar ist, inwieweit sich die Ergebnisse auf die Praxis übertragen lassen.

(2) Die meisten *Suchmaschinenbetreiber* versuchen, selbst zumindest die grundlegende Funktionsweise ihrer Angebote transparent zu machen. Ein Beispiel hierfür ist die Seite „Inside Search" von Google (http://www.google.com/intl/de/insidesearch/), auf der das Unternehmen Fakten und Beschreibungen rund um zentrale Themen bereitstellt. Die Informationen sind jedoch bewusst abstrakt gehalten; genaue Auskünfte und exakte Statistiken finden sich nicht.

(3) Einige wenige Studien nehmen nicht die technischen Systeme selbst in den Fokus, sondern widmen sich den *Menschen, die diese erstellen*. So haben bei-

spielsweise van Couvering (2010) und Mager (2012; Mager, i. d. B.) Ingenieure befragt, die an den Algorithmen arbeiten. Solche Interviews zeigen die Einstellungen der verantwortlichen Programmierer und erlauben dadurch bis zu einem gewissen Grad Rückschlüsse auf die Kultur, die hinter den erfolgreichen Diensten steht. Allerdings ist davon auszugehen, dass die Befragten zentrale Details vielfach aussparen, um Firmengeheimnisse zu wahren.

(4) Studien zum *Nutzerverhalten* unterliegen, wie bereits erwähnt, den geringsten Einschränkungen, da sie jegliche Angebote als realistischen Stimulus verwenden können. Die Inhalte und deren Verhalten werden als externe Variablen ebenfalls erhoben und in Kombination mit der Nutzerinteraktion ausgewertet. Typische Beispiele für solche Studien sind Evaluationen des Suchverhaltens anhand von Blickaufzeichnungen (Eyetracking, z. B. Wirth et al., 2007; Lorigo, Haridasan & Brynjarsdóttir, 2008), während derer Rezipienten Suchaufgaben lösen müssen. Seltener werden aufwändigere Designs gewählt, bei denen der Stimulus nicht direkt aus der Suchmaschine stammt, sondern systematisch manipuliert ist (z. B. Pan et al., 2007).

(5) Auch die *eigene Erfahrung, anekdotische Hinweise und nichtrepräsentative Beispiele* wie der Vergleich von Suchergebnissen zwischen Freunden bei Pariser (2011) sind häufige, jedoch nicht systematische Quellen zur Analyse von Suchmaschinen.

Trotz der stark eingeschränkten Zugriffsmöglichkeiten bleiben einige wenige Anhaltspunkte, anhand derer die Funktionsweise von Suchalgorithmen rekonstruiert und geklärt werden kann, inwieweit Personalisierungseffekte tatsächlich zu einem *Search Engine Bias* führen. Im Zentrum stehen dabei manifest beobachtbare Merkmale – die Trefferlisten selbst. Da der Wissenschaft der Blick auf den Suchalgorithmus verwehrt ist, bleibt die systematische Suche und die Auswertung der daraus resultierenden Treffer als Hilfsmittel, anhand dessen auf die Funktionsweise zurückgeschlossen werden kann. Dieses Vorgehen ist die Grundlage von Studien, die auf generalisierbare Erkenntnisse zur Funktionsweise von Suchmaschinen abzielen (wie etwa die von Mowshowitz & Kawaguchi, 2002a; Hindman et al., 2003 oder Fortunato et al., 2006). Sie verwenden eigens erstellte Computerprogramme, die nach einem ex ante definierten Plan systematisch Suchanfragen starten und die Trefferlisten abspeichern. Ebenso wie beim im Folgenden vorgestellten Design kommen drei Komponenten zur Anwendung: (1) Ein Programm, das automatisch Suchanfragen absendet, (2) ein Bestand an Stimulus-Daten, der dieses steuert, und (3) eine Komponente, welche die produzierten Trefferlisten speichert und auswertet.

Aufgrund des riesigen Volumens an möglichen Anfragen, der breiten Nutzung und der dynamischen Natur von Suchmaschinen kann eine solche Quasi-Input-

Output-Analyse nicht jedes Detail des Algorithmus klären – dazu wäre eine unmöglich große Zahl an Suchanfragen notwendig.[5] Stattdessen muss sie sich auf wenige, systematische Erhebungen beschränken, die zur Beantwortung einzelner (Teil-)Forschungsfragen genutzt werden können.

4.2 Experimentelle Entschlüsselung algorithmischer Personalisierungseffekte

Die Entwicklung von neuen Instrumenten zur Suchmaschinenforschung ist mit dem Anspruch konfrontiert, Neu- und Weiterentwicklungen seitens der Angebote aufzunehmen und gleichzeitig die Validität der Erhebungen zu erhöhen. Bei dieser Aufgabe steht sie von zwei Seiten aus unter Druck (vgl. auch Granka, 2010 zu Herausforderungen der Suchmaschinenforschung):

(1) *Interne Validität:* Suchmaschinen werden (ebenso wie andere Online-Angebote) fortwährend interaktiver und komplexer und beziehen eine Fülle an Verhaltensindikatoren in ihre Funktionsweise ein. Empirische Methoden stehen deshalb unter einem anhaltenden Innovationsdruck, um nicht an interner Validität einzubüßen. Wenn Studien das Auswahlverhalten von Suchmaschinen so abbilden wollen, wie Nutzer es sehen, müssen sie einen zunehmend großen Teil des Rezipientenverhaltens nachvollziehen. Ein Beispiel ist die Vorschlags-Funktion der Google-Suche (Autocomplete): Damit die von Google angezeigten Vorschläge überhaupt sichtbar werden, muss jeweils der Beginn eines entsprechenden Stichworts eingegeben werden. Dieser Schritt kann zwar automatisiert werden; dies erfordert jedoch deutlich mehr Aufwand als das bloße Herunterladen einer Trefferliste.

(2) *Externe Validität:* Die meisten Studien zu Search Engine Bias verwenden eine überschaubare Zahl an Suchbegriffen, anhand derer Verzerrungen nachgewiesen werden (sollen) (z. B. vier bei Mowshowitz & Kawaguchi, 2002a). Solange es um die Überprüfung von uniformen Wirkungshypothesen wie dem „rich-get-richer"-Effekt geht, stellt dies kein Problem dar. Denn solange der Algorithmus deterministisch und einheitlich mit allen eingehenden Anfragen umgeht, steht einer Generalisierung von einzelnen Ergebnissen nichts im Wege. Nachdem jedoch zunehmend situative und nutzergebundene Einflussfaktoren – allen voran die Personalisierung – auf die Zusammenstellung

---

5 So postulierte der berühmte Linguist Noam Chomsky in „Syntactic Structures" (1957), die englische Grammatik sei in der Lage, eine unendliche Zahl an unterschiedlichen Sätzen zu produzieren (S. 19ff.).

der Ergebnisse einwirken, schwindet die externe Validität von Studien, deren Stimulusmaterial nicht sorgfältig konzipiert wurde (Granka, 2010).

4.2.1 Personalisierung als unabhängige Variable

Diesen beiden Ansprüchen in Bezug auf die interne und externe Validität begegnet das hier verwendete Forschungsdesign einerseits mit technischen Verbesserungen bestehender Konzepte, die Drittvariablen weitgehend kontrollieren, und andererseits mit einer systematischen Generierung des Stimulusmaterials. Personalisierung führt das bisherige Suchverhalten von Rezipienten als unabhängige Variable ein, die Einfluss auf die Erstellung der Trefferliste als abhängige Variable nimmt. Ein Effekt in den Trefferlisten – also z. B. ein überproportional häufiges Auftauchen von finanzstarken Medienunternehmen – kann nicht mehr klar der Suchmaschine zugeschrieben werden. Denn ebenso wäre denkbar, dass der Nutzer, aus dessen Sicht die Ergebnisse betrachtet werden, in der Vergangenheit besonders häufig bekannte Medienseiten besuchte und damit selbst für deren prominente Position verantwortlich ist.

Will man die Auswirkungen von Personalisierung empirisch messen, muss diese neue Variable also auf eine Art und Weise in das Design eingebunden werden, die Stör- und Drittvariablen kontrolliert. Aus diesem Grund wird in der hier vorgestellten Studie das Nutzerverhalten selbst systematisch manipuliert. Die Versuchslogik ist so um eine Komponente erweitert (vgl. Abbildung 2): Zusätzlich zu der üblichen Input (Suchbegriff)-Output (Trefferliste)-Auswertung werden unterschiedliche Nutzerprofile erstellt. Deren Einfluss ergibt sich aus dem Vergleich der gemessenen Ergebnisse.

Die Grundlage des Experiments bilden neu angelegte, bisher nicht verwendete Nutzerprofile für die Google-Suche. Jedes dieser Profile startet mit einer „Blanko-Identität“, d.h. einem völlig leeren Interessensprofil. Das Profil wird im Laufe der Zeit durch die Inhalte fortlaufend durchgeführter Suchanfragen (z. B. die Frageformulierung oder den Text der aufgerufenen Seiten) und durch das Verhalten selbst (angeklickte Inhalte, vgl. Teevan et al., 2010) angereichert.

Damit Drittvariablen jenseits der Personalisierung – z. B. Ort und Zeit der Anfragen sowie der verwendete Computer und die Software – kontrolliert werden können, läuft das „Training“ der Nutzerprofile automatisiert und regelmäßig nach einem vorher festgelegten Schema ab (vgl. Abbildung 2). Die Messung von Personalisierung erfolgt schließlich anhand von Suchbegriffen, die nicht mit dem aufgebauten Interessensprofil zusammen hängen.

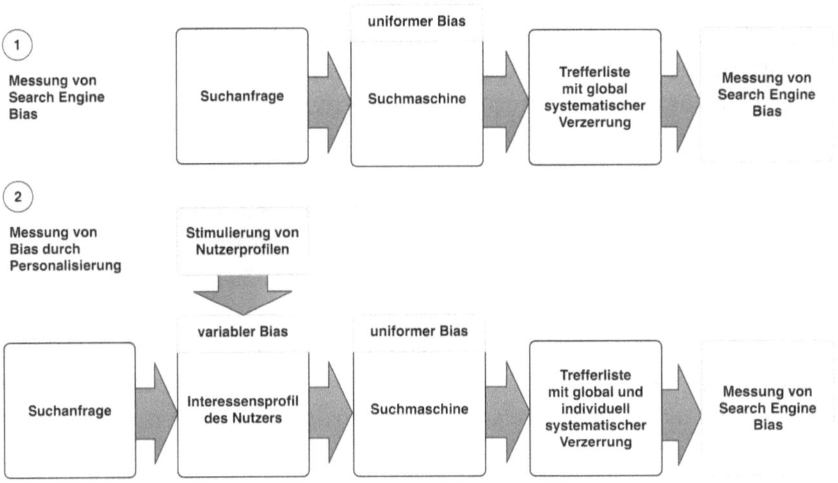

Abbildung 2: Messung von Search Engine Bias mit und ohne Personalisierung.

Ein *Trainingsdurchlauf* verläuft wie folgt: Nachdem das Computerprogramm einen Account für das Training auswählt, legt es (1) eine Pause von zufälliger Dauer mit bis zu zwei Minuten ein, um das Verhalten gegenüber der Suchmaschine weniger automatisch erscheinen zu lassen. Anschließend wird (2) die Google-Startseite aufgerufen, wobei ggf. gespeicherte Cookies Verwendung finden, in denen die Anmeldedaten vorliegen. Anhand des Anmeldebereichs rechts oben auf der Webseite (3) stellt das Programm fest, ob der Nutzer bereits durch die Cookies angemeldet ist. Falls nicht (3a), öffnet es die Anmelde-Maske und gibt den Nutzernamen sowie das Passwort ein. Zurück auf der Startseite wird (4) aus den vom Forscher festgelegten Stimulus-Suchbegriffen für den Aufbau des Interessensprofils ein Wort zufällig ausgewählt und in die Suchmaske eingegeben. Zum Abschluss wird (5) die erste Seite der Ergebnisse abgespeichert und (6) ein zufällig ausgewählter Link in der Trefferliste (nicht die Werbung) angeklickt.

Die *Messung der Personalisierung* läuft nach einem identischen Muster ab, allerdings dient als Suchbegriff kein Wort aus dem Stimulus-Material, sondern der Begriff, zu dem Personalisierungseffekte gemessen werden sollen, indem er unter sämtlichen Nutzerprofilen eingegeben wird.

Ein wichtiger Aspekt der technischen Umsetzung betrifft den Umgang mit der Technologie von Suchmaschinen-Webseiten, die sich seit den zitierten Vorläuferstudien verändert hat. Eine direkte Anfrage zu einer Google-Suche, wie sie etwa von einem naiven Computerprogramm gesendet wird, liefert nicht direkt die Seite mit der Trefferliste. Vielmehr senden die Server von Google zunächst eine leere „Hülle“. Sobald diese im Browser des Nutzers vorliegt, wird dort ein eigenes

Programm gestartet, das die Ergebnisse zur Suchanfrage lädt und in die Seite einfügt. Automatisiert lässt sich die Suchmaschine deshalb nur mit einem voll funktionsfähigen Browser einsetzen. Zudem setzen viele IT-Unternehmen Technologien ein, die automatisierte Anfragen entweder schlichtweg nicht beantworten oder aber nicht als valide Nutzereingaben zulassen. Damit das Training der Nutzerprofile wirken kann, muss der Suchmaschine also ein möglichst authentisches Verhalten „vorgespielt" werden, das nicht als automatisiertes Programm erkennbar ist. Das Experiment verwendet aus diesem Grund einen „virtuellen" Browser[6], der sich automatisch steuern lässt, aber von einem echten Nutzer nicht unterschieden werden kann.

Obwohl diese Methode für den konkreten Fall von Google entwickelt wurde, lässt sie sich in modifizierter Form auf andere Gegenstände der computervermittelten Kommunikation anwenden, in denen (möglicherweise) Personalisierungstechnologien zum Einsatz kommen.

4.2.2 Stimulusmaterial

Personalisierung und andere technische Differenzierungen in der Funktionsweise von Suchmaschinen führen nicht nur zu höheren Ansprüchen an die interne Validität von Studien: Indem die Systeme mehr und mehr Kontextinformationen wie z. B. Nutzerverhalten einbeziehen, wird ihre Vorgehensweise auch dynamischer (Granka, 2010). Darunter leidet wiederum die Generalisierbarkeit von Forschung. Denn auch wenn sich bei einer Suchanfrage eines einzelnen Nutzers Effekte zeigen, können diese durch dessen voriges Suchverhalten ausgelöst sein und treten bei anderen Rezipienten möglicherweise nicht auf.[7] In der Folge steigen die Ansprüche an das verwendete Stimulusmaterial, anhand dessen die Auswahl- und Sortiervorgänge des Systems gemessen werden sollen. Ebenso wichtig ist, die überprüften Hypothesen präzise zu benennen, da sich Search Engine Bias auf eine Vielzahl an Effekten beziehen kann (vgl. Tabelle 1).

Wie bereits dargelegt, beschränkt sich die empirische Anwendung des entwickelten Instruments auf vier grundlegende Forschungsfragen: Einen Test, ob Personalisierung überhaupt Anwendung findet (FF1), die Messung von deren Stärke (FF2), eine Überprüfung der Annahme, dass Personalisierung bestimmte Themenbereiche auf Kosten anderer hervorhebt (FF3) sowie die Überprüfung der

6 Die verwendete Software basiert auf dem Programm PhantomJS (http://phantomjs.org/).

7 Dieses Argument nutzt Goldman (2006), um seine These zu untermauern, die Personalisierung eliminiere das Problem von Search Engine Bias. Die Bedrohungen eines individuellen Bias, des Digital Divide und der Fragmentierung beachtet er jedoch nicht.

These, dass Nutzer in Extremfällen aufgrund ihrer Profile gänzlich oder teilweise unterschiedliche Perspektiven auf dasselbe Thema angezeigt bekommen (FF4).

Die vier Forschungsfragen stehen in der Reihenfolge ihres Anspruchs an das Forschungsdesign, insbesondere an das Stimulusmaterial: Während der verwendete Suchbegriff und das Profil der Nutzer für den reinen Test auf den Einsatz von Personalisierung nahezu gleichgültig sein dürften, setzt die vierte Frage eine spezifische Konstellation voraus: Damit der Effekt der sich unterscheidenden Perspektiven überhaupt eintreten kann, muss das betroffene Thema beispielsweise mindestens zwei eindeutig unterscheidbare Perspektiven aufweisen. Aus diesem Grund richtet sich das Vorgehen für die Auswahl des Stimulusmaterials nach dieser vierten, komplexesten Forschungsfrage.

Das Ziel des Personalisierungsexperiments besteht darin, durch aktive Simulation von Nutzerverhalten Effekte nachzuweisen, von denen weder die Existenz noch die genaue Funktionsweise sicher bekannt sind. Es macht deshalb Sinn, die günstigsten Bedingungen für den Effekt herbeizuführen, indem man Stimulusmaterial verwendet, von dem anzunehmen ist, dass es die gesuchten Effekte besonders effizient aktiviert.[8] Welche Faktoren hierbei anzuwenden sind, ist nicht nur für die Wissenschaft ein Problem, sondern wird auch in Fachkreisen der Suchmaschinenoptimierung kontrovers diskutiert (z. B. Search Engine Land, o. D.). Die folgenden Entscheidungen stützen sich deshalb auf die aus der Literatur bekannte Funktionsweise von gängigen Personalisierungsstrategien, Plausibilität und (im schlimmsten Fall) Mutmaßungen der Autoren.

Eine notwendige Voraussetzung für sich durch Personalisierung unterscheidende Perspektiven in Trefferlisten ist ein Suchbegriff, zu dem es mindestens zwei unterschiedliche Sets an Treffern gibt, die sich anhand eines operationalisierbaren Kriteriums (z. B. Zugehörigkeit zu einem Thema, ähnliche Quelle o.Ä.) trennscharf unterscheiden lassen. Dazu passend muss es möglich sein, entsprechende Interessensprofile auf Seiten der Nutzer zu erzeugen. Weil die Nutzerprofile aus den vorangegangenen Suchanfragen entstehen, bedeutet das, dass zu jeder der zwei Perspektiven ein Satz an Stimulus- bzw. Trainings-Suchbegriffen vorliegen muss, der möglichst präzise mit der einen Perspektive, nicht aber mit der anderen zusammenhängt. Im idealen Fall liegen dem Experiment zwei neu angelegte Nutzerkonten zugrunde, die anhand sorgfältig ausgewählter Suchbegriffe nur nach Seiten zu völlig unterschiedlichen Dimensionen eines Begriffs gesucht haben.

Es ist zweifellos möglich, passende Begriffe durch eigene Überlegungen zu finden und über Pretests zu validieren. Da jedoch Grundzüge der Algorithmen bekannt sind, bietet sich eine systematischere Alternative an: Das Stimulus-Material

8 Würde stattdessen bewusst ein schwacher Stimulus verwendet, wäre nicht klar, welchen Umständen ein Nullergebnis zuzuordnen wäre.

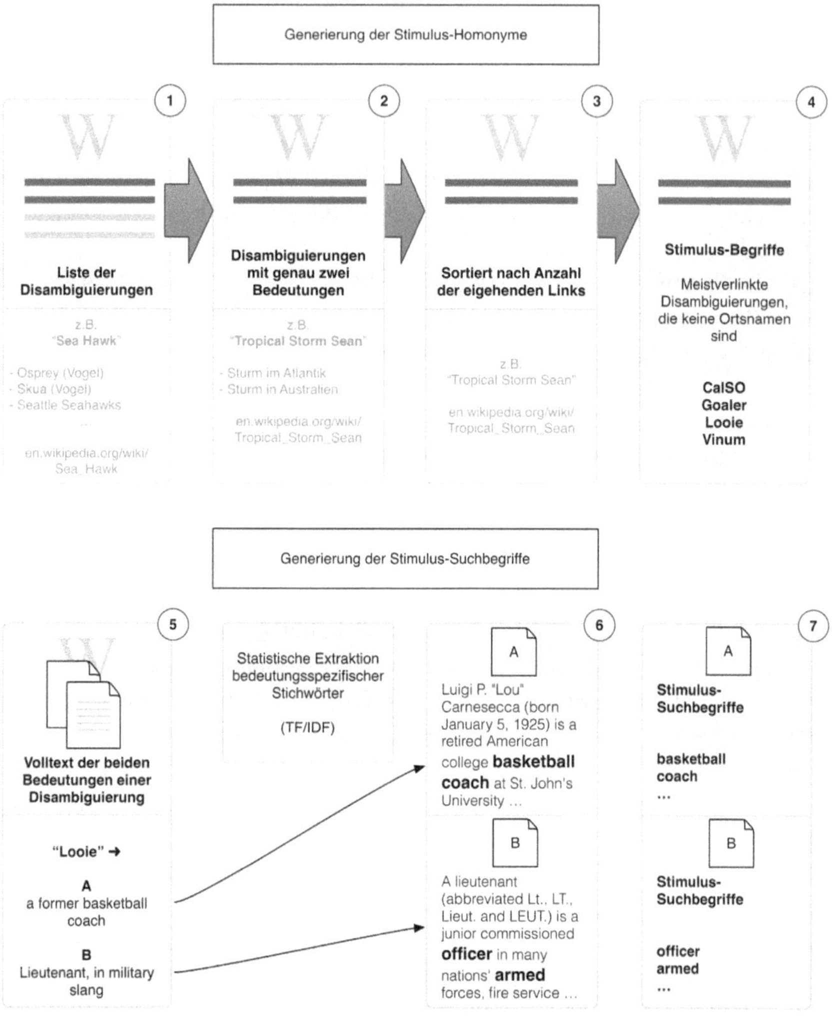

Abbildung 3: Erstellung des Stimulusmaterials.

kann aus Daten des WWW selbst gewonnen werden. Dazu muss lediglich ein Begriff mit zwei Bedeutungen gefunden werden (etwa über ein Wörterbuch), Artikel zu der jeweiligen Perspektive müssen ausgemacht und schließlich daraus perspektiv-spezifische Wörter für das Training der Interessensprofile extrahiert werden. Ein Datenbestand, der dank seiner systematischen Struktur all diese Schritte ermöglicht und gleichzeitig eine wichtige Quelle für Suchmaschinenergebnisse darstellt (Lewandowski & Spree, 2011), ist die Online-Enzyklopädie Wikipedia. Deren Datenbank wird regelmäßig für vielfältige Forschung aus dem Bereich der Informatik, der Computerlinguistik (z. B. Navarro et al., 2009, Martin, 2011) und anderer Fachbereiche verwendet.

Für das Experiment wurde anhand des in Abbildung 3 dargestellten Schemas Stimulusmaterial für vier zentrale Begriffe erstellt.[9] Als Ausgangspunkt dienten dabei Wikipedia-Seiten zu sogenannten Homonymen – also Wörtern mit einer Schreibweise, aber mehreren Bedeutungen. So kann der Begriff „Jaguar" beispielsweise einerseits für ein Tier, andererseits für eine Automarke stehen. Wenn Personalisierungsprozesse tatsächlich einen Search Engine Bias auf der Individualebene verursachen, ist von folgendem Szenario auszugehen: Recherchiert ein Nutzer im Internet häufig nach Informationen zu Tieren, sollte er nach einer gewissen Zeit bei Eingabe des Suchbegriffs „Jaguar" vorwiegend Treffer zum Tier Jaguar erhalten. Ein anderer Nutzer, der viele Suchanfragen zu Motorsport eingibt, dürfte hingegen vor allem Treffer zur Automarke Jaguar angezeigt bekommen.

Für solche Begriffe existiert in der Enzyklopädie eine eigene Seitenkategorie (Disambiguierung), die Nutzer auf die möglichen Bedeutungen hinweist. Sucht ein Wikipedia-Nutzer z. B. nach „Stollen", findet er eine Seite, die alle möglichen Bedeutungen des Wortes mitsamt den Links zu den entsprechenden Artikeln auflistet (Schritt 1). Durch programmatische Abfragen an die Datenbank der Wikipedia lassen sich nicht nur all diese Seiten auflisten, sondern auch die Zahl der darin erwähnten Artikel lässt sich bestimmen. Diese repräsentiert die Zahl der (in Wikipedia bekannten) Bedeutungen eines Wortes. So ist es trivial, nur diejenigen Einträge herauszufiltern, die genau zwei unterschiedliche Konzepte bezeichnen (Schritt 2). Aus der so entstehenden Gruppe an Begriffen werden schließlich diejenigen ausgewählt, welche die größte Bedeutung haben. Dahinter steht die Vermutung, dass Personalisierung bei solchen Konzepten stärker auftritt, bei denen eine größere Datenbasis besteht, weil sie sowohl populärer sind (höhere Nutzeraktivität) als auch mehr Webseiten dazu existieren. Als Näherungswert für die Popularität konnte in Wikipedia die Zahl aller auf einen Artikel verweisenden Links verwendet werden (Schritt 3)[10].

Anschließend wurden die vier populärsten Homonyme gewählt, die aus einem Wort bestehen und zwischen fünf und zehn Zeichen lang sind. So sollte sichergestellt werden, dass die Begriffe zu vergleichbaren Suchanfragen (Queries)

9 Die Zahlen im weiteren Verlauf beziehen sich jeweils auf die entsprechend gekennzeichneten Schritte im Diagramm.

10 Die Zahl der eingehenden Links ist auch ein Kriterium im PageRank-Algorithmus, weshalb dieses Maß besonders plausibel erscheint.

führen, und gleichzeitig vermieden werden, dass kurze, sehr abstrakte Worte gegen längere, spezifischere Begriffe „antreten“.

Im nächsten Schritt wurden diejenigen Begriffe eliminiert, bei denen die beiden Bedeutungen ungleich wichtig waren, wiederum gemessen an der Anzahl der auf sie verweisenden Wikipedia-Artikel. Wenn sich die beiden Bedeutungen eines Homonyms in ihrer Wichtigkeit zu stark unterscheiden, erschwert dies möglicherweise das Training eines Interessenprofils für die „unterlegene“ Bedeutung. Unterschied sich die Zahl der Links zwischen beiden Begriffen um mehr als 20 %, wurde das Homonym deshalb nicht ausgewählt. Ferner wurden Ortsnamen ebenfalls ausgeschlossen, die zwar im weiten Sinne ebenfalls Homonyme, für die Forschungsfrage (ob unterschiedliche Perspektiven entstehen) aber nicht relevant sind (Schritt 4). Für das Experiment wurden letztlich folgende vier Homonyme mit der größten Anzahl an Verknüpfungen auf Wikipedia verwendet:

CalSO: „California Standard Oil, now Chevron Corporation“ bzw. „California Student Orientation at University of California, Berkeley“
Goaler: „Sports: a colloquial term for a Goaltender“ bzw. „Occupation: an archaic spelling for the Gaoler of a Prison“
Looie: „Lou Carnesecca, a former basketball coach at St. John’s University“ bzw. „Lieutenant, in military slang“
Vinum: „RAID#Vinum – a logical volume manager, also called Software RAID“ bzw. „A Latin term meaning wine“

Sowohl die Generierung des Stimulusmaterials als auch der eigentliche Test der Personalisierung fand auf den englischsprachigen Seiten, also en.wikipedia.org und google.com statt. Dieser Entscheidung liegt zum einen zugrunde, dass neue Technologien und Features häufig im anglo-amerikanischen Bereich zuerst eingeführt werden und anhand von englischen Datensätzen entwickelt und getestet werden. Es ist deshalb davon auszugehen, dass auch Suchmaschinentechnologien in erster Linie mit englischsprachigen Inhalten so funktionieren, wie dies vom Betreiber beabsichtigt ist. Zudem ist der Datenbestand der englischen Wikipedia deutlich größer als der der deutschsprachigen, was die Validität der oben beschriebenen Auswahllogik erhöht. Mit Blick auf die zweite Forschungsfrage (FF2: Stärke der Personalisierung wird für Nutzer relevant) wurde darauf verzichtet, mehr als nur die erste Seite der Treffer abzuspeichern. Selbst wenn sich auf der zweiten, dritten oder einer weiteren Seite Änderungen in den Suchergebnissen ergeben, sind diese für die meisten Nutzer nicht relevant (Pan et al., 2007). Da die vierte Forschungsfrage (FF4: Auseinanderbewegung von Perspektiven) zunächst auf das Vorhandensein unterschiedlicher Links, nicht aber auf deren Reihenfolge zielt, bleibt auch die Rangreihenfolge bei der Auswertung außen vor.

Die letzte für das Experiment benötigte Komponente sind die Trainings- oder Stimulus-Suchbegriffe, durch welche die Interessensprofile aufgebaut werden. Auch hier hilft der Rückgriff auf die Enzyklopädie: Die verwendeten Wikipedia-Artikel enthalten bereits zahlreiche Wörter, die sehr eng mit dem Thema des Textes, also einer von beiden Bedeutung des Homonyms, nicht aber mit der anderen verbunden sind (Schritt 5). Um diese bedeutungs-spezifischen Wörter zu extrahieren, kann ein einfaches Maß aus dem Gebiete des Information Retrieval verwendet werden, das TF/IDF-Maß (Singhal, 2001). Es setzt die Häufigkeit des Auftretens von Wörtern (TF = „Term Frequency“) in einem Dokument in Relation zu ihrer Häufigkeit in einem Korpus an Texten (IDF = „Inverse Document Frequency“). Kommt etwa „Basketball“ in einem Text häufiger vor, in den restlichen betrachteten Dokumenten aber nie, erhält das Wort einen hohen Wert. Kommt es dagegen in jedem Text vor, wird ihm ein niedriger Wert zugewiesen. Anhand dieses Maßes wurden die vierzig spezifischsten Begriffe zu jeder Homonym-Bedeutung ermittelt (Schritte 6 und 7). Qua Definition der Methode weisen diese den geringstmöglichen Bezug zur jeweils anderen Bedeutung auf und stellen somit das ideale Trainingsmaterial für die Profile dar.

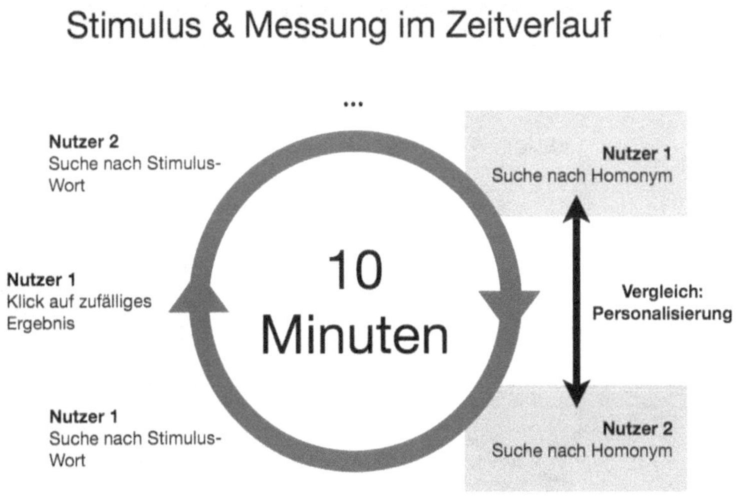

Abbildung 4: Stimulierung von Nutzerprofilen und Messung von Personalisierungseffekten.

Der Ablauf des eigentlichen Experiments ist in Abbildung 4 schematisch dargestellt. In einem Zyklus von zehn Minuten durchläuft jeder simulierte Nutzer einen Trainings-Suchlauf mit einem zufällig ausgewählten Stimulus-Suchbegriff. Nachdem die Ergebnisseite geladen ist, wird ein zufälliger Link angeklickt. Einmal pro Stunde suchen alle simulierten Nutzer nach dem Homonym, dem sie zugeordnet sind, und protokollieren das Ergebnis. Im Vergleich der Treffer zwischen den zwei Nutzern zu den zwei Bedeutungen eines Homonyms zeigen sich eventuell auftretende Personalisierungseffekte.

5 Erste Ergebnisse

Ein erstes Experiment mit dem beschriebenen Aufbau, acht Nutzerkonten und vier Homonymen lief im Zeitraum von 6.5.2013 bis zum 15.6.2013 vollautomatisch ab. Während dieser Zeit wurden insgesamt ca. 55000 automatisierte Anfragen an Google gesendet, zu denen jeweils die erste Seite der Treffer mit zehn Ergebnissen vorliegt. Die Ergebnisse bestätigen die aus der Literatur abgeleiteten Erwartungen in Bezug auf die vier Forschungsfragen nur teilweise.

FF1: Wirkt sich der Einsatz von Personalisierung in auf die Suchergebnisse aus? (Basiseffekt)

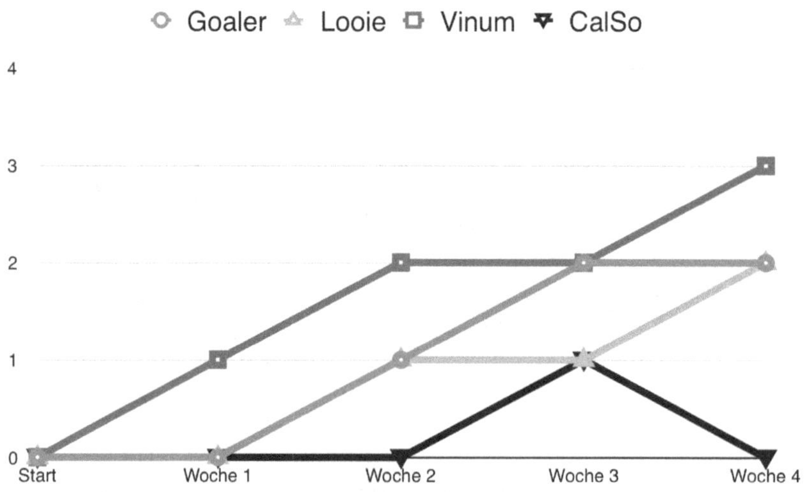

Abbildung 5: Anzahl der zwischen Experimentalbedingungen differierenden Links pro Woche.

Insgesamt zeigen die ersten Ergebnisse einen messbaren, aber sehr schwachen Effekt von Personalisierung. In allen vier Experimentalbedingungen tauchten Links auf, die nur einem Nutzer, nicht aber dem anderen angezeigt wurden. Allerdings war dieser Effekt nicht konsistent, sondern fluktuierte (wie auch die Reihenfolge der Treffer) im Zeitverlauf. Nicht jede Suchanfrage wurde also mit personalisierten Ergebnissen beantwortet. Als grobes Maß für die Stärke der Personalisierung kann daher die Zahl der zwischen den beiden Perspektiven differierenden Links innerhalb einer Woche verwendet werden. Im Zeitverlauf zeigt sich nach ein bis zwei Wochen eine steigende Zahl an personalisierten Links (vgl. Abbildung 5). Damit ist rein technisch das Ergebnis der Studie von Feuz, Fuller und Stalder (2011) bestätigt, dass personalisierte Ergebnisse bei der alltäglichen Suche auftauchen.

FF2: Kann der Einfluss von Personalisierung stark genug sein, um für das Suchverhalten eines normalen Nutzers relevant zu werden? (Relevanz)

Ob diese Effekte allerdings einen großen Einfluss auf die Informationsnutzung der Rezipienten haben, ist unklar. Bevor einer der zehn Treffer auf der ersten Seite zwischen zwei Nutzern abwich, durchlief das Profil eine Stimulationsphase, die deutlich intensiver als durchschnittliches Suchverhalten war. Die durchschnittlich erforderliche Zahl von über 1500 Suchanfragen zu einem Thema, nach der die ersten personalisierten Ergebnisse erscheinen, sind von einem normalen Nutzer nicht leicht zu erreichen. Eine Sonderrolle nimmt der Begriff „Goaler" ein, für den bereits am ersten Tag zumindest ein differierender Link gemessen wurde. Da dieser Link aber nur zweimal auftauchte und zudem nicht ins Set der übrigen Ergebnisse passt, ist davon auszugehen, dass dieser Effekt ein Sonderfall ist und nicht der regulären Personalisierung zugeschrieben werden sollte.[11]

Tabelle 2: Zeit und Trainingsintensität bis zur Personalisierung.

	CalSO	Goaler	Looie	Vinum	Durchschnitt
Tage bis zum ersten personalisierten Link	8	0	26	11	11,25
Tranings-Suchen bis zum ersten personalisierten Ergebnis	1252	83	3762	1597	1674

11 Es handelte sich dabei um einen Link zu einem französischen Wörterbuch (http://la-conjugaison.nouvelobs.com/du/verbe/goaler.php).

FF3: Verengt Personalisierung die Vielfalt der Ergebnisse, indem sie einen im Nutzerprofil stark vertretenen Aspekt in den Vordergrund stellt? (Bias)

Eine Auswertung der wenigen differierenden Links zeigt ein diffuses Bild. Kaum eine der Differenzen zwischen den Trefferlisten konnte einer der jeweils konkurrierenden Bedeutungen zugeordnet werden. Die sich verändernden Links scheinen vielmehr lediglich abstrakte, nützliche Informationen zu repräsentieren. Möglicherweise liegt dies am Stimulusmaterial selbst, und die Suchmaschine hält sich bei Homonymen gerade aufgrund von deren Ambiguität zurück. Hierfür sprechen die Einträge in Lexika, die unter den Differenzen auftreten: So finden sich bei dem Suchbegriff „Looie" die zwei URLs www.scrabblefinder.com/starts-with/looie/ sowie www.scrabblefinder.com/contains/looie/ – beide bei der Bedeutung von Looie als Basketball-Coach. Der einzige neue Link zum Stichwort „CalSo" war eine Suche auf Twitter, zu „Goaler" wurden zwei Wörterbücher angezeigt. Einzig bei dem Stichwort „Vinum" scheint eine der beiden Perspektiven stärker vertreten zu sein: Hier erschienen als neue Links ausschließlich Webseiten zu weinbezogenen Themen, nicht aber zu der Software „Vinum". Dies kann allerdings auch an einem grundsätzlichen Ungleichgewicht zwischen den beiden Bedeutungen liegen.

FF4: Ist Personalisierung so ausgeprägt, dass zwei Nutzern zu ein und demselben Suchbegriff Ergebnisse aus gänzlich oder zumindest teilweise unterschiedlichen Perspektiven angezeigt werden? (Grundlage der Fragmentierung)

In Anbetracht der schwachen Ergebnisse zur dritten Forschungsfrage muss – unter dem Vorbehalt der Gültigkeit des Stimulus – die Hypothese der Fragmentierung durch Personalisierung aktuell skeptisch betrachtet werden. In keiner der Experimentalbedingungen ließen sich klar Veränderungen durch Personalisierung nachweisen, die eine Perspektive bevorzugten. Die insgesamt geringe Zahl der Änderungen führt zu dem Schluss, dass Personalisierung jedenfalls nicht so universell und so eindeutig wirkt wie befürchtet (Pariser 2011). Vielmehr scheinen anekdotisch erfasste Unterschiede in den durch Suchmaschinen vermittelten Informationen auch von anderen Kontextfaktoren abzuhängen. Hierfür spricht, dass die Ergebnisreihenfolge innerhalb der Suchexperimente im Zeitverlauf stark schwankte (diese Schwankungen wurden allerdings von jeweils beiden Nutzern nachvollzogen). Neben der bekannten ortsabhängigen Anpassung von Trefferlisten muss bei einem Vergleich also stets auch die zeitliche Komponente berücksichtigt werden.

6 Methodische Kritik

Die verwendete Methode deutet darauf hin, dass Personalisierungseffekte zwar auftreten, aber höchstens schwach ausgeprägt sind. Jedoch ist denkbar, dass im beschriebenen Experiment technische Maßnahmen zu einer Unterschätzung der tatsächlichen Personalisierungseffekte führen. Dies betrifft vor allem folgende Punkte:

(1) Einfluss unbekannter Faktoren auf die Präferenzprofile: Ebenso wie Suchergebnisse anhand einer Vielzahl an Faktoren sortiert werden, ist die Annahme plausibel, dass auch Personalisierungsprozesse auf einer Vielzahl an Verhaltensweisen basieren. Das simulierte Nutzerverhalten beinhaltete ausschließlich die klassische Suche über die Suchmaschine. Allerdings ist es wahrscheinlich, dass in den PageRank-Algorithmus daneben weitere Komponenten der Internetnutzung einfließen, beispielsweise das Nutzungsverhalten bezogen auf Werbeanzeigen sowie der soziale Austausch, etwa per E-Mail oder über das Google-eigene soziale Netzwerk Google+. Derartige Einflussfaktoren könnten zu stärkeren Personalisierungseffekten führen, konnten im Experiment aber nicht simuliert werden.

(2) Themenspezifische Personalisierung: Die Suchbegriffe des Experiments deckten ein vergleichsweise enges und aufgrund der Entwicklung des Stimulus-Materials konstruiertes Themenspektrum ab. Deshalb kann aber nicht ausgeschlossen werden, dass Personalisierungsprozesse nur bei speziellen Themen, Quellen, Nutzerverhalten oder anderen Kontextvariablen auftreten oder nur dort in vollem Umfang aktiv werden. Aus Sicht des Unternehmens Google wäre es betriebswirtschaftlich z. B. sinnvoll, nur dort personalisierte Ergebnisse anzuzeigen, wo es um kommerzielle Suchen geht und die Möglichkeit besteht, Geld zu verdienen. Erkenntnisse der Informatik aus dem Bereich der Empfehlungssysteme weisen zudem darauf hin, dass Personalisierung nur dort erfolgreich angewendet werden kann, wo bereits viele Informationen nicht nur über das Verhalten eines einzelnen Individuums, sondern auch über den gesamten Themenbereich vorliegen (vgl. z. B. Stamou et al., 2009). Möglicherweise waren die ausgewählten Themen gerade durch ihre bewusst gewählte mangelnde Vorprägung so unbekannt, dass die Suchmaschine keine sinnvollen personalisierten Links empfehlen konnte.

(3) Dauer und Intensität des Stimulus: Auch wenn die vorhergehende Studie von Feuz, Fuller und Stalder (2011) bereits nach kurzer Dauer personalisierte Ergebnisse nachweisen konnte, ist denkbar, dass die Sensitivität der Algorithmen mittlerweile – eventuell sogar aufgrund des öffentlichkeitswirksamen Buches von Pariser (2011) – verringert wurde. In diesem Fall könnte eine

intensivere oder langanhaltendere Stimulusphase eventuell stärkere Wirkungen hervorrufen. Künftige Studien sollten dies berücksichtigen.

(4) Technische Abwehrmaßnahmen: Auch wenn eine Vielzahl an Anstrengungen unternommen wurde, um das Experiment gegenüber Google so gut wie möglich als authentisches Nutzerverhalten erscheinen zu lassen, so ist doch möglich, dass die Suchmaschine die Stimuli als automatisierte Anfragen klassifiziert, darauf aber nicht mit einer Blockade, sondern mit einem modifizierten Verhalten reagiert hat. Solche Abwehrmaßnahmen lassen sich selbstverständlich niemals ausschließen. Dennoch wäre ein Vergleich mit einem Experiment mit einer größeren Zahl an Stimulusbegriffen und noch zufälligeren Anfragezeitpunkten sinnvoll.

Insgesamt hat sich gezeigt, dass automatisierte Experimente eine sinnvolle und wirkungsvolle Methode sind, um einfache Forschungsfragen zu intransparenten technischen Systeme zu erschließen. Sie bieten zwei entscheidende Vorteile: Einerseits ermöglichen sie eine große Breite an Stimuli. Prinzipiell sind der Anzahl der simulierten Nutzerprofile keine Grenzen gesetzt. Andererseits erlaubt die automatische und vollständige Speicherung der Daten Auswertungen mit größtmöglicher Präzision. Besonders aufgrund des hohen Anfangsaufwands liegt darüber hinaus nahe, solche Experimente nicht nur zur Überprüfung einzelner Vermutungen, sondern auch als dauerhaftes Beobachtungsinstrument einzusetzen, um langfristige Entwicklungen und Veränderungen der untersuchten Systeme zu protokollieren.

7 Fazit

Suchmaschinen sind nicht nur nach wie vor ein elementares Werkzeug für die Informationssuche im Netz, sie werden auch fortwährend weiterentwickelt und fordern deshalb eine kontinuierliche Anpassung und Aktualisierung der Forschung. Orts-, zeit- und nutzerspezifische Ergebnisse führen neue, intransparent und dynamisch wirkende Drittvariablen ein und können Nutzer, die neutrale und objektive Ergebnisse erwarten, überraschen – sofern diesen die Personalisierungsprozesse bewusst sind. Personalisierte Ergebnisse erschweren die Bewertung der Rolle von Suchmaschinen in der Informationssuche. Darüber hinaus stellen sie deren Bild als neutrale Informationsvermittler in Frage, indem sie wachsende Klüfte zwischen Nutzern und individuelle „Filterblasen" möglich werden lassen. Als Konsequenz der technischen Weiterentwicklungen braucht es eine Neubewertung, die den gewachsenen Wirkungspotenzialen sowohl auf individueller als auch auf gesellschaftlicher Ebene Rechnung trägt.

Eine zentrale Hürde – sowohl für die Ausarbeitung theoretischer Modelle als auch für deren empirische Überprüfung – besteht in der zunehmenden Intransparenz von Suchmaschinen. Weder ihre Datenbasis noch ihre Ranking-Algorithmen sind ohne weiteres erschließbar. Die Sozialwissenschaften sind daher auf der Suche nach verallgemeinerbaren Erkenntnissen auf Methoden angewiesen, die aus anderen Fachgebieten entlehnt werden können. Experimente sind in der Informatik als Verfahren zur Evaluation von komplexen Systemen bereits etabliert. Sie lassen sich in der Suchmaschinenforschung einsetzen, um Hypothesen zur empirischen Wirkung der Algorithmen systematisch und reliabel zu prüfen.

Das in diesem Aufsatz vorgestellte Design simuliert authentisches Nutzerverhalten, um die Personalisierung von Suchergebnissen nachzuweisen. Hierzu werden neu angelegte Nutzerprofile durch automatisierte Suchanfragen mit einem Interessenprofil ausgestattet. Das verwendete Stimulusmaterial beinhaltet spezifische Stichworte zu den unterschiedlichen Bedeutungen von Homonymen (Wörtern mit mehr als einer Bedeutung). Indem jeweils zwei Nutzer ein Interessensprofil zu den unterschiedlichen Bedeutungen eines Homonyms erhalten, entsteht ein idealtypisches Kontrastpaar. Im Vergleich der Suchergebnisse zeigt sich, dass Personalisierung bislang auf der für Nutzer relevanten ersten Ergebnisseite nur selten auftritt und die personalisierten Links zudem nicht eindeutig einer der beiden thematischen Richtungen zuzuschreiben sind.

Für die Bewertung der Rolle von Suchmaschinen wird somit deutlich, dass sich zumindest im Hinblick auf die Frage des *Search Engine Bias* bislang nicht viel verändert hat. Wichtigere und weiter reichende Entwicklungen finden sich deshalb vermutlich nicht im Kernbereich der Suchmaschinen, sondern in deren Peripherie — in der Form von automatischen Suchvorschlägen (Autocomplete), integrierten Zusatzdiensten wie Google Maps und der Integration mit sozialen Netzwerkseiten. Hier bedarf es weiterführender Forschung, um weitere Einblicke in die *Black Box* zu gewinnen.

Literatur

Adomavicius, G., & Tuzhilin, A. (2005). Toward the next generation of recommender systems: a survey of the state-of-the-art and possible extensions. *Knowledge and Data Engineering, IEEE Transactions on*, *17*(6), 734-749. doi:10.1109/TKDE.2005.99

Barabási, A.-L. (2002). *Linked: the new science of networks*. Cambridge: Perseus Books.

Berners-Lee, T. (1989). Information Management: A Proposal. Abgerufen am 13.3.2014 unter http://www.w3.org/History/1989/proposal.html

Brin, S., & Page, L. (1998). The anatomy of a large-scale hypertextual Web search engine. *Computer Networks and ISDN Systems, 30*(1-7), 107-117. doi:10.1016/S0169-7552(98)00110-X

Brusilovsky, P., & Chin, D. N. (2012). Preface to the Special Issue on Personalization in Social Web systems. *User Modeling and User-Adapted Interaction, 23*(2-3), 83-87. doi:10.1007/s11257-012-9133-0

Bush, V. (1945, 1. Juli). As We May Think. *The Atlantic Monthly.*

Chomsky, N. (1957). *Syntactic Structures*. Berlin: deGruyter.

Diaz, A. (2008). Through the Google Goggles: Sociopolitical Bias in Search Engine Design. In: Spink, A. & Zimmer, E. (Hrsg.), *Web Search: Multidisciplinary Perspectives* (S. 11-34). Berlin: Springer. doi:10.1007/978-3-540-75829-7_2

Feuz, M., Fuller, M., & Stalder, F. (2011). Personal Web searching in the age of semantic capitalism: Diagnosing the mechanisms of personalisation. *First Monday, 16*(2). doi:10.5210/fm.v16i2.3344

Fortunato, S., Flammini, A., Menczer, F., & Vespignani, A. (2006). Topical Interests and the Mitigation of Search Engine Bias. *Proceedings of the National Academy of Sciences of the United States of America, 103*(34), 12684-12689. doi:10.2307/30051069

Fortunato, S., Flammini, A., Menczer, F., & Vespignani, A. (2005). The egalitarian effect of search engines. arXiv.org. National Academy of Sciences. doi:10.1073/pnas.0605525103

Friedman, B., Kahn, P. H., Jr. (2008). Human values, ethics, and design. In: Sears, A. & Jacko, J. A. (Hrsg.), *The Human-Computer Interaction Handbook.* Hillsdale, NJ, USA: Lawrence Erlbaum Associates.

Friedman, B., & Nissenbaum, H. (1993). Discerning bias in computer systems. Presented *INTERACT '93 and CHI '93 Conference Companion on Human Factors in Computing Systems (S. 141-142.)* ACM. doi:10.1145/259964.260152

Friedman, B., & Nissenbaum, H. (1996). Bias in computer systems. *Transactions on Information Systems (TOIS), 14*(3), 330-347. doi:10.1145/230538.230561

Gerhart, S. (2004). Do Web search engines suppress controversy? *First Monday, 9*(1). doi:10.5210/fm.v9i1.1111

Goldman, E. (2006). Search engine bias and the demise of search engine utopianism. *Yale Journal of Law & Technology*. (Santa Clara University School of Law Legal Studies Research Paper Series Research Paper No. 06-08)

Google (2009). *Personalized Search for Everyone*. Abgerufen am 10.3.2014 unter http://googleblog.blogspot.de/2009/12/personalized-search-for-everyone.html

Google (ohne Datum): *How Search works: Algorithms*. Abgerufen am 9.4.2014 unter http://www.google.com/insidesearch/howsearchworks/algorithms.html

Granka, L. A. (2010). The Politics of Search: A Decade Retrospective. *The Information Society*, 26(5), 364-374. doi:10.1080/01972243.2010.511560

Grimmelmann, J. (2007). The structure of search engine law. *Iowa Law Review, 93 (1)*

Hargittai, E. (2007). The social, political, economic, and cultural dimensions of search engines: An introduction. *Journal of Computer- Mediated Communication, 12*(3), 769-777.

Hargittai, E. (2008). The digital reproduction of inequality. In: Grusky, D. (Hrsg), *Social Stratification (S. 936-944)*. Boulder: Westview Press.

Hess, A. (2008). Reconsidering the Rhizome: A Textual Analysis of Web Search Engines as Gatekeepers of the Internet. In: Spink, A. & Zimmer, E. (Hrsg.), *Web Search: Multidisciplinary Perspectives* (S. 35-50). Berlin: Springer. doi:10.1007/978-3-540-75829-7_3

Himma, K. E., & Tavani, H. T. (2008). *The Handbook of Information and Computer Ethics.* Hoboken, New Jersey: John Wiley & Sons.
Hindman, M., Tsioutsiouliklis, K., & Johnson, J. A. (2003). Googlearchy: How a few heavily-linked sites dominate politics on the web. *Annual Meeting of the Midwest Political Science Organisation, 4*, 1-33.
Introna, L., & Nissenbaum, H. (2000). Defining the Web: the politics of search engines. *Computer, 33*(1), 54-62. doi:10.1109/2.816269
Kleinberg, J. M. (1999). Authoritative sources in a hyperlinked environment. *Journal of the ACM (JACM), 46*(5), 604-632. doi:10.1145/324133.324140
Knight, S. A., & Spink, A. (2008). Toward a Web Search Information Behavior Model. In: Spink, A. & Zimmer, E. (Hrsg.), *Web Search: Multidisciplinary Perspectives*(S. 209-234). Berlin: Springer. doi:10.1007/978-3-540-75829-7_12
Lewandowski, D., & Höchstötter, N. (2008). Web Searching: A Quality Measurement Perspective. In: Spink, A. & Zimmer, E. (Hrsg.), *Web Search: Multidisciplinary Perspectives* (S. 309-340). Berlin: Springer. doi:10.1007/978-3-540-75829-7_16
Lewandowski, D., & Spree, U. (2011). Ranking of Wikipedia articles in search engines revisited: Fair ranking for reasonable quality? *Journal of the American Society for Information Science and Technology, 62*(1), 117-132.
Lorigo, L., Haridasan, M., & Brynjarsdóttir, H. (2008). Eye tracking and online search: Lessons learned and challenges ahead. *Journal of the American Society for Information Science and Technology, 59*(7), 1041-1052.
Luhn, H. P. (1957). A Statistical Approach to Mechanized Encoding and Searching of Literary Information. *IBM Journal of Research and Development, 1*(4), 309-317. doi:10.1147/rd.14.0309
Ma, Z., Pant, G., & Sheng, O. R. L. (2007). Interest-based personalized search. *ACM Transactions on Information Systems (TOIS), 25*(1), 5-es. doi:10.1145/1198296.1198301
Machill, M., Neuberger, C., Schweiger, W., & Wirth, W. (2003). Wegweiser im Netz: Qualität und Nutzung von Suchmaschinen. In: Machill, M., & Welp, C. (Hrsg), *Wegweiser im Netz: Qualität und Nutzung von Suchmaschinen* (S. 13-490). Gütersloh: Bertelsmann Stiftung.
Madhavan, J., Ko, D., Kot, Ł., Ganapathy, V., Rasmussen, A., & Halevy, A. (2008). Google's Deep Web crawl. *Proceedings of the VLDB Endowment, 1*(2), 1241-1252.
Mager, A. (2012). Algorithmic Ideology. *Dx.Doi.org, 15*(5), 769-787. doi:10.1080/1369118X.2012.676056
Martin, O. S. (2011). A Wikipedia Literature Review. *arXiv preprint arXiv:1110.5863.*
McNee, S. M., Riedl, J., & Konstan, J. A. (2006). Being accurate is not enough: how accuracy metrics have hurt recommender systems. *CHI'06 extended abstracts on Human factors in computing systems* (S. 1097-1101). ACM. doi:10.1145/1125451.1125659
Mitcham, D. C. (1995). Computers, information and ethics: A review of issues and literature. *Science and Engineering Ethics, 1*(2), 113-132. doi:10.1007/BF02584068
Mobasher, B., & Tuzhilin, A. (2009). Preface to the special issue on data mining for personalization. *User Modeling and User-Adapted Interaction, 19*(1-2), 1-3. doi:10.1007/s11257-008-9060-2
Mowshowitz, A., & Kawaguchi, A. (2002a). Assessing bias in search engines. *Information Processing & Management, 38*(1), 141-156. doi:10.1016/s0306-4573(01)00020-6
Mowshowitz, A., & Kawaguchi, A. (2002b). Bias on the web. *Communications of the ACM, 45*(9), 56-60. doi:10.1145/567498.567527

Murray, G. C., & Teevan, J. (2007). Query log analysis: social and technological challenges. *ACM SIGIR Forum, 41*(2), 112-120. ACM.

Napoli, P. M. (2011). *Audience Evolution*. New York: Columbia University Press. doi:10.7312/napo15034

Navarro, E., Sajous, F., Gaume, B., Prévot, L., ShuKai, H., Tzu-Yi, K., et al. (2009). Wiktionary and NLP: improving synonymy networks. *Proceedings of the 2009 Workshop on The People's Web Meets NLP: Collaboratively Constructed Semantic Resources* (S. 19-27). Association for Computational Linguistics.

Pan, B., Hembrooke, H., Joachims, T., Lorigo, L., Gay, G., & Granka, L. (2007). In Google We Trust: Users' Decisions on Rank, Position, and Relevance. *Journal of Computer- Mediated Communication, 12*(3), 801-823. doi:10.1111/j.1083-6101.2007.00351.x

Pandey, S., Roy, S., Olston, C., Cho, J., & Chakrabarti, S. (2005). Shuffling a stacked deck: the case for partially randomized ranking of search engine results. *Proceedings of the 31st international conference on Very large data bases* (S. 781-792). VLDB Endowment.

Pariser, E. (2011). *The filter bubble: How the new personalized Web is changing what we read and how we think*. New York; Penguin.

Pass, G., Chowdhury, A., & Torgeson, C. (2006). A picture of search. *InfoScale, 152*.

Pitkow, J., Schütze, H., Cass, T., Cooley, R., Turnbull, D., Edmonds, A., et al. (2002). Personalized search. *Communications of the ACM, 45*(9). doi:10.1145/567498.567526

Ricci, F., Rokach, L., Shapira, B. & Kantor, P. B. (2010). *Recommender Systems Handbook*. New York: Springer.

Search Engine Land (ohne Datum). Periodic Table of SEO. Abgerufen am 4.4.2014 unter http://searchengineland.com/download/seotable/SearchEngineLand-Periodic-Table-of-SEO-2013.pdf

Singhal, A. (2001). Modern information retrieval: A brief overview. *IEEE Data Eng Bull, 24*(4), 35-43.

Sugiyama, K., Hatano, K., & Yoshikawa, M. (2004). Adaptive web search based on user profile constructed without any effort from users. In *Proceedings of the 13th international conference on World Wide Web* (S. 675-684). ACM. doi:10.1145/988672.988764

Sundar, S. S., & Marathe, S. S. (2010). Personalization versus Customization: The Importance of Agency, Privacy, and Power Usage. *Human Communication Research, 36*(3), 298-322. doi:10.1111/j.1468-2958.2010.01377.x

Teevan, J., Dumais, S. T., & Horvitz, E. (2005). Personalizing search via automated analysis of interests and activities. *Proceedings of the 28th annual international ACM SIGIR conference on Research and development in information retrieval* (S. 449-456). New York, NY, USA: ACM. doi:10.1145/1076034.1076111

Teevan, J., Dumais, S. T., & Horvitz, E. (2010). Potential for personalization. *ACM Transactions on Computer-Human Interaction (TOCHI), 17*(1), 4-31. doi:10.1145/1721831.1721835

van Couvering, E. (2008). The History of the Internet Search Engine: Navigational Media and the Traffic Commodity. In: Spink, A. & Zimmer, E. (Hrsg.), *Web Search: Multidisciplinary Perspectives* (S. 177-206). Berlin: Springer.. doi:10.1007/978-3-540-75829-7_11

van Couvering, E. (2010). Search engine bias: the structuration of traffic on the World-Wide Web (Dissertation, London School of Economics and Political Science (LSE)).

van Deursen, A., & van Dijk, J. (2011). Internet skills and the digital divide. *New Media & Society, 13*(6), 893-911.

Vaughan, L., & Thelwall, M. (2004). Search engine coverage bias: evidence and possible causes. *Information Processing & Management, 40*(4), 693-707. doi:10.1016/S0306-4573(03)00063-3
Webster, J. G., & Ksiazek, T. B. (2012). The Dynamics of Audience Fragmentation: Public Attention in an Age of Digital Media. *Journal of Communication, 62*(1), 39-56. doi:10.1111/j.1460-2466.2011.01616.x
Wiener, N. (1954). *The Human Use of Human Beings*. Boston: Houghton Mifflin.
Wirth, W., Böcking, T., & Karnowski, V. (2007). Heuristic and systematic use of search engines. *Journal of Computer- Mediated Communication, 12*(3), 778-800. doi:10. 1111/j.1083-6101.2007.00350.x
Zimmer, M. (2010a). Web Search Studies: Multidisciplinary Perspectives on Web Search Engines. *International Handbook of Internet Research*, (S. 507-521). Berlin: Springer. doi:10.1007/978-1-4020-9789-8_31
Zimmer, M. (2010b). "But the data is already public": On the ethics of research in Facebook. *Ethics and Information Technology, 12*(4), 313-325.

Anabel Quan-Haase and Lori McCay-Peet

The New Boundaries of Search

Serendipity in Digital Environments

1 Introduction

The dynamics and complexities of search have drawn renewed attention from scholars, pundits, IT professionals, and large corporations (Kemman, Kleppe & Scagliola, 2013). At the heart of this interest lies the tension between goal-oriented search and what has been referred to as serendipity, opportunistic discovery of information (ODI; Erdelez, 1999), and incidental information acquisition (IIA; Heinström, 2006c). Goal-oriented search refers to information-seeking behavior that is targeted and relies on a web search query, whereas serendipity tends to describe information behaviors that are accidental in nature. With the widespread digitization of documents and resources (Coyle, 2006), including books, archives, and library holdings, scholars have raised concerns that serendipity could be threatened in the online environment where information is tailored to meet expressed user needs (Foster & Ford, 2003; Martin & Quan-Haase, 2013). A better understanding of the role of information systems in supporting serendipity seems particularly important as individuals increasingly rely on the web for information. A recent study by the Pew Internet & American Life Project showed that the Internet is central to how people, and in particular young people, access local community information and news (Miller, Purcell & Rosenstiel, 2012).

Search engines, such as Google and Yahoo!, tend to deliver information that is specifically targeted to the search query. Consequently, retrieval systems have been at the center of debate over the role of serendipity: the key argument put forward is that serendipity may be reduced as digital tools can hinder the opportunity for accidental information encountering (Foster & Ford, 2003). While precision, accuracy, and relevance are key to effective information retrieval (IR), past research has also stressed that it is essential "to view relevance in IR as situational, relative, partial, differentiated and non-linear" (Ingwersen, 1996, p. 3). We do not argue that information systems should be less reliable but, rather, that alternative methods are also needed that more effectively facilitate discovery, exploration, and browsing.

The tension between search and exploration can be seen in two of Google's recent developments. Within one year of each other, Google introduced a new search algorithm, "Hummingbird," and the "Serendipity Box" feature of its

"Knowledge Graph"; each representing different ends of the search-exploration spectrum. Danny Sullivan (2013) from Search Engine Land explains in his FAQ:

> Hummingbird is paying more attention to each word in a query, ensuring that the whole query – the whole sentence or conversation or meaning – is taken into account, rather than particular words. The goal is that pages matching the meaning do better, rather than pages matching just a few words.

Hummingbird makes use of long queries and natural language processing to better match resources available on the web with query words. This development was to be expected. First, most users, including academics, rely heavily on the simple search box (Kemman et al., 2014). Second, Google is adapting to the mobile world; Morgan Stanley predicts that in 2015 more searches are expected to be via mobile devices than desktops (O'Dell, 2010). Mobile search is distinct in at least two ways. Because of the reduced screen size, mobile search developers have further incentive to increase relevance, displaying in the first three to five hits highly relevant resources. Second, mobile search is often done on the "go" and this means that pertinent results need to be retrieved quickly. By contrast, desktop search is less time-pressured and users can modify and adjust a query if it fails to retrieve the expected information.

Just a year earlier, in 2012, Google unveiled the Serendipity Box feature of Knowledge Graph, which provides additional information and links that may allow users to explore the boundaries of their original query. The primary intent of this digital tool is not to substitute Google's standard search approach; rather, it is to add an alternative means of investigating the web via a combination of text, image, and user-based recommendation system (Google Press Center, NA):

> With a carousel at the top of the results page, you can get a more complete picture of what you're curious about. Explore collections from the Knowledge Graph and browse lists of items, like [popular movies of 2011] or [museums in NYC], that help you research a topic faster and more in depth than before. (Google, n. d.)

Google's Hummingbird and Serendipity Box are two radically different approaches to search and yet it is a logical next step for the largest web-based search engine to provide options to support and encourage multiple types of information behaviour.

In the present chapter, we discuss a wide range of terms central to the idea of serendipity, including exploration and divergent thinking. We stress how these terms link to processes of knowledge discovery and production, and elucidate the role of serendipity in information behavior. What follows is an overview of key findings in the literature and a review of models of serendipity. We discuss how technology design affects serendipity and how current digital tools may be leveraged to support the various elements of the serendipity models. Finally, we conclude with future avenues of research.

2 Background on Serendipity

2.1 Defining Serendipity

Serendipity is an elusive concept and scholars have proposed a number of definitions. The etymology of the term is rather unusual, as it was introduced into the English language from Persian. The term was first employed by Horace Walpole (1717–1797) in a letter to his close friend Horace Mann (dated 28 January 1754), in which he described the term as referring to a person's sagacity, the capacity for deep insight when confronted with new and unexpected information (Merton & Barber, 2004). Walpole created the word serendipity after reading a Persian fairy tale "The Three Princes of Serendip," wherein these three princes "were always making discoveries, by accidents and sagacity, of things which they were not in quest of" (Merton & Barber, 2004, p. 163). The term later garnered interest in the scientific community where it was utilized to describe an unexpected discovery emerging out of chance observation (van Andel, 1994; Meyers, 1995; Rosenmann, 2002). In the sciences serendipity is attributed to a combination of mental preparation and an open and questioning mind (Foster & Ford, 2003).

Serendipity is also an important component of the research practices of humanities scholars, where it is often used to describe accidental encounters with resources in archives, collections, or libraries (Hoeflich, 2007; Stone, 1982). It is this stumbling upon one key resource that can modify the outcome of a research project, taking it in a new direction (Martin & Quan-Haase, 2013). In the humanities serendipity can help reveal hidden connections or analogies and allow for new insights to emerge (Foster & Ford, 2003). Foster and Ford (2003) argue that serendipity is of relevance in all disciplines given its role in connection building, discovery, and creativity.

Information scientists have examined serendipity and related constructs closely to explain their role in information behavior and better understand how they may inform information systems' design and the provision of information services. Because serendipity has come to describe a variety of phenomena across several domains, information science scholars have developed terminology that describes specific aspects of serendipity – terms such as information encountering (Erdelez, 1999) and IIA (Heinström, 2006c). Erdelez (1999) describes information encountering as: “a memorable experience of an unexpected discovery of useful or interesting information. Information encountering occurs when one is looking for information relating to one topic and finds information relating to another one”.

A similar definition is provided by Heinström (2006c) who uses the term IIA to describe the acquisition of (useful or relevant) information while not wilfully searching. She bases her definition on previous work by Williamson (1998), who describes “finding information unexpectedly while engaged in other activities” (p. 24). Notions of serendipity in information science are also related to the two general styles of information seeking observed in student and other populations: broadness and specificity (Ford et al., 2002; Julien, 1999). Broadness describes behaviors used to explore a novel research topic, where individuals often start by browsing to become acquainted with the knowledge domain. By contrast, specificity describes targeted information search, which is more common for individuals who are already familiar with a knowledge domain. Serendipity in information science then relates directly to different information behaviors and potentially different dimensions of search. The complexity of serendipity will further be discussed below when various models of serendipity are elucidated and contrasted.

2.2 Serendipity as an Individual Characteristic

The initial characterization of serendipity proposed by Walpole suggests it is a combination of lucky circumstances and sagacity. Sagacity, as previously noted, is a characteristic of an individual who has the potential for deep insights. As a result of this original description, the assumption that some individuals are more prone to serendipity than others is often discussed in the literature (e.g., Erdelez, 1999; Merton & Barber, 2004) and is relevant as well to discussions of serendipity in digital enviroments. Digital tools supporting serendipity may be more suited to support the information behaviours of those who appreciate exploration, discovery, and IIA. The design of digital tools needs to be flexible to accommodate individuals with different information needs and styles. Moreover, digital tools may also be designed to facilitate serendipity by encouraging, for example, temporary states of openness and reflection or explorative and outgoing behaviours commonly associated with serendipity. We briefly review the literature on individual characteristics to show how these traits may be important in any consideration of serendipity, but in particular when it comes to design considerations.

A study of how Icelanders encounter health information in their everyday lives showed both the importance of information encountering as well as the link between a tendency toward information seeking and information discovery. Pálsdóttir (2010) found that a large proportion of health-related information was not discovered through purposeful search but, rather, stumbled upon in the context of other activities. In her study, it was surprising that those participants who showed an increased tendency to seek information were also more likely to discover information accidentally. This finding suggests that perhaps both reflect a general orientation toward information gathering. Erdelez (1999) also stresses individual differences and identifies four types of information users in her typology:

- **Non-encounterers:** Individuals who have a difficult time recalling the fact that they experienced information encountering.
- **Occasional encounterers:** This group tends to attribute any instance of information encountering to chance or luck, instead of seeing it as part of their information experience.
- **Encounterers:** Individuals who frequently experience information encountering, but do not attribute these experiences to their information behavior.
- **Super-encounterers:** For these individuals information encountering is a common practice and they perceive it as a fundamental and integral part of their information search strategy.

Erdelez's typology suggests that not all users experience information encountering in the same manner. For some, information encountering reflects a common search strategy, whereas for others encounters with information are not an integral part of their information repertoire. In fact, some individuals are barely aware of unexpected information in their environmment. Different approaches to information interaction design may be needed to support these different types of encounterers.

In a series of studies by Heinström (2006a, 2006b, 2006c), IIA has been associated with a specific set of personality traits. Though she did not find a direct association between openness and information encountering, Heinström did find that outgoing, competitive, confident, and satisfied participants were more likely to encounter information accidentally. Heinström (2006c) concludes:

> One of the keys behind incidental information acquisition seems to be the ability to enjoy information seeking, whether it is grounded in a genuine interest to learn more about the topic, a relaxed invitational mood, an optimistic personality, or temporary feelings of confidence, certainty, and satisfaction. (p. 590)

The direct association found between extraversion and IIA (Heinström, 2006c) underlines the importance of social networks to serendipity that has been previously noted in the literature (Fine & Deegan, 1996). For example, *exchange* –

defined as a person's interactions with other people – was the most common pattern of interaction found in an analysis of 50 narratives on research-related serendipity; more-so, for example, than a person's interactions with information or objects (McBirnie & Urquhart, 2011). Thus, digital environments appear poised to facilitate serendipity through the numerous social media tools currently available, providing users with the opportunity to facilitate discovery, exploration, and novelty for others through sharing (Dantonio, Makri & Blandford, 2012).

3 Models of Serendipity

In the past decade, several models of serendipity and related constructs such as information encountering have been proposed in the literature and new models continue to garner interest. These models have been developed relying on very different data sets and populations. As a result, they vary considerably in their focus and key assumptions. In this section, we briefly review three key models in the information science literature. The purpose of this review is to provide the necessary theoretical background to evaluate different digital tools and to determine what elements of serendipity the tools support. The majority of digital tools designed for serendipity fail to recognize the multi-faceted nature of the construct. The implication of looking at serendipity as a multi-faceted construct is that tool design can be more targeted and support either one facet specifically or a combination of facets. Moreover, this perspective greatly enhances our ability to evaluate the usefulness of various tools in supporting different facets. Many digital tools claim to promote resource discovery, noticing, and/or serendipity, without taking into account the models. This often leads to the development of simple tools that primarily enhance randomness and do not consider the process-orientation and embeddedness of search.

3.1 Model 1: Model of an Information Encountering Episode

Erdelez (2000, 2004) proposed a process-oriented model that highlights the shift in attention from a foreground problem to a background problem. The shift occurs as a result of encountering unexpected information related to the background problem. Erdelez stops short of calling this type of switch serendipity, instead isolating specific, observable behaviours associated with what she refers to as an information encountering episode. Based on prior research including a five-person focus group and interviews with five university students who frequently

encounter information (Erdelez, 2000), Erdelez (2004) proposed a model of an IE episode with the following five functional elements:
- **Noticing:** The perception of encountered information.
- **Stopping:** The interruption of the initial information seeking activity.
- **Examining:** The assessment of usefulness of the encountered information.
- **Capturing:** The extraction and saving of the encountered information for future use.
- **Returning:** The reconnection with the initial information seeking task.

For Erdelez, not all elements have to be a part of all IE episodes, and how they occur will also depend on the specific information environment. With the goal of studying this type of episode, Erdelez (2004) designed a controlled experiment, in which a participant is looking for information related to a given task (the foreground problem) on a computer and unexpectedly encounters information related to an assignment in one of their courses (background problem). Through this study, it became apparent that the context in which these IE episodes occur can have a strong influence on the IE episode elements. Even though nine of the ten respondents noticed the cue (IE trigger), none of them stopped to investigate it in more detail. This suggests that in a context where distraction from a primary task may be considered inappropriate, IE episodes are less likely to occur.

3.2 Model 2: Model of Everyday Chance Encounters

To investigate serendipity as it occurs in everyday life contexts, Rubin, Burkell, and Quan-Haase (2011) analyzed naturally occurring stories of chance encounters in blogs. In order to identify relevant instances, a series of queries were constructed and data mined in Google Blogs. Utilizing a grounded theory approach, the authors developed a model based on four facets.
- **Facet A:** This facet consists of the prepared mind, which builds on prior experience or an existing concern or problem that needs to be solved.
- **Facet B:** In this facet, the individual notices a cue or switches his or her attention toward the find and realizes its importance to a prior concern/problem. As a result of noticing the cue or trigger, the background problem or concern must be activated in order to be able to recognize the importance of the find.
- **Facet C:** Chance is an important component of serendipity because individuals were not purposefully looking; rather they encountered the information accidentally.

- **Facet D:** Individuals experience a fortuitous outcome as a result of encountering the unexpected information. It reflects a lack of control on part of the person with regards to the positive outcome.

Figure 1 depicts the facets and shows how the find is at the core of the retelling of the story, which involves reframing the encounter as serendipitous. The find can consist of information, objects, or a person that, when encountered unexpectedly, triggers or facilitates the fortuitous outcome. As Quan-Haase, Burkell, and Rubin (in press) argue "the proposed model is a stepping stone towards the effective support of serendipity in information technology, as the study results suggest that information systems should focus on enhancing the facets of noticing and the prepared mind".

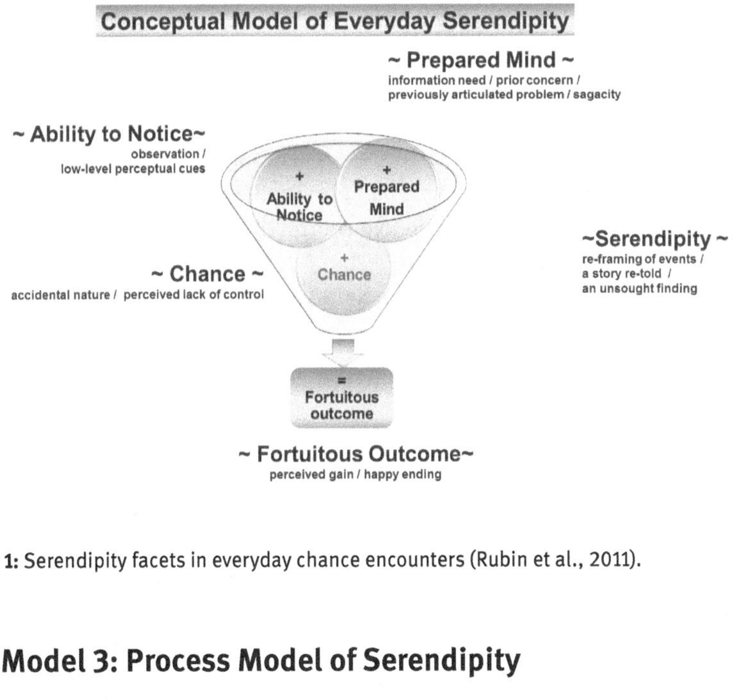

Figure 1: Serendipity facets in everyday chance encounters (Rubin et al., 2011).

3.3 Model 3: Process Model of Serendipity

At the center of the model proposed by Makri and Blandford (2012) lies the possibility of making a new connection, which involves a combination of unexpected circumstances and insight. Serendipity occurs when people exploit a connection that then leads to a valuable, unanticipated outcome; however, for the valuable outcome to happen, people must be able to think ahead and realize the potential value of the connection. People make forward-facing projections on the potential value of the outcome and take actions to exploit the connection. At its core, "the model describes the experience as a mental connection between an informational or non-informational need and a thing with the potential to address the need, which results in an idea that has the potential to lead to a valuable outcome" (p. 697). Their model is based on 28 semi-structured interviews with scholars who were asked to recall a critical incident they felt encompassed serendipity. They concluded that the participants' reflection of how they encountered something unexpected led to the consideration of it being serendipitous.

4 Model Comparison

In the previous section we discussed three serendipity and information encountering models. These three models are based on different data sets: Erdelez (2000) developed her model of an IE episode from interview and focus group data and tested it in a controlled laboratory environment (2004); Rubin et al. (2011) collected accounts via blog data mining; and Makri and Blandford (2012) employed in-depth interviews with scholars. In the present chapter, similar and overlapping features identified in the various models (Table 1) were clustered (e.g., noticing and find) and re-labelled to form five central elements: *noticing*, *connection*, *follow-up*, *unexpected aspect*, and *reflection/storytelling*. We discuss their relevance for understanding the design of digital tools next.

4.1 Noticing

Noticing seems to be the most central feature across the three models because it links the prepared mind and prior concern to the find and also to the outcome. How noticing occurs is not clarified in these models, rather it is assumed that a cue or trigger in the environment catches an individual's attention. Model 1 proposes noticing as the first of five functional elements. Noticing describes the switch from a foreground to a background problem. Erdelez (2004) emphasizes the relevance of an information encountering (IE) trigger in the environment, which grabs the attention away from the foreground problem. Model 2 similarly stresses the relevance of a salient cue in the environment that could facilitate noticing. Even though both models point toward the relevance of noticing, neither elaborates much on what kinds of cues or triggers elicit noticing and the context in which these cues are presented. In particular, a better conceptualization of how digital environments can be designed to help with recognizing important cues will be essential. Future research can also elaborate on the act of noticing and examine what role the environment plays in offering salient cues in chance encounters. In particular: how do various kinds of environments help recognize different kinds of cues?

4.2 Connection

Model 3 identifies making new connections and gaining insights as a core part of their model. This process is linked to the prepared mind because an individual's background knowledge in an area helps her connect the discovered resource with what she already knows, which then leads to new insights. Once the relevant information, idea, or object is noticed, it is important to follow the lead and contextualize it in relation to the background problem or prior concern. This element is emphasized in particular in Model 3, where Makri and Blandford (2012) describe the act of making a connection or gaining insight following the unexpected information.

4.3 Follow-up

It is important to be able to exploit or follow-up on a discovered piece of information or an idea that has the potential of leading toward new insights or connections. While information may be noticed it may not be captured and its relevance thus lost over time. In information-rich environments, such as the web, often information is encountered but then its relevance is lost. This could be directly linked to ideas of information overload often described in work environments, where individuals encounter vast amounts of information, but cannot properly organize, categorize, and store this information for future use. Hence, this directly links to the area of information use in library and information science, as it attempts to describe models of how users not only seek information, but also *use* this information, e.g., for decision-making purposes. While Models 1 and 3 emphasize the relevance of investigating the lead, it remains unclear how a person moves from noticing to making a decision about investigating the lead and then taking action based on the information found. To better understand how an individual decides to follow a lead appears to be an important next step in research. Linked to this, is also the process of capturing, which is a functional element discussed only in Model 1. Capturing is viewed as the extraction and keeping of discovered resources for potential future use. How capturing occurs in both digital and physical environments requires further exploration. What exactly is involved in the process of capturing? Does the process differ in physical and digital environments? This could further provide a better link between the find, the noticing, and the outcome.

4.4 The unexpected aspect

The unexpected aspect of the encountering of information is an important component of Models 2 and 3. In Model 2, chance – combined with the prepared mind or a prior concern – is a relevant component in how an unexpected discovery is made. In Model 3, it is a series of unexpected circumstances that often leads to new insights or connections being made. In Rubin et al.'s (2011) research, it was found that people would often describe an encounter with information as serendipitous if they perceived that they lacked control over the environment. This is important for understanding how information is discovered in digital environments because users of the web often perceive their control over navigation to be low – it is difficult to predict what information sources any given search will make available – and therefore users describe their search results as being serendipitous.

4.5 Reflection/storytelling

Models 2 and 3 stress the relevance of reflection and the act of retelling a story. This seems an important feature because determining when serendipity has occurred is a challenging task with no precise checklist of criteria. Reflection therefore provides a way for an individual to consider whether serendipity has occurred in retrospect. For researchers studying serendipity, conducting interviews and mining blogs in which individuals reflect on their experiences, are good methods for establishing whether or not an experience is serendipitous.

5 Serendipity in Digital Environments

The concept of the *digital environment* is frequently employed in academic writing without sufficient theorizing. It is commonly used as a metaphor for the use of technology that has a sense of place associated with it. We seek information *on* a search engine; we *go to* or *visit* a website. Hence, a digital environment is a digital space where an individual's interactions with people, information, and objects are mediated by a range of technologies, such as computers, tablets, and mobile phones. As with physical environments, potential exists to mold the content and features of digital environments – to make them more or less usable, pleasing, distracting, engaging, and, some argue, conducive to serendipity.

However, there has been much controversy around how to approach the design of digital tools that support serendipity, resource discovery, and exploration. On the one hand, scholars have clearly stated that we cannot design for a phenomenon like serendipity because at its very core is the notion of chance (André, Teevan & Dumais, 2009; Rubin, Burkell & Quan-Haase, 2011). Therefore, any attempt at "recreating serendipity" in digital environments must fail. On the other hand, a wide range of designs have emerged that attempt to support serendipity. A good example of this is Serendip-o-matic, a serendipity engine for research in the humanities. This tool was designed during the One Week | One Tool (OWOT) summer institute funded by the National Endowment for the Humanities and has garnered much attention. Users input a selection of text or a set of citations into the tool from which Serendip-o-matic develops a list of keywords. The keywords are then employed to identify novel resources in a set of pre-established databases, including the Digital Public Library of America (DPLA), Europeana, and Flickr (CHMN, 2013). Another example is BananaSlug, a search engine that introduces randomness into the online information search experience, and thereby reduces the predictability of search results.

Despite the many attempts aimed at designing for serendipity, two problems exist with current approaches. First, it is not always clear what facet or element of serendipity these digital tools support. This problem is linked to the elusiveness of serendipity as a concept (Merton & Barber, 2004; Quan-Haase et al., in press). Second, some approaches have opted to reduce serendipity to the introduction of some form of randomness, such as BananaSlug. If randomness alone is utilized to yield search results, then the value of these results may be radically diminished, making the tool useless. Therefore, scholars need to first understand that serendipity, like the environment in which we interact, is not one-dimensional, rather it includes a number of related facets, which need to inform a more holistic approach to tool design, implementation, and evaluation.

A recent web-based survey of 289 professionals and scholars who frequently search for and monitor work-related information (McCay-Peet, 2013) underlined the importance of the role of a complex digital environment in the facilitation of the multi-faceted phenomenon of serendipity. Participants were asked to select and assess a digital environment they find useful in their work or research and respond to a series of self-report questionaires. The *type* of digital environment (i.e., website, social media site, database, search engine, and work intranet) participants evaluated had an impact on the frequency with which they thought serendipity occured in that environment. For example, those who assessed social media sites, such as Twitter, were more likely to report experiencing serendipity in this type of environment than those who assessed databases, such as PubMed. This suggests that some environments are more likely to support serendipity than others. Moreover, digital environments that were perceived by participants as being highly serendipitous were also characterized by the following four characteristics: a) containing interesting and useful information (trigger-rich), b) enabling them to make connections between topics and ideas (enable connections), and c) lead them to the unexpected (McCay-Peet, 2013).

We are only beginning to understand the influence of digital environments on serendipity. However, both the optimism and concern surrounding its potential impact serve to highlight the importance of examining what it is that influences serendipity – for better or worse. Future design of digital tools therefore needs to take existing models and user studies into consideration. To this end, we discuss next a selection of types of digital tools in relation to the core features of the models of serendipity discussed above, examining how these approaches may (or may not) support serendipity.

6 Mapping Digital Tools to Serendipity

We often utilize digital environments for more complex information interactions than solely goal-oriented information seeking tasks. Even if an individual begins by executing a search to find out what kind of salamander inhabits a friend's pond, this search may lead to one or more of the following additional activities, each illustrating different elements of a potentially serendipitous experience:

- get distracted and start watching funny frog videos (*Noticing; Unexpected*);
- decide frogs are amazing and would be a perfect addition to the backyard pond she was planning to build (*Connection*);
- start to explore information on how to create a frog pond and save an article to read at a later date (*Follow-up*);
- after sucessfully building a frog pond, post a narrative of the serendipitous experience on a gardening forum (*Reflection/Storytelling*);

While each of these information interactions reflects a different element of serendipity, they are influenced, as all information interactions are, by the information sought, found, and encountered, as well as the interface design, user characteristics, and also the user's context (Ingwersen & Järvelin, 2005).

But, what tools best support each of the elements of a serendipitous experience? Drilling down to understand what specific features and functions of a digital environment influence serendipity is a challenge. Each digital environment is a mixed bag of content and tools designed to support any number of information interactions. The complexity makes it difficult to pinpoint why one digital environment may support serendipity better than the next. How can we map tools to serendipity? Race (2012) mapped four commercial web-based discovery tools (e.g. OCLC, WorldCat) to various facets of serendipity and determined that not all tools supported all facets. Blandford and Attfield (2010) noted that there are currently two approaches to support information encountering relating to information display:

- information semantically related to current search; and
- random information.

Furthermore, Blandford and Attfield (2010) suggested two approaches to the timing of the presentation of information to support information encountering:

- nestled in current search results, accessible in the moment; and
- in the background, accessible when time permits.

But what happens when we expand this discussion and specifically examine what types of digital tools support what elements of serendipity models?

We focus on four broad and sometimes overlapping areas of research that represent types of digital tools currently available to users in various digital environments: social search, recommender systems, personal information management, and visualization. Table 1 outlines what features of serendipity the four selected types of digital tools (defined below) may support and are explored in more detail in the sections to follow.

Social search: A type of information retrieval that is based on the digital objects that other users from the user's social network have interacted with (Karweg, Huetter, & Böhm, 2011).
Recommender systems: Provide a wide range of additional suggestions to users based on user profiles and/or preferences (Ricci, Rokach, Shapira, & Kantor, 2011).
Personal information management: Geared toward the storage, management, and localization of information objects (Elsweiler & Ruthven, 2007).
Visualizations: Employ visual representations to facilitate the understanding of complex data allowing users to identify patterns, spot trends, and recognize outliers (Heer, Bostock & Ogievetsky, 2010).

Table 1: Digital tools and their potential to support elements of the serendipity models.

Selected serendipity model elements*		Social Search	Recommender Systems	Personal Information Management	Visualization
Noticing	Noticing (Models 1&2); Find (Model 2)	+	+	–	+
Connection	Foreground/Background Problem (Model 1); Prepared Mind/Prior Concern (Model 2); Making New Connections/ Insight (Model 3)	+	+	–	+
Follow-up	Investigating Lead (Models 1 & 3); Capturing (Saving) (Model 1)	+	+	+	–
Unexpected Aspect	Chance (Model 2); Unexpected Circumstances (Model 3)	+	+	–	+
Reflection/ Storytelling	(Models 2 & 3)	–	–	+	–

Model 1: Erdelez (2004); Model 2: Rubin, Burkell & Quan-Haase (2011); Model 3: Makri & Blandford (2012)
+ = strong potential to support an element of the serendipity models
- = weak potential to support an element of the serendipity models

6.1 Social search

Social search is considered "a variant of information retrieval where a document or website is considered relevant if individuals from the searcher's social network have interacted with it" (Karweg et al., 2011, p. 1825). But social search has also been more broadly defined as a variety of methods that use social media to aid search and discovery and is “about deriving value from social collaboration“ (McDonnell & Shiri, 2011, p. 15). The types of search that fall under the banner of social search include those that “utilize social and expertise networks; are done in shared social workspaces; or involve social data mining or collective intelligence processes to improve the search process” (Evans & Chi, 2010, p. 657).

Social search tools may be categorized along dimensions of *collaboration* (real-time or asynchronous; implicit or explicit), *search target* (people or resources), *search results* (sensemaking or content selection), and *finding* (search or discovery) (McDonnell & Shiri, 2011). Current popular social search tools include social bookmarking sites, such as Delicious (formerly del.icio.us) and CiteULike. Delicious helps users discover links to webpages tagged by others while also allowing them to save, organize, and retrieve those links they find interesting. CiteULike provides a similar service with a focus on the discovery and management of scholarly references. Other types of social search tools include search engines that allow users to search content generated by social communities, such as Twitter or Facebook (Teevan, Ramage, & Morris, 2011), order results based on feedback harvested from social media sites, or from usage data gleaned from user communities. Social search tools, which tap into the experience and interests of users’ social networks, have the potential to support serendipity by facilitating interaction patterns associated with the phenomenon (McBirnie & Urquhart, 2011; McCay-Peet & Toms, 2010).

Reflecting on the models of serendipity (Erdelez, 2004; Makri & Blandford, 2012; Rubin et al., 2011), social search has the potential to facilitate serendipity by supporting: noticing, connection, follow-up, and unexpected aspects (see Table 1).

Noticing. Social search tools may enable users to notice information they may not have otherwise encountered and perhaps are more likely to pay attention to it, if the information has been deemed relevant by friends or experts in their network.

Connection. By providing indicators of user-generated interest that may match or be on the boundaries of their own interests, social search tools may help users make connections between information encountered and a foreground problem or a background problem (prior concern). Social bookmarking tools, for example, enable people to discover new resources not yet indexed by search engines (McDonnell & Shiri, 2011). Social search tools designed for exploration and browsing may better facilitate connections to background problems while the more search-oriented aspects of some tools may facilitate connections to foreground problems.

Follow-up. Users can dig deeper, conduct goal-oriented searches or explore using social search tools to gather more information and make sense of the information encountered. These tools also aid with capture and later usage by providing a repository that allows users to save, organize, and retrieve relevant links at a later point in time.

The unexpected aspect. Users may perceive experiences with social search tools as unexpected – by introducing a social component to the search process, the interaction between user and digital environment is personalised and the experience is potentially more dynamic. For example, each user gets a unique set of results and queries may yield very different results from one day, hour, or minute to the next, which introduces the notion of chance into the search results.

6.2 Recommender systems

Recommender systems – "personalized information agents" (Burke, 2007, p. 377) – are "software tools and techniques providing suggestions for items to be of use to a user" (Ricci et al., 2011, p. 1). Recommended items include products to purchase, such as books or household items, articles to read, or videos to watch. Recommender systems are present in a variety of domains and may be used to support a number of user goals and tasks, such as finding items that satisfy users' needs, helping users browse when they have no specific goal in mind, or allowing users to recommend items to others (Herlocker, Konstan, Terveen, & Riedl, 2004).

Recommender systems essentially filter content and are thus primarily touted as a tool to mitigate information overload; however, they are also evaluated on their ability to support serendipity. In the recommender system literature, serendipity generally refers to the type of items recommended to users, and "serendipity is a measure of how surprising the successful recommendations are" (Shani & Gunawardana, 2011, p. 286). Traditional methods of evaluating recommender systems, such as accuracy, therefore, are not strictly compatible with serendipity (Herlocker et al., 2004) and developing recommender systems that support serendipity requires trade-offs, including hybridization approaches using demographic, collaborative, content-based, and knowledge-based recommendation techniques. Within the framework of the serendipity models discussed in this chapter, recommender systems may be adept at supporting the *Noticing, Connection, Follow-up,* and *Unexpected aspect* elements of serendipity.

Noticing. Like social search tools, the primary contribution of recommender systems may rest on their ability to bring interesting and useful information to the attention of users – information users may not have been found through traditional search box queries or did not know to look for. Collaborative filtering systems that draw on user opinion may be developed, for example, to ensure that items that are less popular but interesting to the user are among the recommended items (Herlocker et al., 2004).

Connection. By providing diverse recommendations rather than simply accurate ones, recommender systems can surface novel or unknown items related to foreground or background problems that users may not have otherwise found.

Follow-up. The primary purpose of most recommender systems is to expose users to more, related items. Therefore, in the follow-up stage of serendipity, the usefulness of a recommender system shifts from the novel or serendipitous recommendations it provides to those that are accurate and will help the user to learn more. This highlights the importance of recommender systems that can provide a mix of both accurate and serendipitous recommendations – both of which ultimately support serendipity.

The unexpected aspect. Recommender systems designed to support serendipity attempt to surprise the user with items that are novel and interesting *and* items that the user would not likely have discovered otherwise – the surprise factor. Several approaches have been developed to inject serendipity into a recommender system. For example, content-based filtering systems known to suffer from over-specialization may introduce serendipity by implementing an "anomalies and exceptions" approach (Iaquinta et al., 2008, p. 170) in which a user's profile is exploited in order to recommend items with which the user is unlikely to be familiar – thus deviating from the obvious. The risk in this type of approach is frustrating users with too many inappropriate recommendations, potentially leading them to discontinue use of the recommender system (Shani & Gunawardana, 2011).

6.3 Personal information management

Personal information management "is concerned with how people store, manage and refind information" (Elsweiler & Ruthven, 2007, p. 23). PIM systems are generally designed to ease memory load and make retrieval of previously found items easier. PIM tools are thus designed to aid the storage, retrieval, organization, and use of items such as articles, emails, notes, and bookmarks and tools include, for example, favourite functions, bookmarking and tagging tools, and options to email items and make notes or annotations.

While PIM tools primarily have the potential to support serendipity through their ability to aid the user in the more utilitarian activities associated with *Follow-up*, these tools also have the potential to support the *Reflection/Storytelling* element of the serendipity models.

Follow-up. PIM help create breadcrumbs for users to get back to items or ideas they may have stumbled upon at an inconvenient time. As exemplified in a lab-based study in which participants did not seize upon an information encountering opportunity due to pressures to complete a foreground task (Erdelez, 2004), PIM tools may alleviate problems associated with having an information encounter at an inopportune moment. PIM tools allow users to categorize webpages in a way that is meaningful to them, to help provide context to the item and to allow for follow-up at a later date by making it possible to refind items. Users, for example, can "favourite" items or create folders to store items or citations that will then help them return to them when there are fewer constraints on their time.

Reflection/Storytelling (and *Connection*). Users may stumble upon something interesting while browsing or during a search session but they may not yet understand its usefulness – there is a delay in making a connection (McCay-Peet, 2013). PIM tools allow users to process items in such a way that its possible to return to the item to further reflect on its value or return once the connection becomes apparent in some other way. A paper-based serendipity card system (Sawaizumi, Katai, Kawakami, & Shiose, 2007) was developed to help students capture stray ideas and thoughts and think more deeply about them – essentially an externalization of the abductive process that has been associated with serendipity. A digital mobile semantic sketchbook was developed more recently to help support the reflection element of serendipity, serving as an "aide memoire" for users (Maxwell et al., 2012).

6.4 Visualization

There are numerous types of visualizations, including, for example, visualizations of geographical, textual, time-series, and network data. Visualization employs a wide range of visual representations to facilitate with the display of complex data allowing users to identify key patterns, recognize trends, and determine anomalies (Heer et al., 2010). Because of their value as tools for exploration and discovery, visualization tools have been proposed as a means to facilitate serendipity. Visualization tools may be best suited to support the *Noticing, Connection,* and *Unexpected aspect* of the serendipity models.

Noticing. Visualizations may aid *Noticing* by drawing attention through bottom-up or top-down approaches. Thudt, Hinrichs, and Carpendale (2012), for example, developed the Bohemian Bookshelf as a set of information visualization tools to support serendipity. Their visualizations of book collections were, in part, designed to "[highlight] adjacencies between books" and "[entice] curiosity through abstract, metaphorical, and visually distinct representations of books" (p. 1461), – capturing users' bottom-up attention through visual saliency (e.g., colour, size) as well as top-down attention through meaningful juxtapositions of books and novel representations of information.

Connection. Visualizations can help users explore relationships among items in document collections (Thudt et al., 2012), potentially enabling users to see connections they may not have otherwise made.

The unexpected aspect. Visualizations may allow users to identify outliers or spot novel patterns (Beale, 2007) or resources (Thudt et al., 2012) through visualizations that allow users to view data and resources from a different viewpoint. Surprising discoveries may help contribute to users' perceptions of experiences with visualization tools as serendipitous.

7 Conclusions

The concept of serendipity can provide a new opportunity for the design of information systems, including those geared toward purposeful search. Our chapter shows that the five elements of serendipity identified in the models have the potential to being supported through social search, recommender systems, personal information management, and visualization tools. Our key argument is that serendipity is a multi-faceted, complex construct, and the design of digital environments needs to be geared toward facilitating its various elements. Substituting search with randomness is not enough to facilitate such a complex phenomenon. Moreover, individual differences exist to the extent to which users seek out and encounter information; the design of information systems needs to take these differences into account and support a wide range of strategies of search, discovery, browsing, and exploration. Google, as previously noted, is attempting this strategy through its introduction of two radically different information systems, namely Hummingbird and the Serendipity Box of the Knowledge Graph.

While we have briefly explored a sample of the digital tools currently available that have the potential to support different elements of serendipity, there are many others. For example, microblogging tools, e.g. Twitter, Instagram, and Pinterest, have the capacity to support the reflection/storytelling element of serendipity, allowing users to record thoughts and ideas, engage others in their abductive process, and share serendipitous experiences.

Our exploration of digital tools at the level of tool types points to the general characteristics of these tools that may make them appropriate to apply in an effort to support serendipity. However, the devil is in the detail, and a closer examination of specific tools will inevitably reveal that some are more effective than others. While all of the tool types discussed here have been around for a number of years and developers and researchers continue to explore how best to apply these tools toward facilitating serendipity, no research to date has attempted to measure how well these tools support various elements of serendipity. To add to the complexity of facilitating serendipity, we must also keep in mind that while we may design for serendipity – check all of the boxes of noticing, connection, follow-up, unexpectedness, and reflection – what we end up with in the form of a digital environment may not yield perceptions of serendipity (McCay-Peet, 2013). For example, while the majority of serendipity tool-related research has been directed toward recommender systems, user-centric methods of evaluation are needed to test whether these algorithms are performing as they should – supporting serendipity (Shani & Gunawardana, 2011). The present paper offers guidelines for future tool design, a framework for the evaluation of various tools, and a means to develop user studies that explore elements of information encountering, incidental information acquisition, browsing, resource discovery, and serendipity.

Bibliography

André, P., Teevan, J., & Dumais, S. T. (2009). From X-rays to Silly Putty via Uranus: Serendipity and its role in web search. *Proceedings of the SIGCHI Conference on Human Factors in Computing Systems*, April 04-09, 2009, Boston, MA, USA. doi: 10.1145/1518701.1519009

Beale, R. (2007). Supporting serendipity: Using ambient intelligence to augment user exploration for data mining and web browsing. *International Journal of Human-Computer Studies, 65*(5), 421-433.

Blandford, A., & Attfield, S. (2010). Interacting with information. In J. M. Carroll (Ed.), *Synthesis Lectures on Human-Centered Informatics*. San Rafael, CA: Morgan & Claypool Publishers.

Burke, R. (2007). Hybrid web recommender systems. In P. Brusilovsky, A. Kobsa & W. Nejdl (Eds.), *The Adaptive Web* (pp. 377-408). Berlin: Springer-Verlag.

CHMN (2013). One Week | One Tool has built...Serendip-o-matic! Retrieved April 8, 2014, from http://oneweekonetool.org

Coyle, K. (2006). Mass digitization of books. *Journal of Academic Librarianship, 32*(6), 641-645.

Dantonio, L., Makri, S., & Blandford, A. (2012). Coming across academic social media content serendipitously. *Proceedings of the American Society for Information Science and Technology, 49*(1), 1-10. doi: 10.1002/meet.14504901002

Elsweiler, D., & Ruthven, I. (2007). Towards task-based personal information management evaluations. *Proceedings of the 30th annual international ACM SIGIR conference on Research and development in information retrieval,* July 23-27, 2007, Amsterdam, The Netherlands. doi:10.1145/1277741.1277748

Erdelez, S. (1999). Information encountering: It's more than just bumping into information. *Bulletin of the American Society for Information Science, 25*(3). Retrieved from http://www.asis.org/Bulletin/Feb-99/erdelez.html

Erdelez, S. (2000). Towards understanding information encountering on the web. *Proceedings of 63rd ASIS Annual Meeting, 37*, 363-371. Medford, NJ: Information Today.

Erdelez, S. (2004). Investigation of the information encountering in the controlled research environment. *Information Processing and Management, 40*(6), 1013-1025.
Evans, B. M., & Chi, E. H. (2010). An elaborated model of social search. *Information Processing & Management, 46*(6), 656-678.
Fine, G. A., & Deegan, J. G. (1996). Three principles of Serendip: Insight, chance, and discovery in qualitative research. *International Journal of Qualitative Studies in Education, 9*(4), 434-447.
Ford, N., Wilson, T. D., Foster, A., Ellis, D., & Spink, A. (2002). Information seeking and mediated searching: Part 4. Cognitive styles in information seeking. *Journal of the American Society for Information Science and Technology, 53*(9), 728-735.
Foster, A., & Ford, N. (2003). Serendipity and information seeking: an empirical study. *Journal of Documentation, 59*(3), 321-340.
Google (n.d.). Knowledge Graph. Retrieved April 8, 2014, from http://www.google.ca/insidesearch/features/search/knowledge.html
Heer, J., Bostock, M., & Ogievetsky, V. (2010). A tour through the visualization zoo. *Queue, 8*(5), 1-22. doi: 10.1145/1794514.1805128
Heinström, J. (2006a). Broad exploration or precise specificity: Two basic information seeking patterns among students. *Journal of the American Society for Information Science and Technology, 57*(11), 1440-1450.
Heinström, J. (2006b). Fast surfing for availability or deep diving into quality: Motivation and information seeking among middle and high school students. *Information Research, 11*(4), paper 265.
Heinström, J. (2006c). Psychological factors behind incidental information acquisition. *Library & Information Science Research, 28*, 579-594.
Herlocker, J. L., Konstan, J. a., Terveen, L. G., & Riedl, J. T. (2004). Evaluating collaborative filtering recommender systems. *ACM Transactions on Information Systems, 22*(1), 5-53. doi: 10.1145/963770.963772
Hoeflich, M. H. (2007). Serendipity in the stacks: Fortuity in the archives. *Law Library Journal, 99*, 813-827.
Iaquinta, L., Gemmis, M. D., Lops, P., Semeraro, G., Filannino, M., & Molino, P. (2008). Introducing serendipity in a content-based recommender system. *Eighth International Conference on Hybrid Intelligent Systems*, 168-173. doi: 10.1109/HIS.2008.25
Ingwersen, P. (1996). Cognitive perspectives of information retrieval interaction: Elements of a cognitive IR theory. *Journal of Documentation, 52*(1), 3-50.
Ingwersen, P., & Järvelin, K. (2005). *The turn: Integration of information seeking and retrieval in context*. Dordrecht: Springer.
Julien, H. (1999). Barriers to adolescents' information seeking for career decision making. *Journal of the American Society for Information Science, 50*(1), 38-48.
Karweg, B., Huetter, C., & Böhm, K. (2011). Evolving social search based on bookmarks and status messages from social networks. *Proceedings of the 20th ACM International Conference on Information and Knowledge Management - CIKM '11* (pp. 1825-1834). New York: ACM Press.
Kemman, M., Kleppe, M., & Scagliola, S. (2014). *Just Google it - digital research practices of humanities scholars*. Cornell digital libraries. doi: http://arxiv.org/abs/1309.2434v3
Makri, S., & Blandford, A. (2012). Coming across information serendipitously: Part 1 – A process model. *Journal of Documentation, 68*(5), 684-705.

Martin, K., & Quan-Haase, A. (2013). Are e-books substituting print books? Tradition, serendipity, and opportunity in the adoption and use of e-books for historical research and teaching. *Journal of the American Society for Information Science, 64*(5), 1016-1028.

Maxwell, D., Woods, M., Makri, S., Bental, D., Kefalidou, G., & Sharples, S. (2012). Designing a semantic sketchbook to create opportunities for serendipity. *Proceedings of the BHS HCI 2012 People and Computers XXVI* (pp. 357-362). Birmingham, UK.

McBirnie, A., & Urquhart, C. (2011). Motifs: Dominant interaction patterns in event structures of serendipity. *Information Research, 16*(3), paper 494.

McCay-Peet, L. (2013). *Investigating work-related serendipity, what influences it, and how it may be facilitated in digital environments.* PhD thesis, Dalhousie University, Halifax, Nova Scotia, Canada. http://dalspace.library.dal.ca/handle/10222/42727

McCay-Peet, L., & Toms, E. G. (2010). The process of serendipity in knowledge work. *IIIX 2010 Proceedings of the third symposium on Information interaction in context*, New Brunswick, New Jersey (pp. 377-381). doi: 10.1145/1840784.1840842

McDonnell, M., & Shiri, A. (2011). Social search: A taxonomy of, and a user-centred approach to, social web search. *Program: Electronic Library and Information Systems, 45*(1), 6-28. doi: 10.1108/00330331111107376

Merton, R. K., & Barber, E. G. (2004). *The travels and adventures of serendipity: A study in sociological semantics and the sociology of science.* Princeton, NJ: Princeton University Press.

Meyers, M. A. (1995). Science, creativity and serendipity. *American Journal of Roentgenology, 165*, 755-764.

Miller, C., Purcell, K., & Rosenstiel, T. (2012). 72% of Americans follow local news closely. Washington, DC: The Pew Internet and Everyday Life. Retrieved April 8, 2014, from http://www.pewinternet.org/Reports/2012/ Local-news-enthusiasts.aspx

O'Dell, J. (2010). New study shows the mobile web will rule by 2015. *Mashable*. Retrieved April 8, 2014, from http://mashable.com/2010/04/13/mobile-web-stats/

Pálsdóttir, A. (2010). The connection between purposive information seeking and information encountering. *Journal of Documentation, 66*(2), 224-244.

Quan-Haase, A., Burkell, J., & Rubin, V. L. (in press). The role of serendipity in digital environments. In M. Khosrow-Pour (Ed.), *Encyclopedia of Information Science and Technology*. Hershey, PA: IGI Global.

Race, T. M. (2012). Resource discovery tools: Supporting serendipity. In M. Pagliero Popp & D. Dallis (Eds.), *Planning and implementing resource discovery tools in academic libraries* (pp. 139-152). Hershey PA: IGI Global.

Ricci, F., Rokach, L., Shapira, B., & Kantor, P. B. (Eds.) (2011). *Recommender systems handbook.* Boston, MA: Springer US.

Rosenmann, M. F. (2002). Serendipity and scientific discovery. *Creativity and Leadership in the 21st Century Firm, 13*, 187-193.

Rubin, V. L., Burkell, J., & Quan-Haase, A. (2011). Facets of serendipity in everyday chance encounters: A grounded theory approach to blog analysis. *Information Research, 16*(3), paper 488.

Sawaizumi, S., Katai, O., Kawakami, H., & Shiose, T. (2007). Using the concept of serendipity in education. Paper presented at the Paper presented at the *KICSS 2007: The Second International Conference on Knowledge, Information and Creativity Support Systems*, Nomi, Ishikawa, Japan. https://dspace.jaist.ac.jp/dspace/handle/10119/4087

Shani, G., & Gunawardana, A. (2011). Evaluating recommendation systems. In F. Ricci, Rokach, L., Shapira, B., & Kantor, P. B. (Eds.), *Recommender Systems Handbook* (pp. 257-297). Boston, MA: Springer US.

Stone, S. (1982). Humanities scholars: Information needs and uses. *Journal of Documentation, 38*(4), 292-313.

Sullivan, D. (2013). *All about the new Google "Hummingbird" algorithm.* Retrieved November 14, 2013, from http://searchengineland.com/google-hummingbird-172816

Teevan, J., Ramage, D., & Morris, M. R. (2011). TwitterSearch : A comparison of microblog search and web search. *WSDM'11 Proceedings of the fourth ACM international conference on Web search and data mining* (pp. 35-44). New York: ACM.

Thudt, A., Hinrichs, U., & Carpendale, S. (2012). The bohemian bookshelf: Supporting serendipitous book discoveries through informtion visualization. *Proceedings of the 2012 ACM annual conference on Human Factors in Computing Systems, CHI* (Vol. New York, pp. 1461-1470): ACM Press. doi: 10.1145/2207676.2208607

van Andel, P. (1994). Anatomy of the unsought finding. Serendipity: Origin, history, domains, traditions, appearances, patterns and programmability. *British Journal of the Philosophy of Science, 45,* 631-648.

Williamson, K. (1998). Discovered by chance: The role of incidental information acquisition in an ecological model of information use. *Library and Information Science Research, 20*(1), 23–40.

Stefan Aufenanger und Tabea Siebertz

Informationskompetenz als notwendige Voraussetzung zur Nutzung von Suchmaschinen

Eine empirische Studie zu Suchstrategien bei komplexen Aufgaben

1 Einleitung

Informationskompetenz muss heute als zentraler Bestandteil von Medienkompetenz und damit als wesentliche Hilfe zur Orientierung in der Wissensgesellschaft gesehen werden. Informationen werden verstanden als Daten, die in einem bestimmten Kontext zur Kommunikation genutzt werden. Werden diese Informationen mit einem bestimmten Sinn in sozialen Kontexten verbunden, dann wird daraus Wissen. Ein sehr anschauliches Beispiel ist Folgendes: Dass der Luftdruck an einem bestimmten Ort 1.056 bar beträgt, ist für sich genommen nur ein technischer Wert, der mit Hilfe eines Gerätes – etwa eines Barometers – erstellt worden ist. Dieser Wert wird erst zur Information, wenn er etwa in einem Wetterbericht zur Beschreibung der Veränderung des Wetters in den nächsten Tagen verwendet wird, um die Entwicklung eines Hochdruckgebietes deutlich zu machen, welches schönes Wetter bringt (oder bringen kann). Diese Information wiederum wird erst dann zu Wissen transformiert, wenn ein sozialer Kontext hinzu gedacht wird, in dem diese Information einen besonderen Sinn ergibt. So kann sie z. B. einen Sinn bekommen, wenn man mit der Information „Hochdruck bzw. Hochdruckgebiet" im Sommer schönes und im Winter kaltes Wetter verbindet.

Viele Daten und Informationen sind physikalisch verortbar, etwa in den Anzeigeinstrumenten von Geräten bzw. in sprachlicher Form in Texten oder audiovisuellem Material. Wissen ist dagegen nur symbolisch als Verknüpfung von Informationen mit sinnvollen sozialen Kontexten vorstellbar.

Wenn wir das Internet zum Suchen nutzen, dann suchen wir nach Informationen, die wir in einem weiteren Prozess verarbeiten wollen, idealerweise zu Wissen, welches wir entweder als allgemeines Wissen uns aneignen oder zur Lösung konkreter Probleme benötigen. Um Informationen aber angemessen suchen zu können, benötigt man entsprechende Fähigkeiten zur Verortung sowie zur Bewertung derselben. Wir bezeichnen diese Fähigkeit als Informationskompetenz. Sie spielte eigentlich immer schon eine Rolle, wenn Menschen sich mit ihrer Umwelt auseinandersetzten. Allerdings wurde sie erst in neuerer Zeit als solche bezeichnet und in den Bildungskanon des modernen Menschen übernommen. Informationskompetenz bezieht sich demnach nicht nur darauf, mit digitalen Medien angemessen suchen zu können, sondern auch das Suchen in den so genannten ‚analogen Medien' wie etwa einem Lexikon, einer Enzyklopädie oder einer Bibliothek verlangt Wissen darüber, wie hierbei jeweils vorzugehen ist. Aber auch im Alltag mussten wir immer schon entsprechende Fähigkeiten einsetzen, um zum Beispiel einen Fahrplan lesen zu können, in einem Telefonbuch eine Telefonnummer zu suchen oder auf einem Stadtplan eine Straße zu finden. Solche Kompetenzen wurden zwar in der Schule gelernt, dort aber selten systematisch vermittelt. Erst mit dem Aufkommen der so genannten Informations- oder Wissensgesellschaft (Stehr, 2001), in der uns durch die Medien eine Vielzahl von Informationen zur Verfügung gestellt wird, wurde ersichtlich, wie wichtig es ist, entsprechende Fähigkeiten zu entwickeln.

Die vorliegende Studie möchte zur Diskussion, welche Fähigkeitsbereiche Informationskompetenz umfasst, einen Beitrag leisten, indem sie sich auf die Frage konzentriert, wie die Nutzer von Suchmaschinen bei Suchen im Internet mit dieser umgehen, welche Probleme dabei entstehen und welche Potenziale der Suchmaschinen sie dabei ausnutzen. Man kann diese Fähigkeit als „Suchmaschinenkompetenz" bezeichnen, wie dies etwa Gaulke (2008) vorgeschlagen hat. Um den Kompetenzbegriff jedoch nicht übermäßig auszuweiten, verwenden wir weiterhin den Begriff der Informationskompetenz, der auch im anglo-amerikanischen Raum häufig verwendet wird. Die Beantwortung der Frage nach Nutzung und möglichen Problemen kann auf zwei Wegen geschehen: entweder beobachtet man Nutzer im Feld bei ihrer Vorgehensweise, während sie Suchanfragen stellen, oder man gibt konkrete Aufgaben vor und beobachtet deren Lösung. Wir haben uns für den zweiten Weg entschieden, da die Kompetenzbereiche bei der Nutzung von Suchmaschinen und ihre Defizite auf diese Weise gezielter erfasst werden können.

2 Forschungsstand

Informationskompetenz kann als Teil von Medienkompetenz verstanden werden (Schiefner-Rohs, 2012). Zugleich stellt sie aber auch eine eigene Fähigkeit dar, die bei der Recherche von Informationen mit Hilfe von Medien notwendig und hilfreich ist. Auch auf internationaler Ebene wird das Verhältnis von Informationskompetenz zu anderen Kompetenzen diskutiert, wobei die Begrifflichkeiten sich jedoch unterscheiden, da im englischsprachigen Bereich meist der Begriff der „literacy“ – etwa wie „information literacy“, „digital literacy“ oder auch ganz allgemein „media literacy“ – Verwendung findet (Koltay, 2011; Mackey & Jacobson, 2011; Shapiro & Hughes, 1996). In Deutschland bzw. dem deutschsprachigen Bereich wird der Begriff der Informationskompetenz besonders im Bibliotheksbereich bzw. bei der Literaturrecherche verwendet. So hat etwa der Deutsche Bibliotheksverband ein Rahmenkonzept zur Informationskompetenz entwickelt (Deutscher Bibliotheksverband e.V. & Klingenberg 2012) und auch die Hochschulrektorenkonferenz nahm hierzu in einem umfangreichen Papier Stellung (Hochschulrektorenkonferenz 2012). Neben der Forderung nach Lehrveranstaltungen für Studierende zum Erwerb von Informationskompetenz werden darin auch die Hochschulleitungen aufgefordert, dieses Thema als ein strategisches ihrer Hochschule festzulegen. Unter Informationskompetenz wird verstanden

> „die Gesamtheit aller Fähigkeiten und Fertigkeiten, die erforderlich sind, um situationsrelevante Informationsbedarfe festzustellen, Information zu beschaffen, weiterzuverarbeiten, zu bewerten, zu präsentieren und Nutzungsbedingungen von Information einzuordnen. Dabei sind neue Darstellungsformate, insbesondere im Bereich der Informationsvisualisierung, eingeschlossen“ (S. 6).

Ergänzt wird diese Kompetenz durch die so genannte „Informationsverantwortung“, die sich auf die Probleme im Umgang mit Informationen bezieht.

Zur Frage, welche Aspekte „information literacy“ umfasst, legen Colleen Addison und Eric Meyers einen Vorschlag vor, der drei Perspektiven beinhaltet: „1) information literacy as the acquisition of ‚information age‘ skills, 2) information literacy as the cultivation of habits of mind and 3) information literacy as engagement in information-rich social practices“ (Addison & Meyers 2013). Daran wird die soziale und kulturelle Dimension der Informationskompetenz deutlich.

Mit der theoretischen und systematischen Ausarbeitung von Informationskompetenz sowie deren Messung hat sich die Arbeitsgruppe um Alexander van Deursen von der Universität Twente in den Niederlanden befasst. In mehreren Studien entwickelten sie entsprechende Konzepte und Methoden (van Deursen & van Diepen, 2013; van Deursen & van Dijk, 2009; van Deursen & Van Dijk, 2010; van Deursen & van Dijk, 2011; van Deursen, van Dijk & Peters, 2011). Sie unterscheiden zwischen „operational, formal, information, und strategic internet skills“ (van Deursen & van Dijk, 2010). Zu jedem dieser Bereiche wurden Operationalisierungen vorgenommen, die anschließend in einer experimentellen Studie mit 109 Probanden aus unterschiedlichen Altersgruppen validiert wurden. Zugleich wurde in dieser Studie auch herausgestellt, dass weniger das Alter als vielmehr kognitive Fähigkeiten die genannten Bereiche der Informationskompetenz bestimmen.

Welche Fähigkeiten die sogenannte „Google-Generation" – Kinder und Jugendliche von heute – hat, haben Peter Williams und Ian Rowlands (2007) in einer Übersichtsstudie zu empirischen Arbeiten zur Internetnutzung und zum Suchverhalten von jungen Menschen aufgelistet. Danach bevorzugen die Mitglieder dieser Generation visuelle gegenüber textbasierten Informationen, sind multitaskingfähig, ungeduldig und können Verzögerungen bei der Informationssuche nicht aushalten oder bevorzugen „quick information in the form of easily digested short chunks rather than full text" (S. 19). Ob dies alles auch so auf die gesamte „Google Generation" zutrifft und ob diese Bezeichnung überhaupt treffend ist, mag fraglich sein, auch wenn ca. 80 % der 12- bis 19-Jährigen täglich bzw. mehrmals die Woche eine Suchmaschine nutzen, wie etwa die JIM-Studie 2013 gezeigt hat (Medienpägogischer Forschungsverbund Südwest, 2013). Immer wieder wird auch Kritik an der Vielfalt der Informationen geübt, die wir im Alltag fast gar nicht mehr bewältigen können (Brabazon, 2013).

Fain (2011) hat in einer Studie über fünf Jahre hinweg den Erfolg eines „information literacy program" für Erstsemester an einer amerikanischen Universität überprüft. In einem Pre-Post-Test-Design wurden verschiedene Fähigkeitsbereiche von der Nutzung von Katalogen bis hin zur Kenntnis von Bibliotheksordnungen abgefragt. Das Programm war für jene Bereiche erfolgreich, welche die Studierenden regelmäßig während des Semesters benutzen mussten. Es zeigten sich jedoch auch Bereiche, in denen keine signifikanten Verbesserungen festzustellen waren, wie etwa bei dem Umgang mit Literaturdatenbanken.

Aufbauend auf dem Begriff der „online skills" hat schon 2002 Eszter Hargittai von einem „second-level digital divide" gesprochen, um deutlich zu machen, dass es Personen gibt, welche die Informationssuche im Internet nicht richtig beherrschen (Hargittai 2002). Während eine erste Studie mit 54 Probanden aus dem Jahre 2001 stammt, also quasi nicht lange nach der massenhaften Verbreitung des Internets in der Bevölkerung, untersuchte die Autorin zehn Jahre später genauer, wie Informationen aus dem Internet bezüglich ihrer Glaubwürdigkeit geprüft und wie Suchmaschinen genutzt werden (Hargittai, Fullerton, Menchen-Trevino & Yates, 2010). Dazu wurden 1.060 junge Erwachsene im Alter von 18 bis 19 Jahren schriftlich befragt und 102 Probanden bei der Nutzung des Internets und der Bearbeitung von gestellten Aufgaben beobachtet und anschließend interviewt. Das Besondere an dieser Studie ist, dass nicht nur Selbsteinschätzungen bezüglich Informations- oder Suchmaschinenkompetenz abgefragt wurden, sondern mit Hilfe von zum Teil schwierigen Aufgaben das genaue Suchverhalten der Probanden erforscht wurde. Im Zentrum des zweiten Teils dieser Studie stand auch die Beantwortung der Frage, wie die Glaubwürdigkeit von Internetquellen beurteilt wird. In einem sehr aufwändigen Forschungsdesign – Aufzeichnung der Bildschirmbewegungen und der Kommentare während der Bearbeitung der gestellten Aufgaben sowie Nachvollzug des Suchvorgangs – wurden die Lösungswege der Probanden bewertet, aber auch kontrolliert, wie die Suchergebnisse validiert werden. Mehr als ein Viertel der 102 Probanden wählte nur das an erster Stelle aufgelistete Ergebnis einer Websuche aus und vertraute diesem. Zwar machten 10 % der Probanden während des Suchvorgangs Anmerkungen darüber, dass die Glaubwürdigkeit der Quelle mit der Seriosität der Autorenschaft zusammenhänge, aber kein einziger unternahm auch nur den Versuch einer wie auch immer gearteten Überprüfung. Allein die Wahl seiner bzw. ihrer bevorzugten Webseite oder Suchmaschine reichte den untersuchten Probanden schon als Beleg für die Glaubwürdigkeit des Ergebnisses aus. An erster Stelle stand bei den meisten Befragten die Suchmaschine Google, mit Abstand gefolgt von Yahoo!. Ein Viertel der Probanden verwendete Google sogar als Verb – „I'll google it" –, was verdeutlicht, wie stark gerade bei dieser Generation das Suchen im Internet schon mit Google verbunden ist (vgl. auch Kingsley et al., 2011). Insgesamt wird in der Studie deutlich, dass die Glaubwürdigkeit von Internetquellen weniger durch ein Überprüfungsverfahren festgestellt wird als vielmehr anhand der Marke der Suchmaschine, die man dafür benutzt. Auch wird bestimmten Domainnamen wie etwa der Endung .org oder .edu mehr vertraut als anderen.

In eine ähnliche Richtung gehen die Studien von Alison Head (Head, 2007; Head & Eisenberg, 2010), die ebenfalls das Suchverhalten von Studierenden untersucht hat, aber bezüglich der Informationssuche für akademische Arbeiten eher von einem „hybriden Ansatz" spricht, nämlich dass nicht nur online, sondern vielfach auch offline, d.h. in Bibliotheken nach Informationen recherchiert wird. In der ersten Studie (Head, 2007) überrascht, dass die Studierenden ihre Suchergebnisse evaluierten, um den Anforderungen ihrer Professoren gerecht zu werden. Während diese Studie von einer schriftlichen Befragung von 178 und einer Gruppendiskussion mit nur 13 Collegestudierenden ausging, wurden in einer weiteren Studien (Head & Eisenberg, 2010) mehr als 8.000 Studierende aus 25 verschiedenen Universitäten der USA befragt. Neben den Lehrbüchern eines Kurses sind Suchmaschinen, insbesondere Google, zentral bei der Informationssuche für eine Kursarbeit. Verstärkt werden nach dieser Studie aber auch Freunde und soziale Netzwerke wie etwa Facebook zur Beschaffung von Informationen benutzt. Freunde und Familienmitglieder spielen zudem eine Rolle bei der Überprüfung der Glaubwürdigkeit der Quellen. Das schwierigste im Prozess der Informationssuche, berichten 84 % der Befragten, sei der Beginn der Suche, nämlich ein Problem oder eine Frage zu formulieren und strukturieren, um sie dann in den Suchprozess zu geben. Bibliotheken bzw. Bibliothekare spielen in dem gesamten Prozess eine zunehmend geringere Rolle.

3 Forschungsdesign

Um die Frage, wie Menschen mit Suchmaschinen umgehen und welche Probleme dabei entstehen, genauer beantworten zu können, wurde in Ergänzung zur Studie von Stark, Magin und Jürgens (in diesem Band) ein experimentelles Vorgehen gewählt, in dem Probanden konkrete Suchaufgaben unter Benutzung einer Suchmaschine gestellt wurden.

Um herauszufinden, wie effizient Suchmaschinen bedient und genutzt werden, wurden den Probanden dabei 15 Suchaufgaben unterschiedlicher Schwierigkeit gestellt. Diese beinhalteten zum Teil einfache Suchaufgaben, also solche, die sich durch Eingaben in das Suchfeld und Durchsehen der Suchergebnisse lösen lassen. Daneben wurden anspruchsvollere Aufgaben gestellt, deren Lösungen am effizientesten über erweiterte Sucheinstellungen zu erlangen sind. Im weiteren Verlauf erhöht sich die Schwierigkeit der Aufgaben; diese sind entweder nur über bestimmte Anwendungen wie Google Scholar lösbar oder mittels der Eingabe sogenannter Suchoperatoren, also Zeichen, über welche die Suchergebnisse eingeschränkt werden. Im Einzelnen lassen sich folgende drei Aufgabentypen differenzieren:

(1) Am einfachsten zu bearbeiten sind die *einfachen Suchanfragen*, die sich über die Eingabe in das Suchfenster oder wie bei Google in die Adressleiste bzw. Omnibox lösen lassen, sowie die *Google Dienste*. Bei Ersteren können Aufgaben ohne gesondertes Wissen über Google-Funktionen gelöst werden. Wenn zum Beispiel Rechenaufgaben direkt eingeben werden, wird auch das Ergebnis direkt angezeigt. Die Google Dienste sind spezifische Anwendungen, die man aufrufen kann, zum Beispiel zum Übersetzen, zur Bilder- oder Literatursuche. Bei diesen Aufgaben wurde auch die Möglichkeit der Nutzung einer spezifischen Suchmaschine eingeschlossen, von denen manche zu schnelleren und besseren Ergebnissen führen. Dazu gehört etwa Wolfram Alpha, die vor allem auf mathematische und statistische Daten spezialisiert ist. Zur angemessenen Informationskompetenz muss auch gehören, die beste Suchmaschine auswählen zu können bzw. die Grenzen derjenigen zu kennen, die man am häufigsten nutzt.

(2) Über die *Google Suchoperatoren* ist es möglich, präzisere Suchergebnisse zu erlangen. Es handelt sich hierbei um einzelne Zeichen, die vor das gesuchte Wort eingegeben werden (sogenannte Basis-Suchoperatoren). So verbindet ein „+“-Zeichen mehrere Begriffe miteinander, was zu einer gezielteren Suche führt. Auch die Wörter „UND“ (Suche aller in der Auflistung vorkommender Wörter) sowie „ODER“ (Suche eines der Wörter) sind gebräuchlich. Der Operator „UND“ ist bei Suchmaschinen prinzipiell voreingestellt. Auch lässt sich beispielsweise durch ein Minuszeichen vor einem Begriff dieser bei der Suche ausschließen, und die Anfrage „link:www.spiegel.de/“ führt nur zu Dokumenten, die auf die

Website von Spiegel.de verlinken. Vor allem in Bereichen von Bildungsinstitutionen dürfte es öfters vorkommen, dass nach Zitaten gesucht wird. Hierbei ist die Kenntnis, dass diese in Anführungszeichen gesetzt werden müssen, zur Ergebnissicherung sehr hilfreich.

(3) Über die *Suchoptionen* von Suchmaschinen lassen sich über die *erweiterte Suche* u.a. ein Zeitraum, ein Land oder eine Sprache einstellen. Damit ist es möglich, Suchergebnisse u.a. zeitlich und sprachlich einzuschränken. Auch die Übersetzung von Webseiten oder Textbausteinen sind typische Möglichkeiten der erweiterten Suche. Den Probanden wurden folgende Fragen zu den erwähnten Aufgabentypen gestellt[1]:

„Wir wollen jetzt gerne mit Ihnen einmal konkret anschauen, wie Sie mit Google umgehen. Wir werden Ihnen dazu einige Aufgaben stellen und bitten Sie, diese so zu bearbeiten, als hätten Sie sich diese selbst gestellt. Die Schwierigkeiten steigern sich etwas."

1. Finden Sie heraus, wie viel 350 € in Dollar sind. (Lösung: Direkte Eingabe der Rechnung „350 € in $")
2. Suchen Sie nach den „best beaches in the world" und übersetzen Sie eine Seite ins Deutsche. (Lösung: Seite übersetzen-Button neben dem Suchergebnis)
3. Wie weit ist die Fahrstrecke zwischen Hamburg und München (Aufgabe 3a) und wie hoch sind die Benzinkosten für diese Strecke (Aufgabe 3b)? (Lösung für beide Teilaufgaben: Google Maps)
4. Suchen Sie die aktuellsten Informationen zur Koalitionsbildung in Deutschland. („die aktuellsten" bezog sich immer auf den Tag des Experiments; Lösung: Erweiterte Suchoption „Zeitraum")
5. Wie groß ist die Entfernung zwischen Hamburg und München Luftlinie? (Lösung: Google Maps)
6. Wie heißt der zweitgrößte Flughafen Russlands und in welcher Stadt liegt er? (Lösung: entweder Wikipedia oder Wolfram Alpha)
7. Sie möchten wissen, was auf Schwedisch heißt „Heute hat es den ganzen Tag geregnet". (Lösung: Translate)
8. Finden Sie heraus, von welchem Künstler das folgende Bild stammt (das Bild wurde auf dem Desktop zur Verfügung gestellt; Lösung: Bild bei Bildersuche einfügen)
9. Suchen Sie nur deutschsprachige Informationen zum Thema Media Literacy. (Lösung: Erweiterte Suche, Seiten auf Deutsch)

---

1 Zu den Google Diensten und einfachen Suchanfragen zählen die Aufgaben 1,3a, 3b, 5, 6, 7, 8, 10 und 11, zu den Suchoperatoren die Aufgaben 12, 13, 14 und 15, zu den Suchoperationen die Aufgaben 2, 4 und 9.

10. Sie haben von einem neuen Aufsatz über Computer im Sachunterricht in der Grundschule aus der PH Heidelberg gehört, der ein gutes Schaubild zur Medienentwicklung enthalten soll. Finden Sie dieses Schaubild! (Lösung: Suche mit Google Scholar)
11. Finden Sie heraus, wie das Wetter an Weihnachten 2005 in Mainz war! (Lösung: über Wolfram Alpha)
12. Suchen Sie nach einem Salsa-Rezept, welches keine Tomaten enthält/nach Informationen zu Angela ohne Merkel. (Lösung: Salsa-Rezept - Tomaten; Angela - Merkel)
13. Suchen Sie über die Suchmaschine nur auf der Seite spiegel.de nach Artikeln zum Thema Politik. (Lösung: Politik site:spiegel.de)
14. Sie möchten wissen, aus welchem Buch folgender Satz stammt: Hilde saß wie angewachsen auf dem Bett. (Lösung: Satz in Anführungszeichen)
15. Sie haben ein Guacamole-Rezept auf der Seite chefkoch.de/rs/s0/guacamole+dip/Rezepte.html gefunden, welches Ihnen gut gefällt und Sie möchten nun nach ähnlichen Websites suchen. Wie gehen Sie vor? (Lösung: related:chefkoch.de/rs/s0/guacamole+dip/Rezepte.html)

Bei der konkreten Suche am Bildschirm wurden die Probanden über eine Screencasting-Software aufgenommen, welche sowohl den Screen mit dem Mauszeiger als auch die Probanden über die Webcam aufnimmt und als Video abspeichert. Mithilfe dieser Software lassen sich Suchvorgang und Benutzeraktivität im Nachhinein analysieren.

Während des Experiments wurden den Probanden keine Vorgaben bezüglich Länge des Suchvorgangs, Art der Suche und Auswahl der Suchmaschine gemacht. Um analysieren zu können, wie ausdauernd nach der Lösung schwieriger Aufgaben gesucht wird, wurden die Probanden lediglich darum gebeten, auf eine möglichst alltägliche Weise zu suchen. Damit sollte sichergestellt werden, dass Suchvorgänge nicht künstlich verlängert werden, wenn der Suchvorgang im Alltag unterbrochen würde. Auch wurde erklärt, dass das Ziel der Studie nicht das Finden der richtigen von den zuvor bestimmten Lösungen ist, sondern vielmehr das Auffinden einer individuell zufriedenstellenden Lösung. Hilfestellungen wurden nur gegeben, wenn die Probandin bzw. der Proband innerhalb der Erhebung nicht mehr zu der Startseite zurückfand oder vorherige Sucheinstellungen die Suche einschränkten.

Unterstützt wurde das Experiment durch einen standardisierten Online-Fragebogen, in dem die Probanden darum gebeten wurden, sowohl ihre allgemeinen Computer- und Internetfähigkeiten als auch die spezifischen Fähigkeiten im Umgang mit Suchmaschinen einzuschätzen. Neben soziodemographischen Daten liegt der Schwerpunkt der 17 offenen und geschlossenen Fragen auf Kenntnissen über, Nutzen von und Kompetenzen beim Umgang mit Suchmaschinen. So wurde beispielsweise gefragt, welche Suchmaschinen bekannt sind und in welchem Umfang diese genutzt werden.

Nach dem Experiment wurde erneut um die Einschätzung der eigenen Suchfähigkeiten und zusätzlich der Komplexität der einzelnen Suchaufgaben gebeten. Zudem wurde den Probanden über ein offenes Antwortformat die Möglichkeit gegeben zu erläutern, welche Aufgaben ihnen besonders leicht oder schwer fielen. Über einen individuellen Code, der von jedem Probanden im Vorfeld generiert wurde, lassen sich Ergebnisse aus der Umfrage mit denen des Experiments vergleichen. So ist es zum Beispiel möglich, Daten wie Dauer und Effizienz der Suche mit der individuellen Einschätzung des Schwierigkeitsgrades einer Aufgabe abzugleichen.

Zur Durchführung der Erhebung wurden die Probanden entweder in ihrer häuslichen Umwelt oder in einem Büroraum der Universität befragt. Ihnen wurde jedoch in beiden Fällen ein Notebook gestellt, mit dem die Aufgaben durchgeführt werden sollten. Damit sollte ausgeschlossen werden, dass spezifische Einstellungen im Webbrowser oder andere Anwendungen der Geräte der Probandinnen bzw. Probanden die Lösung der Aufgaben vereinfachten oder erschwerten. Somit hatten alle Versuchspersonen die gleichen Voraussetzungen.

Die Erhebung wurde im Oktober und November 2013 mit 17 Probanden, davon 8 weiblich und 9 männlich, durchgeführt. Diese wurden für einen ersten Überblick in fünf Altersstufen eingeteilt: 16-20 (n=2), 21-30 (n=8), 31-40 (n=2), 41-60 (n=4) sowie 61 und älter (n=1). Der Bildungsgrad der Probanden reichte von der Mittleren Reife bis zum Hochschulabschluss. Fast alle der Befragten nutzen den Computer privat und beruflich, und das Internet benutzen alle täglich. Suchmaschinen werden von drei Vierteln täglich und vom Rest mehrmals die Woche genutzt.

Gefragt wurde auch, welche Suchmaschinen bekannt sind und wie häufig diese genutzt werden. Alle der Befragten kennen Google als Suchmaschine und mehr als die Hälfte nutzt diese ausschließlich, während der Rest auch andere Suchmaschinen verwendet, aber zu sehr geringeren Anteilen. Dazu zählen Bing, Yahoo und Ask.com. Bing kennen 13 der 17 Befragten, sie wird jedoch nur von 5 sehr selten genutzt (vgl. Stark, Magin & Jürgens i. d. B.).

4 Ergebnisse

Eine erste Frage bezog sich darauf, wie die Probanden ihre allgemeinen Fähigkeiten im Umgang mit dem Computer, dem Internet sowie Suchmaschinen einschätzen. Wie aus Abbildung 1 ersichtlich wird, werden allgemeine Computerkenntnisse und Kenntnisse im Umgang mit dem Internet nicht so hoch eingeschätzt wie die bei der Nutzung von Suchmaschinen. Offensichtlich sind aus Sicht der Probanden keine erweiterten Kompetenzen für den Umgang mit Suchmaschinen erforderlich, denn sonst würden sie diese nicht so hoch gegenüber den allgemeinen Kenntnissen einschätzen.

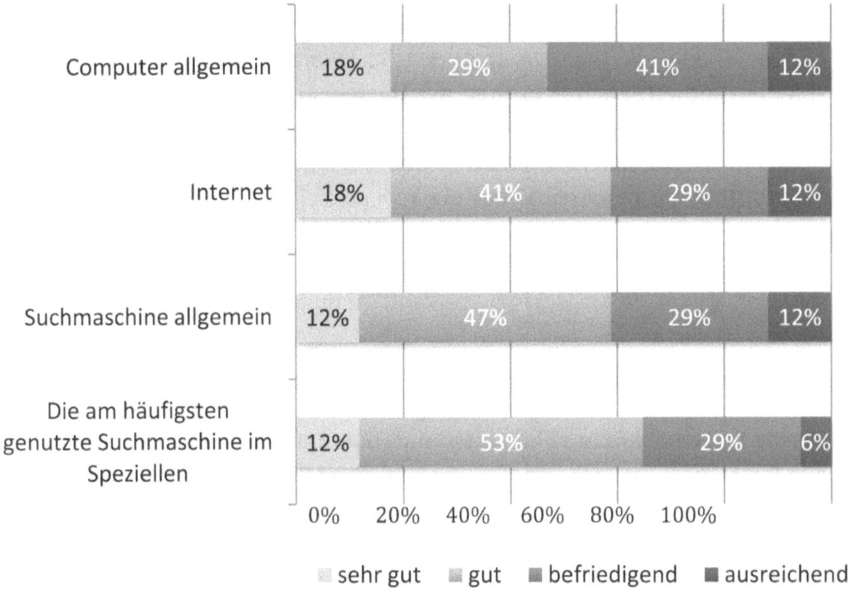

Abbildung 1: Einschätzung der eigenen Fähigkeiten im Umgang mit Computer und Internet (Angaben in Prozent; n=17).

Eine weitere bedeutsame Frage bezog sich darauf, welches Wissen die befragten Personen über die Funktion von Suchmaschinen haben. Dies wurde durch eine offene Frage erhoben. Die Antworten, die sich mit den Aussagen in den Gruppendiskussionen bei Stark, Magin und Jürgens (i. d. B.) decken, wurden nach verschiedenen Modellvorstellungen zusammengefasst.

(1) Ein erster Typ zeichnet sich durch *gute Kenntnisse* aus. Dieser erklärt bei der Frage nach dem Entstehen der Ergebnisse von Suchrecherchen, dass diese entweder nach Rankings, Häufigkeiten oder Indizierungen generiert werden. So beschreibt etwa ein Befragter den Suchprozess wie folgt: „Suchmaschinen indizieren Webinhalte und ordnen die Ergebnisse Suchanfragen zu", während ein anderer folgende Erklärung gibt:

Seiten werden nach bestimmten Kriterien indexiert. Dazu gehören Stichworte, Besuchszahl, Nutzerfreundlichkeit z.B. Responsive Design, Beliebtheit, neuer Inhalt etc. Seiten werden dementsprechend unterschiedlich gerankt. Z. B. werden Seiten, die keinen neuen Content generieren oder kein Responsive Design haben, heruntergestuft.

(2) Ein zweiter Typ geht davon aus, dass die Suchmaschine *erst bei der Eingabe des Suchbegriffs die Suche beginnt* und dann die Ergebnisse sortiert. Eine typische Beschreibung dessen sieht wie folgt aus: „Zu den eingegebenen Suchwörtern werden Internetseiten gesucht, in denen diese Suchwörter vorkommen oder die thematisch zu den Suchwörtern passen. Die Ergebnisse werden sortiert, nach dem Grad der Übereinstimmung und Häufigkeit des Auftretens der eingegebenen Suchwörter." Oder etwas einfacher, „indem der gesuchte Begriff auf verschiedenen Webseiten gesucht wird".
(3) Ein dritter Typ beschreibt eher die *kommerziellen Aspekte* von Suchanfragen und sieht in der Auflistung der Ergebnisse ökonomische Interessen. Der Suchvorgang wird demnach beispielsweise so beschrieben: „Internetauftritte werden an die Suchmaschinen ‚verkauft', damit der User sie schnell findet" sowie „Daten der letztendlichen Ergebnisse werden mit den Rechten zur Verwertung aufgekauft, aufgewertet und in das Suchrepertoire eingefügt."

Der erste Typ wird von acht Befragten und damit am häufigsten vertreten, der zweite Typ viermal und der dritte Typ dreimal. Zwei Befragte konnten keine Erklärung abgeben.

Die beim Forschungsdesign vorgestellten drei Aufgabentypen wurden bei der direkten Beobachtung in Suchanfragen durch die Probanden bezüglich ihrer Lösungsansätze genauer untersucht. Bei der Bewertung dieser Lösungen wurde ein direkter von einem indirekten Ansatz unterschieden. Bei ersterem wurden die Möglichkeiten der Suchmaschine selbst bzw. der Eingabe in die Adressenleiste bzw. Omnibox genutzt. Dies ist der einfachste Weg, der die Potenziale der Suchmaschine am besten ausnutzt. Der indirekte Weg, das einfache Suchen in der Suchmaschine nach lösungsgebenden Webseiten, kann zwar auch zum Ziel führen, verwendet aber nicht alle Möglichkeiten, die zur Verfügung stehen. So findet man zwar auch Lösungen durch die Eingabe von „Währungsrechner" und die Nutzung weiterer Webseiten, effektiver ist jedoch die direkte Eingabe der Währung in die Omnibox (z.B. „350 Euro in USD").

Die Lösungen bei der Aufgabenstellung, bei der die Google-Suchoperatoren eine angemessene Lösung darstellen (Tabelle 1), zeigen, dass gerade hier häufig ein indirekter Ansatz verfolgt wird oder kein Ergebnis erzielt werden kann, wenn die Suchoperatoren nicht angewandt wurden. So wurde bei Aufgabe 12 das Minus-Zeichen als einfache Verwendungsmöglichkeit nur von zwei Probanden eingesetzt, während alle anderen auf Webseiten mit Rezepten suchten. Besonders überraschend ist, dass bei der Zitatsuche für fast die Hälfte der Probanden unbekannt war, dass das Zitat in Anführungszeichen eingeschlossen werden muss, um zu einem sicheren Ergebnis zu gelangen.

Tabelle 1: Lösungen bei der Nutzung von Google-Suchoperatoren (Anzahl der Nutzer).

Aufgaben	Google Suchoperatoren	Direkter Ansatz	Indirekter Ansatz	Keine Lösung
Aufgabe 12 Operator "-"	"Salsa Rezept -Tomaten" "Angela - Merkel"	2	15	0
Aufgabe 13 Operator "site"	"Politik site:Spiegel.de"	0	17	0
Aufgabe 14 Operator Anführungszeichen	"Hilde saß wie angewachsen auf dem Bett"	9	0	8
Aufgabe 15 Operator "related"	"related:chefkoch.de"	0	13	4

Die Lösungen bei der Nutzung der Google Suchoptionen bzw. der erweiterten Suche (Tabelle 2) zeigen ähnliche Kompetenzdefizite der Probanden wie schon bei den Suchoperatoren. Auch hier wurden bei der Lösung der Aufgaben häufig indirekte Wege gewählt oder es wurde kein Ergebnis gefunden wie etwa bei Aufgabe 2 der Übersetzung einer Webseite. Die Nutzung eines indirekten Weges fiel besonders bei Aufgabe 4 auf, die verlangte, aktuelle Informationen in einem bestimmten Zeitbereich zu sammeln. Anstelle der Nutzung der Suchoption für einen bestimmten Zeitraum wurde der indirekte Weg des Durchblätterns der ersten Treffer auf der Trefferliste oder auf einer Webseite für Nachrichten gewählt. Gleiches gilt für die Lösung der Aufgabe 9. Letzteres verwundert allein deswegen, weil häufig bei Suchanfragen mit englischen Titeln schon angeboten wird, nur deutschsprachige Ergebnisse aufzulisten.

Tabelle 2: Lösungen bei der Nutzung der Google Suchoptionen bzw. der erweiterten Suche (Anzahl der Nutzer).

	Suchoptionen	Direkter Ansatz	Indirekter Ansatz	Keine Lösung
Aufgabe 2 Webseite übersetzen	Google Funktion "Diese Seite übersetzen"	9	5	3
Aufgabe 4 Aktuelle Informationen kleiner gleich einer Woche	Google "erweiterte Suche: Zeitraum: letzte Woche"	2	15	0
Aufgabe 9 Nur deutsche Seiten zum Thema "Media Literacy"	Google "erweiterte Suche, Seiten auf Deutsch"	6	10	1

Die Nutzung der Google Dienste (Tabelle 3) stellte ebenfalls eine besondere Herausforderung dar, da man sie überhaupt erst kennen muss, um sie einsetzen zu können. Am bekanntesten sind sicher die Google Maps – wie in den beiden Aufgaben 3a und b sinnvoll angewandt –, welche die meisten Suchmaschinennutzer im Alltag schon verwendet haben dürften. In diesem Sinne wurde hier von den meisten Probanden auch der direkte Weg über diesen Dienst gewählt. Jedoch stellte die Frage nach den Benzinkosten für die gefundene Entfernung von Hamburg nach München einen großen Teil der Probanden vor Schwierigkeiten, obwohl sie bei der Ergebnisdarstellung auf Google Maps als Durchschnittswert direkt zu finden ist. Meist wurde jedoch von den Probanden dann selbst eine Rechnung durchgeführt, um zu dem gewünschten Ergebnis zu kommen, was in der Analyse als indirekter Weg bewertet wurde. Indirekt wurde von den meisten Probanden auch die Währungsumrechnung gelöst, indem ein gesonderter Währungsrechner aufgerufen wurde. Überraschend ist, dass die verlangte Übersetzung von Aufgabe 7 von fast drei Vierteln der Probanden auf direktem Weg bewältigt wurde. Weniger überraschend ist, dass die Aufgaben 8 und 10 der Hälfte der Probanden so große Schwierigkeiten bereiteten, dass sie zu keinem Ergebnis kamen. Denn diese Aufgaben sind besonders schwierig: Aufgabe 8 setzt das Wissen darüber voraus, dass man über die Bildersuche die Bilddatei durch Drag & Drop in die Suchzeile ziehen muss, um eine Anfrage zu starten, und Google Scholar (Aufgabe 10) dürfte den meisten Probanden, die nicht im akademischen Bereich tätig sind, unbekannt sein, weshalb diese Ergebnisse nicht besonders hoch bewertet werden sollten.

Tabelle 3: Lösungen bei der Nutzung der Google Dienste (Anzahl der Nutzer).

	Google Dienste	Direkter Ansatz	Indirekter Ansatz	Keine Lösung
Aufgabe 1 Umrechnung Euro in Dollar	Eingabe in die Omnibox "350 € in $"	3	14	0
Aufgabe 3a Distanz Hamburg-München	Google Maps	15	2	0
Aufgabe 3b Benzinkosten	Google Maps	6	11	0
Aufgabe 7 Übersetzung Deutsch in Schwedisch	Google Translate	12	5	0
Aufgabe 8 Bildersuche	Drag & Drop des Bildes in die Suchzeile nach Auswahl "Bilder"	4	4	9
Aufgabe 10 Suche eines Artikels	Google Scholar	3	5	9

Weiterhin wurden Daten gesammelt, die den Umgang mit den angezeigten Ergebnissen näher beleuchten. Zum einem interessierte die Anzahl der Versuche, die gebraucht wurden, um die Lösung zu finden (1), zum zweiten handelt es sich um die Zeiten, die benötigt wurden, um zu dieser Lösung zu kommen (2), und zum Dritten wollten wir wissen, wie viele Ergebnisse angeschaut wurden, also ob etwa nach unten gescrollt oder umgeblättert wurde (3).

Die Ergebnisdarstellung dieser drei Themenbereiche kann nach den Aufgaben, aber auch nach den Probanden strukturiert werden. Letzteres wird nur ausschnitthaft vorgenommen. Bei der Anzahl der Versuche nach den verschiedenen Aufgabentypen konnten fast alle Aufgaben mit einem Versuch gelöst werden, abgesehen von den Aufgaben 8, 10 und 11. Bei Aufgabe 8 sollte ein Bild gesucht werden, indem man es per Drag & Drop in die Suchzeile der Google Bildersuche ziehen sollte. Dies konnte nur weniger als die Hälfte der Probanden in einem Versuch lösen, während fast ein Drittel vier und mehr Versuche benötigte (Abbildung 2). In der Einschätzung der Schwere der Aufgaben nach der Aufgabendurchführung nannten alle Probanden die Aufgabe 10 als die schwierigste, bei der ein wissenschaftlicher Text gesucht werden sollte. Die Beobachtung bei der Aufgabenlösung zeigte, dass hier die Hälfte der Probanden große Schwierigkeiten hatte und vier oder mehr Anläufe brauchte, um zu einem Ergebnis zu kommen. Auch Aufgabe 11 stellt ein Drittel der Probanden vor große Probleme und verlangte bei fast der Hälfte drei oder mehr Versuche. Als ebenfalls schwierig stellte sich die Suche nach einem Zitat heraus, wozu ein Drittel der Probanden vier oder mehr Versuche benötigte. Anderen Probanden hingegen gelang dies mit einem Versuch. Am einfachsten waren die Aufgaben 13 (Befehl „site“; Suche auf einer spezifischen Webseite), 1 (Währungsumrechnung) sowie 3 (Bestimmung der Fahrstrecke zwischen zwei Orte und Berechnung des Benzinverbrauchs), wobei jedoch nicht eingerechnet wurde, ob die Probanden den direkten Weg über die Google-Operatoren oder einen indirekten Weg wählten.

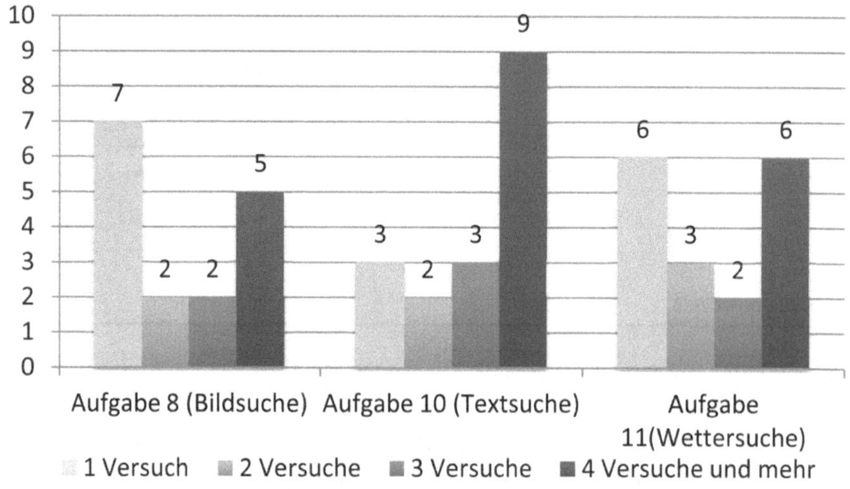

Abbildung 2: Anzahl der Lösungsversuche nach ausgewählten Aufgabentypen (n = 17 Nutzer).

Betrachtet man die Lösungsversuche nach den Probanden, dann gibt es nur eine Person, die mit Ausnahme von zwei Aufgaben alle gleich im ersten Versuch löste. Drei Probanden hatten ein sehr differentes Lösungsverhalten, d.h. sie lösten die Mehrheit der Aufgaben in einem Versuch, für die anderen Aufgaben benötigten sie dagegen drei und mehr Versuche. Überwiegend kann aber ein sehr ausgeglichenes Lösungsverhalten konstatiert werden, wobei die Spanne von einer Lösung beim ersten Versuch bis zur Aufgabe der Suche reichte.

Weiterhin wurden die Zeiten für die Lösung der jeweiligen Aufgaben gemessen (Abbildung 3). Natürlich korreliert die Zahl der Lösungsversuche wie in Abbildung 2 dargestellt mit den Lösungszeiten. Auch hier waren die Aufgaben 8, 10, 11 und 14 jene, welche die meiste Zeit in Anspruch nahmen. Vor allem die Zeiten zur Lösung von Aufgabe 10 und 11 schwankten stark zwischen einer Minute und 10 bzw. 14 Minuten. Auch bei der Suche nach einem Zitat (Aufgabe 14) gab es fünf Probanden, die mehr als vier Minuten benötigten (max. Wert: 11 Minuten).

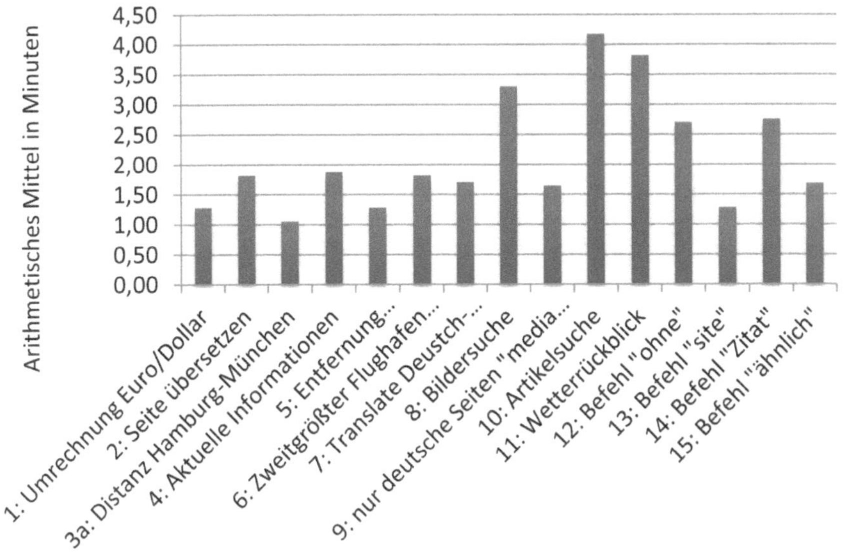

Abbildung 3: Durchschnittliche Lösungszeiten bei verschiedenen Aufgabentypen (n = 270 Suchaufgaben).

Ein häufig zu beobachtendes Phänomen bei der Sichtung von Trefferlisten ist das Verhalten, sich nur die ersten Ergebnisse anzuschauen, ohne weiterzublättern und zu prüfen, ob auch andere Ergebnisse angemessen wären. Deshalb wurde auch überprüft, welche Ergebnisse die Probanden sich anschauten. Methodisch ist dies nicht ganz einfach, da nicht mit einem Eyetracking-Verfahren, sondern nur mit Screenrecording gearbeitet wurde, sodass die Mausbewegung als Hinweis auf Überprüfung der Suchergebnisse genutzt werden musste. Aus diesen Gründen müssen diese Ergebnisse sehr zurückhaltend interpretiert werden.

Betrachtet man alle Lösungsversuche für sämtliche gestellten Aufgaben (Abbildung 4), dann wird sehr deutlich, dass bei fast allen Aufgaben nur die ersten fünf Ergebnisse oder sogar nur die erste Seite angesehen wurde. Bei manchen Ergebnissen reicht es den Probanden zur Versicherung der Lösung offenbar aus, sich nur die ersten Ergebnisse oder sogar nur das erste Ergebnis anzuschauen, um die Aufgabe als gelöst zu betrachten. Dies betrifft etwa die Aufgaben 1 (Währungsumrechnung) und Aufgabe 3 (Fahrstrecke). Am Häufigsten weitergeblättert wurde bei der Aufgabe 8, der Bildersuche, um sich des Ergebnisses zu versichern. Lediglich drei der 17 Probanden blätterten bei drei Ergebnissen weiter, ein Proband tat dies bei zwei Ergebnissen tat, und fünf sahen sich zumindest bei einer der 15 Aufgaben auch die weiteren Ergebnisseiten an. Die Hälfte der

Probanden blieb zur Ergebnissicherung jedoch stets auf der ersten Seite haften (siehe auch Stark, Magin & Jürgens i. d. B.).

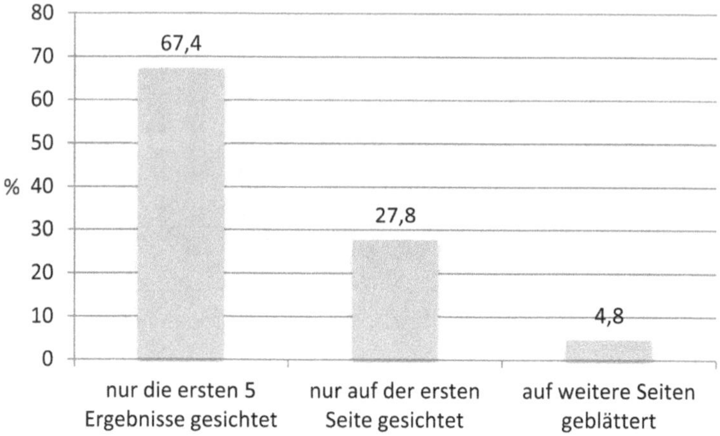

Abbildung 4: Ergebnissichtung über alle Aufgaben hinweg (n=270 Suchaufgaben).

Zum Abschluss der Experimente wurden die Probanden noch einmal gebeten, ihre Kompetenzen sowie die Schwierigkeitsgrade der einzelnen Aufgaben zu bewerten. Abbildung 5 zeigt, dass nach der Durchführung des Experimentes viele Probanden ihre Kompetenzen geringer als zu Anfang einschätzten. So bewerteten fünf Probanden die eigene Kompetenz einen Notenpunkt, ein Proband sogar zwei Notenpunkte schlechter ein, während neun Probanden bei ihrer Anfangseinschätzung blieben; nur zwei Probanden gaben sich nach dem Experiment eine Note besser als vorher. Die schlechtere Einschätzung hat sicher damit zu tun, dass sie die Schwierigkeitsgrade der gerade bearbeiteten Aufgaben leichter einschätzten als zunächst gedacht. Von den meisten Befragten als besonders einfach eingestuft wurden die Aufgaben (in dieser Reihenfolge) 1 (Währungsumrechnung), 5 (Entfernung Luftlinie), 3 (Fahrstrecke Maps) und 4 (aktuellste Informationen). Besonders schwer fiel hingegen die Lösung der Aufgaben 8 (Bildersuche) und 10 (Artikelsuche).

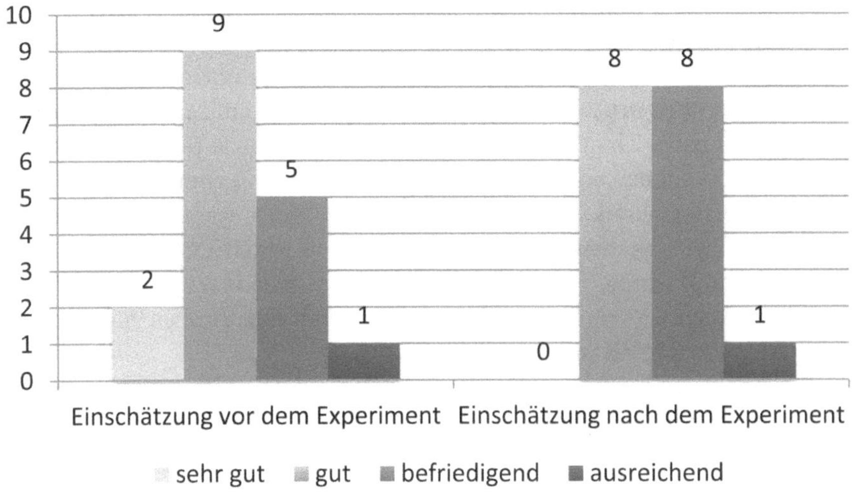

Abbildung 5: Einschätzung der eigenen Suchkompetenz vor und nach dem Experiment (n=17 Nutzer).

5 Fazit und Schlussfolgerungen

Informationskompetenz muss heute als eine wichtige Schlüsselqualifikation in der Wissensgesellschaft gesehen werden. Sie umfasst vielfältige Aspekte, wobei die Suche und die Bewertung von Informationen zentrale Bereiche darstellen. Dabei spielt die Nutzung des Internets im Allgemeinen und von Suchmaschinen im Besonderen eine bedeutende Rolle. Letztere werden zwar im Alltag fast täglich genutzt. Es stellt sich aber die Frage, ob die Nutzer wirklich alle Potenziale für eine effektive Suche ausnutzen können, wie ausgeprägt also ihre Suchmaschinenkompetenz in dieser Hinsicht ist. Das durchgeführte Experiment sollte dieser Frage nachgehen, indem Menschen, die das Internet regelmäßig nutzen, gebeten wurden, Aufgaben unter Anwendung von Suchmaschinen zu lösen.

Dabei hat sich gezeigt, dass zwar alle 17 Probanden ihre Kompetenzen in der Nutzung von Suchmaschinen sehr hoch einschätzten, bei der konkreten Lösung der gestellten Aufgaben aber häufig an die Grenzen ihrer Kenntnisse stießen. Zwar handelte es sich bei einem Teil der Aufgaben um anspruchsvolle und nicht alltägliche Aufgaben. Ziel des Experiments war es jedoch, die prinzipiellen Kompetenzbereiche aufzuzeigen. Es hat sich gezeigt, dass mit wenigen Ausnahmen bei fast allen 15 Aufgaben die meisten Probanden nicht den direkten Weg über die zur Verfügung stehenden Operatoren oder Dienste nutzten, sondern indirekte

Wege wählten oder auch zu keiner Lösung kamen. Aus diesem Grund fiel auch die anfangs positive Selbsteinschätzung der Probanden nach dem Experiment schlechter aus. Interessant sind daneben die Erklärungsversuche, wie Suchmaschinen funktionieren bzw. wie sie zu ihren Ergebnissen kommen. Hier herrschen zum Teil sehr naive Vorstellungen, die für eine angemessene Nutzung derselben hinderlich sein können und für eine eher eingeschränkte Suchmaschinenkompetenz sprechen (vgl. Stark, Magin & Jürgens i. d. B.). Auch wenn es sich hier nur um eine kleine Probandengruppe gehandelt hat, die in keinster Weise repräsentativ ausgewählt wurde, wurde deutlich, dass der Umgang mit Suchmaschinen und deren effektive Nutzung selbst bei Probanden mit einem hohen Bildungsgrad noch verbessert werden kann.

Es muss also als eine besondere Aufgabe der Bildungsinstitutionen – von der Grundschule beginnend über weiterführende Schulen bis hin zu Hochschulen und dem Bereich der Weiterbildung – gewertet werden, die Informationskompetenz von Internetnutzern zu fördern. Einen ersten Schritt dazu haben die deutschen Bibliotheksverbände schon gemacht, indem sie Standards für die Informationskompetenz für Schülerinnen und Schülern sowie Studierenden entwickelt haben (Bibliotheksverbund Bayern 2011; Deutscher Bibliotheksverband e.V. 2009). Diese beruhen auf einem allgemeinen Referenzrahmen zur Informationskompetenz (Deutscher Bibliotheksverband e.V. & Klingenberg 2012; Klingenberg 2011). Danach sollte Informationskompetenz u.a. folgende Fähigkeitsbereiche umfassen: a) den Wissensbedarf formulieren, b) die Quellen finden und auswerten, c) die Informationen isolieren und ihre thematische Relevanz und sachliche Richtigkeit prüfen. Präziser ausgedrückt wird dies in den konkreten Standards für Studierende, die vom Deutschen Bibliotheksverband formuliert werden (Deutscher Bibliotheksverband e.V. 2009):

> Die informationskompetenten Studierenden erkennen und formulieren ihren Informationsbedarf und bestimmen Art und Umfang der benötigten Informationen.
>
> Die informationskompetenten Studierenden verschaffen sich effizient Zugang zu den benötigten Informationen.
>
> Die informationskompetenten Studierenden bewerten die gefundenen Informationen und Quellen und wählen sie für ihren Bedarf aus.
>
> Die informationskompetenten Studierenden verarbeiten die gewonnenen Erkenntnisse effektiv und vermitteln sie angepasst an die jeweilige Zielgruppe und mit geeigneten technischen Mitteln.
>
> Die informationskompetenten Studierenden sind sich ihrer Verantwortung bei der Informationsnutzung und -weitergabe bewusst.

Wie diese Standards bzw. Informationskompetenz insgesamt gefördert werden kann, dazu liegen auch von den Bibliotheksverbänden Vorschläge vor (Hanke, Straub & Sühl-Strohmenger, 2013; Schulz, 2011)

Für die Nutzung von Suchmaschinen können diese Standards ebenfalls angewandt werden, bedürfen aber wegen deren spezifischen Eigenschaften einer Konkretisierung. Dies ist bisher vor allem für Kinder und Jugendliche geschehen, denen Broschüren zur Benutzung des Internets als auch von Suchmaschinen zur Verfügung gestellt werden, wie etwa die der Landesanstalt für Medien NRW zu den Themen „Finden, was man sucht!", „12 goldene Suchmaschinen-Regeln" oder auch „Online-Recherchestrategien für Journalistinnen und Journalisten" sowie die klicksafe-Broschüre „Wie finde ich was ich suche. Suchmaschinen kompetent nutzen" von der Landeszentrale für Medien und Kommunikation (LMK) Rheinland-Pfalz.

Es gibt demnach bereits genügend Informationen, wie man Suchmaschinen richtig nutzen kann und sollte. Man muss nur wissen, wo man diese findet und wie man sie anwendet. Aber auch hierfür lassen sich Suchmaschinen nutzen!

Literatur

Addison, C. & Meyers, E. (2013). *Perspectives on information literacy: a framework for conceptual understanding.* Paper presented at the Eighth InternationalConference on Conceptions of Library and Information Science, Copenhagen, Denmark.

Bibliotheksverbund Bayern (2011*). Standards der Informationskompetenz für Schülerinnen und Schüler Das Angebot der wissenschaftlichen Bibliotheken.* http://www.informations-kompetenz.de/fileadmin/user_upload/Standards_IK_Schulen_2.pdf

Brabazon, T. (2013). *Digital Dienting: From Information Obesity to Intellectual Fitness.* Farnham, UK: Ashgate Publishing Ltd.

Deutscher Bibliotheksverband e.V. (2009). *Standards der Informationskompetenz für Studierende.* http://www.bibliotheksverband.de/fileadmin/user_upload/Kommissionen/Kom_Dienstleistung/Publikationen/Standards_Infokompetenz_03.07.2009_endg.pdf

Deutscher Bibliotheksverband e.V. & Klingenberg, A. (2012). *Entwurf eines gemeinsamen Referenzrahmens* Informationskompetenz. http://www.schulmediothek.de/fileadmin/pdf/referenzrahmen_ik_111111.pdf

Fain, M. (2011). Assessing Information Literacy Skills Development in First Year Students: A Multi-Year Study. *The Journal of Academic Librarianship, 37*(2), 109-119. DOI: http://dx.doi.org/10.1016/j.acalib.2011.02.002

Gaulke, M. (2008). *Suchmaschinenkompetenz. Was wissen wir wirklich über Suchmaschinen? Eine Untersuchung am Beispiel von Google.* Hochschule Pforzheim: Masterarbeit.

Hanke, U., Straub, M. & Sühl-Strohmenger, W. (2013). *Informationskompetenz professionell fördern. Ein Leitfaden zur Didaktik von Bibliothekskursen.* Berlin: deGruyter.

Hargittai, E. (2002). Second-Level Digital Divide: Differences in People's Online Skills. *First Monday, 7*(4). DOI: http://dx.doi.org/10.5210/fm.v7i4.942

Hargittai, E., Fullerton, L., Menchen-Trevino, E. & Yates Thomas, K. (2010). Trust Online: Young Adults' Evaluation of Web Content. *International Journal of Communication, 4*, 468–494.
Head, A. J. (2007). Beyond Google? How students conduct academic research. *First Monday, 12*(8). DOI: http://dx.doi.org/10.5210/fm.v12i8.1998
Head, A. J. & Eisenberg, M. B (2010). Truth Be Told: How College Students Evaluate and Use Information in the Digital Age. Project Information Literacy Progress Report. *Project Information Literacy.*
Hochschulrektorenkonferenz. (2012). *Hochschule im digitalen Zeitalter: Informationskompetenz neu begreifen – Prozesse anders steuern*. 13. Mitgliederversammlung der HRK am 20. November 2012 in Göttingen. Göttingen.
Kingsley, K., Galbraith, G. M., Herring, M., Stowers, E., Stewart, T. & Kingsley, K. V (2011). Why not just Google it? An assessment of information literacy skills in a biomedical science curriculum. *BMC Medical Education 11*(17), 1-8.
Klingenberg, A. (2011). *Findigkeit entfalten. Entwurf eines gemeinsamen Referenzrahmens Informationskompetenz.* http://www.opus-bayern.de/bib-info/volltexte//2011/1029/pdf/Klingenberg_2011_06_08_Bibliothekartag_Referenzrahmen.pdf
Koltay, T. (2011). The media and the literacies: media literacy, information literacy, digital literacy. *Media, Culture & Society 33*(2), 211-221.
Mackey, T. P. & Jacobson, T. E.(2011). Reframing information literacy as a metaliteracy. *College & Research Libraries 72*(1), 62-78.
Medienpägogischer Forschungsverbund Südwest (2013). *JIM-Studie 2013. Jugend, Information, (Multi-) Media.*Stuttgart: Medienpägogischer Forschungsverbund Südwest.
Schiefner-Rohs, M. (2012). *Kritische Informations- und Medienkompetenz. Theoretisch-konzeptionelle Herleitung und empirische Betrachtungen am Beispiel der Lehrerausbildung.* Münster: Waxmann.
Schulz, L. (2011). *Vermittlung von Informationskompetenz an der Grundschule: Erarbeitung eines integrativen Praxiskonzepts für den Deutschunterricht Kölner Arbeitspapiere zur Bibliotheks- und Informationswissenschaft.* Köln: Fachhochschule Köln, Fakultät für Informations- und Kommunikationswissenschaften, Institut für Informationswissenschaft.
Shapiro, J. & Hughes, S. (1996). Information literacy as a liberal art? Educom review, 31, 31-35.
Stehr, N. (2001). Moderne Wissensgesellschaften. *Aus Politik und Zeitgeschichte B 36*, 7-14.
van Deursen, A. & van Dijk, J. (2009). Using the Internet: Skill Related Problems in Users' Online Behavior. *Interacting with Computers, 21*, 393-402.
van Deursen, A. & van Dijk, J. (2010). Measuring Internet Skills. In: International *Journal of Human Computer Interaction, 26*(10), 891-916.
van Deursen, A. & van Dijk, J. (2011). Internet skills and the digital divide. *Media and Society, 13*(6), 893-911.
van Deursen, A. & Van Diepen, S. (2013). Information and strategic Internet skills of secondary students: A performance test. *Computers & Education, 63*, 218-226.
van Deursen, A., van Dijk, J. & Peters, O. (2011). Rethinking Internet skills: The contribution of gender, age, education, Internet experience, and hours online to medium- and content-related Internet skills. *Poetics 39*(2), 125-144.
Williams, P. & Rowlands, I. (2007). *Information behaviour of the researcher of the future.* http://www.jisc.ac.uk/media/documents/programmes/reppres/ggworkpackageii.pdf

Friederike Siller und Jasmin Bastian

Lost and Found

Kinder informieren sich und andere im Netz

1 Einleitung

Kindern steht mit dem Internet ein Zugang zu Informationen zur Verfügung. Dieser Zugang ist kraftvoll, denn er hält weit verästelte und verschlungene Pfade zu Informationen der Welt bereit. Es ist ein Zugang in eine belebte Wildnis mit Trampelpfaden, Schluchten und Höhenwegen. Es gibt darin in zunehmendem Maße Autobahnen und begradigte Flüsse. Wie stellt sich dieser „Ort" für Kinder dar? Und wie bereiten wir als Eltern, Lehrkräfte und Gesellschaft Kinder auf ein mündiges, selbstbestimmtes Leben und Lernen umgeben von digitalen Diensten vor?

Kinder greifen zum Buch, sie legen eine DVD ein, schalten den Fernseher ein. Sie legen das Buch weg, lassen sich die DVD auswerfen und schalten den Fernseher aus. Aber wie machen sie das mit dem Internet? Die Handlungsoptionen „Aufklappen/Zuklappen", „An/Aus" bestehen in der digitalen Welt immer seltener. Es gilt die Entwicklung zum kontinuierlichen Sich-Andocken an das digitale Netz, welche sich eindrücklich am Einzug mobiler Medien in das Leben von Kindern und Jugendlichen zeigt. Laut Nutzungszahlen aus dem Jahr 2013 besitzen nunmehr 88 % der 12- bis 19-Jährigen ein internetfähiges Handy (im Jahr 2011 waren es noch 25 %), davon haben 60 % der jugendlichen Handybesitzer eine Internetflatrate (vgl. Medienpädagogischer Forschungsverbund Südwest (mpfs) 2013a, S. 54). Zu den wichtigsten Apps zählen die Jugendlichen Instant Messenger und Communities, also kommunikative Dienste (vgl. ebd.). Auch über ein Viertel der 6- bis 13-jährigen Kinder ist im Jahr 2012 im Besitz eines internetfähigen Handys – im Vergleich zum Jahr 2010 ist die Zahl der kindlichen Handybesitzer dabei nahezu um das Doppelte angestiegen (vgl. mpfs 2013b, S. 55). Darüber nutzen 62 % der Kinder das Internet, wobei große Unterschiede zwischen den verschiedenen Altersgruppen festzustellen sind. Verfügt bei den 6- bis 7-Jährigen nur jeder fünfte über Erfahrungen mit dem Netz, liegt der Anteil der Internetnutzer bei den 12- bis 13-Jährigen bereits bei 93 % (vgl. ebd., S. 33). Die im Jahr 2013 bei Heranwachsenden sehr erfolgreiche Messaging-Anwendung „Snapchat" (mit sich selbst nach wenigen Sekunden zerstörenden Nachrichten) kann als stellvertretend betrachtet werden für eine Entwicklung zum „Always-On"-Modus, der ständigen Verfügbarkeit und des Austauschs im und für den Moment.

Ob das digitale Netz auch in den nächsten Jahren vornehmlich über ein singuläres Gerät wie das mobile Telefongerät genutzt wird oder ob dieses etwa von einer Brille oder von einer Reihe weiterer sich anbietender „digitalisierbarer“ Gegenstände und Räume (z. B. dem Schulranzen, dem Kinder- und Jugendzimmer) abgelöst wird, ist wohl nachrangig. Entscheidend ist vielmehr: Kinder und Jugendliche sind nicht mehr „im“ Internet oder „draußen aus“ dem Internet, sondern sie leben – auf eine recht unspektakuläre Art und Weise – mit dem Internet. Insofern ist mit dem Internet auch kein Medium hinzugekommen, welches sich im Kinderzimmer neben das Bücher- und CD-Regal stellen ließe. Vielmehr sind die Lebenswelten von Kindern und Jugendlichen durchzogen von Erfahrungen auch im Digitalen. Die Kulturanthropologin Mizuko Ito stellt entsprechend fest:

> Social network sites, online games, video-sharing sites, and gadgets such as iPods and mobile phones are now well-established fixtures of youth culture [...] Today's youth may be engaging in negotiations over developing knowledge and identity, coming of age, and struggling for autonomy as did their predecessors, but they are doing this while the contexts for communication, friendship, play, and self-expression are being reconfigured through their engagement with new media. (Ito 2010, S. 1)

Kinder gehen im Netz auf Streifzug nach hilfreichen Informationen und Beschäftigungen. Es ist dabei eine zentrale, offene Frage für den schulischen gleichwie den außerschulischen Kontext, wie Kinder mit Onlineinformationen umgehen, wie sie sich diese beschaffen, sie bewerten, verwalten, strukturieren, visualisieren und teilen. Die Herkunft und die Qualität von Informationen aus dem Netz sind für Kinder und für Erwachsene oft nur schwer, im schlechtesten Fall gar unkenntlich bis unmöglich zu erkennen und zu bewerten. Der britische Medienforscher David Buckingham warnt aus diesem Grund zu Recht: „In these respects, the ethical dimensions of these media pose significant educational challenges: simply 'wiring up' schools or homes and assuming that the social good of information will flow through the screen is at best naïve and at worst positively dangerous.“ (Buckingham 2008, S. 6) Gehen Kinder im Netz also auf die Suche nach Spannendem, Wissenswertem oder Lustigem, ist nicht zu erwarten, dass sie mehrheitlich oder gar ausschließlich auf angemessene, kindgerechte Inhalte treffen.

Die folgenden Ausführungen befassen sich daher mit vier Fragestellungen: (1) Was suchen Kinder im Netz und wie hoch sind die informationsbezogenen Anteile an ihrer Internetnutzung? (2) Welche Fähigkeiten und Fertigkeiten benötigen Heranwachsende, um selbstbestimmt mit Informationen im Netz umzugehen? (3) Welche Angebote für Kinder gibt es im Netz? (4) Welche Bedingungen müssen erfüllt sein, damit Kinder gut mit dem Internet heranwachsen können?

2 Nutzung digitaler Medien von Kindern zur Information

Viele Erwachsene sorgen sich, dass Kinder im Netz ihre Zeit mit dem Versenden nutzloser Kurznachrichten oder mit Onlinegames verschwenden. In der ethnografischen Studie „Living and Learning with New Media" von Mizuko Ito et al. (2008) wird über drei Jahre hinweg der Frage nachgegangen, wie U.S.-amerikanische Kinder und Jugendliche Multimedia im außerschulischen Kontext nutzen. Ito kann zeigen, dass Kinder und Jugendliche im Netz keineswegs nur sinnlos ihre Zeit vergeuden. Vielmehr zeichnet sie zwei grundlegende Formen medialer Praktiken nach: „Friendship-driven Practices" und „Interest-driven Practices". Es wird deutlich, dass Heranwachsende das Internet vornehmlich zur Pflege von Beziehungen und Freundschaften aus dem Lebensumfeld (Schule, religiöse Organisationen, Sport u. a.) nutzen. Dies geschieht privat über Kommunikationsdienste wie Instant Messaging oder Mobiltelefonie ebenso wie öffentlich über soziale Netzwerke wie Facebook. Ito umschreibt diese mediale Praktik als „Hanging Out". Daneben beschreibt sie mit dem Begriff der interessensgetriebenen Praktiken die Onlineaktivitäten, welche Heranwachsende tätigen, um über den Horizont ihrer direkten Lebenswelt hinaus durch das Internet an Informationen zu gelangen oder eigenen Interessen nachzugehen („Geeking Out").

> A smaller number of youth also use the online world to explore interests and find information that goes beyond what they have access to at school or in their local community. Online groups enable youth to connect to peers who share specialized and niche interests of various kinds, whether that is online gaming, creative writing, video editing, or other artistic endeavors. In these interest-driven networks, youth may find new peers outside the boundaries of their local community. They can also find opportunities to publicize and distribute their work to online audiences, and to gain new forms of visibility and reputation. (Ito 2008, S. 1)

Die Ergebnisse der Studie implizieren, dass Kinder Zugang zu Informationen aus dem Netz zwar vorwiegend über „klassische" Suchmaschinen erhalten, dass aber auch andere Formen wie Videodatenbanken, Blogs, Social Media etc. in den Blick genommen werden müssen. Eine Studie zum „Medienhandeln in Hauptschulmilieus" von Wagner (2008) verdeutlicht darüber hinaus, dass Schüler durch ihre private Mediennutzung über Strategien zur Informationssuche verfügen, die vielfältiger als die Strategien sind, die sie in der Schule erwerben. Sie nutzen nicht nur Webseiten, die dezidiert auf die schriftliche Informationsvermittlung ausgelegt sind, sondern informieren sich auch über Video- und Audioplattformen, über Fachportale oder über den Austausch mit Freunden über Messenger oder Communities. Ein Bewusstsein darüber, dass die gefundenen Informationen nicht immer korrekt und geeignet sind, ist bei den Schülern durchaus vorhanden; konkrete Kriterien zur Beurteilung von deren Qualität können sie jedoch nur selten nennen. Werden solche erweiterten Suchstrategien (und deren Bildungspotenzial) im schulischen Zusammenhang also gesehen und zugelassen, kommt den Lehrkräften umso mehr die zentrale Aufgabe der Vermittlung von Kriterien zur Beurteilung und kritischen Reflexion von Onlineinformationen zu.

Im deutschsprachigen Raum liefert insbesondere die KIM-Studie Daten zur informationsbezogenen Internetnutzung von Kindern. An erster Stelle der Internetaktivitäten steht demzufolge die regelmäßige Nutzung von Suchmaschinen, gefolgt von der Nutzung von Kinderseiten sowie dem „Einfach drauf los Surfen" (Abbildung 1).

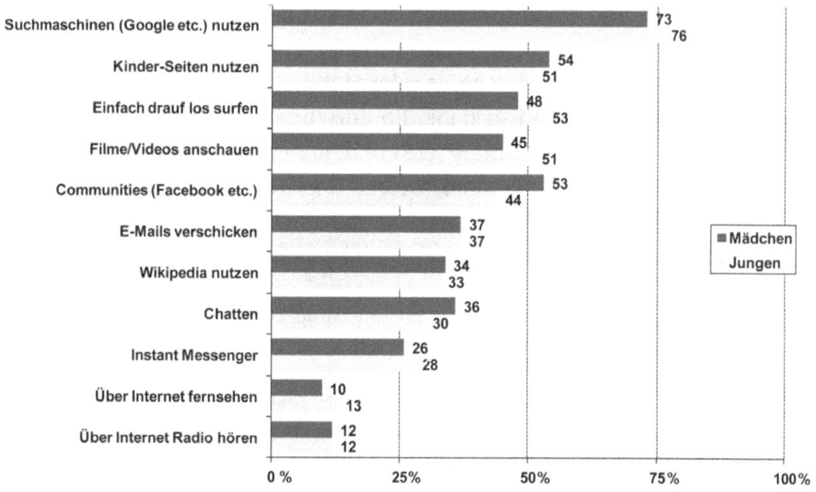

Abbildung 1: Internet-Tätigkeiten 2012 – mindestens einmal pro Woche (KIM-Studie).

Es ist hinsichtlich der Nutzung von Suchmaschinen zunächst herauszustellen, dass die mit Abstand bekannteste Suchmaschine *Google* ist (97 %). Jedes zweite Kind kennt darüber hinaus die Suchmaschinen für Kinder *Blinde Kuh* und *fragFINN* (vgl. mpfs 2013b, S. 39). An erster Stelle der suchbezogenen Aktivitäten steht die Recherche nach schulischen und an den Hausaufgaben orientierten Themen. Diesen folgen Spieleseiten, Informationen über Prominente sowie Nachrichten (Abbildung 2).

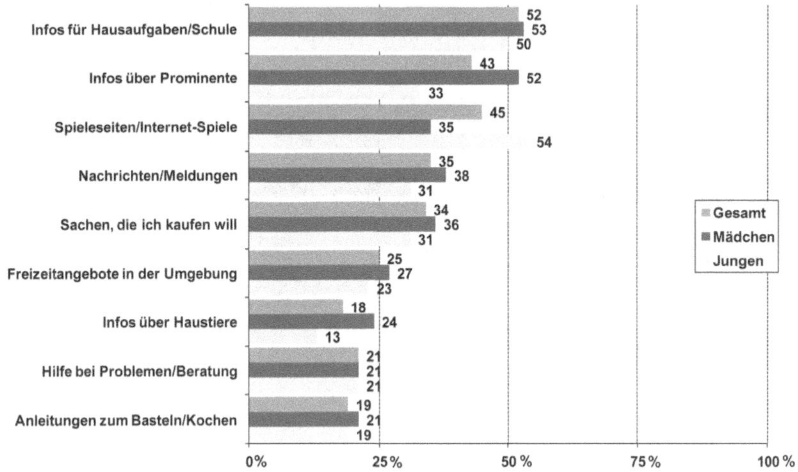

Abbildung 2: Suchen im Internet 2012 – mindestens einmal pro Woche (KIM-Studie).

Wenn der Computer in der Schule eingesetzt wird, so steht bei den 6- bis 13-Jährigen Textverarbeitung an erster Stelle (bei 80 % mindestens einmal wöchentlich). Jeweils zwei Drittel nutzen den Computer regelmäßig für Lernprogramme und zum Erlernen eines Umgangs mit Textverarbeitungsprogrammen. Das Recherchieren im Internet folgt an vierter Stelle (64 %). Am heimischen Computer hingegen führt bei den schulbezogenen Internetaktivitäten die Recherche im Internet zusammen mit der Nutzung von Lernprogrammen als Tätigkeit die Liste an (siehe Abbildung 3). Es ist generell festzuhalten, dass für Kinder die Suche nach Informationen ein wichtiger Bestandteil der Internet-Aktivitäten ist.

Auch in einer Studie zum Informationsverhalten von Kindern von Feil und Grobbin (2012), in deren Rahmen Logfiles der Kindersuchmaschinen *Blinde Kuh*, *fragFINN* und *Helles Köpfchen* untersucht werden, finden sich ähnliche Hinweise. Anhand einer Analyse der Suchanfragen von Kindern zeigen die Autoren, dass diese vornehmlich durch die Schule bestimmt sind: „Die ‚informationsorientierten' Suchanfragen spiegeln deutlich die Themen der Lehrpläne wider und lassen sich einzelnen Schulfächern zuordnen." (Feil und Grobbin 2012, o. S.) Die Autoren schließen daraus, dass sich Kindersuchmaschinen vornehmlich für schulische Zwecke eignen.

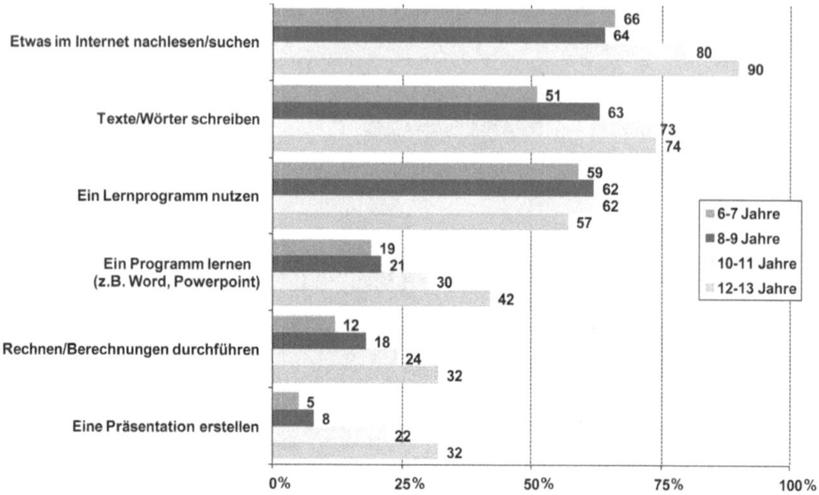

Abbildung 3: Computernutzung zu Hause für die Schule – Tätigkeiten – mindestens einmal pro Woche 2012 (KIM-Studie).

Ferner stellen Feil und Grobbin die unterschiedlichen Rechercheschwerpunkte während Schul- und Ferienzeiten gegenüber. Hier zeigt sich, dass Kinder in den Ferien öfter Unterhaltungsangebote anklicken, die während der Schulzeit nachgeordnet sind (Abbildung 4).

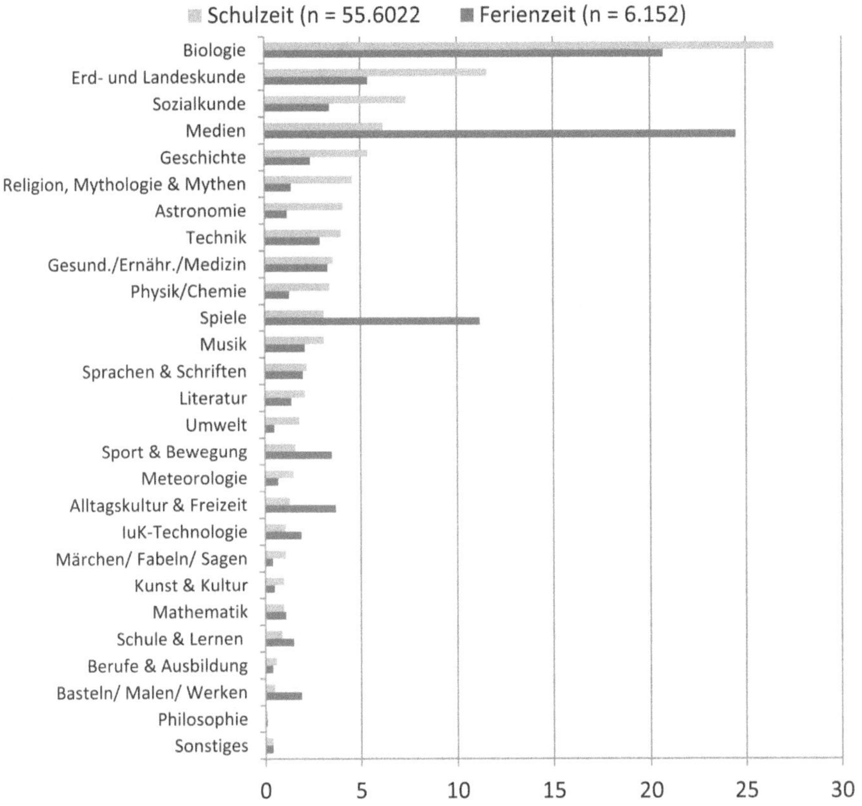

Abbildung 4: Suchanfragen nach Rechercheschwerpunkten in der Schul- und Ferienzeit (10-Prozent-Stichprobe).

Die Autoren weisen ferner auf einen weiteren interessanten Aspekt hin: „Bemerkenswert ist, dass sowohl in der Schulzeit als auch in der Ferienzeit gut ein Drittel der angeklickten Ergebnisseiten zu nur zehn Hauptdomains gehören". (ebd.; siehe auch Tabelle 1) Dieses Ergebnis ist insbesondere vor dem Hintergrund der enormen Bandbreite an Kinderinternetseiten im Netz von Interesse – bereits im Jahr 2010 ließen sich circa 800 Seiten finden, die sich explizit an Kinder richteten (vgl. Siller 2010, S. 79). Das „Relevant Set" der Internetseiten, die von Kindern zur Informationssuche herangezogen werden, ist damit verhältnismäßig klein. Feil und Grobbin stellen daher korrekterweise heraus: „Internetseiten, die sich auf ein einzelnes Thema spezialisieren, haben kaum eine Chance, gefunden zu werden. So wird die Aufforderung, mehrere Informationsquellen zu nutzen und Informationen zu vergleichen, durch die ‚Website-Konzentration' von den Suchmaschinen selbst konterkariert." (Feil & Grobbin 2012, o.S.)

Tabelle 1: Top-10-Internetseiten während der Schulzeit (Blinde Kuh, fragFINN, Helles Köpfchen).

Lfd Nummer	Hauptdomäne N = 4.200	Klick-Anzahl N = 512.788	Klicks in Prozent
1	www.medienwerksatt-online.de	35.782	7,0
2	www.kindernetz.de	32.290	6,3
3	www.wasistwas.de	26.362	5,1
4	www.blinde-kuh.de	17.490	3,4
5	www.wdrmaus.de	16.312	3,2
6	www.helles-koepfchen.de	13.690	2,7
7	www.tivi.de	10.752	2,1
8	www.palkan.de	9.644	1,9
9	www.toggo.de	9.063	1,8
10	www.br-online.de	7.937	1,5

Quelle: http://www.dji.de/cgi-bin/projekte/output.php?projekt=1160&Jump1=LINKS&Jump2=10 (Stand 05.01.2014).

3 Informationskompetenz aus einer medienpädagogischen Perspektive

Durch die zunehmende Digitalisierung verschieben sich wesentliche Parameter des Zugangs zu Wissensbeständen und des Umgangs mit Informationen. Die Bedeutung der informationsaufarbeitenden traditionellen Massenmedien wie der Zeitung oder den Fernsehnachrichten für die Rezipienten wandelt sich. Im digitalen Zeitalter können Rezipienten leicht selbst zu Produzenten werden, Informationen erzeugen und verbreiten (z. B. über eine eigene Website, einen Blog oder Social Media). In diesem Zusammenhang rücken – auch und *gerade* in Bezug auf die Mediennutzung von Kindern – Begriffe wie *Informationskompetenz*, *Medienkompetenz* und *digitale Selbständigkeit* in den Fokus. Dabei lässt sich Informations- ohne Medienkompetenz nicht denken – und umgekehrt: Alle Dimensionen von Medienkompetenz lassen sich mit dem Suchen und Verarbeiten von Informationen in Verbindung setzen. Der Erwerb von Medienkompetenz, verstanden als Befähigung zu einer aktiven Partizipation beim Aushandeln von Welt und Diskursen (vgl. Baacke 1973; 1996), setzt eine Beurteilungskompetenz voraus, die Kinder frühzeitig und von Grund auf für die unterschiedlichen Bereiche des Lebens erlernen müssen. Dies gilt uneingeschränkt auch für das Internet.

Verkürzt lässt sich in einer ersten Annäherung an die Trennschärfe beider Begriffe herausstellen, dass Informationskompetenz die Voraussetzung für den

Zugang und Umgang mit Informationen darstellt und beispielsweise Fragen danach aufwirft, welche Informationsbestände es gibt, von wem diese bereitgestellt werden etc. Medienkompetenzerwerb hingegen zielt ab auf die Voraussetzungen zur Teilhabe an der (digitalen) Gesellschaft mit der durchaus normativ-programmatischen Ebene der Befähigung zu mündigem Handeln in gesellschaftlichen Bezügen. Diese Sichtweise auf Medienkompetenz steht einem funktionalen Verständnis von Medienpädagogik entgegen. Medienpädagogisches Handeln lässt sich demnach nicht engmaschig auf die Bewältigung von konkreten Verwertungszusammenhängen reduzieren. Medienpädagogische Handlungskompetenz befähigt vielmehr die Menschen dazu, als mündige Subjekte an der Gesellschaft zu partizipieren und an ihr mitzuwirken.

Wie aber können Kinder zum emanzipierten Umgang mit Medien in einer zunehmend digitalisierten Gesellschaft befähigt werden? Wie bildet sich Informationskompetenz aus und wie kann ihr Erwerb gefördert werden? Wie können wir Kinder darauf vorbereiten, in den Spannungslagen von Internet und Gesellschaft kompetent agieren zu können? Und wie kann der Erwerb von Informations- und Medienkompetenz, verstanden als dynamisches Zusammenspiel von domänenspezifischem Wissen und anwendungsorientiertem Können, unterstützt werden?

Aus pädagogischer Sicht kann man sich diesem Fragekomplex nur nähern, wenn man grundsätzlich anerkennt, dass Kinder im Netz eigene Erfahrungen machen müssen, um einen kompetenten Umgang damit zu erlernen. Ein bewusster Umgang mit und eine reflektierte Anwendung von digitalen Medien entstehen nicht automatisch allein durch deren alltägliche Nutzung und Handhabung – ebenso wie jemand, der lesen kann, allein dadurch noch nicht HipHop-Songtexte oder die Sprache von Wissenschaftlern versteht. Die Entwicklung von Medien- und Informationskompetenz fängt vielmehr beim instrumentellen Erlernen und dem Erwerb von Wissen um Programme und Anwendungen an. Für einen sinnvollen Umgang mit digitalen Medien und den darin verfügbaren Inhalten und Angeboten bedarf es darüber hinaus einer eigenständigen Urteilskraft und der Fähigkeit, die Dienste so zu nutzen, dass sie mindestens dem eigenen Leben den Rücken stärken und zugleich die Bedürfnisse anderer respektieren.

Zwar bestehen im Bildungskontext verschiedene Konzepte, um Kinder an die digitalen Medien heranzuführen (von bewahrenden bis hin zu kritischen, handlungsorientierten Ansätzen). Ihnen allen gemeinsam ist aber die Ansicht, dass Medienkompetenz als erlernbar gilt und demzufolge erworben, geübt und weiterentwickelt werden kann. Der Vorstellung eines Kompetenzaufbaus durch Reifungs- und Entwicklungsprozesse wird in den aktuellen Diskussionen ebenso eine Absage erteilt wie der Vorstellung einer angeborenen Verfügbarkeit von Kompetenzen. Vielmehr wird angenommen, dass Kinder aktiv, direkt und unmittelbar am Aufbau eigener kompetenter Handlungsmuster beteiligt sind (vgl. Siller 2007, S. 32).

Diese Annahme erscheint auf den ersten Blick schlicht, doch die darin enthaltenen Implikationen und Herausforderungen werden für Erziehungs- und Lehrpersonen spätestens dann konkret erfahrbar, wenn Kinder Medien nutzen. Denn dann stellen sich Fragen wie: Auf welche Inhalte stoßen Kinder im Internet? Welche Informationsquellen hält es zu bestimmten Gegenständen bereit und welche Informationen lässt es vermissen? Auf welchen (Um-) Wegen können Kinder gesuchte Informationen finden? Und wie bekommen sie die Fülle der online gefundenen Informationen sortiert?

Für das Auffinden und die (Vor-)Sortierung von digital verfügbaren Informationen wird in der Regel auf Suchmaschinen zurückgegriffen. Jünger (2013, S. 64) stellt in einer Studie zum Informationsverhalten Heranwachsender fest, dass deren Suchstrategien sich zumeist auf die Auswahl eines der ersten Treffer einer Suchmaschine beschränken. Dabei kann nicht vorschnell geurteilt werden, dass die Recherche in Suchmaschinen (also das „Googeln" von Informationen), das schnelle Nachlesen in offenen Enzyklopädien wie Wikipedia und das Einholen von Informationen mit dem „Copy and Paste"-Prinzip nicht per se als „zweitklassige" Vorgehensweisen bei der Beschaffung von Informationen zu verurteilen sind. Vielmehr ist der Blick auf die Kompetenzen hinsichtlich der eigenen Urteilskraft und Reflexionsfähigkeit zu richten. Vermögen Kinder die folgenden Handlungen auszuführen, die als Teilkompetenzen von Informationskompetenz gelten können?

1) Bestimmung eines Ziels

Um sich bei einer Suche nicht in den Weiten der Informationsmöglichkeiten zu verlieren, ist es für ein Kind wie für jeden anderen Rezipienten von Bedeutung, vor Suchbeginn den eigenen Informationsbedarf möglichst präzise zu formulieren: Zu welchem Zweck wird gesucht und was soll das Ziel der Suche sein? Im Rahmen einer „klassischen" Informationssuche fängt die Recherche meist mit einer ersten Ausgangsinformation an. Dabei muss es sich nicht zwangsläufig um eine textbasierte Information wie einen Lexikonartikel handeln. Auch ein Video- oder Audiobeitrag kann zum Gegenstand der Betrachtung werden. Erst im weiteren Verlauf der Suche im Internet zeigt sich jedoch die Informationskompetenz eines Kindes, etwa indem es sein ursprüngliches Ziel im Blick behält, statt sich in anderweitigen interessanten Informationen und Hyperlinkstrukturen zu „verirren".

2) Gezielte Informationsbeschaffung
Ist das Kind darüber hinaus in der Lage, sich Informationen eigenständig und zielgerichtet zu beschaffen? Zu diesem Zweck bedarf es der Fähigkeit, in einem angemessenen Verhältnis zwischen Aufwand und Nutzen geeignete Informationen zu finden. Ein grundlegendes Wissen über entsprechende Suchmaschinen und Recherchefunktionen ist dazu nötig: Sind dem Kind eine oder bestenfalls mehrere Plattformen (z. B. Kindersuchmaschinen) zur Informationssuche bekannt? Beherrscht es die Formulierung gezielter Suchanfragen mithilfe von Oberbegriffen, Synonymen oder Kollokationen und ähnlichem? Und kann es aus den gefundenen Informationen Geeignetes selektieren und Ausgewähltes organisieren?

3) Kritische Reflexion
In einem nächsten Schritt ist ein kritisch-reflexiver Umgang mit den gefundenen Informationen von Bedeutung. Dazu sind die Qualität der Information und ihrer Quellen wie auch die Relevanz des Fundstücks für das eigene Informationsbedürfnis zu betrachten. Kann das Kind einschätzen, ob es sich um einen seriösen Fundort handelt? Vermag es Datum und Autorenschaft der Information zu finden und deren etwaiges Fehlen kritisch zu bewerten? Sind dem Kind darüber hinaus die Mechanismen bekannt, mit denen Suchmaschinen arbeiten? Ist ihm bewusst, dass es sich bei den Fundstücken nicht um eine erschöpfende, sondern nur um eine eingeschränkte Auswahl von Information handelt, die anders ausfallen könnte, wenn andere Algorithmen zum Einsatz kämen?

4) Verantwortungsvoller Umgang
Weiter stellt sich die Frage, ob das Kind mit gewonnenen oder erzeugten Informationen verantwortungsbewusst umgeht. Dazu muss es Kompetenzen erlangt haben, die es in die Lage versetzen, die Konsequenzen des eigenen Handelns zu begreifen. Vermag es selbst erzeugte Inhalte (etwa eingestellte Bilder oder selbst verfasste Texte) zu schützen? Kann es die möglichen Folgen des Teilens scheinbar frei verfügbarer Informationen aus dem Netz (z. B. fremder Bilder, Artikel, Filme, Soundfiles oder Textnachrichten) einschätzen? Hat das Kind ein erstes Wissen über geistiges Eigentum und Urheberrecht?

5) Weiterverwertung und Informationsmanagement
Darüber hinaus zeichnet sich die Informationskompetenz eines Kindes durch die bedeutsame Einbindung der erworbenen Information in die eigenen Zwecke aus. Erst wenn das Kind in der Lage ist, gefundene Informationen zu verwenden, zu übertragen, „anschlussfähig" für das eigene Lernen zu machen, schließt sich der Kreislauf des persönlichen Informationsmanagements. Um Informatio-

nen angemessen präsentieren und distribuieren zu können, braucht es überdies Fähigkeiten zur entsprechenden Aufbereitung: Kann das Kind Informationen für unterschiedliche Empfänger oder für eine Veröffentlichung in verschiedenen Medien(-anwendungen) bzw. Sachzusammenhängen adäquat gestalten? Auch das Festhalten erfolgreicher Informationsstrategien (etwa durch Bookmarking) oder wertvoller Informationen (etwa in Ablagesystemen oder virtuellen Notizbüchern) zeichnet ein gelungenes Informationsmanagement aus.

Die genannten Basisfähigkeiten bilden die Grundlage für ein gelungenes Informationsverhalten nicht nur bei Kindern. Die Organisation für wirtschaftliche Zusammenarbeit und Entwicklung (OECD) siedelt die Informationskompetenz auf einem sehr hohen Niveau an und beschreibt sie als „eine notwendige Grundlage für das Verständnis von Optionen, Meinungsbildung, Entscheidungsfindung und informiertes sowie verantwortungsbewusstes Handeln" (OECD 1997, S. 13). Betrachtet man Informationskompetenz als ein stufenförmiges Modell, sind insbesondere die drei letztgenannten Teilkompetenzen an einer hohen Position einzustufen und nicht als Basiskompetenzen zu betrachten, die von Kindern in einem ersten Schritt erworben werden. Verfügen aber jüngere Kinder noch nicht über diese Teilkompetenzen, so stellt ihr Erwerb das zu erreichende Ziel der Informationskompetenz dar.

Für Sozialisations- und Bildungsinstitutionen wie Familie oder Schule bedeutet das nicht nur, dass sie die genannten Kernkompetenzen vermitteln müssen, sondern auch, dass sie Verantwortung tragen, Kindern und Jugendlichen einen Zugang zu Informationen, zu Wissensbeständen und zu altersgemäßen Angeboten zu ermöglichen.

4 Projekte zur Förderung von Informationskompetenz

Die Betrachtung von Ansätzen und Maßnahmen zur Förderung der Informationskompetenz macht Bruchlinien sichtbar: Zumeist werden einseitig entweder die Risiken *oder* die Chancen des Internet betont und bearbeitet. Auf der einen Seite werden Schutzkonzepte und entsprechende Maßnahmen entwickelt, z. B. zur Internetsicherheit oder zum Jugendmedienschutz. Auf der anderen Seite entwickeln Institutionen Konzepte des unbedingten „Digital Empowerment" zur Befähigung der Bürgerbeteiligung in einer „Digital Society". Mit Fokus auf diese Befähigung stellt Howard Rheingold in seiner Abhandlung „Net Smart" (2012) daher die folgerichtige Frage: "How can we use digital media so that they help us become empowered participants rather than passive consumers?"

Auch bei der Betrachtung von Projekten zur Förderung von Informationskompetenz für Kinder fällt auf, dass diese sich an jeweils unterschiedlichen Stellen zwischen den Extremen der bewahrenden und der emanzipatorischen Position ansiedeln. Ihre Zielsetzung ist je nach Verortung eine andere: Sie reicht von einer Abschirmung von Kindern vor bestimmten Inhalten bis hin zur Vermittlung von Reflexions- und Handlungskompetenzen, die zu einer eigenständigen Nutzung von Informationen oder deren bewusster Nicht-Inanspruchnahme führen können. In diesem Zusammenhang konstatiert eine Studie des Deutschen Instituts für Vertrauen und Sicherheit im Internet (DIVSI) aus dem Jahr 2012: „Wer sich nicht auskennt, fordert Schutz, und wer sich sicher fühlt, wünscht Freiheit" (DIVSI 2012, S. 157). Wer Kinder und Jugendliche demnach auf ein Leben vorbereiten möchte, in dem sie ihre Freiheiten wahrnehmen können und wollen, der darf sich nicht auf bloße Schutzkonzepte beschränken. Vielmehr müssen Kindern Möglichkeiten an die Hand gegeben werden, die es ihnen ermöglichen, ihre Freiheit bei der Suche, Produktion und Weiterverwendung von Informationen zu nutzen.

Bestenfalls knüpfen Projekte zur Vermittlung von Informationskompetenz an die eigenen Erfahrungen von Kindern an und bieten ihnen möglichst authentische Kontexte, um Kompetenzen zu erwerben (vgl. Hapke 2007, S. 142). Alltagsrelevante Fragestellungen und Bezüge zur Lebenswelt von Kindern sind nicht nur für das Interesse der Kinder am Projekt bedeutsam, sondern erleichtern auch die Übertragbarkeit der im Projekt erworbenen Informationskompetenzen auf den eigenen Alltag. Kurse, in denen ohne situative Bezüge einzelne Informationskompetenzen vermittelt werden sollen, sind insofern unzureichend, als Kinder die Inhalte nicht mit konkreten Situationen und Problemstellungen verknüpfen, das erworbene Wissen nicht übertragen können und es somit abstrakt und möglicherweise träge bleibt. Von einer späteren Anwendung der erlernten Strategien im eigenen Alltag ist in diesem Fall nicht auszugehen.

Projekte zur Vermittlung von Informationskompetenz sollten darüber hinaus mit Kindern ihr Informationssuchverhalten reflektieren. Häufig werden bekannte Suchmaschinen zur Suche nach einfachen Schlagwörtern genutzt und die ersten Treffer als die am besten geeigneten Informationen unhinterfragt akzeptiert. Ein übergeordnetes Ziel medienpädagogischer Arbeit sollte daher sein, Kinder zum Nachdenken über die eigenen Nutzungsgewohnheiten anzuregen. Ferner sollte ein Grundverständnis für Algorithmen bereits bei Kindern herausgebildet werden, stellen diese doch ein zentrales Instrument digitaler Informationssortierung dar.

Weiterhin können Kindern in schulischen und außerschulischen Kontexten alternative Angebote zu den Anwendungen gemacht werden, die sie bereits nutzen. Häufig sind nur reichweitenstarke Angebote bekannt und werden von Kindern genutzt, während kleinere Angebote nicht bekannt sind und somit nicht genutzt werden. Insbesondere zur Informationsrecherche können aber digitale Nischenangebote für Kinder hilfreich sein, die in kindgerechter Sprache mit für Kinder verständlichen und anschaulichen Erklärungen arbeiten.

Schließlich sollte das Ziel von Projekten zur Vermittlung von Informationskompetenz nicht nur der Erwerb von Wissen über die Rezeption von Informationen sein, sondern auch die eigenständige Informationsproduktion und -weiterverwendung. Erst wenn Kinder im Stande dazu sind, Informationen zu organisieren, ist es ihnen möglich, ihr Wissen (digital) festzuhalten und damit für sich und andere zu autonomisieren.

5 Suchmaschinen für Kinder

Ein wichtiges Hilfsmittel zur Beschaffung von Informationen sind bereits bei Kindern Internet-Suchmaschinen. Sie ermöglichen, einen großen Teil der Informationen im World Wide Web zu finden. Keine Suchmaschine kann Kindern die Denkarbeit bei der Recherche und beim Umgang mit Informationen abnehmen, aber der Prozess des Suchens lässt sich pädagogisch und technisch begleiten.

Kindersuchmaschinen[1] haben zum Ziel, Kindern sichere, kindgerechte „Startrampen" für das Surfen im Internet bereit zu stellen. Drei Aspekte kommen besonders zum Tragen: (a) Kinder werden beim Start ins Internet an kindgerechte

1 Für den deutschsprachigen Raum sind hier die Blinde Kuh, fragFINN und Helles Köpfchen zu nennen.

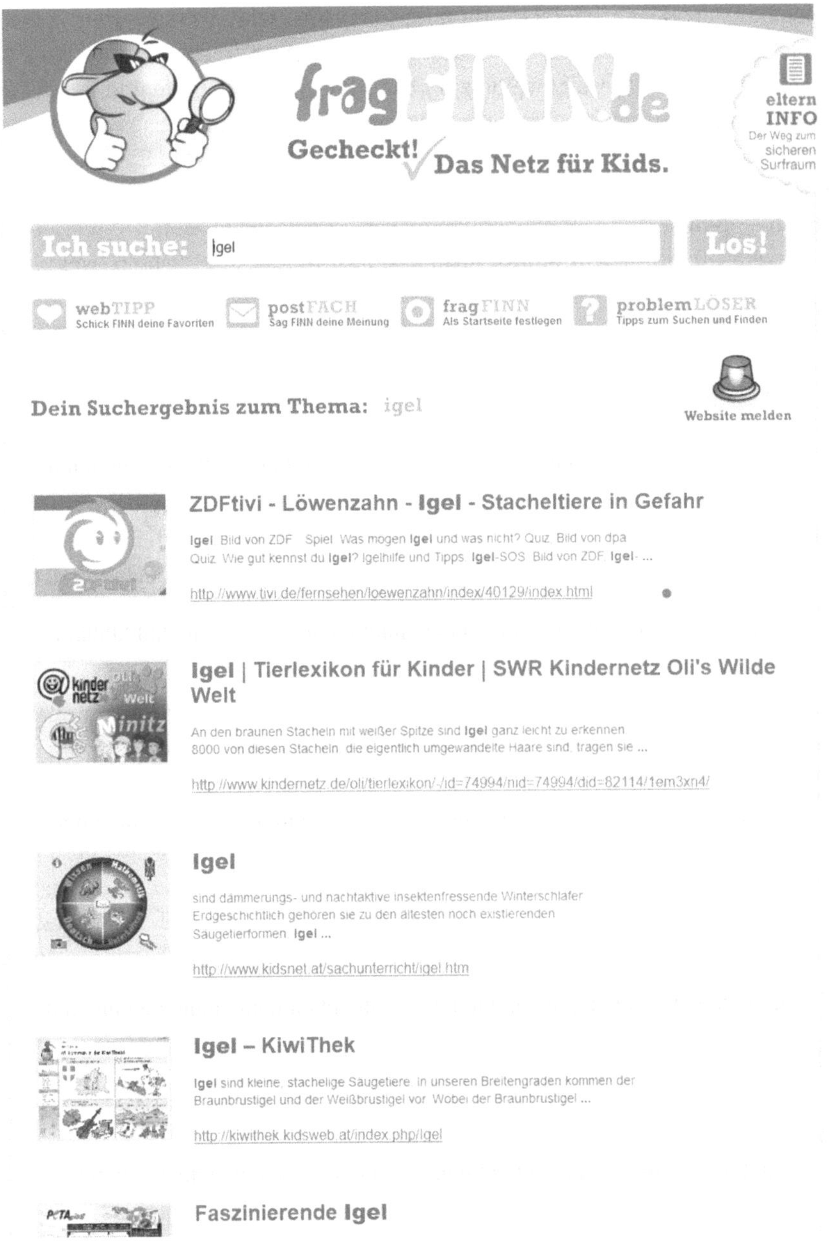

Abbildung 5: Kindersuchmaschine fragFINN (www.fragFINN.de).

Angebote herangeführt und gute Internetangebote werden für sie sichtbar gemacht. (b) Bei der Erkundung des Internets können Kinder selbstbestimmt und eigenaktiv im Netz navigieren, da aufgrund eines whitelist-basierten Zugangs keine für Kinder in einem entwicklungsbeeinträchtigenden Sinne problematischen Webseiten angezeigt werden. (c) Es soll die positive Breite und Vielfalt des Internet für Kinder erfahrbar sein, sodass individuellen Interessen und Bedürfnissen nachgegangen werden kann und die bewusste Auswahl für (oder gegen) ein bestimmtes Internetangebot erlernt und erprobt wird. Auch hier müssen Kinder – wenn auch in einem geringeren Umfang als bei großen Suchmaschinen – aus einer Bandbreite an Suchergebnissen selbständig auswählen, welche der aufgelisteten Internetseiten die für sie relevanten Informationen bereithält. Sie stoßen auch bei einem begrenzten Surfraum auf interessante und unterhaltsame Angebote sowie auf Internetseiten, die sie langweilig finden und ihr Interesse nicht bedienen.

Ein Beispiel hierfür ist die Kindersuchmaschine fragFINN (Abbildung 5): Nach Eingabe einer Suchanfrage in die Suchmaske läuft eine automatische Volltextsuche, d. h. die Internetangebote, die sich auf der fragFINN-Whitelist, welche ca. 11000 Domains umfasst, werden in der Tiefe nach dem spezifischen Begriff bzw. der Wortkombination durchsucht. Die Kinderinternetseiten (ca. 650 Domains), die sich auf der Whitelist befinden, werden in den Suchergebnissen als erstes ausgespielt, gefolgt von den kindergeeigneten „Erwachsenenseiten", also Seiten, die sowohl für Kinder als auch für Erwachsene interessant sein können. Die entsprechende Kategorisierung wird händisch vom Redaktionsteam vorgenommen. Die Suchergebnisse werden mit einem Screenshot der Internetangebote und einem Teasertext ausgegeben. Im Kinderbereich von *fragFinn* finden sich zudem Hinweise und Tipps, wie man Suchbegriffe auswählt, miteinander kombiniert und einzelne Treffer aus den Suchergebnissen auswählt. Kinder werden dazu ermuntert, mehrere Internetseiten der Trefferliste zu betrachten und die darin enthaltenen Informationen miteinander zu vergleichen. Auf den Suchergebnisseiten gibt es einen sogenannten „Alarmbutton", mittels dessen Kinder problematische Seiten – also Seiten, die sie irritieren oder stören – beim Redaktionsteam melden können.

6 Ausblick

Es wird deutlich, dass sich mit der immer größer werdenden Menge an digitalen Informationen und Wissensbeständen, die in vielen Fällen frei verfügbar und damit potenziell für jeden nutzbar sind, das Ausgangsmaterial und der „Stoff" für Bildung und Wissensvermittlung verändern. Zur Information bieten sich nicht mehr nur das Medium der Sprache und der geschriebene Text an, sondern zunehmend auch multimediale Darstellungen, Datenbanken und andere Zugangswege und Inhalte, die mit dem klassischen Schulbuch, Lexikon oder Sachbuch nicht mehr viel gemein zu haben scheinen.

Dieser Wandel betrifft nicht nur Kinder und Jugendliche oder Schülerinnen und Schüler, sondern konsequenterweise auch Eltern und Lehrkräfte: Immer seltener holen Lehrkräfte noch eine Landkarte aus der Schulbibliothek, da man sich bei einem digitalen Geodienst mit den Schülern mit wenigen Klicks die Satellitenansicht, die Höhenlinien, historische Grenzverläufe, Sehenswürdigkeiten, Wetterkarten usw. nicht nur per Zoom-In/Out ansehen, sondern auch digital kommentieren oder im Rahmen eines Schülerprojekts kollaborativ mit eigens recherchierten Informationen (z. B. Audiobeiträgen zu Orten mittels Zeitzeugen-Interviews, Educaching u. v. m.) ergänzen kann. Immer häufiger schlagen Eltern bei einer Frage ihrer Kinder die Antwort schnell in einem Onlinelexikon nach oder veranschaulichen sie durch ein erklärendes Video, statt ein gedrucktes Buch zu konsultieren.

In den Anfängen der bildungsbezogenen Überlegungen zu Computern in den 1960ern wurde versucht, sie stark instruktiv und damit analog zum lehrerzentrierten Unterricht einzusetzen. Diese Vorstellung von technologie-zentriertem Lernen hat jedoch zu Recht ihre Bedeutung verloren, da menschliches Lernen komplexer ist als eine kanalisierte Informationsaufnahme. Das Internet kann seine Potenziale für den bildungsbezogenen Einsatz dann entfalten, wenn vernetztes Lernen zugelassen und unterstützt wird – sowohl im Hinblick auf eine Vernetzung der Wissensbestände als auch im Hinblick auf eine Vernetzung der Lernenden in kooperativen und kollaborativen, formalen und informellen Settings. Projekte, in deren Rahmen Kinder Redaktionsgruppen bilden – etwa um Informationen für eine eigene Schülerwebsite oder einen Weblog zu erstellen, aber auch um Radiosendungen, Podcasts, Wikis oder Testberichte zu produzieren – können die Informationskompetenz der Teilnehmer stärken. Von Kindern entwickelte, kommentierte und ergänzte Inhalte, etwa für Educaches oder Mobile Games, sind mögliche Anlässe, um die eigene Informationssuche und Recherchegewohnheiten zu reflektieren. Da sich Beurteilungskompetenz jedoch nicht von selbst einstellt, sind sowohl Lehrende als auch Eltern gefragt, die Erfahrungen der Kinder gemeinsam mit diesen auf den Prüfstand zu stellen, zu besprechen, zu erproben, gegebenenfalls zu revidieren und weiter zu entwickeln. Abschließend werden drei Thesen formuliert:

– Es wurde bereits deutlich, dass das Ziel von Medien(pädagogen) nicht das Bewahren von Kindern und Jugendlichen sein kann, sondern dass „unverstellte" Begegnungen mit Informationen im Netz wichtig für die Entwicklung der Medienkompetenz von Heranwachsenden sind. Die Anschaulichkeit beim Lernen kann als einer der wichtigsten und gleichzeitig ältesten didaktischen Grundsätze gewertet werden. Bereits im 17. Jahrhundert entwickelte sich unter dem böhmischen Pädagogen Comenius (2008 [1657]) das Prinzip der Originalbegegnung: Die reale Begegnung des Kindes mit dem Lerngegenstand soll der reinen Wissensvermittlung durch Bücher vorgezogen werden. Statt fremde Beobachtungen und Erfahrungen zu übernehmen, sollen Heranwachsende die Dinge in der Natur selbstständig erforschen. Insbesondere die Reformpädagogik entwickelte Anfang des 20. Jahrhunderts didaktische Entwürfe, die anschauliches und handlungsorientiertes Lernen ermöglichen und fördern sollen. In dieser Zeit entstanden neue Lernorte jenseits des Klassenraumes, wie Schullabore, -werkstätten, -küchen und -gärten. Aus heutiger Sicht können diese Konzepte, die eine engere Verbindung von Schule und Lebenswelt zum Ziel haben, unter dem Begriff „Öffnung von Schule" gefasst werden Auch das Internet stellt einen solchen „Ort" jenseits von Klassenzimmer und Schulbuch dar und ist trotz seiner Virtualität nicht weniger real. Die Informationssuche im Internet kann deshalb als eine Begegnung mit „realen" Erfahrungen und Lerngegenständen gelten.

- Die Art, wie wir einen Gegenstand betrachten, hängt nicht nur von der Zeit und der Kultur ab, in der wir leben. Es ist auch von Bedeutung, über welche „Kanäle" wir auf die Welt blicken und welche Zugänge uns zur Verfügung stehen bzw. uns von den für unsere formale Bildung Verantwortlichen oder von Wirtschaftsunternehmen zur Verfügung gestellt werden. Im Rekurs auf die diesen Artikel einleitende „Ortsbeschreibung" soll festgehalten werden, dass es aus der Perspektive von Bildung und Pädagogik heraus diesen „wilden" Charakter des Internets für Kinder zu wahren gilt, wenn Anspruch auf eine Erziehung zur Mündigkeit erhoben wird. Es ist nicht so, dass der Zugang zur Natur durch das Anlegen von Autobahnen und damit die schnelle Erreichbarkeit dieser verbessert würde. Kindern einen Zugang zu den digital zur Verfügung gestellten Informationen bereit zu stellen, erfordert auch stets etwas Zutrauen in den kindlichen Umgang mit einer zu Teilen unkanalisierten und unsortierten Welt der Dinge.
- Wenn Kinder sich eigenständig im Netz bewegen, kann es sinnvoll sein, ihnen den Einstieg über sichere „Startrampen" anzubieten. Eine möglichst frühe Gelegenheit zum Umgang mit (Kinder-)Suchmaschinen ab Grundschulalter bereitet Kinder darauf vor, bei der Recherche im Internet eigenständig Urteile zu treffen und Entscheidungen zu fällen. Die Zielsetzung von Kindersuchmaschinen und anderen kindgerechten Portalen besteht mittelfristig betrachtet allerdings darin, sich selbst im Leben von Kindern überflüssig zu machen. Der richtige Zeitpunkt ist dann erreicht, wenn ältere Kinder ein Maß an Souveränität und Sicherheit im Umgang mit dem Internet erworben haben, welches

es ihnen erlaubt, das Internet jenseits des „sicheren Surfraums“ kompetent zu betreten. Kindersuchmaschinen und andere kindgerechte Portale müssen daher stets das Internet in seiner Gesamtheit vor Augen haben. Auf diesen „Ort“, mit allem was dazugehört, müssen Eltern, Lehrer und unsere Gesellschaft Heranwachsende vorbereiten. Dies ist nicht verhandelbar, sondern eine notwendige Bedingung in einer demokratischen Gesellschaft.

Literatur

Baacke, D. (1973): Kommunikation und Kompetenz. Grundlegung einer Didaktik der Kommunikation und ihrer Medien. München: Juventa.

Baacke, D. (1996). Medienkompetenz – Begrifflichkeit und sozialer Wandel. In: Von Rein, Antje (Hrsg.), *Medienkompetenz als Schlüsselbegriff.* Bad Heilbrunn: Klinkhardt.

Buckingham, D. (2008). *Childhood 2025 and Beyond Children, Media and Technology.* Verfügbar unter: http://www.beyondcurrenthorizons.org.uk (Stand: 30.11.2013)

Comenius, J. A. (2008). *Große Didaktik: Die vollständige Kunst, alle Menschen alles zu lehren.* 10. Auflage, hrsg. von Andreas Flitner. Original 1657. Stuttgart: Klett-Cotta.

Deutsches Institut für Vertrauen und Sicherheit im Internet (DIVSI) (2012). *Milieu-Studie zu Vertrauen und Sicherheit im Internet.* Verfügbar unter: https://www.divsi.de/publikationen/studien/divsi-milieu-studie. (Stand: 13.12.2013)

Feil, C. & Grobbin, A. (2012). *Was und wie suchen Kinder im Internet?* DJI. Verfügbar unter: http://www.dji.de/cgi-bin/projekte/output.php?projekt=1160&Jump1=LINKS&Jump2=10 (Stand 13.12.2013)

Hapke, T. (2007). Informationskompetenz 2.0 und das Verschwinden des „Nutzers“. *Bibliothek Forschung Und Praxis*, 31(2), 137-149. doi:10.1515/BFUP.2007.137

Ito, M. (Hrsg.) (2010). *Hanging Out, Messing Around, and Geeking Out: Kids Living and Learning with New Media.* Cambridge, MA: MIT.

Ito, M., Horst, H., Bittanti, M., boyd, D., Herr-Stephenson, B., Lange, P. G. & Robinson, L. (2008). *Living and Learning with New Media: Summary of Findings from the Digital Youth Project.* Chicago: The MacArthur Foundation.

Jünger, N. (2013). Wie Heranwachsende einem ausgewählten Thema nachgehen. In: Schorb, Bernd (Hrsg.), *Jugend – Information – Medien.Report des Forschungsprojektes Medienkonvergenz Monitoring zur Aneignung von Informationen durch 12- bis 19-Jährige* (S. 47-90). Universität Leipzig.

Medienpädagogischer Forschungsverbund Südwest (mpfs) (2013a). *JIM-Studie 2013. Jugend, Information, (Multi-) Media. Basisuntersuchung zum Medienumgang 12- bis 19-Jähriger.* Verfügbar unter: http://www.mpfs.de/fileadmin/JIM-pdf13/JIMStudie2013.pdf (Stand 05.01.2014)

Medienpädagogischer Forschungsverbund Südwest (mpfs) (2013b). *KIM-Studie 2012. Kinder + Medien, Computer + Internet. Basisuntersuchung zum Medienumgang 6-bis 13-Jähriger in Deutschland.* Verfügbar unter: http://www.mpfs.de/fileadmin/KIM-pdf12/KIM_2012.pdf (Stand 05.01.2014)

Oelkers, J. (2005). *Reformpädagogik: Eine kritische Dogmengeschichte* (Grundlagentexte Pädagogik). Weinheim: Beltz Juventa.

Organisation for Economic Co-operation and Development (OECD) (1997). *Definition und Auswahl von Schlüsselkompetenzen. Zusammenfassung.* Verfügbar unter: http://www.oecd.org/pisa/35693281.pdf (Stand 05.01.2014)

Rheingold, H. (2012). *Net Smart: How to Thrive Online.* Cambridge, MA: MIT.

Siller, F. (2007). *Medienpädagogische Handlungskompetenzen. Problemorientierung und Kompetenzerwerb beim Lernen mit neuen Medien* (Dissertationsschrift). Fachbereich 02: Sozialwissenschaften, Medien und Sport. Johannes Gutenberg-Universität Mainz.

Siller, F. (2010). Medienpädagogische Anforderungen an eine Whitelist für Kinder. Der sichere Surfraum von fragFINN. In: *tv diskurs, 51,* 78-79.

Wagner, U. (Hrsg.) (2008). *Medienhandeln in Hauptschulmilieus – Mediale Interaktion und Produktion als Bildungsressource.* München: Kopaed.

Astrid Mager

Ideologie des Algorithmus

Wie der neue Geist des Kapitalismus Suchmaschinen formt

1 Einleitung

Als besorgte Mutter eines Kleinkindes führte ich kürzlich eine Online-Recherche zu Kinderspielzeug aus China durch. Zeitungsartikel zu krebserregenden Weichmachern, Warnungen vor giftiger Farbe, und TV-Beiträge zu Schwermetallen in Holzspielzeug haben mich dazu getrieben. Wie der Großteil europäischer InternetnutzerInnen,[1] öffnete ich die Suchmaschine Google und tippte die Schlagwort-Kombination „Kinderspielzeug China" in die Suchmaske ein. Die Ergebnisliste zeigte ein interessantes Bild. Die Suchmaschinenergebnisse präsentierten mir Links wie „Schock-Studie: Gift-Alarm für Spielzeug aus China"[2] oder „Alarm im Kinderzimmer"[3]. Die bezahlten Werbeanzeigen hingegen boten mir Verweise zu Online-Händlern von „Top-Marken"[4] und „süßem Kinderspielzeug"[5] an; über und rechts neben den Ergebnissen, siehe Abbildung 1.

Die Schere zwischen den regulären Ergebnissen und den bezahlten Links ging damit deutlich auseinander. Während die Suchmaschinenergebnisse meinen Bedarf an Information deckten, boten mir die bezahlten Anzeigen konkrete Produkte zum Kauf an. Aus purer Neugierde klickte ich auf einige der bezahlten Links, die mich, entsprechend meines Standorts und der Sprache meines Browsers, zu myToys.de oder kidoh.at führten. Ab diesem Zeitpunkt verfolgten mich Holzbausteine, Bilderbücher und Babykleidung von einer Webseite zur anderen, obwohl ich das Thema längst hinter mir gelassen hatte. Mein Bedürfnis an sachlicher Information wurde ganz klar in einen Konsumentenwunsch transformiert, den Google (und mit Google werbende Seiten) mit Spielwaren zu befriedigen versuchten. Mehr und mehr Werbeanzeigen wollten mich überzeugen, Kinderspiel-

1 In Europa hat Google einen noch höheren Anteil am Suchmaschinenmarkt als in den USA, siehe zum Beispiel: http://www.luna-park.de/blog/1650-suchmaschinen-marktanteile-europa/ (10.04.2014).

2 Bild Zeitung: http://www.bild.de/geld/wirtschaft/studie/gift-alarm-fuer-spielzeug-aus-china-21450160.bild.html (10.04.2014).

3 Stiftung Warentest: http://www.test.de/Spielzeug-Alarm-im-Kinderzimmer-4150171-0/ (10.04.2014).

4 Kidoh: http://www.kidoh.at/?wea=1651001 (10.04.2014).

5 Tausendkind: http://www.tausendkind.de/ (10.04.2014).

zeug (aus China) in meinen virtuellen Einkaufswagen zu legen – trotz der Sorge um die Gesundheit meines Sohnes, die auf diesen Seiten keine Rolle mehr spielte.

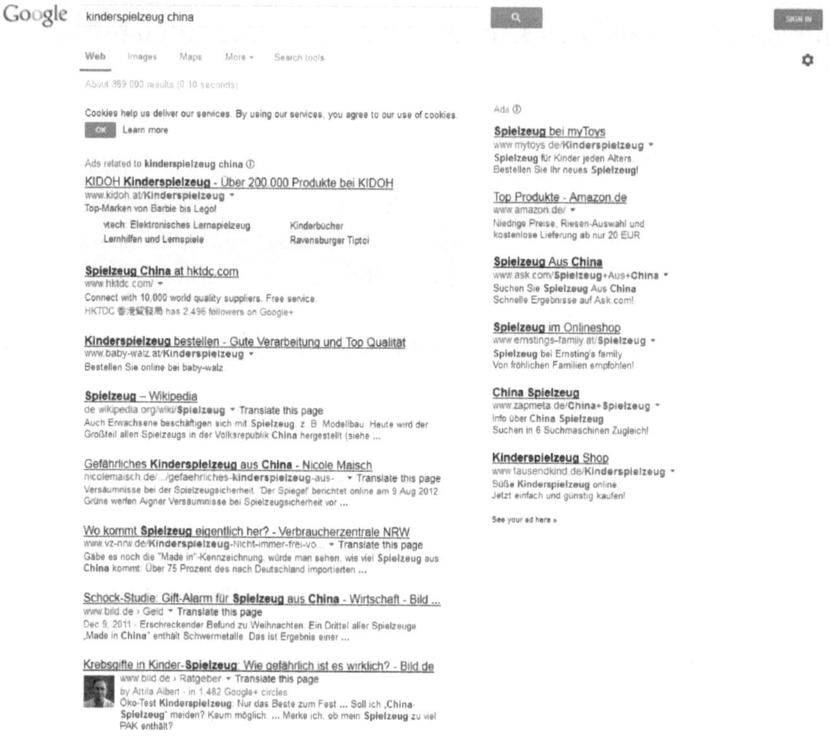

Abbildung 1: Ergebnisliste zur Suche „kinderspielzeug china" in Google.at (31. Oktober 2013).

Diese Internetrecherche führt uns ins Herzstück dieses Artikels: Die enge Verknüpfung von Suchtechnologie und kapitalistischer Gesellschaft. Im letzten Jahrzehnt wurde Suchtechnologie einem radikalen Prozess der Kommerzialisierung unterworfen, wie Elizabeth van Couvering argumentierte.[6] Entlang dieser Transformation wuchs die Kritik an Geschäftsmodellen von Suchmaschinen, die auf maßgeschneiderte Werbung abzielen, wie jene, die mir im Zuge meiner Kinderspielzeug-Recherche begegnete. Während KritikerInnen zunächst den populären PageRank-Algorithmus und seine Informationshierarchien und Biases analysierten,[7] wandten sie sich später Einkommensmodellen und Praktiken der Profitmaximierung von Google und Co. zu, wie ich im zweiten Abschnitt näher

6 Van Couvering 2008.

7 Introna & Nissenbaum 2000; Hindman, Tsioutsiouliklis & Johnson, 2003.

beschreiben werde. Diese Arbeiten erklärten die ökonomische Dynamik und den *Zyklus der Kapitalakkumulation*[8] von Suchmaschinen und deren gesellschaftspolitische Konsequenzen. Theo Röhles und meine eigenen Arbeiten zeigten darüber hinaus, dass Suchmaschinen unsere Gesellschaft nicht nur nachhaltig prägen, sondern selbst in unserer Gesellschaft gestaltet werden. Suchmaschinen wie Google, und deren mächtige Position am derzeitigen Suchmaschinenmarkt, werden in sozialen Praktiken verhandelt und stabilisiert.[9]

Diesen Forschungsarbeiten folgend, möchte ich in dem vorliegenden Artikel das heterogene Netzwerk an Akteuren und Interessen, die an der Verhandlung von Suchtechnologie beteiligt sind, aufspannen und kritisch analysieren. Die theoretische Basis für diese Analyse stellen Konzepte aus der Tradition der *sozialen Konstruktion von Technologie* dar.[10] Die empirische Grundlage wird von 17 qualitativen Experteninterviews gebildet, die Akteurs-Netzwerke und Interessenslagen nachvollziehbar machen. Konkret werde ich zeigen, wie sich die kapitalistische Ideologie durch soziale Praktiken in Suchalgorithmen einschreibt. Ich werde analysieren, wie sich die Mathematik von Suchalgorithmen mit dem „neuen Geist des Kapitalismus"[11] arrangiert, und wie AnbieterInnen und NutzerInnen von Netzinhalten diese Dynamik stützen. Weiters werde ich beschrieben, wie große, universale Suchmaschinen und deren kommerzielle Ausrichtung in einem gesellschaftspolitischen Kontext geformt werden. Die neoliberale Politik der letzten Dekaden, gesetzliche Rahmenbedingungen, sowie techno-euphorische Mediendiskurse spielen dabei eine zentrale Rolle. Diese Analyse trägt zu einem besseren Verständnis von Suchmaschinen – und deren Ideologie des Algorithmus – bei und ermöglicht uns, Suchmaschinen neu zu verhandeln, denn: „the processes that shape our technologies go right to the heart of the way in which we live and organize our societies. [...] Understanding them would allow us to see that our technologies do not necessarily have to be the way they actually are".[12]

2 Kommerzialisierung von Suchtechnologie

Van Couvering analysierte die Entwicklung von Suchmaschinen im Zeitverlauf und zeigte auf, dass Suchmaschinen im akademischen Kontext entwickelt und

8 Fuchs 2011.
9 Röhle 2009; Röhle 2010; Mager 2009; Mager 2012b.
10 Bijker, Hughes & Pinch 1987.
11 Boltanski & Chiapello 2007.
12 Bijker & Law 1992.

erst im Laufe der Zeit kommerzialisiert wurden.[13] Konkret identifizierte sie drei Entwicklungsstufen: In der ersten Periode der „technologischen Unternehmer" (1994-1997) wurden Suchmaschinen, damals noch „directories", in der akademischen Disziplin der *Information Retrieval*, einer Kombination aus Computer- und Informationswissenschaft, entwickelt. Die zweite Phase der „Portale und vertikalen Integration" (1997-2001), die mit dem Auf- und Abschwung des Internets einherging, zeichnete sich durch eine Verschiebung von Suchmaschinen hin zu Portalen wie Yahoo! aus. Während dieser Periode segmentierten Entwickler ihre Zielgruppen, um lukrative Sponsorengeschäfte zu tätigen. Eine Ausnahme war die Suchmaschine Google, die bereits 1998 ihren neuen PageRank-Algorithmus vorstellte. Dieser innovative Algorithmus verwendete die Anzahl und Qualität von Links zu einer Webseite, um deren Wert zu bestimmen. Er basierte dabei auf der viel älteren Tradition der Zitationsanalyse[14]. In der dritten Phase der „Syndizierung und Konsolidierung" (seit 2002) verschob sich Suche von Medienunternehmen hin zu Technologiekonzernen, und große Erträge wurden mittels Pay-Per-Klick-Werbung erwirtschaftet, die es Unternehmen wie Google ermöglichte seine Rivalen zu kaufen.

Im Jahr 2000 präsentierte Google sein automatisiertes Werbesystem AdWords, das Werbung an Suchworte von NutzerInnen anpassen kann. Google AdWords ermöglicht Werbekunden eine bestimmte Summe Geld zu zahlen, um bei selbst ausgewählten Suchworten in den bezahlten Anzeigen zu erscheinen. Das Prinzip ist denkbar simpel: Wer mehr bezahlt, wird höher gereiht (in Kombination mit anderen Faktoren, wie z. B. der Anzahl von Klicks). Dieses Auktionssystem orientiert sich an einer Technologie, die ursprünglich von der Suchmaschine GoTo erfunden wurde. Während sich ältere Geschäftsmodelle von Suchmaschinen an klassischen Medien mit ihren Publikumsanalysen orientierten, wie z. B. das Portal Yahoo!, konzentrierten sich neuere Geschäftsmodelle auf den Verkehr von BesucherInnen von einer Webseite zur anderen. Insbesondere Google wurde mit seinem Geschäftsmodell, das auf die *Ware Verkehr*, „traffic commodity",[15] zählt, sehr erfolgreich. Später begann Google durch sein AdSense-Programm Pay-Per-Klick Werbung an Partnerwebseiten zu syndizieren, das Werbekunden erlaubt, ihre Anzeigen an den Inhalt von Webseiten anzupassen.[16] Die letzte Dekade der jungen Suchmaschinengeschichte zeigt also, dass Google nicht allein aufgrund seines PageRank Algorithmus, sondern auch aufgrund seiner geschick-

13 Van Couvering 2008.
14 Mayer 2009.
15 Van Couvering 2008.
16 Weitere Informationen zu Google AdWords und AdSense sind auf Googles Webseite zu finden: http://www.google.com/intl/en/ads/ (30.10.2013).

ten Geschäftsstrategie ein so mächtiger Player am Suchmaschinenmarkt wurde. Jeff Jarvis beschrieb Googles Philosophie wie folgt: „Google thinks in distributed ways. It goes to the people. There are bits of Google spread all over the web. About a third of Google's revenue – expected to total $20 billion in 2008 – is earned not at Google.com but all its sites all over the internet".[17]

Während Techno-Euphoriker wie Jarvis empfehlen, sich an Google zu orientieren, um erfolgreich zu werden, beschäftigen sich KritikerInnen vermehrt mit den Auswirkungen von Google auf unsere Gesellschaft und Wirtschaft.[18] Die Praktik des „consumer profiling", das Vermessen von KonsumentInnen, um Werbung besser an ihre Bedürfnisse anpassen zu können, steht dabei im Zentrum der Kritik. „Consumer profiling is broadly defined as an ongoing distribution and cataloguing of information about desires, habits, and location of individuals and groups".[19] Auf Basis von Suchhistorie, Ort und Suchworten von NutzerInnen, entwickeln Suchmaschinen wie Google höchst detaillierte Nutzerprofile, die Interessen und Wünsche von Individuen und Nutzergruppen abbilden. Insbesondere die Vielfalt von Google-Dienstleistungen wie Google Suche, Google Mail, Google Maps, Google Earth, Google Analytics, Googles soziales Netzwerk Google+, sowie sein Android-Betriebssystem für Smartphones kreieren eine Vielzahl von Datenpunkten, die zu umfassenden Userprofilen verarbeitet werden.[20] Diese Userprofile werden an Werbekunden verkauft, um Profit zu generieren. Greg Elmer bezeichnet dieses Geschäftsmodell als *„service-for-profile"*-Modell.[21] NutzerInnen bekommen Dienstleistungen gratis zur Verfügung gestellt, „bezahlen" aber mit ihren Daten.

Die Konzentration und Verknüpfung von großen Mengen an ganz unterschiedlichen Userdaten innerhalb einer Firma schürt ernsthafte Besorgnis hinsichtlich Privatsphäre und Datenschutz. Dieser Aspekt wurde in Studien zur Überwachung thematisiert, wo Google als neues „Panoptikon" diskutiert wurde, das flächendeckende Überwachung von NutzerInnen ermöglicht.[22] Matteo Pasquinelli argumentierte darüber hinaus, dass die Metapher des Panoptikons eigentlich umgekehrt werden müsse: "Google is not simply an apparatus of data-

---

17 Jarvis 2009: 5.
18 Halavais 2009; Vaidhyanathan 2011; Hillis, Petit & Jarrett 2012.
19 Elmer 2004.
20 Das Ausmaß und Detail von Userprofilen wurde bereits 2006 deutlich, als AOL 3 Monate seiner Suchmaschinendaten öffentlich machte. Siehe zum Beispiel den New York Times Artikel: 'A Face Is Exposed for AOL Searcher No. 4417749', URL: http://select.nytimes.com/gst/abstract.html?res=F10612FC345B0C7A8CDDA10894DE404482 (10.04.2014).
21 Elmer 2004.
22 Ebd.

veillance from above, but an apparatus of value production from below"[23]. In Anlehnung an marxistische Arbeiten führte er aus, dass Googles PageRank-Algorithmus die kollektive Intelligenz des Netzes ausbeutet, da jeder Link, den Google zur Bewertung von Webseiten benutzt, eine Konkretisierung von Intelligenz darstellt. Diese kollektive Intelligenz wird zur Erzeugung von Mehrwert herangezogen. Christian Fuchs argumentierte, dass wir das Nutzerverhalten ebenfalls in die Analyse einbeziehen müssen, wenn wir Googles Zyklus der Kapitalakkumulation verstehen wollen.[24] Google beutet nicht nur Inhalte und Links von Webseiten-AnbieterInnen, sondern auch Daten und Praktiken von NutzerInnen aus. Die Suchmaschine verkauft die „prosumer commodity"[25] an Werbekunden. Fuchs schlussfolgerte daher: „Google is the ultimate economic surveillance machine and the ultimate user-exploitation machine".[26] Die zentrale Frage ist jedoch, warum sowohl Webseiten-AnbieterInnen, als auch NutzerInnen von Netzinhalten dieser Form der Ausbeutung zustimmen, und wie andere gesellschaftspolitische Akteure diese Dynamik im breiteren Kontext des gegenwärtigen Konsumkapitalismus stabilisieren. Um diese Frage zu beantworten, benutze ich theoretische Konzepte aus der Tradition der sozialen Konstruktion von Technologie.

3 Soziale Konstruktion von Technologie und der neue Geist des Kapitalismus

In den späten 1980er Jahren begannen TechnikforscherInnen aufzuzeigen, dass Technologien keine wertneutralen Entitäten darstellen. Ganz im Gegenteil, sie demonstrierten anhand unterschiedlicher Fallbeispiele, dass Technologien unsere Gesellschaft widerspiegeln. „They reproduce and embody the complex interplay of professional, technical, economic, and political factors".[27] Eine der ersten, mittlerweile sehr bekannten Studien, die zeigte wie soziale Werte in Technologien eingebettet werden, ist die Analyse zur sozialen Konstruktion des Fahrrads. Die Studienautoren Trevor Pinch und Wiebe Bijker analysierten die historische Entwicklung des Fahrrads und zeigten, dass das Fahrrad in einem komplexen Netzwerk von Akteuren und Interessen verhandelt wurde.[28] Das Fahrrad,

23 Pasquinelli 2009: 153.
24 Fuchs 2011.
25 Ebd.
26 Ebd.
27 Bijker & Law 1992.
28 Pinch, & Bijker 1987.

wie wir es heute kennen, stellt einen Kompromiss zwischen Sportradfahrern und deren Interesse an einem schnellen Fahrrad, sowie dem Rest der Bevölkerung und seinem Interesse an einem sicheren Fahrrad dar. Dieser Kompromiss wurde in einem gesellschaftspolitischen Kontext erreicht, der sich gegen Ende des 19. Jahrhunderts durch die Emanzipation von Frauen ausgezeichnet hat, da Frauen damals zur neuen Zielgruppe für Fahrräder avancierten. Diese frühe Studie zeigt bereits zentrale Kategorien zur Analyse der sozialen Konstruktion von Technik auf, insbesondere die Identifikation von *relevanten sozialen Gruppen* und deren Interessen. Bernard W. Carlson, der sich primär auf den ökonomischen Kontext bezog, zeigte des Weiteren, dass Erfolg und Mißerfolg einer Technologie im Zusammenhang mit Bedeutungsrahmen, und deren Passform mit sozio-ökonomischen Strukturen, die zu einem bestimmten historischen Zeitpunkt vorherrschen, verstanden werden müssen.[29] Thomas Edisons Erfindung des Kinofilms, zum Beispiel, scheiterte, weil sein eigener Bedeutungsrahmen zutiefst in der Produzentenkultur des 19. Jahrhunderts verankert war, während die Konkurrenz und das Kinopublikum der damaligen Zeit bereits in der Konsumentenkultur des 20. Jahrhunderts angelangt waren.

Auf diese Arbeiten aufbauend, werde ich das Netzwerk an Akteuren, Interessen und Praktiken nachzeichnen, die Suchmaschinen im Kontext der kapitalistischen Ideologie – als zentralem Bedeutungsrahmen – gestalten. Luc Boltanski und Eve Chiapello bezeichneten Ideologie als ein „set of shared beliefs, inscribed in institutions, bound up with actions, and hence anchored in reality“[30]. Mit dieser Definition gingen sie über das gängige Verständnis von Ideologie als moralisierenden Diskurs hinaus und argumentierten, dass Ideologie mit Praktiken verknüpft und darin eingebettet ist. Auf Basis französischer Managementliteratur zeigten die beiden AutorInnen, wie sich die kapitalistische Ideologie von den 1960er Jahren bis in die 1990er Jahre veränderte, und schließlich in einen globalisierten Kapitalismus mündete, der sich neuer Technologien bedient und von multinationalen Interessen abhängig ist. Mit dieser Verschiebung bildete sich eine Präferenz für flexible, mobile und unabhängige Arbeitskräfte, wie jene, die in Internetfirmen im Silicon Valley arbeiten, heraus. Dieser *neue Geist des Kapitalismus* schaffte es also, sich die „künstlerische Kritik“ der 1968-Generation und der aufkommenden Linken, einzuverleiben.[31] Eine Kritik, die den industriellen Kapitalismus als hierarchisch, unmenschlich und freiheitsberaubend beschrieb (im Gegensatz zur „sozialen Kritik“, die sich auf Ungleichheit und Klassenunterschiede bezog). Die Integration von Werten wie Selbständigkeit und Flexibilität

29 Carlson 1992.
30 Boltanski & Chiapello 2007: 3.
31 Ebd.

in gegenwärtige Jobbeschreibungen half dem neuen Geist des Kapitalismus sich zu verfestigen. Die künstlerische Kritik diente damit dem Kapitalismus indirekt, was die Kritik selbst in eine Krise stürzt, wie Boltanski und Chiapello schlussfolgerten.

Googles Erfolg, zum Beispiel, stützt sich auf flache Hierarchien, flexible Arbeitskräfte und eine globale Ausrichtung, alles Charakteristika, die den neuen Geist des Kapitalismus auszeichnen. Aber Google korrespondiert auch sehr gut mit neuen Formen der Ausbeutung, die mit dieser neuen Spielart des Kapitalismus einhergehen: „*A form of exploitation that develops in a connexionist world* – that is to say, a world where the realization of profit occurs through organizing economic operations in networks“.[32] Anstatt sich auf klassische Geschäftsmodelle, die sich an der „Ware Publikum“ orientierten zu verlassen (wie Portale, die während der Internetblase kollabierten), zählte Google auf die Ware Verkehr.[33] Anders als Edison, der die Wirtschaftslage seiner Zeit nicht verstand, als er den Kinofilm erfand, war Google sehr erfolgreich darin, seine Technologie mit einem Geschäftsmodell zu verknüpfen, das den Anforderungen einer vernetzten Welt und dem „globalen informationellen Netzwerkkapitalismus“[34] perfekt gerecht wird. „Google thinks in distributed ways“, wie Jarvis argumentierte.[35] Wie soziale Praktiken große Suchmaschinen wie Google und deren kapitalistische Ideologie beeinflussen und stabilisieren, werde ich im Folgenden analysieren. Einen speziellen Fokus werde ich dabei auf relevante soziale Gruppen[36] und deren Interessen legen.

4 Studie und Methoden

Das empirische Fundament dieser Analyse stellen 17 qualitative Experteninterviews dar. Der Methode des *theoretical sampling* folgend, identifizierte ich zentrale Akteure, die an der Entwicklung von Suchtechnologie beteiligt sind. Theoretical sampling ist eine Methode der Grounded Theory, die es dem Forscher erlaubt neue InterviewpartnerInnen und Datenquellen auf Basis von bereits erhobenen Materialien in die Studie einzubeziehen.[37] Demzufolge führte ich zunächst Interviews mit TechnikerInnen aus den Bereichen Computerwissen-

32 Ebd.: 355, kursiv im Original.
33 Van Couvering 2008.
34 Fuchs 2010a.
35 Jarvis 2009.
36 Pinch, & Bijker 1987.
37 Glaser & Strauss 1968.

schaft, Softwaredesign, Programmierung, Informationswissenschaft und der Information Retrieval, die direkt an der Gestaltung von Suchtechnologie beteiligt sind (von großen universalen Suchmaschinen); insgesamt sechs Interviews. Auf Basis dominanter Themen der ersten Interviews wie Geschäftsmodelle von Suchmaschinen, Privatsphäre, Mediendebatten und gesetzliche Rahmenbedingungen identifizierte ich weitere InterviewpartnerInnen. Ich befragte ExpertInnen aus den Feldern Suchmaschinenoptimierung, Wirtschaftsjournalismus, Netzaktivismus, Rechtswissenschaft, und Politik, die sich mit Suchmaschinen und verwandten Internet-Technologien beschäftigen; ebenfalls sechs Interviews. Darüber hinaus interviewte ich fünf ForscherInnen, die sich mit Suchmaschinen und deren gesellschaftspolitischen Implikationen befassen, um meine Daten mit weiterem Kontextmaterial anzureichern. Meine InterviewpartnerInnen stammten aus dem US-amerikanischen Raum, wo große Suchmaschinen entwickelt werden, und dem deutschen Kontext, um eine europäische Perspektive auf globale Suchtechnologien und gesellschaftspolitische Rahmenbedingungen werfen zu können; eine Interviewpartnerin war aus Irland.[38] Obwohl ich die Interviews ursprünglich nicht allein auf die Suchmaschine Google ausrichtete, kreisten sie schließlich sehr stark um diese Suchmaschine, was ihre bedeutende Rolle am Suchmaschinenmarkt unterstreicht.

Ich führte alle 17 Interviews zwischen Oktober 2010 und Februar 2011 durch, die Hälfte persönlich, die Hälfte per Skype. Die qualitativen, sehr ausführlichen Interviews folgten einem groben Leitfaden, der die Vergleichbarkeit der Gespräche ermöglichte, aber gleichzeitig genug Flexibilität für individuelle Standpunkte und Hintergründe meiner InterviewpartnerInnen ließ.[39] Die Interviews wurden zur Gänze transkribiert, kategorisiert und entlang von Akteuren und Interessen, die an der Entwicklung von Suchmaschinen beteiligt sind, analysiert. Das Kodierverfahren, bestehend aus dem Festlegen von Kategorien und Unterkategorien, folgte dem Grounded Theory Ansatz und wurde mit Hilfe der Software Atlas T.I.[40] entwickelt.

---

38 Alle Zitate im Text sind in der Originalsprache der Interviews, entweder auf Englisch oder auf Deutsch.

39 Flick 2009.

40 Ein Programm zur qualitativen Analyse von Textmaterialien: http://www.atlasti.com/index.html (10.04.2014).

5 Empirische Analyse: Ideologie des Algorithmus

Meine Analyse von zentralen Akteuren der Suchmaschinenkonstruktion zeigt sehr deutlich, dass meine InterviewpartnerInnen sowohl ProgrammiererInnen, als auch AnbieterInnen und NutzerInnen von Netzinhalten als dominante „relevante sozialen Gruppen" in der Entwicklung von Suchmaschinen sahen. Ein Drittel meiner InterviewpartnerInnen beschrieb IngenieurInnen als die zentrale treibende Kraft, „the people who architect the code" (Softwareentwickler). Andere GesprächspartnerInnen nannten AnbieterInnen von Webseiten, die Netzinhalte und Linkverbindungen schaffen, die der PageRank Algorithmus benötigt, als bedeutende Akteursgruppe. Wieder andere bezeichneten NutzerInnen und automatisiertes User-Feedback in Form von Datenspuren als Antriebskraft der Suchmaschinenentwicklung, da Suchmaschinenergebnisse vermehrt an Interessen, Standorte und Wünsche von NutzerInnen angepasst werden. Ein Experte der Information Retrieval beschrieb die Personalisierung von Suchergebnissen wie folgt:

> Imagine you're a spy and you've been watching these people their whole life. You know everything about them, everything they've eaten, every place they've gone to, and if you imagine, if you see them sit down at a computer and they're about to do a search and if they have a query, let's say it's very vague of a query in general, but given all the context and everything you know about them you can probably still provide very good results.

Als Antwort auf meine Frage was „gute Ergebnisse" in dem Zusammenhang bedeuten würden, erklärte er, dass die Qualität von Suchmaschinenergebnissen anhand von standardisierten Techniken wie „Methoden zur Ranking-Evaluierung" oder „User-gesteuerte Matrizen" gemessen wird. Dieses Zitat verdeutlicht die Ingenieurs-getriebene Logik, die der Entwicklung von Suchalgorithmen zugrunde liegt. Siva Vaidhyanathan nennt diese Logik „Technofundamentalismus".[41][42]

Im Laufe des letzten Jahrzehnts, wurde die technofundamentalistische Ideologie jedoch immer mehr von der kapitalistischen Ideologie überschattet: „Google is not just search, in fact Google is not primarily search, it's advertising, right?" (Suchmaschinenforscher). SuchmaschinenentwicklerInnen arbeiten üblicherweise für private, profitorientierte Firmen wie Google. Demzufolge dienen Praktiken von Webseiten-AnbieterInnen und NutzerInnen nicht allein

---

41 Vaidhyanathan 2011.

42 Der starke Glaube von Internetfirmen an Informationstechnologie und den neuen kapitalistischen Geist wurde auch als „Californian Ideology" bezeichnet. Boltanski und Chiapello (2007) jedoch zeigten, dass der fundamentale Wandel, den die kapitalistische Ideologie in den letzten Jahrzehnten durchgemacht hat, weit über die Grenzen von Kalifornien hinaus geht.

der Verbesserung des Algorithmus, sondern auch der Profitmaximierung. Inhalte von AnbieterInnen und Daten von NutzerInnen werden von Google ausgebeutet, um Mehrwert zu erzeugen, wie ich im zweiten Abschnitt diskutiert habe.[43] Google korrespondiert damit sehr gut mit dem „neuen Geist des Kapitalismus" und den Ausbeutungsmechanismen einer vernetzen Welt.[44] Meine InterviewpartnerInnen beschrieben Userdaten in dem Zusammenhang als „Goldmine", da sie die Basis für zielgruppenspezifische Werbung darstellen; insbesondere, wenn diese Daten aus einer Vielzahl von Services einer einzigen Firma stammen: „I do get Google's value isn't in its algorithms anymore, it's in its databases, its consumer data" (Suchmaschinenforscherin). Google ist speziell erfolgreich mit diesem Geschäftsmodell, aber andere Suchmaschinen – hier wurde insbesondere Microsofts Suchmaschine Bing erwähnt – und soziale Netzwerke verfolgen ähnliche Geschäftsmodelle.[45] Warum aber Webseiten-AnbieterInnen und NutzerInnen Suchmaschinen und deren „service-for-profile"-Modellen zustimmen, und wie sie diese durch ihre eigenen Praktiken sogar aktiv stabilisieren, werde ich im nächsten Abschnitt diskutieren.

5.1 Webseiten-AnbieterInnen und NutzerInnen stabilisieren den kapitalistischen Geist

Webseiten-AnbieterInnen wollen Sichtbarkeit in der Fülle von Netzinformationen erlangen und NutzerInnen erreichen, um ihre Inhalte zu kommunizieren. NutzerInnen wollen, im Gegenzug, einfach und bequem an Informationen gelangen, die ihren Interessen entsprechen. Suchmaschinen haben es geschafft, sowohl die Bedürfnisse von AnbieterInnen, als auch jene von NutzerInnen perfekt zu befriedigen. Insbesondere Google ist sehr erfolgreich darin, sich als obligatorische Schleuse („obligatory passage point") zu installieren, die AnbieterInnen und NutzerInnen passieren müssen, um ihre eigenen Ziele zu erreichen.[46] Die Konsequenz daraus ist, dass AnbieterInnen und NutzerInnen von Netzinformationen Suchmaschinen und deren kapitalistischen Geist verfestigen – sowohl bewusst, als auch unbewusst. AnbieterInnen von Webseiten betreiben Techniken der Suchmaschinenoptimierung (SEO), um an ihr Ziel, Sichtbarkeit zu erreichen, zu gelangen. Insbesondere kommerzielle Webseiten, die ihre eigenen Produkte, Services und Ideen vermarkten wollen, nutzen SEO-Strategien, um einen besse-

43 Pasquinelli 2009; Fuchs 2011.
44 Boltanski & Chiapello 2007.
45 Fuchs 2010b.
46 Röhle 2009; Mager 2009.

ren Platz im Suchmaschinenranking zu ergattern, denn „a higher ranking is a lot of money sometimes" (Computerwissenschaftler). Sie adaptieren und optimieren ihre Seite, um besser gefunden, indexiert und in der Ergebnisliste angezeigt zu werden. Ein SEO-Experte erklärte mir die Notwendigkeit Sichtbarkeit beim „richtigen Publikum" zu erlangen folgendermaßen: „It really doesn't matter if you're visible in a search engine if it's for the wrong things. The worst example is your website is number one for Britney Spears, but you're a B-to-B software company. That doesn't really help you." Dieses Zitat zeigt, wie sorgfältig AnbieterInnen heutzutage ihre Webseiten an Suchalgorithmen anpassen. Es verdeutlicht, dass sie nicht nur die Inhalte und Links kreieren, die Suchmaschinen zur Indexierung des Netzes brauchen, sondern dass sie Suchmaschinen auch bewusst umgarnen, indem sie ihre Seiten dem Suchalgorithmus entsprechend gestalten. Diese „guten" Praktiken der Suchmaschinenoptimierung stabilisieren die Technologie; Google empfiehlt sogar bestimmte SEO-Praktiken und „Webmaster Tools"[47] auf seiner Seite. Im Gegensatz dazu gefährden illegitime Praktiken der Suchmaschinenoptimierung die Technologie, wie z. B. „Spamming", das eine Seite künstlich weiter nach oben in die Ergebnislisten befördern soll. Dementsprechend reagieren Suchmaschinen wie Google auf diese Techniken mit „Bestrafung", indem sie die Seiten aus ihrem Index verbannen. Theo Röhle nennt dieses System *system of punishments and rewards*.[48] Meine InterviewpartnerInnen beschrieben das Verhältnis zwischen Suchmaschinen und Webseiten-AnbieterInnen, insbesondere jenen, die ihre Produkte vermarkten wollen, als „Krieg": „So there's definitely a kind of, ah, a kind of a war going on between the search engine and the marketers, marketers are pressuring the search engines to be more crafty, more authentic in how they rank." (Experte der Information Retrieval).

Diese kriegsähnliche Beziehung zeigt, wie Marketingstrategien Suchalgorithmen verändern, indem sie Ingenieure dazu zwingen den Algorithmus zu optimieren („tweak"), um die Qualität der Suchmaschinenergebnisse zu halten. Diese ist eine zentrale Voraussetzung für den eigenen Zyklus der Kapitalakkumulation,[49] der User-Traffic benötigt. Strategien von AnbieterInnen, um die Aufmerksamkeit von NutzerInnen zu steigern, verändern und stabilisieren also die Mathematik des Algorithmus. Darüber hinaus tragen Werbepraktiken zur Kommerzialisierung von Suchmaschinenergebnissen bei, da optimierte, zumeist kommerzielle

47 Googles Webmaster Guidelines: http://www.google.com/support/webmasters/bin/answer.py?answer=35291 (10.04.2014) und Google Analytics' Webmaster Tools: https://support.google.com/webmasters/answer/1120006?hl=en (10.04.2014).

48 Röhle 2009.

49 Fuchs 2011.

Webseiten tendenziell kleineren, nicht-kommerziellen Seiten den Rang im Wettlauf um die besten Plätze ablaufen.[50]

In ähnlicher Weise stützen NutzerInnen Suchmaschinen und deren Ausbeutungsmechanismen. „I know Google and others always say well you can always opt out, but no one really knows that that's even an option. This and they don't even know that they're tracked" (Computerwissenschaftler). Dieses Zitat deutet auf ein typisches Charakteristikum des neuen Geists des Kapitalismus hin: „Very long chains, comprising a large number of mediations that are difficult to relate to one another, are often required to level an accusation of exploitation".[51] Die Unwissenheit der NutzerInnen, teilweise verstärkt durch Googles versteckte, „spionageartige" Funktionsweise, ist ein essentielles Element in der Stabilisierung von Suchalgorithmen und deren ökonomischer Logik. Die Standardeinstellungen bedienen primär das Interesse der Suchmaschine an Datensammlung und nicht das Interesse von NutzerInnen an Privatsphäre und „inevitably entrench economic and political interests"[52]. NutzerInnen, die auf ihre Privatsphäre bedacht sind und aus dem System der Datensammlung aussteigen wollen indem sie ihre Browser modifizieren, Cookies löschen und andere Werkzeuge der „digitalen Selbstverteidigung" (Netzaktivist) benutzen, stoßen auf Barrieren.[53] Ähnlich wie Webseiten-AnbieterInnen, die nicht nach den Regeln spielen, werden NutzerInnen, die versuchen aus dem System auszubrechen, von der Suchmaschine diszipliniert: „We're caught up in a physical exchange, yeah [...] you're giving that information in exchange for the service, and you're punished if you don't say yes. Not punished in a negative way, but punished with less than other people have" (Suchmaschinenforscherin). Dieses Zitat illustriert, dass NutzerInnen willig sind Allianzen mit Suchmaschinen einzugehen, um an ihr Ziel der bequemen Internetrecherche zu gelangen – teilweise motiviert durch das clevere system of punishments and rewards[54] von Suchmaschinen wie Google. Ihre Praktiken tragen damit zur Verbesserungen von Suchalgorithmen bei, aber auch zur Profitmaximierung, da das „service-for-profile"-Modell[55] von Google auf Traffic und Nutzerdaten angewiesen ist.

---

50 Mager 2012a.

51 Boltanski & Chiapello 2007: 373.

52 Elmer 2004: 26.

53 Das Firefox Add-on „TrackMeNot" beispielsweise stellt eine willkommene Ausnahme dar, weil es NutzerInnen den vollen Service erlaubt, während es im Hintergrund das Profil der NutzerInnen durch fiktive Suchanfragen irritiert: https://addons.mozilla.org/en-US/firefox/addon/trackmenot/ (10.04.2014).

54 Röhle 2009.

55 Elmer 2004.

Schließlich stabilisieren sowohl Webseiten-AnbieterInnen, als auch NutzerInnen Suchmaschinen und deren Geschäftsmodelle mit ihren eigenen Werbe- und Konsumentenpraktiken. Neben klassischer Suchmaschinenoptimierung bezahlen AnbieterInnen von Webseiten auch Geld, um in gesponserten Anzeigen, in Relation zu bestimmten Suchworten, aufzuscheinen. Ihre Werbestrategien stellen eine notwendige Grundbedingung für Googles Geschäftsmodell dar. Aber auch NutzerInnen spielen eine zentrale Rolle in der Erhaltung dieser Dynamik, wie ein Computerwissenschaftler beschreibt: „the raw data, I know it's a very narrow measurement, shows that people are very much interested in those kind of ads". Man kann zwar argumentieren, dass offenbar die Hälfte der InternetnutzerInnen nicht zwischen regulären Suchmaschinenergebnissen und bezahlten Ergebnissen unterscheidet, wie eine Studie im US-amerikanischen Kontext argumentiert,[56] und deshalb auf die bezahlten Links klickt. Man kann aber auch argumentieren, dass sich Suchmaschinen sehr gut in unseren kulturellen Bedeutungsrahmen des Konsumkapitalismus einpassen. Ein Doktorand in „Human-Centred Design und Engineering" formuliert es folgendermaßen:

> Obviously they're pushing this information at us as quickly as they can, but the reason they're pushing this information at us is because we're gobbling it up. I mean, we're consumers, and we're also producers. I think the driving force behind this information economy is our, kind of, probably, possibly a little bit unhealthy desire to just keep consuming, and communicating, and producing at such a frenzy rate.

Dieses Zitat verbindet sich gut mit Zygmunt Baumans Argumentation, dass sich unsere Gesellschaft von einer Gesellschaft der ProduzentInnen hin zu einer Gesellschaft der KonsumentInnen entwickelt: „'Consumerism' arrives when consumption takes over that linchpin role which was played by work in the society of producers."[57] Suchmaschinen bilden gegenwärtige Konsumgesellschaften ab, da Werbung das Herzstück des Geschäftsmodells von Google und Co. darstellt. „New needs need new commodities; new commodities need new needs and desires".[58] Aber auch AnbieterInnen und NutzerInnen stabilisieren diese Dynamik mit ihrem eigenen Bedürfnis nach Profitmaximierung und ihrem Wunsch „immer weiter zu konsumieren"; sowohl die Suchservices selbst, als auch die darüber angebotenen Produkte. Ein Experte der Informationswissenschaft schlussfolgerte daher: „Die Technologie ist ganz stark werbe- und marketinggetrieben. Und, naja, wenn man darüber nachdenkt, Produkt also einer Interessensgruppe, die zumindest im materiellen Sinne, extrem unproduktiv ist. Die eigentlich nur Luft verkauft."

56 Fallows 2005.
57 Bauman 2007: 28.
58 Ebd.: 31.

Diese Beispiele zeigen, wie der kapitalistische Geist durch soziale Praktiken in Suchalgorithmen eingeschrieben und damit verfestigt wird. Sowohl AnbieterInnen, als auch NutzerInnen von Netzinhalten dürfen daher nicht bloß als Opfer von Suchmaschinen und deren Ausbeutungsmechanismen verstanden werden. Ganz im Gegenteil, sie stellen zentrale Akteure dar, die Suchmaschinen durch ihr eigenes Marketing-, Such-, und Konsumverhalten aktiv mitgestalten – teilweise bewusst, teilweise unbewusst. Das bedeutet aber auch, dass beide Akteursgruppen die Macht hätten Suchmaschinen und deren Ausbeutungsstrategien zu destabilisieren, denn „there is always the possibility of resistance that calls into question the power relationship“[59], wie ich im nächsten Abschnitt veranschaulichen werde.

5.2 Kultur der Innovation und Politik der Privatisierung

Neben dem engen Akteurs-Netzwerk von ProgrammiererInnen, Webseiten-AnbieterInnen und NutzerInnen, beschrieben meine InterviewpartnerInnen den breiteren gesellschaftlichen Kontext als entscheidenden Faktor in der Gestaltung von Suchmaschinen; insbesondere konkurrierende Unternehmen, Massenmedien, sowie politische und gesetzliche Rahmenbedingungen. In Gesprächen zur Konkurrenzsituation erwähnten meine GesprächspartnerInnen aufstrebende Suchmaschinen wie Bing, aber auch soziale Medien wie Facebook und Twitter, die Suchalgorithmen durch ihre „real time information“ (Computerwissenschaftler) vor neue Herausforderungen stellen. Sie beschrieben die Beziehung unterschiedlicher Internetfirmen zueinander als „fight over user data“ (Computerwissenschaftler), da Nutzerdaten im Konsumkapitalismus Marktzuwachs bedeuten. Insbesondere Googles Investition in das Smartphone Betriebssystem Android wurde dabei als geschickter Schachzug interpretiert, der Google wertvolle Allianzen mit der Konkurrenz aus dem Mobilfunkbereich beschert.

Des Weiteren charakterisierten meine GesprächspartnerInnen Massenmedien als zentrale Stabilisatoren gegenwärtiger Konsumkultur, da sie ständig neue Dienstleistungen, Produkte, und nicht zuletzt Firmen bewerben und damit den Nährboden für eine techno-euphorische Kultur der Innovation aufbereiten würden. Alternative Technologien und Open Source Entwicklungen werden, im Gegensatz dazu, weniger präsentiert, wie ein Wirtschaftsjournalist betonte. Dabei meinte er, dass eine kritische Medienberichterstattung ein großes Potential zur Veränderung in sich tragen würde, das große Player wie Google und seine Geschäftspraktiken destabilisieren könnte. Er erwähnte dabei Kontroversen

59 Castells 2009: 11.

rund um Google China und Google Street View als Beispiele, die Googles Markenwert gefährden könnten, ein „brand value that always kind of relied on its ethical nature“ (Suchmaschinenforscherin). In Deutschland, wo ich Teile meiner Interviews durchführte, resultierten kritische Mediendebatten sogar in einer Verbannung von Google Autos in manchen Städten. Diese Beispiele zeigen, wie Massenmedien an der Gestaltung von Suchmaschinen beteiligt sind. Sie zeigen außerdem, dass lokale Mediendebatten lokale Wertesysteme abbilden. Werte wie Privatsphäre oder Datenschutz werden in Europa und den USA sehr unterschiedlich interpretiert. Ein deutscher Politiker einer liberalen Partei meinte in diesem Zusammenhang: „[...] also ich sehe das in Deutschland ganz besonders, oder sagen wir im deutschsprachig-europäischen Raum ganz besonders, das Misstrauen gegen diese nicht kontrollierbaren, nicht dem deutschen oder europäischen Datenschutzrecht unterliegenden Unternehmen, [...].“

Ein Politiker der deutschen grünen Partei sagte, dass er in Zukunft mehr kritische Mediendebatten zu Internetdienstleistern und Privatsphäre erwarten würde, nicht zuletzt aufgrund von mehr und mehr „Skandalen“. 2010 bis 2011, als ich meine Interviews durchführte, stellte die Verknüpfung und kommerzielle Verwertung von Daten aus ganz unterschiedlichen Google-Diensten einen zentralen Kritikpunkt dar.[60] Der aktuelle Skandal rund um den Ex-Geheimdienstmitarbeiter Edward Snowden, der intensive Datenflüsse zwischen Internetfirmen wie Google, Facebook, Apple, und Geheimdiensten, wie der National Security Agency (NSA), enthüllte, zeigt jedoch eine viel größere Dimension der Überwachung und Datenverarbeitung auf, die weit über kommerzielle Zwecke hinausreicht. Der techno-euphorische Ton der letzten Dekaden hat Massenmedien zu Alliierten in der Stabilisierung von großen, profitorientierten Suchmaschinen gemacht. Gegenwärtige Skandale rund um die NSA und flächendeckende Überwachung von BürgerInnen könnten eine Trendwende einleiten.

Schließlich identifizierten meine GesprächspartnerInnen die Politik als zentralen Akteur in der Gestaltung von Suchmaschinen und deren Ideologie des Algorithmus. Ein Suchmaschinenforscher argumentierte sehr deutlich, warum es nicht ausreicht Google anzuklagen:

> The need for search has existed at least since the 80s and under a neoliberal moment, there is, we are to blame for not having collectively put the public pressure on that [...] and it could all have been quite cheaply publicly funded and it would be publicly accessible. But we didn't do this. So along comes a private firm that's doing it. So we, at a neoliberal moment, have passed it to this private corporation, which seemed a very tiny, little start-up and now is, arguably one of the most important institutions on the planet.

---

60 Seit März 2012 verknüpft Google ganz offiziell Daten aus unterschiedlichen Services und führt sie in einer Datenbank zusammen: http://www.google.se/intl/en/policies/ (10.04.2014).

Etwas später im Interview fügte er hinzu, dass Europa „completely bought into this Americanized model of how it happens". Dieses Zitat zeigt, wie die neoliberale Politik der Privatisierung der letzten Jahrzehnte kommerzielle, profitorientierte Suchmaschinen wie Google überhaupt erst ermöglicht und in Folge stabilisiert hat. In einem Zeitalter, in dem mehr und mehr gesellschaftliche Bereiche an den freien Markt ausgeliefert werden – nicht zuletzt um Regierungen Geld zu sparen und um die Effizienz zu steigern –, stellt Suchtechnologie einen weiteren Bereich dar, der von der kapitalistischen Ideologie durchdrungen ist. Ob Regierungen durch ihren Glauben an Privatisierung die Kontrolle über die Regulierung von Suchtechnologie verloren, oder ganz bewusst die Strategie der Auslagerung von Suche, und damit einhergehende Überwachungspraktiken, an privatwirtschaftliche Unternehmen wählten, kann an dieser Stelle nicht beantwortet werden. Ganz klar ist jedoch, dass der globale Charakter von Suchtechnologie – und deren kapitalistischer Geist – ein Regulierungsproblem darstellt, wie ein liberaler Politiker deutlich beschrieb: „Ja, also das ist ja eins der Grundprobleme, dem wir uns als Gesetzgeber gegenüber sehen, dass äh, alles was mit dem Internet zu tun hat ist mit nationaler Rechtsprechung nicht mehr, nicht mehr greifbar."

Meine InterviewpartnerInnen verwiesen immer wieder auf Datenschutz und Privatsphäre, um das Spannungsverhältnis zwischen globaler Suchtechnologie und lokaler Gesetzgebung aufzuzeigen. Das Speichern – und kommerzielle Verwerten – von Nutzerdaten auf Servern rund um den Globus führt dazu, dass sowohl Daten, als auch große Profite den Nationalstaaten, und deren Gesetzgebungen und Steuersystemen, entfliehen. Nachdem bestehende Gesetze in Zeiten des global agierenden Kapitalismus oft nicht mehr greifen, entsteht ein Bedarf an neuer Gesetzgebung, die über nationale Grenzen hinaus operieren kann. Insbesondere Europa, mit seinen strengeren Datenschutzrichtlinien als in den USA, wurde von meinen InterviewpartnerInnen eingeladen, eine stärkere Rolle in der Verhandlung von Suchtechnologie zu spielen: „We already saw that European data held by US companies is often protected to a greater degree and that, at some point, it becomes more expensive for companies to do double standards than to just provide the same level of protection for all their users." (Suchmaschinenforscher)

In Bezug auf konkrete Institutionen beschrieben meine GesprächspartnerInnen die Europäische Kommission sowie das Internet Governance Forum[61], eine Initiative der UNO, als zentrale Akteure, die konkrete Maßnahmen setzen könnten. Außerdem charakterisierten sie die Enquetekommission „Internet und digitale Gesellschaft"[62], vom deutschen Parlament gegründet (2010-2013),

61 Internet Governance Forum: http://www.intgovforum.org/cms (10.04.2014).
62 Enquetekommission Internet und Digitale Gesellschaft: http://www.bundestag.de/internetenquete/ (10.04.2014).

als wichtige Plattform zur Diskussion von Fragen zu Internet und Datenschutz, Urheberrecht, internationalem Handel und Netzneutralität. Die gegenwärtige Verhandlung des neuen, bindenden Datenschutzgesetzes auf EU-Ebene dient als interessanter Testfall, der zeigen wird, welche Marschrichtung die EU hinsichtlich Datenschutz und verwandter Themen einschlagen wird. Der Ausgang der Verhandlungen ist bis dato noch unklar. Was sich aber bereits zeigt, ist, dass sowohl Lobbying von Seite der Internetwirtschaft, als auch der NSA-Skandal eine zentrale Rolle in den Verhandlungen spielen. Neben konkreten Institutionen und Gesetzen beschrieben meine InterviewpartnerInnen Klagen und Prozesse als nützliche Werkzeuge, um Internetfirmen in ihre Schranken zu verweisen. Da das Übertreten von Gesetzen ein zentraler Bestandteil der Praktiken von Internetfirmen darstellt, wie der Wirtschaftsjournalist im Hinblick auf YouTube und Google Books meinte, müssten europäische Gerichte in Zukunft mehr Augenmerk auf Strafverfolgung legen.

Ähnlich wie der globale Kampf gegen den Klimawandel wurde aber auch der Weg hin zu einer globalen Internetpolitik als lange und kurvenreich gezeichnet, nicht zuletzt weil politische Institutionen langsam und bürokratisch operieren, aber auch weil ihnen oftmals die technische Expertise fehlt. „By the time government decides how to regulate the technology that we're using now we'll actually have a whole different set of technologies that we are integrating" (Computerwissenschaftler). Darüber hinaus decken sich Interessen des Staates und Interessen von Internetfirmen zum Teil, da Staaten zur Strafverfolgung immer häufiger auch auf Datenbanken von kommerziellen Anbietern zurückgreifen, insbesondere wenn es um Terrorismusgefahr geht.[63] Auch in diesem Zusammenhang verdeutlichen die Enthüllungen von Edward Snowden die Zusammenarbeit von Regierungen und Internetfirmen dramatisch. Ein Interviewpartner aus dem juristischen Milieu forderte daher vermehrt hybride Plattformen und Orte, wo PolitikerInnen, JuristInnen, ComputerwissenschaftlerInnen, NetzaktivistInnen, DatenschutzexpertInnen, und zivilgesellschaftliche Akteure gemeinsam an der Entwicklung von zukünftigen (Such-)Technologien arbeiten können. Eine durchsetzungsfähige Aufsichtsbehörde und strengere Sanktionen im Falle einer Gesetzesübertretung von Seiten amerikanischer Internetfirmen wären ebenfalls wünschenswert.

63 Kurz & Rieger 2011.

6 Schlussfolgerungen

In Anlehnung an die Tradition der sozialen Konstruktion von Technologie analysierte ich in diesem Artikel, wie der neue Geist des Kapitalismus[64] durch soziale Praktiken in Suchalgorithmen eingeschrieben wird. Ich beschrieb, wie sich die technofundamentalistische Ideologie mit der kapitalistischen Ideologie – und Ausbeutungsmechanismen einer vernetzen Welt – arrangiert. Dabei argumentierte ich, dass sowohl AnbieterInnen als auch NutzerInnen von Netzinhalten die kapitalistische Logik von Suchmaschinen wie Google stützen, indem sie Allianzen mit Suchmaschinen eingehen, um ihre eigenen Ziele und Interessen zu erreichen. Diese Mechanismen werden durch ein geschicktes system of punishments and rewards[65] vonseiten der Suchmaschinenbetreiber unterstützt. Schließlich zeigte ich, dass auch massenmediale Diskurse und, nicht zuletzt, eine neoliberale Politik der Privatisierung große, kommerzielle Suchmaschinen wie Google stabilisieren. Diese Analyse leistet einen wertvollen Beitrag zur gegenwärtigen Suchmaschinen-Kritik, die sich insbesondere auf Geschäftsmodelle und gesellschaftspolitische Auswirkungen von Suchmaschinen konzentriert, wie ich im ersten Abschnitt diskutiert habe.

Sie zeigt deutlich, dass der Fokus der Aufmerksamkeit verschoben werden muss: Weg von gesellschaftlichen Auswirkungen von Suchmaschinen, hin zu sozialen Praktiken und Machtbeziehungen, die Suchmaschinen hervorbringen. Suchmaschinen beuten unsere Gesellschaft nicht bloß aus, sondern sie werden selbst in unserer Gesellschaft gestaltet. Gegenwärtige Bedeutungsrahmen[66], wie der neue Geist des Kapitalismus, spielen hier eine zentrale Rolle, wie ich zeigte. Diese Verschiebung der Perspektive ermöglicht uns zu verstehen, dass Suchtechnologie, wie jede andere Technologie, anders sein könnte. Wenn Webseiten-AnbieterInnen oder NutzerInnen aus der Netzwerkdynamik ausbrechen, wird die Macht von Suchmaschinen, und deren Geschäftsmodelle, auseinanderbrechen. Wenn Massenmedien und AktivistInnen ihre kritische Debatte zu Suchmaschinen und den Mengen an Daten, die sie sammeln, archivieren, und verarbeiten, fortsetzen, werden große Player wie Google destabilisiert. Wenn die Politik und Gesetzgebung eine stärkere Position in der Verhandlung von Suchtechnologie einnehmen, können dem Kampf um Userdaten Grenzen gesetzt werden. Da alle diese Akteure an der Gestaltung von Suchmaschinen mitwirken, haben sie alle die Möglichkeit Suchtechnologie neu zu verhandeln, soziale und politische Interventionen zu setzen, und damit den Weg zur Veränderung zu ebnen. „When resis-

64 Boltanski & Chiapello 2007.
65 Röhle 2009.
66 Carlson 1992.

tance and rejection become significantly stronger than compliance and acceptance, power relationships are transformed".[67] Erste Schritte in diese Richtung sind bereits zu beobachten, wenn wir den Blick auf die Neuverhandlung des Europäischen Datenschutzgesetzes oder den NSA-Skandal richten.

Um die Macht des Widerstands aber voll ausschöpfen zu können, sind noch weitere Schritte nötig. Erstens ist es essentiell zu verstehen, dass privatwirtschaftlich operierende Suchmaschinen von Marketingstrategien, Konsumentenwünschen, Ignoranz, Bequemlichkeit, Komplizenschaft, einer neoliberalen Politik, und, insbesondere, von einem globalen Kapitalismus leben, der lokale Rahmenbedingungen mehr und mehr vor Herausforderungen stellt. Es ist unumgänglich zu begreifen, dass unsere eigenen Aktivitäten und unsere Bereitschaft uns von Suchmaschinen und deren bequemen Services betören zu lassen, zentrale Mechanismen der Stabilisierung von Suchtechnologie, sowie der Kommerzialisierung von Information und Nutzerdaten darstellen.[68] Wir müssen verstehen, dass der globale Kapitalismus von der Laxheit von Staaten, oder auch deren aktivem Widerwillen, Suchmaschinen zu regulieren oder alternative Suchtechnologien zu fördern, profitiert. „Far from acting as cross-purposes and being at war with each other, the political 'tribalization' and economic 'globalization' are close allies and fellow conspirators", wie Zygmunt Bauman argumentierte.[69] Dieser Artikel bot Einblicke in Spannungsfelder und Interessenskonflikte zwischen globaler Suchtechnologie und lokaler Kultur und Gesetzgebung. Mehr Forschung ist jedoch nötig, die sich der Beziehung von US-amerikanischen Suchmaschinen und nationalstaatlichen/europäischen Regulierungen und Wertesystemen annimmt. Europa und seine kritische Perspektive auf Datenschutz, oder seine „unique capacity to grumble"[70], ist hier besonders eingeladen, sich im Zentrum dieser Entwicklungen zu sehen, und nicht an deren Peripherie. Ob das neu gegründete Forschungsinstitut „Alexander von Humboldt Institut für Internet und Gesellschaft", von Google gesponsert, ein geeigneter Akteur ist, der sich diesen Themenfeldern produktiv annehmen kann, oder ob dieser Google, und seinen „ethischen Markenwert", weiter stabilisieren wird, bleibt abzuwarten.

Zweitens hat sich deutlich gezeigt, dass hybride Foren immer wichtiger werden, die heterogene Expertise bündeln und eine gemeinsame Basis für zukünftige Entwicklungen rund um Suchmaschinen schaffen können – auf globaler, europäischer und lokaler Ebene. Nachdem Suchmaschinen und deren kapitalistische Ideologie kollektiv stabilisiert werden, sind kollektive Anstren-

67 Castells 2009: 11.
68 Mager 2012a; Eklöf & Mager 2013; Fuchs 2011.
69 Bauman 1998: 42.
70 Lovink 2009.

gungen nötig, um eine Neugestaltung von Suchtechnologie einleiten zu können. Politische Expertise sollte mit Rechtsberatung, aber auch technischem Know-How gebündelt werden, was bislang fehlt. NetzaktivistInnen, in Kombination mit ProgrammiererInnen, JournalistInnen, Bildungsinstitutionen und zivilgesellschaftlichen Gruppen, können ebenfalls einen wertvollen Beitrag zur Diskussion leisten. Siva Vaidhyanathan stellt sich ein „human knowledge project" vor,[71] das die Aufgabe des Organisierens und der universellen Veröffentlichung von weltweiter Information in einer nicht-kommerziellen Art und Weise bewerkstelligen soll. Das Feld der Technikfolgenabschätzung schlägt klassischere Methoden zur Gestaltung von Technologie vor. BürgerInnenkonferenzen können das Bewusstsein über die kommerzielle Ausrichtung von großen, universalen Suchmaschinen und deren gesellschaftspolitische Konsequenzen in der Bevölkerung steigern. Fokusgruppendiskussionen mit EntscheidungsträgerInnen können dazu beitragen, dass globale Suchtechnologien künftig besser in lokale/ europäische Rahmenbedingungen eingepasst werden, sowie alternative Suchtechnologien durch öffentliche Mittel gefördert werden. Welche konkreten Maßnahmen auch gewählt werden, um die Zukunft von Suchtechnologie neu zu gestalten, der Fokus auf die soziale Konstruktion von Suchmaschinen und deren algorithmischer Ideologie ist ein erster, notwendiger Schritt hin zur Veränderung.

Literatur

Bauman, Z. (1998). On glocalization: or globalization for some, localization for others. *Thesis Eleven, 54*(1), 37-49.

Bauman, Z. (2007). *Consuming Life*. Cambridge: Polity Press.

Bijker, W., Hughes, T. & Pinch, T. (1987). *The Social Construction of Technological Systems. New Directions in the Sociology and History of Technology*. Cambridge/London: MIT Press.

Bijker, W. & Law, J. (1992). General introduction. In W. Bijker & J. Law (Hrsg.), *Shaping Technology/Building Society: Studies in Sociotechnical Change* (S. 1-16). Cambridge, MA: MIT Press.

Boltanski, L. & Chiapello, E. (2007). *The New Spirit of Capitalism*. London: Verso.

Carlson, B. (1992). Artifacts and frames of meaning: Thomas A. Edison, his managers, and the cultural construction of motion pictures. In W. Bijker & J. Law (Hrsg.), *Shaping Technology/ Building Society: Studies in Sociotechnical Change* (S. 175-198). Cambridge, MA: MIT Press.

Castells, M. (2009). *Communication Power*. New York: Oxford University Press.

Eklöf, J. and A. Mager (2013). Technoscientific Promotion and Biofuel Policy. How the Press and Search Engines Stage the Biofuel Controversy. *Media, Culture & Society, 35(4), 454-471.*

Elmer, G. (2004). *Profiling Machines*. Cambridge, MA: MIT Press.

71 Vaidhyanathan 2011.

Fallows, D. (2005). Search Engine Users: Internet searchers are confident, satisfied and trusting–but they are also unaware and naïve. Washington, DC: The Pew Internet and American Life Project. Verfügbar unter: http://www.pewinternet.org/Reports/2005/Search-Engine-Users.aspx (30.10.2013)

Flick, U. (2009). *An Introduction to Qualitative Research.* London/Thousand Oaks/New Delhi: Sage.

Fuchs, C. (2010a). Labor in informational capitalism and on the internet. *The Information Society, 26*(3), 179-196.

Fuchs, C. (2010b). StudiVZ: social networking sites in the surveillance society. *Ethics and Information Technology, 12*(2), 171-185.

Fuchs, C. (2011). A contribution to the critique of the political economy of Google. *Fast Capitalism, 8*(1), Verfügbar unter: http://www.uta.edu/huma/agger/fastcapitalism/8_1/fuchs8_1.html (30.10.2013)

Glaser, B. & Strauss, A. (1968). *The Discovery of Grounded Theory: Strategies for Qualitative Research.* London: Weidenfeld & Nicolson.

Halavais, A. (2009). *Search Engine Society.* Cambridge: Polity Press.

Hillis, K., Petit, M., & Jarrett, K. (2012). Google and the Culture of Search. London: Routledge.

Hindman, M., Tsioutsiouliklis, K. & Johnson, J. A. (2003). *Googlearchy: How a Few Heavily-Linked Sites Dominate Politics on the Web*, Verfügbar unter: http://www.cs.princeton.edu/_kt/mpsa03.pdf (30.10.2013).

Introna, L. & Nissenbaum, H. (2000). The public good vision of the internet and the politics of search engines. In R. Rogers (Hrsg.), *Preferred Placement – Knowledge Politics on the Web* (S. 25-47). Maastricht: Jan van Eyck Akademy.

Jarvis, J. (2009). *What Would Google Do?* New York: Harper Business.

Kurz, C. & Rieger, F. (2011). *Die Datenfresser. Wie Internetfirmen und Staat sich unsere persönlichen Daten einverleiben und wie wir die Kontrolle darüber zurückerlangen.* Frankfurt am Main: Fischer.

Lovink, G. (2009). Society of the query. The googlization of our lives. In K. Becker & F. Stalder (Hrsg.), *Deep Search: The Politics of Search Engines beyond Google* (S. 45-53). Innsbruck: Studienverlag.

Mager, A. (2009). Mediated health. Sociotechnical practices of providing and using online health information. *New Media & Society, 11*(7), 1123-1142.

Mager, A. (2012a). Health information politics: Reconsidering the democratic ideal of the Web as a source of medical knowledge. *First Monday* 17(10), Verfügbar unter: http://journals.uic.edu/ojs/index.php/fm/article/viewArticle/3895/3318 (10.04.2014).

Mager, A. (2012b). Search engines matter: From educating users towards engaging with online health information practices. *Policy & Internet, 4*(2), 1-21.

Mayer, K. (2009). On the sociometry of search engines. a historical review of methods. In K. Becker & F. Stalder (Hrsg.), *Deep Search: The Politics of Search Engines beyond Google* (S. 54-72). Innsbruck: Studienverlag.

Pasquinelli, M. (2009). Google's PageRank algorithm: a diagram of cognitive capitalism and the rentier of the common intellect. In K. Becker & F. Stalder (Hrsg.), *Deep Search: The Politics of Search Engines beyond Google* (S. 152-162). Innsbruck: Studienverlag.

Pinch, T. & Bijker, W. (1987). The social construction of facts and artifacts: or how the sociology of science and the sociology of technology might benefit each other. In W. Bijker, T. Hughes & T. Pinch (Hrsg.), *The Social Construction of Technological Systems. New Directions in the Sociology and History of Technology* (S. 17-50). Cambridge, MA: MIT Press.

Röhle, T. (2009). Dissecting the gatekeepers. Relational perspectives on the power of search engines. In K. Becker & F. Stalder (Hrsg.), *Deep Search: The Politics of Search Engines beyond Google* (S. 117-132). Innsbruck: Studienverlag.

Röhle, T. (2010). *Der Google Komplex: Über Macht im Zeitalter des Internets*. Bielefeld:: Transcript.

Vaidhyanathan, S. (2011). *The Googlization of Everything: (And Why We Should Worry)*. Berkeley/Los Angeles: University of California Press.

Van Couvering, E. (2008). The history of the internet search engine: navigational media and the traffic commodity. In A. Spink & M. Zimmer (Hrsg.), *Web Search* (S. 177-206). Berlin/Heidelberg: Springer Verlag.

Danksagung

Die in diesem Artikel beschriebene Studie wurde von HUMlab, Umeå University, Schweden, finanziert (postdoctoral fellowship von 2010 bis 2012). Ich bedanke mich bei Patrik Svensson für die großzügige Unterstützung meiner Forschungsarbeiten. Des Weiteren bedanke ich mich bei meinen HUMlab KollegInnen und den TeilnehmerInnen der Marie Jahoda Summer School (Universität Wien), und insbesondere dem Organisator Sighard Neckel, für deren hilfreiche Kommentare und Vorschläge zu meinem Projekt. Ich möchte mich auch bei allen InterviewpartnerInnen bedanken, die ihre Erfahrungen mit und Ansichten zu Suchtechnologie mit mir geteilt haben, und Ken Hillis, der für die Inspiration des englischen Titels „Algorithmic Ideology" gesorgt hat. Schließlich möchte ich mich bei zwei anonymen GutachterInnen der Zeitschrift *Information, Communication & Society* für ihre hilfreichen Kommentare bedanken. In dieser Zeitschrift wurde eine frühere Version dieses Artikels auf Englisch publiziert: Algorithmic Ideology. How capitalist society shapes search engines, vol. 15, no. 5, June 2012, pp. 769-787

Hans Hege und Eva Flecken

Debattenbeitrag: Gibt es ein öffentliches Interesse an einer alternativen Suchmaschine?

1 Verdachtsmoment

Wenn sich Regulierer zu einer vergleichsweise neuartigen Medientechnologie äußern, mag der Verdacht aufkommen, dass hier zwei bemüht sind, sich ein neues Betätigungsfeld zu erobern. Regulierer wollen regulieren, sonst wären sie schließlich keine Regulierer – rollentheoretisch erscheint das logisch. Dieser Vermutung wollen wir jedoch von Beginn an damit begegnen, dass wir in besonderer Weise um die Grenzen der Regulierung wissen und von diesen wird im Folgenden immer wieder berichtet werden.

Dieser Band befasst sich mit dem Thema „Suchmaschinen" und wir sind gefragt, unsere regulatorische Sicht auf diese Kulturtechnik darzulegen. Ob Suchmaschinen reguliert gehören, ist eine bedeutsame Frage, sie wirft eine Reihe praktischer Herausforderungen auf, die ebenjene Grenze der Regulierung verdeutlichen. Daher wirft der vorliegende Beitrag zwar den medienregulatorischen Blick auf Suchmaschinen – Meinungsvielfalt, demokratische Willensbildung und Informationsfreiheit seien als Stichworte genannt – darüber hinaus werden aber auch zur Regulierung alternative Instrumente vorgestellt. Doch warum sollten Suchmaschinen überhaupt Gegenstand einer regulatorischen Befassung sein? Um dies beantworten zu können, müssen wir uns zunächst der gesellschaftlichen Bedeutung von Suchmaschinen zuwenden. Einleitend legen wir dar, weshalb sich klassische Rundfunkregulierer mit Suchmaschinen auseinandersetzen (sollten). Was ist ihr Ansatzpunkt und was ist ihr konzeptioneller sowie theoretischer Unterbau für eine Auseinandersetzung mit Suchmaschinen? Dabei werden sowohl kultur- und medientheoretische Aspekte als auch juristische Überlegungen Berücksichtigung finden.

2 Die gesellschaftliche Bedeutung von Suchmaschinen

Über die Relevanz von Suchmaschinen wurde in den vergangenen Jahren viel diskutiert, geschrieben und auch gestritten. Sei es im Zusammenhang mit gesetzgeberischen Aktivitäten wie dem Leistungsschutzrecht oder im wissenschaftlichen Kontext. Insbesondere die Medien- und Kommunikationswissenschaft ist bemüht, die Relevanz von Suchmaschinen zu erfassen. Wie verändert sich die individuelle Informationsgewinnung, wenn Google & Co. genutzt werden? Was bedeutet das für die Arbeit von Journalisten, von Studierenden und Schülern? Wie verändert sich unser Verhältnis zu Wissen und Expertise, wenn Informationen ubiquitär zur Verfügung stehen und diese auch schon in aufbereiteter Form dem Nutzer präsentiert werden?

2.1 Wissen und Informationen

Damit Gesellschaft funktionieren kann, bedarf es Gemeinsamkeiten. Individuen brauchen gemeinsames Wissen, damit sie sich zusammengehörig fühlen können. Sie müssen in ihren Werten keinesfalls übereinstimmen, es muss kein hegemonialer Diskurs herrschen, um sich einig zu fühlen. Soziale Identitäten entstehen nicht zuletzt über das Prinzip der Abgrenzung. Doch brauchen Gesellschaften ein gemeinsames Grundrauschen an Informationen: Bestimmte Fakten sind bekannt, sie gehören zum kollektiven Wissen. Darüber können sich die Individuen austauschen, sich streiten, sich einigen.

Es gibt einen gemeinsamen Rahmen für die Mitglieder einer Gesellschaft, der die (Akzeptanz-)Grenzen des individuellen Handelns absteckt. Aus guten Gründen können Individuen einander unterstellen, dieses gesellschaftliche Format zu kennen und ihre Handlungen darauf zu beziehen. Genau dies ist die Funktion von kollektivem Wissen, es konkretisiert Weltanschauungen, Menschenbilder, soziale Verhaltensnormen, unsere Selbstdarstellung.[1]

Wir lernen, uns auf gemeinsames Wissen zu einigen und dieses im alltäglichen Diskurs als gegeben anzunehmen. Gesellschaft kann nur dann bestehen, wenn dieses kollektive Grundrauschen nicht fortwährend in Frage gestellt wird. Damit ist Wissen immer auch zeitabhängig und konsensual gebildet.

Doch ist kollektives Wissen nicht nur ein konsensualer Zustand, was schon wacklig genug erscheint. Schlimmer noch: Wissen ist kontingent – es könnte also immer auch anders sein.[2] Gesellschaftlich haben wir uns darauf geeinigt, dass die Demokratie die richtige Gesellschaftsform ist, dass der Kapitalismus Wohlstand bringt. Wir haben gelernt, dass wir einer Arbeit nachgehen wollen. Wir haben unser kollektives Wissen in ein Regelwerk gegossen und lassen diese Gesetze von

1 Vgl. Schmidt 2003b: 230.

2 Warum dieses scheinbar wacklige Kartenhaus der Wissenszustände dennoch nicht in sich zusammenfällt, werden wir weiter unten erklären, wenn wir uns dem Begriff der Kultur zuwenden.

Instanzen verteidigen, die wir dazu auserkoren haben. Dies und noch viel mehr sind Entscheidungen, die getroffen wurden. Sie wurden nicht von einzelnen Entscheidungsträgern festgesetzt, sie haben sich vielmehr in der geschichtlichen Entwicklung als sozialer Handlungsrahmen etabliert. Es ist wichtig zu verstehen, dass diese Entscheidungen nicht schicksalhaft gegeben sind. Sie sind vielmehr kontingent, sie hätten grundsätzlich auch anders ausfallen können.[3] Wir leben gut mit diesen sozialen Regeln und dem Wissen um diese Regeln. Indes erscheint es vor dem Hintergrund der kontingenten Genese dieses sozialen Rahmens bemerkenswert, dass er nicht auseinanderfällt, sondern vielmehr funktioniert.

Folglich bedarf es Instrumente, die dafür sorgen, dass unser kollektives Wissen bestehen und überdauern kann. Gesellschaft braucht Funktionsträger, die uns die Vielzahl an Möglichkeiten aufbereiten. Sich die Kontingenz unseres Gesellschaftsgerüsts vor Augen zu führen, ist absolut lohnend, wenn eine theoretische Auseinandersetzung geführt werden soll. Für den sozialen Alltag taugt dies gleichwohl wenig, im Gegenteil. Fragen wir also lieber: Wo sind nun die Helfer der Kontingenzbearbeitung? Wer reduziert die Komplexität des Entscheidungshandelns auf ein erträgliches Maß?

2.2 Kontingenzbearbeiter

Uns ist schon mal etwas „zu viel“, ein Ausdruck unserer Erschöpfung. Es bezeichnet das unangenehme Gefühl, den Überblick zu verlieren. Wenn es unüberblickbar zu viel wird, sind wir bemüht, Ordnung in das Durcheinander zu bringen. Wir brauchen dann Hilfsmittel, die Informationen zu einem sinnvollen Ganzen zusammenfügen.

Diese Aufgabe übernehmen traditionsgemäß die Massenmedien. Sie sind unsere hocheffizienten Kontingenzbearbeiter, die Vielfalt sichern und zeitgleich die überbordende Komplexität auf ein verkraftbares Maß stutzen. TV, Radio und Print bereiten uns die Informationen auf und kredenzen uns die globale Nachrichtenlage in wenigen Minuten oder einigen Zeilen. Sie verwalten für den Leser, Hörer und Zuschauer die globale Vielfalt, sodass sich dieser informiert fühlen darf, ohne selbst vergleichbare Selektionsarbeit leisten zu müssen. Die etablierten Massenmedien reduzieren nicht nur die Komplexität der Umwelt, sie bringen

3 Das Prinzip der Kontingenz darf nicht als willkürlich und regellos missverstanden werden. Jede Handlung ist zwar grundsätzlich kontingent, weil sie auch anders hätte entschieden werden können, doch nutzen wir sozial erlernte Kontingenzbearbeiter, die aus der ubiquitären Kontingenz spezifische Kontingenz machen. Dadurch wird der Einzelne handlungsfähig (vgl. Schmidt 2005: 31). Um ebenjene Selektionsmechanismen wird es im Folgenden ausführlich gehen.

auch alles in eine Ordnung – in ihre Ordnung. Sie bieten eine Agenda der Themen, Meinungen und Problembeschreibungen an und bündeln damit Diskurse. Ihre soziale Funktion besteht darin, diese Diskurse sichtbar und nachvollziehbar zu machen, sie dabei aber überschaubar zu halten.[4] Schon die ersten Medientechnologien haben diese Aufgabe übernommen, bereits „[m]it der Schnellpresse wurde aus der Neuigkeit eine allgemeine Faktenlage."[5]

Informationen sind nicht „einfach da", sie müssen kommuniziert werden. Sie sind abhängig von demjenigen, der sie ausspricht, sie darstellt, sie aufbereitet und zur Verfügung stellt. Damit wird dem Journalismus klassischerweise eine tragende Rolle im gesellschaftlichen Gefüge zuteil. Es gilt nun zu fragen, ob diese soziale Orientierung auch durch andere Medien oder Techniken erbracht werden kann. Für unsere Betrachtung ist dabei weniger relevant, ob es sich um eine individuelle Rollenerfüllung – des Journalisten, des Verlegers oder auch des Programmierers von Suchalgorithmen – handelt, oder ob abstraktere Gebilde an diese Stelle rücken. Was passiert also, wenn nicht mehr der Journalismus die Welt für uns dergestalt kuratiert, dass sie uns über das kollektive Wissen als Gesellschaft im Inneren zusammenhält, sondern diese Aufgabe einem Algorithmus zuteil wird?[6]

Ohne Frage sorgen Algorithmen für eine Neuordnung des Wissens, da sie nicht nur einfach bestehende Daten auffindbar machen, „sondern Informationen klassifizieren, sie neu zusammenstellen und Daten und Fakten zu dem weiterverarbeiten, was wir gewöhnlich als ‚Wissen' bezeichnen."[7] Algorithmen bearbeiten also Informationen aus der Umwelt in einer Weise, wie wir es bislang insbesondere vom Journalismus kennen. Sie sind dabei ebenso wenig „objektiv" wie es Medienmacher je waren. Das Grundprinzip der Suche ist nicht Neutralität, sondern Relevanz für den Einzelnen und damit sind Algorithmen in ihrer Zielverfolgung im höchsten Maße subjektiv. Sie sind kein generalistischer Zugang zu Informationen, wie es die an die Allgemeinheit ausgerichteten Massenmedien noch sind. Suchmaschinen bieten sowohl einen individuellen als auch einen individualisierten Zugriff auf die Datenmassen.[8] Sie klassifizieren, gewichten und bewerten, um die Sortierung der Ergebnisse für den einzelnen Nutzer relevant zu gestalten.

Die individualisierten Rankings einer Suche machen die Kontingenz des Wissens sichtbar und bearbeiten sie zugleich. Die unterschiedlichen Ergebnis-

4 Vgl. Flecken 2012: 204.
5 Bunz 2012: 90.
6 Diese Frage stellt sich auch Eli Pariser (vgl. Pariser 2012: 62 ff.).
7 Bunz 2012: 15.
8 Vgl. Meckel 2012: 12.

listen veranschaulichen die Kontingenz der Suche und damit die Komplexität der möglichen Antworten. Damit wird auch der blinde Fleck der Suche sichtbar, die Algorithmen verursachen dieses Blindsein für die Kontingenz. In ihrer Funktion, dem einzelnen Nutzer das für ihn relevanteste Ergebnis zu liefern, sind sie anpassungsfähig und verursachen zwangsläufig immer weitere blinde Flecken.[9] Zunächst mögen nur die Nutzer auf einem Auge blind werden. Indes drängt sich die Frage auf, ob nicht auch eine Schaffung sozialer blinder Flecken denkbar ist. Diese würden im Ergebnis zu einer Vereinfachung von Diskursen führen, die letztlich nur noch in einer Polarisierung bestünden. Das ist in Hinblick auf Meinungsvielfalt sicherlich kein wünschenswertes Ergebnis. In einem sich selbstverstärkenden Prozess könnte dies gar zu einem Mainstream der Meinungen führen.[10]

Grundsätzlich müssen die blinden Flecken (die Wahrnehmungslücken) nicht nur gebilligt werden, sie sind, wie oben erläutert, sogar notwendig. Sie verfolgen die Funktion der sozialen Orientierung. Denn überbordende Kontingenz kann nur dann bearbeitet werden, wenn „Mut zur Lücke" bewiesen wird. Allerdings darf diese Lücke nicht zu umfassend werden.

2.3 Suchmaschinen als Kulturtechnik

Nach welchem Prinzip funktionieren nun die Kontingenzbearbeiter wie Rundfunk oder auch Suchmaschinen? Was ist das zugrundeliegende Programm, nach dem sie operieren?

Es ist Kultur, Kultur verstanden als Programm (im Sinne von Siegfried J. Schmidt). Ein Programm, das unsere Wirklichkeit konstituiert und im Rahmen unseres sozialen Handlungsrahmens läuft. Kultur organisiert das soziale Miteinander, indem sie das Handeln des Einzelnen navigiert.[11] Kultur ist daher nie neutral, sie ist vielmehr affektiv, moralisch und wertend. Sie ist unser Programm zur Meinungsbildung und damit der Schlüssel zur Sozialität.[12]

9 Eine Beobachtung, die weiter unten mit Eli Pariser und seinem Begriff der Filter Bubble aufgegriffen wird.

10 Vgl. Meckel 2012: 18.

11 Damit ist Kultur jedoch nicht gleichzusetzen mit einem starren Handlungskorsett. Auch hier gilt, dass der Einzelne seinen gesellschaftlichen Platz durchaus über Abgrenzung oder gar Ausgrenzung einnehmen kann.

12 Schmidt konzipiert Kultur als Programm und befreit uns damit von Diskussionen über abgeschlossene Kulturen (vgl. Schmidt 2003a: 38 sowie 2005: 41). Damit lassen sich Diskussionen um eine nationale Leitkultur als überflüssiges Gedankenspiel erkennen. Kultur ist kein Sammelsurium von homogenen Wertvorstellungen, gemeinsamen Territorien und historischen Archiven mehr, sondern unser Programm zur Wirklichkeitskonstitution.

Kultur programmiert unser Verhalten, die soziale Kommunikation und das kollektive Wissen. Der Einzelne kann sich nicht unabhängig von Kultur bewegen, er kann nicht losgelöst von ihr agieren. Das gilt insbesondere bei der Erfüllung sozialer Rollen. Individuen sind sozial orientiert. Ebenjene Funktion der sozialen Orientierung wird derzeit aber auch durch ein anderes Programm ausgefüllt: Suchmaschinen zeigen, ordnen, sortieren und bewerten die Fragen, die ihr gestellt werden. Suchmaschinen bieten dem Einzelnen soziale Orientierung. Dies mag wörtlich verstanden sein, wenn die Trefferliste die nächsten Sushi-Restaurants in der Nähe anzeigt und der Suchende dorthin navigiert wird. Dies gilt aber insbesondere in einem abstrakteren Zusammenhang: Den Ergebnissen von Suchmaschinen wird geglaubt und darüber hinaus Korrektheit attestiert.[13]

Doch auch Suchmaschinen agieren nicht ontologisch freischwebend über der Gesellschaft, losgelöst vom Individuum. Die Algorithmen werden von Menschen geschrieben, genutzt werden sie ebenfalls von Personen. Sie sind damit Ausdruck und Begründung unserer Kultur zugleich. Sie begründen Kultur, weil sie die beschriebene soziale Orientierung bieten und kollektives Wissen in einzigartiger Weise sichtbar machen und mit jeder Suchanfrage sogleich selbstverstärken. Sie sind aber auch Ausdruck von Kultur, weil ihre Algorithmen in einem kulturellen Zusammenhang entstehen. Auch die Logik der Algorithmen folgt dem Programm, das wir Kultur nennen. Suchmaschinen sind unser Programm zur alltäglichen Bewältigung der uns umgebenden Komplexität, die Nutzung ihrer Algorithmen ist unsere Kulturtechnik.[14]

Aus medienphilosophischer Sicht ist an dieser Stelle das Verhältnis von Technik und Entität bemerkenswert. In jedem Moment der Mediennutzung wird das Verhältnis von Technik und Körperlichkeit bestimmt: Zum Fotografieren bedarf es einer Kamera, durch deren Objektiv wir schauen. Beim Fernsehen schauen und hören wir in Richtung einer Mattscheibe. Die Nutzung der Technik verändert unsere Sicht der Dinge, genauer: unsere Sicht *auf* die Dinge. Auch die Nutzung der Kulturtechnik Suchmaschine verändert unsere Perspektive. Die Art von Mediennutzung, die wir als „Suchen“ und „Informieren“ bezeichnen, funktioniert zunehmend mit Hilfe von Algorithmen. Die Kulturtechnik Suchmaschine ist unsere effiziente (entgeltfreie, schnelle und einfach verfügbare, nichtmaterielle) Form, die Welt zu erfassen. Schon Ernst Cassierer hat in der Nutzung von Werkzeugen die Ontologisierung der Natur gesehen.[15] Die Anwendung einer

13 Auf diesen beachtlichen Aspekt und seine soziologischen Folgen gehen wir weiter unten mit Eli Parisers Konzept der „Filter Bubble“ genauer ein.

14 Zu einer weitergehenden Auseinandersetzung mit „Suchen“ als Kulturtechnik vgl. Bunz 2012: 67ff.

15 Vgl. Cassierer 1930: 73.

Technik objektiviert demnach die Umwelt und lässt sie als unabhängige und damit gegebene Entität dastehen. Wendet man diesen Gedanken auf die Nutzung von Suchmaschinen an, so mag es einen doch ein wenig gruseln. Demnach lässt allein die Anwendung der Kulturtechnik Suchmaschine ihre Ergebnisse als vom Nutzer unabhängige Gegebenheit erscheinen.[16]

Ein Konzept, das sich mit den zugrundeliegenden Mechanismen der Suche auseinandersetzt, stellt Eli Pariser vor: die *Filter Bubble*. Pariser sieht in den Algorithmen die mangelnde Komplexität und unzureichende Heterogenität der Trefferliste begründet. Die Logik der Algorithmen befördert eine vorhersehbare und sich selbst eingrenzende Suche. Die Pioniere der Onlinesuche – die Google-Gründer Sergey Brin und Larry Page – haben bereits in den 1990er Jahren erkannt, dass die Struktur des Internets viele bis dato nicht gehobene Datenschätze barg.[17] Mit Google wurde eine Logik entworfen, die nicht nur quantitative Merkmale der Suche auswertet, sondern die auch das Kriterium der Verlinkung berücksichtigt. Damit war nicht nur das Kriterium „Relevanz" geboren, sondern auch der Datenhunger der Kulturtechnik begründet. Um die Suchergebnisse relevanter für den Einzelnen werden zu lassen, bedarf es immer mehr Daten. „Relevanz, die Sortierung der Datenmassen im Internet, erfordert immer mehr Daten."[18]

Problematisch ist dabei, dass diese Verlinkungen sowie die bislang durchgeführten Suchanfragen zu einer Verengung des eigenen Such-Horizonts führen. Wer nicht regelmäßig seinen Browser reinigt, der wird mit immer mehr vom Gleichen konfrontiert. Die Algorithmen verlängern das, „was die Nutzer zuvor getan, gewollt, geliebt haben, in die Zukunft"[19], anstatt sie mit Neuem zu versorgen.

Bei der Befassung mit der *Filter Bubble* muss ein Aspekt besondere Berücksichtigung finden: die Integration verschiedener Dienste. Dies sei im Folgenden am Beispiel von Google erläutert, es gilt aber auch für andere Internetgiganten, die eine expandierende Strategie verfolgen.[20]

---

16 Um die Tragweite aufzuzeigen, vgl. dazu auch die vom Hans-Bredow-Institut sowie dem FORMATT-Institut erfassten Ergebnisse zur „Erfassung und Darstellung der Medien- und Meinungsvielfalt in Deutschland". Dort belegt Google den zweiten Platz der meist genannten Einzelmarken bzw. Angebote zur Meinungsbildung bei politischen Themen (ebd. 2012: 9).

17 Vgl. Pariser 2012: 38ff.

18 Pariser 2012: 40.

19 Meckel 2012: 17.

20 So ist auch Yahoo seit einiger Zeit auf Einkaufstour in der Start-Ups-Szene unterwegs. Eine Auswahl und die Breite der 2013 erworbenen Einkäufe zeigen den Expansionsdrang. So kaufte Yahoo in diesem Jahr bereits u.a. den Blogdienst Tumblr, den Videospezialisten Qwiki, den Kommunikationsanbieter Xobni, den Browserhersteller Rockmelt und die Bilderkennungsspezialisten LookFlow.

Die Filter Bubble wird kleiner – im Sinne von individueller – je mehr Dienste der Nutzer in Anspruch nimmt und miteinander verzahnt. Nachstehende Anwendungen und Suchmuster können die Ergebnisliste einengen.

- Autocomplete der Suche: Diese Funktion der Google-Suche erlangte in Deutschland spätestens dann Bekanntheit, als die Gattin des ehemaligen Bundespräsidenten in einem Tastenschlag mit vermeintlich zurückliegenden Berufstätigkeiten angezeigt wurde. Google unterbreitet dem Nutzer automatisch Suchvorschläge, sodass durchaus von einer lenkenden Funktion auszugehen ist. Salopp gesprochen: Was der eine schon einmal gesucht hat, wird auch für den nächsten relevant sein.[21]
- Schnelle Suche: Google versieht einige Ergebnislisten mit einem Fenster, in dem wesentliche Informationen bereits zusammengefasst angezeigt werden. Sucht der Nutzer beispielsweise nach Informationen zu „Kambodscha", so ist es ihm möglich, bereits auf der ersten Seite der Trefferliste die Key Facts zu lesen. Die Quelle ist in dem Fall mit Wikipedia angegeben. Für den schnellen Leser mögen die knappen Informationen mit einer integrierten Kartenansicht vielleicht schon ausreichen. Die Konkurrenz ist dann zwar nur ein Klick entfernt, doch der Klick mag unnötig werden.
- Personalisierte Suche: Mit technischer Hilfe kann das Online-Verhalten eines Nutzers nachvollzogen werden. U.a. dank Browserverläufen und Cookies werden Daten gespeichert, was die zukünftige Internutzung erleichtern soll, weil dadurch passgenau die (bisherigen) Bedürfnisse und Nachfragen des Nutzers berücksichtigt werden können. Mit Zugriff auf diese Daten verfestigen die Algorithmen allerdings den Status quo des Nutzers.
- Soziale Suche: Google bietet eine eigene soziale Plattform an. Ist man bei Google+ als Nutzer angemeldet, werden auch dort Informationen über das Nutzungsverhalten registriert und für die zukünftige Nutzung anwendbar gemacht.
- Plattformübergreifende Suche: Aufgrund der vielen Services und Dienste, die Google im Portfolio hat, kann im besonderen Maße eine plattformübergreifende Suche gewährleistet werden. Das können andere Suchmaschinen grundsätzlich auch. Doch darf angenommen werden, dass die Synergieeffekte mit YouTube beachtlich sind, immerhin handelt es sich hierbei um die meistgenutzte legale Videoplattform.

---

21 In diesem Zusammenhang sei erwähnt, dass der Bundesgerichtshof darin durchaus die Gefahr einer Verletzung des Persönlichkeitsrechts sieht (Aktenzeichen VI ZR 269/12, Entscheidung vom 14.05.2013).

Große Unternehmen rüsten mit einem vielfältigen Angebot ihr Geschäftsmodell für die Zukunft. Funktioniert das Zusammenspiel der verschiedenen Dienste in einer überzeugenden Weise, gibt es für den Nutzer zunächst einmal wenig Anreiz, seine Nutzung zu streuen. Dabei darf nicht aus den Augen verloren werden, dass die blinden Flecken der Suche unter Umständen immer größer oder das sichtbare Feld stets kleiner wird.

2.4 Serendipität

Jedes System muss irritiert werden, damit es sich weiterentwickeln kann. Die Systemtheoretiker nutzen dafür den Begriff der Interpenetration.[22] Dieser verdeutlicht, dass die Umwelt einen Reiz auf das System ausübt, das System diesen Reiz aber nach den eigenen Regeln bearbeitet und sich damit zu eigen macht. Nicht nur soziale Systeme sind auf solche Interpenetrationen angewiesen, auch Individuen brauchen einen Anstoß, um sich zu entwickeln.

Übertragen wir dies auf das individuelle Informationsverhalten, dann zeigt sich die Problematik der Filter Bubble überdeutlich: Fehlt die Konfrontation mit dem Unerwarteten ist eine systemische Veränderung umso schwieriger bzw. unwahrscheinlicher. Kultur als unser Programm zur Wirklichkeitsbewältigung (genauer: -konstituion) ist lernfähig. Kultur ist kein statischer Zustand, sondern stets im Werden begriffen. Damit sich Kultur wandeln kann, bedarf es gleichwohl des Anreizes zur Veränderung. Auch unsere Kulturtechniken sind erwünschter Weise der stetigen Weiterentwicklung unterworfen, so diese denn nicht unterdrückt wird.

Ursachen, die angemessenen gesellschaftlichen Wandel unterstützen könnten, sind in der Anwendung unserer Kulturtechniken zu suchen. Die Ausgestaltung der Informationsgewinnung und damit der Mediennutzung sind dafür wesentliche Aspekte. Das belegen in eindrucksvoller Weise die Manipulationsbemühungen solcher Instanzen, die nicht an einer demokratischen Willensbildung interessiert sind. Die Reaktionen auf die Aufstände im Nahen Osten haben es gezeigt: Früher wurde vorrangig der Rundfunk gleichgeschaltet, heute ist ein Regime insbesondere daran interessiert, den Internetzugang zu kappen. Auch

---

22 Der Begriff der Interpenetration entstammt der Zellbiologie und beschreibt, dass etwas Äußerliches nur unter systemspezifischer Bearbeitung in das System aufgenommen werden kann. Ein Reiz dringt folglich nicht ohne weiteres ins System ein, sondern wird sogleich Teil des Systems. Dies soll den Unterschied zum Begriff „Input“ markieren. Informationen werden entsprechend immer zunächst systemisch bearbeitet, bevor sie Eingang ins System finden. Im Ergebnis sind Informationen daher nie „extern“, sondern immer schon Teil des verarbeitenden Systems.

die Auseinandersetzungen von Google mit der chinesischen Regierung haben gezeigt, dass bestimmte staatliche Instanzen das Potential von Kulturtechniken fürchten – zu Recht.[23] Denn es ist richtig, dass Kulturtechniken mit subversivem Potential ausgestattet sind. Trotz aller Risiken einer Filter Bubble darf nicht übersehen werden, dass so manche soziale Unruhe auch deshalb eine konstruktive Kraft entfalten konnte, weil Technologien dafür die Weichen gestellt haben.

Daran sollten Algorithmen anknüpfen und zumindest ab und an für Aufruhr sorgen. Unruhe dadurch stiften, dass Ungeplantes und Unerwartetes offeriert wird. Denn auch das, was unerwartet ist, kann für den einzelnen Nutzer relevant sein oder Relevanz entwickeln. Nicht nur das Erwartbare mag für den Suchenden das richtige Ergebnis sein. Wenn nicht bekannt ist, was es für Möglichkeiten gibt, dann kann nach diesen Alternativen auch nicht gesucht werden. Kontingenz muss sichtbar werden, damit Handlungsalternativen überhaupt vorstellbar sein können. Anders formuliert: Nur der wird wachsam, der aus dem Tritt gerät.

Für diesen ungeplanten Anreiz haben verschiedene Autoren den Begriff der „Serendipität" angeführt.[24] Der glückliche Zufall, der dem Nutzer angezeigt wird. Die Idee des glücklichen Zufalls umfasst die Konfrontation mit dem Unvorhersehbaren und dem Nicht-Kalkulierbaren.[25]

2.5 Ein Wort zu Google

Sind Suchmaschinen der Gegenstand eines Debattenbeitrags, dann ist es unabdingbar, sich mit einigen Zeilen Google zuzuwenden. Google macht regelmäßig darauf aufmerksam, dass die Konkurrenz im Internet und damit auch für Google nur einen Klick entfernt ist.[26] Dies ist faktisch korrekt. Jeder Suchende kann eine andere Suchmaschine nutzen – dabei sogar eine gute Tat vollbringen, so wie es beispielsweise Ecosia verspricht. Auch kann der Nutzer grundsätzlich in seinem Browser eine Vielzahl an Suchmaschinen voreinstellen. Der Nutzer hat eine Wahlfreiheit zwischen Browsern und Suchmaschinen. Er ist keinesfalls gezwungen, Chrome mit der Google-Suche zu verwenden. Dies ist durchaus ein Fortschritt, schließlich gab es Zeiten, in denen es außer dem Internet Explorer

23 Vgl. Bunz 2012: 72f.

24 Vgl. Meckel 2012: 16ff. sowie den Beitrag von Quan-Haase und McLay-Peet i. d. B.

25 An dieser Stelle sei erwähnt, dass Google ebendieses Angebot macht. Ob zufällig oder nicht, diese Suchfunktion nennt sich „Auf gut Glück". Google schreibt dazu in seinem Blog: „Mit der Funktion ‚Auf gut Glück!' können Sie auch interessante Inhalte finden, von denen Sie andernfalls vielleicht nie etwas erfahren hätten." URL: https://support.google.com/websearch/answer/30735?hl=de (Stand: 23.10.2013).

26 Vgl. Annette Kroeber-Riel im Unterausschuss Neue Medien 2012: 6.

und dem dazugehörigen Betriebssystem der breiten Masse nicht viel Anderes zur Verfügung stand. Diese Zeiten sind vorbei – auch dank starker kartellrechtlicher Entscheidungen.

Die Nutzer sind von Googles Diensten überzeugt. Bei der Textsuche hat die Suchmaschine aus Mountain View zweifellos eine marktbeherrschende Stellung. Auch verfügt Google über die mit Abstand größte Videoplattform im Internet. YouTube generiert wie keine andere legale Plattform Unmengen an Klicks und Datenverkehr.[27]

Es ist eine lange Liste an Produkten, mit denen Google sich am digitalen Markt platziert. Längst sind nicht alle Dienste in dem Sinne erfolgreich, dass sie profitabel sind. Hinter einigen steckt nicht einmal eine konkrete Geschäftsidee – dafür aber eine Vision, eine Idee. Das allein ist ohne Frage mutig und ein Verdienst. Doch in seiner „Vollkommenheit" gleicht Google damit einem Universum. Ein Universum, das eine gewisse Gemütlichkeit ausstrahlt und ein bequemer Ort des digitalen Verweilens ist. Mit vielen verschiedenen Diensten bietet Google dem durchschnittlichen Onliner vieles, wenn auch (noch) nicht alles, was er braucht.

Gleichwohl ist die Vielzahl der Dienste allein nicht ausschlaggebend für eine gewisse Skepsis, die Google von den Hütern des Wettbewerbs und der Meinungsvielfalt entgegengebracht wird. Grund für so manche Sorge ist vielmehr die Integration der verschiedenen Geschäftsfelder. Die amerikanische Suchmaschine ist längst viel mehr als das (eine Suchmaschine) und holt immer weiter aus, um sich ökonomisch vertikaler sowie diagonaler aufzustellen. Google investiert u.a. in
- Dienste und Systeme: das Betriebssystem heißt Android, das E-Mailkonto endet auf @gmail, die Suche findet über Google statt, die Nachrichten zeigt der News Reader an;
- Geräte: Google kaufte Motorola und ist damit auch Gerätehersteller;
- Netze: Infrastrukturprojekte gehören zum Beschäftigungsfeld – sei es kabelgebunden in Kansas City oder funkgestützt bspw. in Afrika;
- Inhalte: YouTube investiert in professionellen long-form Content;
- Visionen: mit Google Glass sehen wir die Welt anders, der Translator soll perfekter Dolmetscher aller Sprachen werden, Autos sollen selbstständig fahren können uvm.

Das Zusammenspiel dieser Vielzahl an Produkte kreiert die Gefälligkeit der Google-Welt und führt uns in einen Zustand des Lock-In: Je mehr die verschiedenen Dienste angewendet und kombiniert werden, desto größer ist der empfundene Nutzen.[28] Die Netzwerkeffekte sorgen dafür, dass ein Wechsel zu anderen

27 Gugel & Flecken 2012: 36ff.
28 Zur Bequemlichkeit von One-Stop-Shops oder All-In-One-Providers vgl. Meckel 2012: 20.

Plattformen mit steigenden Transaktionskosten verbunden ist. Dieses Zusammenwirken der unterschiedlichen Dienste ist für den Medienregulierer unter Berücksichtigung solcher Aspekte zu bewerten, die bereits aus der Regulierung von Plattformen bekannt sind: suchen, finden, navigieren.

3 Ansätze der Regulierung

Es gilt eine einfache Regel: was nicht gefunden wird, das gibt es nicht. Aus diesem Grund werden seit jeher harte Kämpfe beispielsweise darum gefochten, wer im Electronic Program Guide auf welchem Listenplatz steht. In der Welt der traditionellen Massenmedien ist man mit den Themen der Navigation und der Auffindbarkeit bestens vertraut. Auf die digitale Vielfalt und insbesondere aufs Internet angewendet bedeutet dies: Was nicht in der Ergebnisliste auftaucht, ist der blinde Fleck der Suche. Wer oder was hinter dem blinden Fleck steht, ist nicht auffindbar und damit für den Suchenden nicht existent. Wer im Internet nicht zu finden ist, den wird der Nutzer nicht anklicken und entsprechend wird er keine Relevanz entwickeln können, weder für den Nutzer noch für den Algorithmus. Nur das, was gefunden wird, wird angeklickt und was angeklickt wird, wird als relevant erachtet. Damit haben wir einen selbstreferentiellen Zusammenhang, sogar einen sich selbstverstärkenden Prozess beschrieben.

Wie kann in solch einem Wirkungszusammenhang von suchen, finden, navigieren und Relevanz die Wahrung der Meinungsvielfalt sichergestellt werden? Mit dieser Frage beantworten wir, warum die zugrundeliegenden Muster der Suche für den Regulierer wenigstens interessant sind, wenngleich sich daraus nicht unmittelbar ein Regulierungszweck ergeben muss.[29] Suchmaschinen mögen nicht den einzigen Weg zwischen Nutzer und Inhalteanbieter bilden, doch ist der Weg über die Suchmaschine in der Vielfalt des Internets in besonderer Weise geebnet. Dies liegt in der „faktischen Angewiesenheit der Nutzer auf Suchmaschinen sowie der Intensität ihrer Nutzung“[30] begründet.

29 Paal (2011: 521) geht einen Schritt weiter und sieht in dem Internet ein „Grundrechtsverwirklichungsnetz, in dem Vermachtungen entgegengewirkt und Meinungsvielfalt gefördert werden muss“.
30 Hain 2012: 325.

3.1 Grundsätze der Regulierung

Das übergeordnete Ziel der Regulierung ist die Sicherung der Meinungsvielfalt und damit denklogisch verbunden die Verhinderung von Meinungskonzentration. Der Pluralismus der Meinungen ist unbedingte Voraussetzung der demokratischen Willensbildung und zur Sicherstellung dessen ist Regulierung legitimiert. Der Markt alleine kann diese Heterogenität nicht sicherstellen, da er aufgrund von ökonomischen Anreizen eher zu Konzentration neigt. Die Sicherung der Meinungsvielfalt erfordert allerdings nicht nur wettbewerbsrechtliche Maßnahmen, die Verfügbarkeit und Erreichbarkeit der Inhalte muss außerdem gewährleistet sein.

Eine Aufgabe für Regulierung und gestaltende Medienpolitik hat auch im digitalen Zeitalter Bestand und gilt für alle Infrastrukturen und auf allen Endgeräten: Die Kontrolle über den Bildschirm muss beim Nutzer liegen. Weder der Netzbetreiber, noch der Gerätehersteller und auch nicht der Inhalteanbieter haben darüber zu entscheiden, was der Rezipient sieht, liest oder hört.[31] Dies zu gewährleisten ist unabdingbar, um dem Nutzer seine informationelle Entscheidungsfreiheit zu sichern. Die aktuell geführte Debatte um Netzneutralität belegt eindrucksvoll, wie komplex es ist, die Hoheit über den Bildschirm beim Nutzer zu lassen. Zu viele Beteiligte sind daran interessiert, mit Hilfe gewisser Rahmenbedingungen Auffindbarkeit und Verfügbarkeit in monetarisierbare Bahnen zu lenken.

Ein weiteres Element zur Sicherung der Meinungsvielfalt besteht darin, auch kleinen Inhalteanbietern einen Zugang zu Infrastrukturen und damit zum Rezipienten zu ermöglichen. Die Vielfalt der Angebote soll den Pluralismus der Meinungen bringen und dafür bedarf es auch der kleinen Partner, die über geringere Finanzmittel verfügen. Unter dem Begriff der Chancengleichheit soll sichergestellt werden, dass auch diese Anbieter ihren eigenen Beitrag zur Meinungsvielfalt leisten können.

Manche Grundsatzfragen der Regulierung verlieren ihre Dramatik mit der Digitalisierung und insbesondere mit der Nutzungslogik des Internets. Dafür tauchen neue sowohl ökonomische als auch inhaltliche Konzentrationstendenzen auf, die es zu beobachten gilt. Im Folgenden sollen die klassischen Regulierungsmittel in ihrem Sinn und Zweck dargestellt und daraufhin geprüft werden, ob sie sich dazu eignen, digitale Veränderungen zu erfassen.

---

31 Vgl. Hege 2012: 14.

3.2 Medienrecht

Das bestehende Medienrecht hat sich vor dem Eindruck entwickelt, dass ein duales Rundfunksystem Bestand und Fortentwicklungsmöglichkeiten haben soll. Durch das Zusammenspiel vom öffentlich-rechtlichen Binnenpluralismus und dem privaten Außenpluralismus soll die größtmögliche Meinungsvielfalt gewährleistet und historisch erfahrene Meinungsgleichschaltung verhindert werden. Das vielfaltssichernde Medienrecht richtet sich an die Veranstalter, die Netzbetreiber und die Plattformen. Beginnen wir mit einer Betrachtung derjenigen Regulierungsansätze, die auf Inhalte abzielen.

Um in Deutschland ein privates Programm veranstalten zu dürfen, bedarf es einer Lizenz durch die Landesmedienanstalten. Mit der Lizensierung gehen Pflichten und zeitgleich Privilegien für den Veranstalter einher. Wer über bestimmte Infrastrukturen seine Inhalte verbreiten möchte, der muss sich gewissen programmlichen Regeln und deren Aufsicht unterwerfen. Im Gegenzug bekommt er dafür – verkürzt gesprochen – seinen Platz auf dem Übertragungsweg sicher zugewiesen. Wenn man so möchte, ist die Lizenzpflicht für den Rundfunk die älteste Form der Anreizregulierung im Medienrecht. Weitere Anreize werden seit geraumer Zeit in medienpolitischen Kreisen diskutiert. Überlegungen stehen im Raum, dass demjenigen Veranstalter weitergehende Privilegien eingeräumt werden, der zusätzlichen Programmanforderungen entspricht. Anreize werden insbesondere im Bereich der Auffindbarkeit gesehen. Auf den ersten Blick lässt sich dies bestens auf Suchmaschinen übertragen, schließlich funktioniert die Ergebnisliste über die Reihenfolge der aufgeführten Suchtreffer. Faktisch ließe sich dies allerdings nicht sinnvoll umsetzen. Eine Instanz müsste darüber entscheiden, welches Suchergebnis festgelegten Anforderungen entspricht und die vom Algorithmus festgelegte Relevanz durchbrechen darf. Ein regulatorisches Monstrum ohne Sicht auf Erfolg. Die Anreizregulierung eignet sich folglich nicht, um Suchmaschinen in ihrem Sinne einzusetzen.

Die Konditionen, zu denen der Rundfunkveranstalter die Infrastruktur nutzen kann (und vice versa) werden zwischen Netzbetreiber und Inhalteanbieter ausgehandelt. Sachlich nicht zu rechtfertigende Benachteiligungen der einen oder Bevorzugungen der anderen Anbieter sind bei Zugangskonditionen allerdings unzulässig. Die Plattformregulierung regelt ebenjene Fragen der diskriminierungsfreien und chancengleichen Behandlung. Hier scheint sich schon eher die Möglichkeit aufzutun, ein medienrechtliches Instrumentarium auf die Logik der Suchmaschinen anzuwenden. Die Beschwerden, wie sie beispielsweise der EU-Kommission vorliegen, machen deutlich, dass sich bestimmte Anbieter von Diensten und Inhalten im Ranking von Google diskriminiert fühlen. Bei den eingereichten Klagen geht es stets darum, dass eine Benachteiligung gegenüber

Google-eigenen Produkten vermutet wird.[32] In der Ergebnisliste würde Google die eigenen Dienste priorisiert darstellen und vergleichbar relevante Ergebnisse, die im Wettbewerb dazu stehen, diskriminieren. Eine medienrechtlich festgeschriebene Transparenz für die Funktionsweise von Suchmaschinen sowie die Überprüfung dessen gibt es bislang nicht. Schon die Einspeisekonditionen im Kabel stellen sich komplexer dar, als vordergründig zu vermuten ist. Hierbei eine transparente Vergleichbarkeit zu erreichen, ist ein hehres und keinesfalls triviales Ziel. Die Algorithmen nachzuvollziehen, wäre eine ungleich komplexere Aufgabe.[33] Selbst wenn man sich auf eine Zuständigkeit und eine Kontrollinstanz einigen könnte, bestünde die praktisch zu lösende Frage, wer über die Kompetenzen verfügt, offengelegte Algorithmen auf Diskriminierungsfreiheit zu überprüfen. Die eingangs angesprochenen Grenzen der Regulierung tauchen an diesem Punkt wieder auf.

Der Jugendmedienschutz gilt sowohl für Rundfunk als auch für Telemedien. Verschiedene Instanzen sind mit dem Schutz von Kindern und Jugendlichen vor entwicklungsbeeinträchtigenden Inhalten befasst. Einrichtungen der freiwilligen Selbstkontrolle, die von der KJM anerkannt sind, überprüfen die durch den Staatsvertrag (JMStV) vorgegebenen Schutzbedingungen. Im Bereich der Suchmaschinen ist die Freiwillige Selbstkontrolle Multimedia-Diensteanbieter zu nennen, die ihr angeschlossenen Unternehmen haben 2005 die Selbstkontrolle Suchmaschinen gegründet. Ein Verhaltenskodex soll den Interessen des Jugendmedienschutzes Rechnung tragen.[34] Ein schützendes Element ist das Nicht-Anzeigen bestimmter Inhalte, was es ebenfalls im Bereich des Rundfunks gibt. So dürfen gewisse Inhalte im FreeTV nicht oder erst ab einer festgelegten Tageszeit ausgestrahlt werden. Diese Regelung richtet sich an die Veranstalter als verantwortliche Aggregatoren eines linearen Programms. Im Bereich der Suchmaschinen wird diese Selektion praktisch mit Hilfe der Bundesprüfstelle für jugendgefährdende Medien (BPjM) realisiert. Die im Index aufgeführten Inhalte werden in der Ergebnisliste nicht angezeigt. Es sei noch einmal an die Bedeutung der Auffindbarkeit erinnert: Was in den Suchergebnissen nicht auftaucht, das existiert für den Suchenden auch nicht. Diesem (wenn man so möchte: erkenntnistheoretischem) Gedanken wird mit der selbstauferlegten „Blacklist" folgegeleis-

---

32 Zum Zeitpunkt des Verfassens dieses Aufsatzes (Oktober 2013) zeichnet sich eine Einigung zwischen Google und den Wettbewerbshütern der EU-Kommission ab. So scheint Google zu weitergehenden Zugeständnissen und Veränderungen bei der Darstellung der Suchergebnisse bereit zu sein. Dies führt EU-Wettbewerbskommissar Joaquín Almunia in seiner Rede vor dem Parlament zum andauernden Kartellstreit mit Google aus (vgl. Almunia 2012: o.S.).

33 Vgl. Hege 2012: 17.

34 http://www.fsm.de/selbstverpflichtungen/suchmaschinen/Verhaltenssubkodex_SuMa_VKS_final_20040221_de.pdf

tet. Diese Form der Selbstkontrolle richtet sich ausdrücklich an die Betreiber von Suchmaschinen als Informationsvermittler und -bereitsteller. Im Gegensatz zu den vorab aufgezählten Regulierungsansätzen scheinen sich Suchmaschinen mit Hilfe der freiwilligen Selbstkontrolle ihrer Verantwortung zumindest nicht zu verschließen. Positiv ausgedrückt: Suchmaschinenbetreiber haben ihre Bedeutung im Bereich des Jugendmedienschutzes erkannt und darauf reagiert.

3.3 Wettbewerb

Zu Sicherung der Meinungsvielfalt befasst sich das deutsche Medienrecht mit Fragen des Wettbewerbs. Das Medienkonzentrationsrecht beobachtet den Zuschauermarkt unter Einbeziehung verwandter Medienmärkte, so sollen übergreifende Monopolisierungstendenzen unterbunden werden. Selbst wenn sich Suchmaschinen zu den verwandten Märkten zählen lassen würden, wäre damit wenig gewonnen. Suchmaschinen nehmen eine Schlüsselposition in der digitalen Vielfalt ein, denn sie sind die Enabler im Sinne der Auffindbarkeit. Ihr Geschäftsmodell sieht eben nicht die Erschließung traditioneller Medienmärkte vor. Ihre unzweifelhaften Bestrebungen zu wachsen, sei es durch Zukauf oder durch internes Wachstum, zielen vielmehr auf neue digitale Geschäftsfelder ab. So werden vorrangig VoIP-Anbieter, Foto- und Bloggerdienste gekauft und eigenständig ein soziales Netzwerk aufgebaut.[35] Es bedarf Dienste, die plattformübergreifend funktionieren und den Nutzer in eine gefällige Nutzungssituation hüllen – wie oben beschrieben.

Es besteht immer dann Grund zur regulatorischen Sorge, wenn ein Unternehmen vertikal integriert ist und es über die Marktposition verfügt, dies für sich auszunutzen. Eine Überprüfung der Marktanteile, wie sie klassischerweise im Rundfunkbereich vorgenommen wird, ist keinesfalls trivial. Das Medienkonzentrationsrecht geht vom Zuschauermarkt aus, welcher im Rundfunk klar definiert ist. Auf den Onlinebereich lässt sich eine solche Quote nicht ohne weiteres übertragen. Zudem müsste eine solche Online-Quote, wie auch immer sie zu erheben und berechnen wäre, über eine gewisse Anerkennung verfügen, da sie ansonsten keine Wirkung entfalten könnte. Allein die Befassung mit einem dem Rundfunk vergleichsweise nahestehenden Markt für Onlinevideos macht deutlich, wie komplex nur die Definition des Markts sein kann. Die Währung ist dann

35 Der im August 2013 angekündigte Kauf der Washington Post durch Amazon ist gleichwohl eine spektakuläre Neuigkeit. Es bleibt abzuwarten, ob andere Internetgiganten dem nacheifern werden.

noch strittiger: Clicks, User, Duration?[36] Eine schnelle Einigung ist hier nicht zu erwarten.

Selbst wenn man ausschließlich den dominierenden Bereich der Textsuche betrachtet, scheint es, dass das Medienkonzentrationsrecht den Anschluss verloren hat. In seiner heutigen Form hat es keine Antworten darauf, dass Google in Deutschland einen Marktanteil von über 80 % hat[37] – irgendwie schleicht sich das Gefühl ein, dass es dazu nicht einmal Fragen stellen kann.

Schutz bietet im Moment allenfalls das Fusionsrecht, das bestimmte Zusammenschlüsse immerhin untersagen kann. Berücksichtigend, dass Google seine Marktposition insbesondere aufgrund des internen Wachstums erreichen konnte, ist es denkbar, den ‚amerikanischen" Weg einzuschlagen: ein mächtiges Unternehmen zu zerschlagen und nur einzelne Geschäftsfelder als operativ eigenständige Einheiten zuzulassen. Die vertikalen Synergieeffekte wären dadurch außer Kraft gesetzt, eine gleichzeitige Beherrschung verwandter Märkte wäre damit unterbunden.[38] Sicherlich ist dies aber ein ausgesprochen radikaler Schritt, der richtigerweise nicht zeitnah umzusetzen wäre.

Die Missbrauchskontrolle ist eine weitere kartellrechtliche Schutzvorkehrung gegen die Ausnutzung einer marktmächtigen Position. Ob damit auch wirtschaftliche Vereinbarungen und Absprachen wirksam und frühzeitig entgegengewirkt werden kann, ist fraglich. Anders als im Bereich der traditionellen Medien schreiten diese Marktentwicklungen deutlich schneller und nicht zuletzt auch mit geringeren Investitionssummen voran. Die hohe Dynamik des digitalen Markts muss bei all diesen Abwägungen ausreichend Berücksichtigung finden.

Es scheint so, dass weder die medienrechtliche Regulierung noch das Kartellrecht genügen, um die gefährdenden Effekte auf die Meinungsvielfalt, die von der Nutzung von Suchmaschinen ausgehen, abzubilden. Ein Zusammenbringen von medienrechtlichen Regularien und kartellrechtlicher Missbrauchsaufsicht könnte eine vielversprechende Antwort sein. Ein solches Zusammenwirken auch gesetzlich festzuschreiben, davon ist der deutsche Gesetzgeber gleichwohl noch ein gutes Stück entfernt. Zum heutigen Zeitpunkt existiert keine „effektive vielfaltssichernde staatliche Regulierung von Suchmaschinen"[39]. Folglich sollten andere Möglichkeiten zur Stärkung der Meinungsvielfalt in den Blick genommen werden.

---

36 Vgl. Gugel & Flecken 2012.
37 http://www.webhits.de/deutsch/webstats.html/ (Stand: 28.10.2013).
38 Vgl. Hege 2012: 18.
39 Hain 2012: 326.

3.4 Alternativen

Wer sich auf die Suche nach Alternativen begibt, führt häufig den Satz an: „Think outside the box“. Das machen wir nun, denn bietet die Regulierung keine zielführenden Instrumente, dann muss eben anderes Handwerkszeug her.

Das Bundesverfassungsgericht formuliert deutlich, dass Meinungsmacht frühzeitig entgegengewirkt werden muss, da sich einmal entstandene Konzentrationstendenzen nur schwerlich abbauen lassen. Dies wurde vor allem in Bezug auf traditionelle Massenmedien festgestellt, es besitzt gleichwohl grundsätzliche Bedeutung.[40] Damit ist ein Auftrag an Gesetzgeber und Regulierer ausgesprochen, der genereller Art ist und sich damit auf die digitalen Entwicklungen erstreckt. Besonders schützenswert ist dabei die Offenheit der digitalen Infrastrukturen und Technologien, damit die herausragende Innovationskraft erhalten bleibt.[41] Dieser Auftrag ist auch dadurch gerechtfertigt, dass es bei der kommerziellen Organisation von Suche und Auffindbarkeit in Hinblick auf die Sicherung der Meinungsvielfalt systemische Defizite gibt bzw. geben muss. Eine kommerzielle Suchmaschine verfolgt denklogisch das Ziel, mit seinem Dienst Geld zu verdienen. Es mögen daneben andere Ziele eine Rolle spielen, doch das finanzielle Prinzip ist einem Unternehmen richtigerweise inhärent. Der Dienst der Suche ist auf Seiten der Nutzer unentgeltlich, bei denjenigen, die gefunden werden wollen, ist dies nicht unbedingt der Fall. Abgesehen von dem immer wieder geäußerten aber noch nie bestätigten Verdacht, dass Plätze im Ergebnisranking käuflich zu erwerben sind, funktioniert der kommerzielle Teil der Website über eine Auktion. Die neben den Suchergebnissen platzierten Anzeigen sind inhaltlich stets mit der Suchanfrage verbunden, um für den Nutzer in dem Moment tatsächlich auch relevant zu sein. Wenn in die Suchmaske „Hotel in New York“ eingegeben wird, ist es wenig sinnvoll (weil vermutlich: wenig relevant) Katzenfutterwerbung anzuzeigen. Der meistbietende Vermittler von Hotels in New York gewinnt die in Sekundenbruchteilen stattfindende Auktion und wird neben der Ergebnisliste angezeigt. Damit ist das heutige Einnahmemodell der großen Suchmaschinen, allen voran Google, beschrieben.

Wer mit der Platzierung von Werbung Geld verdient, muss daran Interesse haben, ein gutes Werbeumfeld zu schaffen. Man muss gar nicht so weit gehen und behaupten, dass die Suchergebnisse zur Werbung und nicht umgekehrt passen. Google wäre nicht derartig erfolgreich, würden die Algorithmen tatsächlich dieser Logik folgen. Gleichwohl sind Ergebnisse, die auf Produkte und Dienstleistungen verweisen, im Sinne der Werbelogik lukrativer, als beispielweise kom-

40 Vgl. Hege 2012: 13.
41 Vgl. Paal 2011: 521.

plexe journalistische Analysen.[42] Ein originäres Interesse an Meinungsvielfalt steht dem intrinsischen Unternehmenszweck an diesem Punkt entgegen. Zieht man zudem in Betracht, dass Suchmaschinen dazu neigen, den Nutzer in einer Wohlfühl-Filterbubble zu halten, dann muss einem klar werden, dass der Markt der Suchmaschinen nicht ausreicht, um bei der Suche für ein buntes, unvorhersehbares und heterogenes Ergebnis zu sorgen. Es widerspricht schlichtweg der kommerziellen Logik. Das ist nicht unbedingt zu beklagen oder gar zu verteufeln, es ist gleichwohl festzustellen.

Die Öffentlichkeit hat ein Interesse an Vielfalt. Das Bundesverfassungsgericht hat in seinen Rundfunkurteilen insbesondere die Bedeutung des Pluralismus für den Rundfunk hervorgehoben. Lineare Bewegtbilder verfügen demnach in besonderem Maße über Breitenwirkung, Aktualität und Suggestivkraft. Die Rundfunkregulierung ist daher damit beauftragt, für Meinungsvielfalt im linearen Fernsehen zu sorgen. Die Verfassungsrichter gehen folglich davon aus, dass allein durch den kommerziellen Markt der Pluralismus nicht zu gewährleisten ist. Die Ergebnisse der Suchmaschinen zeichnen sich heute schon wenigstens durch Aktualität und Breitenwirkung aus, wobei Suchmaschinen selbst aber nicht unter den Rundfunkbegriff fallen. Trotz ihrer Relevanz für Informationsgewinnung und Meinungsbildung werden sie also nicht von der vielfaltssichernde Rundfunkregulierung erfasst. Welche Konsequenz ist daraus zu ziehen? Wir schlagen vor: sich einmal ernsthaft mit dem Gedanken auseinanderzusetzen, eine öffentlich-finanzierte Suchmaschinen aufzubauen.

Die Beitragsgelder werden für vieles ausgegeben: für die nachrichtliche Berichterstattung, für die Produktion von Filmen und Serien, für den Rechteeinkauf, für die Stärkung von Medienkompetenz, für digitale Projekte, für Gutachten und Veranstaltungen, für Rundfunkorchester, für noch vieles mehr und für die Verwaltung all dessen. Warum sollte man einen Teil des Rundfunkbeitrags nicht für eine neue Kulturtechnik und deren alternative und non-konformistische Ausgestaltung einsetzen? Ausgehend von den Rundfunkurteilen könnte eine solche Suchmaschine insbesondere für Bewegtbilder vielfaltssichernd sein.

Mit einer öffentlich-rechtlichen Finanzierung wird für Unabhängigkeit gesorgt. Unabhängigkeit von Werbekunden und ein Stück auch von den unterstellten Nutzererwartungen. Es kann und muss nicht darum gehen, kommerzielle Ansätze zu ersetzen. Sie zu ergänzen, reicht als hoch-gestecktes Ziel völlig aus. Eine alternative Suche könnte einen eigenen vielfaltssichernden Beitrag leisten und dies auf eine zeitgemäßere Art und Weise, als es viele aufwendig und öffentlich-rechtlich produzierten Inhalte derzeit tun.[43]

42 Vgl. Hege 2012: 14.
43 Vgl. Hege 2012: 15.

Überschrieben ist dieser Text mit dem Hinweis, ein Debattenbeitrag zu sein. Als solcher ist auch der Vorschlag zu verstehen, eine öffentlich finanzierte Suchmaschine für audio-visuelle Inhalte zu erproben. Ein Bürokratiemonster mit Gremienstruktur ist aus guten Gründen kein Gegenentwurf zu den erfolgreichen kommerziellen Suchmaschinen. Es geht uns darum, über Alternativen für Nutzer nachzudenken. Die Akzeptanz einer alternativen Suchmaschine würde nicht nur daran gemessen werden, wie sich die quantitative Nutzung verhält. Ihr Erfolg und damit auch ihre Daseinsberechtigung können allein darin bestehen, eine echte Alternative bei der Suche darzustellen. Dafür müssten ihre Suchergebnisse dann aber auch tatsächlich „outside the box" liegen.

Literatur

Almunia, J. (2012). *Speech – The Google antitrust case: what is at stake?* Verfügbar unter: http://europa.eu/rapid/press-release_SPEECH-13-768_en.htm (abgerufen am 09.10.2013).

Bunz, M. (2012). *Die stille Revolution. Wie Algorithmen Wissen, Arbeit, Öffentlichkeit und Politik verändern, ohne dabei viel Lärm zu machen.* Berlin: Suhrkamp.

Cassierer, E. (1930). Form und Technik. In E. W. Orth, J. M. Krois (Hrsg.), (1985), *Symbol, Technik, Sprache. Aufsätze aus den Jahren 1927-1933* (S. 39-90). Hamburg: Felix Meiner Verlag.

Gugel, B. & Flecken, E. (2012). Onlinevideo-Markt zwischen Angebotsvielfalt und Konzentration. Ein Systematisierungsvorschlag. In die medienanstalten – ALM GbR (Hrsg.), *Digitalisierungsbericht. Von Macht und Kontrolle im digitalen Zeitalter* (S. 29-40). Berlin: Vistas.

Hain, K.-E. (2012). Medienmarkt im Wandel: Technische Konvergenz und Anbieterkonkurrenz als Herausforderung an Verfassungsrecht und Regulierung. *AfP Zeitschrift für Medien- und Kommunikationsrecht 04/*2012, 313-328.

Hans-Bredow-Institut, FORMATT-Institut (2012). *Erfassung und Darstellung der Medien- und Meinungsvielfalt in Deutschland: Crossmediale Anbieter- und Angebotsstrukturen auf lokaler Ebene und nutzerseitige Informationsrepertoires.* Verfügbar unter: http://www.bundesregierung.de/Content/DE/_Anlagen/BKM/2012-09-18-zusammenfassung-studie.pdf?__blob=publicationFile (abgerufen am 30.09.2012).

Hege, H. (2012). Gebietet das Verfassungsrecht eine öffentlich finanzierte Suchmaschine? Ein Beitrag zu Möglichkeiten und Grenzen der Medienpolitik und -regulierung. In die medienanstalten – ALM GbR (Hrsg.), *Digitalisierungsbericht. Von Macht und Kontrolle im digitalen Zeitalter* (S. 13-18). Berlin: Vistas.

Flecken, E. (2013). Online-Vielfalt vs. massenmediale Einheit. Ein (V)Erklärstück. In die medienanstalten – ALM GbR (Hrsg.), *Programmbericht 2012. Fernsehen in Deutschland* (S. 203-205). Berlin: Vistas.

Meckel, M. (2012). Vielfalt im digitalen Medienensemble. Medienpolitische Herausforderungen und Ansätze. *Funkkorrespondenz, 48*, 3-20. Verfügbar unter: http://www.i-comp.org/de_de/studien_und_white_paper (abgerufen am 30.09.2012).

Paal, B. P. (2011). Netz- und Suchmaschinenneutralität im Wettbewerbsrecht. *AfP Zeitschrift für Medien- und Kommunikationsrecht 06/*2011, 512-532.

Pariser, E. (2012): *Filter Bubble. Wie wir im Internet entmündigt werden.* München: Hanser.

Schmidt, S. J. (2003a). *Geschichten & Diskurse. Abschied vom Konstruktivismus*. Reinbek bei Hamburg: rororo.
Schmidt, S. J. (2003b). *Kognitive Autonomie und soziale Orientierung. Konstruktivistische Bemerkungen zum Zusammenhang von Kognition, Kommunikation, Medien und Kultur.* Münster: Suhrkamp (Erstauflage 1994).
Schmidt, S. J. (2005). *Lernen, Wissen, Kompetenz, Kultur. Vorschläge zur Bestimmung von vier Unbekannten*. Heidelberg: Carl-Auer.
Unterausschuss Neue Medien des Deutschen Bundestags (2012). *Wortprotokoll der 18. Sitzung. Protokoll Nr. 17/18.* Verfügbar unter: http://www.bundestag.de/bundestag/ausschuesse17/a22/a22_neue_medien/oeffentliche_Sitzungen/Suchmaschinenneutralitaet/protokoll.pdf (abgerufen am 30.09.2012).

Ansgar Koreng

Netzneutralität und Meinungsmonopole

1 Einleitung

Von Netzneutralität ist derzeit allerorten die Rede. Seit ungefähr vier Jahren nimmt die Diskussion über den diskriminierungsfreien Transport von Daten im Internet auch in der juristischen Fachliteratur an Fahrt auf.[1] Im Zentrum der Debatte stehen allerdings nach wie vor primär wirtschaftliche bzw. wirtschaftsrechtliche Erwägungen. So wird die Diskussion um die Netzneutralität häufig auf ihre kartellrechtliche Dimension beschränkt.[2] Bestenfalls wird auch das innovationsfördernde Potential der Netzneutralität beschworen. Die Beschränkung der Netzneutralitätsdebatte auf rein wirtschaftliche Aspekte[3] verkürzt das vielschichtige Thema[4] in regelrecht unverantwortlicher Weise.

Denn in der Tat hat die Netzneutralität[5] nicht nur eine wirtschaftsrechtliche, sondern mindestens gleichrangig auch eine medienrechtliche Dimension. Zu eng wird die Netzneutralitätsdebatte auch insofern geführt, als überwiegend übersehen wird, dass Netzneutralität nicht nur eine die Infrastrukturregulierung betreffende Frage und demzufolge telekommunikationsrechtlich zu verorten ist, sondern überall dort Relevanz hat, wo es um das Angebot von oder den Zugang

1 Um eine (chronologisch geordnete) Auswahl aus den einschlägigen Periodika zu treffen: *Greve*, VR 2013, 109-111; *Will*, ZVglRWiss 2013, 102-122; *Frevert*, MMR 2012, 510-515; *Görisch*, EuZW 2012, 494-498; *Müller-Terpitz*, K&R 2012, 476-482; *Schütze*, CR 2011, 785-792; *Paal*, AfP 2011, 521-532; *Holznagel*, AfP 2011, 532-539; *Martini*, VerwArch 2011, 315-342; *Gersdorf*, AfP 2011, 209-217; *Koenig/Fechtner*, K&R 2011, 73-77; *Ufer*, CR 2010, 634, 639; *Schrey/Frevert*, MMR 2010, 596-599; *Kloepfer*, AfP 2010, 120-127; *Holznagel*, K&R 2010, 95-100; *Koreng*, CR 2009, 758-760. Die soweit ersichtlich derzeit einzige Monographie zu dem Thema „Netzneutralität" dürfte wohl die Habilitationsschrift *Simon Schlauris* (Network Neutrality, Netzneutralität als neues Regulierungsprinzip des Telekommunikationsrechts, Law and Economics of International Telecommunications Bd. 60, Baden-Baden/Zürich/St.Gallen 2010) sein.

2 Z.B. *Säcker/Mengering*, K&R 2013, 559 ff.

3 *Ufer*, CR 2010, 634, 638: „das Thema Beeinträchtigung der Meinungsfreiheit [sollte] nicht Gegenstand von immer wiederkehrenden Forderungen in Richtung des Gesetzgebers sein, da hierdurch eine gewisse Unschärfe in die Diskussion eingebracht wird."

4 *Paal*, AfP 2011, 521, 532 ist in der Feststellung zuzustimmen, dass die „betroffenen Zugangs- und Diskriminierungskonstellationen erheblich über die rein marktwirtschaftlichen Bezüge hinaus" reichen, „da wesentliche kommunikationsbezogene Grund- und Menschenrechte in ihren Kernbereichen berührt werden."

5 Zum Begriff und den technischen Grundlagen ist andernorts schon genug gesagt worden, sodass sich Wiederholungen verbieten. Verwiesen sei insofern nur auf *Greve*, VR 2013, 109, 110 und *Koreng*, CR 2009, 758.

zu Informationen geht – so beispielsweise auch bei Internetsuchmaschinen. Sie ist, bei Lichte betrachtet, ein allgemeines informationsrechtliches Prinzip. Darum wird es im Folgenden gehen.

2 Netzneutralität als medienrechtliches Problem

Die Möglichkeit eines jeden, sich umfassend und unbeeinflusst über das gesamte Spektrum der vertretenen Meinungen zu beliebigen Sachverhalten zu informieren und mit anderen austauschen zu können, ist für das Funktionieren des demokratischen Staatswesens von entscheidender Bedeutung. Jede Einschränkung bestehender Informations- und Kommunikationsmöglichkeiten hat demgemäß auch einen prinzipiell demokratiegefährdenden Einschlag.

2.1 Der Markt der Meinungen

Das deutsche Grundgesetz folgt in großem Umfang dem Modell der amerikanischen Verfassung, die nicht nur wirtschaftlichen Allokationsprozessen, sondern auch der gesellschaftlichen und politischen Entscheidungsfindung ein Marktmodell zugrunde gelegt hat.[6] Sich im Besitz der einen, allgemeingültigen Wahrheit zu glauben, ist demgegenüber Merkmal totalitärer Staaten. Der demokratische und pluralistische Staat überlässt jedwede Entscheidungsfindung einem permanenten öffentlichen Diskurs – und zwar nicht nur in den formalisierten Prozessen regelmäßiger Wahlen, sondern auch in der tagtäglichen Debatte, die in den klassischen Medien Print und Rundfunk ebenso stattfindet, wie heute im Internet oder seit jeher auf dem Marktplatz. Ohne umfassend gewährleistete Meinungsfreiheit kann es keine Demokratie geben – sie ist für das demokratische Staatswesen „schlechthin konstituierend".[7]

6 In einprägsamer Weise fasst dies der Court of Appeal von Santa Clara County zusammen, der festgehalten hat, es sei „fundamental purpose of the First Amendment, [...] to identify the best, most important and most valuable ideas not by any sociological or economic formula, rule of law, or process of government, but through the rough and tumble competition of the memetic marketplace." Die Entscheidung ist im Internet abrufbar unter http://www.eff.org/Censorship/Apple_v_Does/H028579.pdf (Stand: 17.10.2013).

7 BVerfGE 7, 198, 208 – „Lüth"; s. a. BVerfGE 12, 113, 125 – „Schmid-Spiegel": „Nur die freie öffentliche Diskussion über Gegenstände von allgemeiner Bedeutung sichert die freie Bildung der öffentlichen Meinung, die sich im freiheitlich demokratischen Staat notwendig ‚pluralistisch' im Widerstreit verschiedener und aus verschiedenen Motiven vertretener, aber jedenfalls in Freiheit vorgetragener Auffassungen, vor allem in Rede und Gegenrede vollzieht."

Das Bundesverfassungsgericht hat bereits früh, nämlich in seiner „KPD"-Entscheidung aus dem Jahr 1956, festgehalten, dass es „eine der Grundanschauungen der freiheitlichen Demokratie" sei, „dass nur die ständige geistige Auseinandersetzung zwischen den einander begegnenden sozialen Kräften und Interessen, den politischen Ideen [...] der richtige Weg zur Bildung des Staatswillens ist - nicht in dem Sinne, dass er immer objektiv richtige Ergebnisse liefere, denn dieser Weg ist 'a process of trial and error' (I. B. Talmon), aber doch so, dass er durch die ständige gegenseitige Kontrolle und Kritik die beste Gewähr für eine (relativ) richtige politische Linie als Resultante und Ausgleich zwischen den im Staat wirksamen politischen Kräften gibt."[8]

Aus diesen Zeilen spricht ein – zu Recht – großes Vertrauen in den demokratischen Diskurs, dem eine große Skepsis gegenüber jedwedem staatlichen Eingriff in den Markt der (politischen) Meinungen korrespondiert. Nur der Bürger, der in der Lage ist, sich zu informieren – und zwar nicht nur über einzelne politische Fragestellungen, sondern in einem umfassenden Sinn – und der die Möglichkeit hat, sich an gesellschaftlichen Debatten im großen wie im kleinen Umfang zu beteiligen, ist auch imstande, sich eine fundierte Meinung zu bilden und diese zu vertreten, wie es letztlich die Grundvoraussetzung des demokratischen Gemeinwesens ist.

Das Internet ist insofern – allen Unkenrufen zum Trotz[9] – segensreich. Durch seine Erfindung ist der Einzelne erstmals, jedenfalls im größeren medialen Kontext, nicht auf die passive Rolle des Empfängers von Beiträgen zur Meinungsbildung beschränkt, sondern kann sich jedenfalls theoretisch einem Millionenpublikum öffnen, ohne dass er dazu auf das *imprimatur* einer Redaktion angewiesen wäre.[10] Nicht unberücksichtigt bleiben darf letztlich auch die soziale Teilhabedimension, die einem ungehinderten Informationszugang zukommt.[11]

2.2 Was wir von der Welt wissen, wissen wir aus dem Internet

Es liegt also auf der Hand, dass der Grad der Freiheit des Informationszugangs (was sowohl Nachfrage, als auch Angebot betrifft) von entscheidender Bedeutung für die freie individuelle und öffentliche Meinungsbildung ist. Dies nicht nur auf politischem Feld. *Niklas Luhmann* ist ohne weiteres in seiner These zuzustimmen, wonach, was wir „über die Welt, in der wir leben wissen", wir „durch

8 BVerfGE 5, 85, 135 – „KPD".
9 Z.B. *Hornig*, ZUM 2001, 846, 848.
10 Vgl. *Koreng*, Zensur im Internet, Baden-Baden 2010, S. 26.
11 *Greve*, VR 2013, 109, 111; *Holznagel*, AfP 2011, 532, 535. Ähnlich auch *Paal*, AfP 2011, 521, 521.

die Massenmedien" wissen.[12] Als *Luhmann* diese These in seinem Buch über die „Realität der Massenmedien" im Jahr 1996 veröffentlichte, war vom Internet, wie wir es heute kennen, noch nicht viel vorhanden.

Seither hat das Internet einen kometenhaften Aufstieg hingelegt: Aus dem Leben insbesondere der Generation der heute bis ungefähr Dreißigjährigen, die nicht unzutreffend als „digital natives" bezeichnet werden, ist es nicht mehr wegzudenken.[13] Kommunikation geschieht für diese Generation heute praktisch nicht mehr außerhalb des Internet. Dort wird (video-)telefoniert, gechattet, es werden E-Mails und Forenbeiträge geschrieben, (Micro-)Blogs und soziale Netzwerke gepflegt. Das Internet ist für diese Generation das hauptsächliche, wenn nicht sogar einzige Informationsmedium, sei es was Bewegtbildinhalte anbelangt, sei es hinsichtlich des geschriebenen oder des gesprochenen Wortes. Sollte es hierfür noch eines Beweises bedürfen, so wäre dieser durch die derzeitige Zeitungskrise erbracht, die ihren Grund wohl unbestrittenermaßen im Wesentlichen in der Abwanderung des Leserpublikums in das Internet mit seinen weitgehend kostenlosen und sehr einfach verfügbaren Inhalten haben dürfte.

Kurzum: Für einen großen – und immer größer werdenden – Teil der Gesellschaft ist das Internet heute das Tor zur Welt. Wer nach Informationen sucht, sei es nach aktuellen, sei es nach historischen; seien sie politischer, wirtschaftlicher, wissenschaftlicher oder unterhaltender Natur, der sucht sie im Internet. Dazu bedient sich der normale Nutzer einer der großen Suchmaschinen, wobei die vorherrschende Marktmacht von Google nach wie vor ungebrochen sein dürfte. Dies führt zugespitzt zu der These, dass jedenfalls im Jahr 2013 für relevante Teile der Gesellschaft nicht mehr „die Massenmedien", wie es noch vor bald zwei Jahrzehnten *Luhmann* formulieren konnte, sondern schlichtweg Google das Fenster ist, durch das wir unsere Welt betrachten.[14] Was wir dort nicht finden, das existiert nicht.[15] Was wir umgekehrt dort finden können, das halten wir auch für wahr.[16]

12 *Luhmann*, Die Realität der Massenmedien, 3. Aufl., Wiesbaden 2004, S. 9.

13 Vgl. BGH NJW 2013, 1072, 1074: Das Internet hat sich „zu einem die Lebensgestaltung eines Großteils der Bevölkerung entscheidend mitprägenden Medium entwickelt, dessen Ausfall sich signifikant im Alltag bemerkbar macht."

14 Die Bedeutung von Informationsgatekeepern für die Konstruktion der Realität stellt zu Recht auch *Paal*, AfP 2011, 521, 521 heraus.

15 BGH NJW 2003, 3406, 3410: „[...] ohne die Inanspruchnahme von Suchdiensten [...] [ist] die sinnvolle Nutzung der unübersehbaren Informationsfülle im World Wide Web praktisch ausgeschlossen." Vgl. hierzu auch *Paal*, AfP 2011, 521, 522.

16 Dies illustriert die folgende Anekdote: In der deutschsprachigen Wikipedia befand sich im Artikel über die Berliner „Karl-Marx-Allee" eine Zeitlang die Behauptung, diese sei zu DDR-Zeiten im Volksmund als „Stalins Badezimmer" bezeichnet worden. Tatsächlich war dies eine freie Erfindung eines Wikipedia-Autors, wurde jedoch in vielen Medien aufgegriffen und fand auch Eingang in einige Reiseführer. Als der Autor die Änderung rückgängig machen wollte, wurde ihm

Nur die wenigsten Nutzer bedienen sich anderer Suchmaschinen oder suchen ihre Informationen unmittelbar in speziellen Angeboten, wie beispielsweise in der Wikipedia oder auf bestimmten News-Portalen, etwa denen der großen Zeitungsverlage. In jedem Fall aber gilt heute: Was wir von der Welt wissen, das wissen wir aus dem Internet.

Während also noch am Ende des vergangenen Jahrhunderts die großen Zeitungsverlage und Rundfunkveranstalter die klassischen Gatekeeperfunktionen für den Informationszugang innehatten, gehen diese Funktionen seit ungefähr zehn Jahren mehr und mehr auf Internetzugangsprovider und Suchmaschinenanbieter,[17] in gewissem Umfang auch auf Betreiber besonders marktmächtiger Internetangebote (dominierende soziale Netzwerke, große Meinungsforen, Microblogging-Plattformen) über, die hierdurch ein beträchtliches Manipulationspotential hinsichtlich der öffentlichen Meinung erhalten.[18] Gleichwohl unterliegen sie noch keiner nennenswerten rechtlichen Regulierung dahingehend, einen diskriminierungsfreien Zugang zu Informationen gewährleisten zu müssen.

Dies ist bei den Informationsgatekeepern der vergangenen Jahrzehnte anders gewesen. Namentlich auf dem Gebiet des Rundfunkrechts hat es der Gesetzgeber – freilich nicht ohne entsprechende Anstöße durch das Bundesverfassungsgericht – für nötig gehalten, in vergleichsweise großem Umfang Vorkehrungen dafür zu treffen, dass der Meinungsmarkt lebendig bleibt. Auch das Presserecht kennt gewisse Maßnahmen zur Vielfaltssicherung. Darum wird es im Folgenden gehen.

3 Vielfaltssicherung als allgemeines medienrechtliches Prinzip

Wie soeben ausgeführt, ist der diskriminierungsfreie Zugang zum Markt der Meinungen, sei es auf Angebots- oder auf Nachfrageseite, konstitutive Voraussetzung eines demokratischen und pluralistischen Gemeinwesens. Diese Überlegung gilt

---

dies zunächst unter Verweis darauf verwehrt, dass sich die Behauptung, die Karl-Marx-Allee sei „Stalins Badezimmer" genannt worden, vielen Printpublikationen entnehmen lasse. Fürwahr ein medientheoretisches Lehrstück (*Kopietz*: Wie ich Stalins Badezimmer erschuf, abrufbar unter http://goo.gl/N9Pjg1, letzter Abruf am 17. Oktober 2013).

17 Vgl. *Grimmelmann*, Some Skepticism About Search Neutrality, in: Szoka/Marcus, The Next Digital Decade: Essays on the Future of the Internet, S. 435, 435.

18 Vgl. statt aller *Danckert/Mayer*, MMR 2010, 219, 219.

nicht nur für den Infrastrukturzugang auf Telekommunikationsebene. Sie gilt gleichermaßen überall dort, wo es ein Akteur faktisch in der Hand hat, darüber zu entscheiden, wer Zugang zum Meinungsmarkt erhält und wer außen vor bleiben muss. Der Aspekt der „Netzneutralität“, also des diskriminierungsfreien Zugangs zu Kommunikationsnetzen, ist dabei nur ein Aspekt in einem größeren Zusammenhang.

Vergegenwärtigt man sich diese – an sich triviale – Erkenntnis, so lichtet sich auch ein Stück weit der Nebel, der sich über die rechtswissenschaftliche Netzneutralitätsdebatte gelegt hat. Denn im Lichte dieser Erkenntnis vermag man klar zu erkennen, dass sich das Problem, das wir heute unter dem Schlagwort „Netzneutralität“ diskutieren auch schon früher gestellt hat, in den analogen Zeiten von Presse und Rundfunk.[19] Sowohl Presse, als auch Rundfunk kannten die Netzneutralitätsproblematik seit jeher: Netzneutralität ist Vielfaltssicherung.

3.1 Netzneutralität und öffentlich-rechtlicher Rundfunk

Für den (öffentlich-rechtlichen) Rundfunk spielte der diskriminierungsfreie Zugang zum Meinungsmarkt schon immer eine gewisse Rolle. So hat das Bundesverfassungsgericht stets besonderes Augenmerk darauf gerichtet, dass der öffentlich-rechtliche Rundfunk eine funktionierende binnenplurale Organisationsstruktur aufweist,[20] wie Pluralitätssicherung überhaupt stets ein wesentliches Anliegen der medienrechtlichen Judikatur des Bundesverfassungsgerichts gewesen ist.[21] Auch für den Bereich des Privatrundfunks hat der Gesetzgeber mit den §§ 25 ff. RStV umfangreiche Regelungen geschaffen, die der Vielfaltssicherung dienen, die Kommunikationsfreiheiten absichern und die freie Bildung der öffentlichen Meinung gewährleisten sollen.[22] Die (präventive) Verhinderung „vorherrschender Meinungsmacht“ (§ 26 Abs. 1 RStV) steht im Zentrum dieser Regulierungsbemühungen.

Daneben kennt der Rundfunk das Problem des diskriminierungsfreien Netzzugangs auch unter dem Aspekt der sogenannten „Must Carry“-Regelungen (z.B. § 52b RStV). Die Landesgesetzgeber haben im Rundfunkstaatsvertrag Vorkehrungen dafür getroffen, dass bei der Verbreitung von Rundfunk und „vergleichbaren Telemedien“ das Gebot der Chancengleichheit gewahrt wird, indem sie vorgege-

19 *Koreng*, CR 2009, 758, 758 f.; *Greve*, VR 2013, 109, 112.

20 BVerfGE 12, 205, 262 – „1. Rundfunkentscheidung“; BVerfGE 57, 295, 325 f. – „3. Rundfunkentscheidung“.

21 BVerfGE 97, 228, 266 f. – „Kurzberichterstattung“.

22 Zusammenfassend *Petersen*, Medienrecht, 5. Aufl. 2010, § 9, Rn. 14 m.w.N.

ben haben, dass Plattformbetreiber die Übertragungskapazitäten diskriminierungsfrei zur Verfügung stellen müssen (§§ 52 ff. RStV).

3.2 Netzneutralität und Pressevertrieb

Der Presse ist die Problematik der (hier freilich eher „externen") Vielfaltssicherung unter dem Schlagwort „Presse-Grosso"[23] geläufig.[24] Im Bereich des Pressevertriebs sicherte das System des sogenannten „Presse-Grosso" seit jeher auch kleineren Verlagen die Möglichkeit, ihre Presseerzeugnisse auch dort dem Kunden anzubieten, wo es dem Verlag alleine aus wirtschaftlichen Gründen nicht möglich gewesen wäre. Dieses – auf privaten Vereinbarungen basierende – System geriet in den vergangenen Jahren ins Wanken, als ein einzelner (marktmächtiger) Verlag aus dem System ausscheiden wollte. Im Zuge einer hierüber geführten Auseinandersetzung meldete der Bundesgerichtshof Zweifel am bislang praktizierten System an und stellte fest, dass der Verlag nicht zur Belieferung eines bestimmten Grossisten verpflichtet sei.[25] Kurze Zeit später erklärte das Landgericht Köln das zentrale Verhandlungsmandat des Bundesverbands Presse-Grosso für kartellrechtswidrig.[26]

Der Bundesgesetzgeber reagierte auf diese Entwicklungen im Rahmen einer Novelle des Kartellrechts und legalisierte das Presse-Grosso unter bestimmten Voraussetzungen „zur Sicherstellung eines flächendeckenden und diskriminierungsfreien Vertriebs von Zeitungen und Zeitschriften im stationären Einzelhandel" (§ 30 Abs. 2a Satz 2 GWB). Das Presse-Grosso-System hat insgesamt zum Ziel, Ubiquität und Vielfalt des Presseangebots zu gewährleisten.[27] Bereits im Jahr 1988 hat auch das Bundesverfassungsgericht die Tätigkeit des Pressegrossisten dem besonderen Schutz der Pressefreiheit unterstellt.[28]

---

23 Vgl. BVerfGE 77, 346, 354 – „Presse-Grosso".
24 Zu diesem Zusammenhang vgl. insbesondere *Kloepfer*, AfP 2010, 120, 123 ff.
25 BGH NJW 2012, 773 ff. – „Grossistenkündigung".
26 LG Köln, Urt. v. 14. Februar 2012, Az. 88 O (Kart) 17/11.
27 *Soppe*, AfP 2013, 365, 366.
28 BVerfGE 77, 346, 354 – „Presse-Grosso".

3.3 Vielfaltssicherung als generelles medienrechtlichen Prinzip

Die genannten Beispiele zeigen, dass sich das Problem eines diskriminierungsfreien Zugangs zum Meinungsmarkt keineswegs nur im Internet stellt, sondern bereits für die klassischen analogen Medien seit jeher große Bedeutung hatte. In allen Fällen war es dem Gesetzgeber wie auch dem Bundesverfassungsgericht ein großes Anliegen, durch gewisse rechtliche Leitplanken sicherzustellen, dass möglichst das gesamte Spektrum an Meinungen vertreten und auch dem Publikum zur Kenntnis gebracht werden kann.

In der „analogen" Welt wurde das Anliegen der Vielfaltssicherung allerdings noch deutlich ernster genommen und vor allem unter dem – zutreffenden – Gesichtspunkt seiner medienrechtlichen Relevanz beobachtet. Wenn also heute von „Netzneutralität" oder „Suchmaschinenneutralität"[29] die Rede ist, so handelt es sich dabei aus medienrechtlicher Perspektive lediglich um Einzelaspekte dieses übergreifenden Prinzips, das als solches im Interesse einer stärkeren terminologischen Klarheit als medienrechtliche „Marktzutrittsneutralität" oder schlichtweg als Vielfaltssicherung bezeichnet werden sollte. Diese vielfaltssichernde Marktzutrittsneutralität, die die Gerichte wie der Gesetzgeber in der analogen Welt seit jeher mit großer Sorgfalt zu fördern und bewahren bedacht sind, sollte auch in der digitalen Welt den ihr zustehenden Stellenwert erhalten.

3.4 Netzneutralität im Bereich der Kommunikationsinfrastruktur

Im Hinblick auf das Einzelproblem der auf die digitale Infrastruktur bezogenen „Netzneutralität" ist der Gesetzgeber den entsprechenden Weg bereits gegangen, indem er in § 41a TKG zumindest einmal eine grundsätzliche Wertentscheidung dahingehend getroffen hat, dass die „willkürliche Verschlechterung von Diensten und eine ungerechtfertigte Behinderung oder Verlangsamung des Datenverkehrs" grundsätzlich unerwünscht sind.[30] Das Nähere hat er allerdings – in verfassungsrechtlich bedenklichem Umfang[31] – dem Verordnungsgeber überlassen, der bislang noch keine entsprechende Verordnung verabschiedet hat.

---

29 *Paal*, AfP 2011, 521 ff.

30 Siehe hierzu *Greve*, VR 2013, 109, 112 und *Holznagel*, AfP 2011, 532, 538.

31 Nach der Rechtsprechung des Bundesverfassungsgerichts ist der Gesetzgeber aufgrund von Art. 20 Abs. 3 GG gehalten, „in grundlegenden normativen Bereichen, zumal im Bereich der Grundrechtsausübung, soweit diese staatlicher Regelung zugänglich ist, alle wesentlichen Ent-

4 Insbesondere: Suchmaschinenneutralität

Wie soeben ausgeführt wurde, war die Vielfaltssicherung seit jeher ein besonderes Anliegen der medienrechtlichen Ordnung der Bundesrepublik. Der Gesetzgeber hat dementsprechend umfangreiche Tätigkeiten entfaltet, um im Hinblick auf die hergebrachten Massenmedien Vorkehrungen zur Sicherung der Meinungsvielfalt zu schaffen.

4.1 Regulierungsbedürfnis

Für andere, mittlerweile mindestens gleichermaßen wesentliche Bereiche der individuellen und kollektiven Meinungsbildung – namentlich auf Telekommunikationsebene sowie im Bereich der Suchmaschinenregulierung – hat der Gesetzgeber bislang noch überhaupt keine (Suchmaschinenregulierung) oder allenfalls unzureichende (Telekommunikationsrecht) Regelungen getroffen und sieht offenkundig problematischen Entwicklungen, wie der fortschreitenden Monopolbildung auf dem Suchmaschinenmarkt, tatenlos zu, ohne Maßnahmen zu ergreifen, die sicherstellen, dass auch in dem als Informationsmedium immer wichtiger werdenden Internet weiter in einem Umfang Meinungsvielfalt herrscht, der auch auf mittlere und lange Sicht nicht die Entstehung von demokratiegefährdenden Meinungsmonopolen befürchten lässt.

Diese Gefahr ist nicht lediglich abstrakter Natur. In Deutschland hat etwa Google auf dem Suchmaschinenmarkt einen Marktanteil, der auch in zurückhaltenden Schätzungen auf mindestens 80%,[32] teilweise aber auch auf mehr als 90%[33] taxiert wird.[34] Man wird wohl annehmen können, dass für einen entsprechenden Anteil der an das Internet angeschlossenen Bevölkerung im Internet nur

---

scheidungen selbst zu treffen" (BVerfGE 49, 89, 126 – „Kalkar" m.w.N.). Gegen diesen Grundsatz wird verstoßen, wenn wesentliche Entscheidungen an den Verordnungsgeber delegiert werden. Ob hiernach § 41a TKG noch verfassungskonform ist, darf angesichts seiner Vagheit und Kürze zumindest bezweifelt werden. Das Problem sehen jedenfalls grundsätzlich auch *Säcker/Mengering*, K&R 2013, 559, 561.

32 Vgl. http://www.webhits.de/deutsch/index.shtml?webstats.html (28. Oktober 2013).

33 Vgl. http://de.statista.com/statistik/daten/studie/167841/umfrage/marktanteile-ausgewaehlter-suchmaschinen-in-deutschland/ (28. Oktober 2013).

34 Zu den Marktanteilen siehe auch *Paal*, AfP 2011, 521, 522 f. und 527 sowie die freilich schon etwas ältere Darstellung von *Danckert/Mayer*, MMR 2010, 219 ff.

das existiert, was sie nach einer entsprechenden Suchanfrage auf der ersten Seite der Google-Ergebnisliste finden können.[35]

Ähnliche Konzentrationseffekte lassen sich im Internet an anderen Stellen wiederfinden, etwa – wenn auch nicht ganz so stark – im Bereich sozialer Netzwerke, wo Facebook eine dominierende und für die freie Meinungsäußerung nicht weniger relevante Stellung innehat, oder im Bereich der Kurznachrichtendienste, wo jenseits von Twitter kaum ein anderer Anbieter sichtbar ist. Überhaupt sind im Internet stärkere Konzentrationseffekte festzustellen als in der analogen Wirtschaft. Das mag mit der grundsätzlichen Tendenz des Internet zur Monopolbildung zusammenhängen – ein Effekt, der netzwerkartigen Systemen allgemein inhärent ist (sog. „Netzwerkeffekt").[36]

Die Gefahren, die von derartigen Monopolen auf dem Suchmaschinenmarkt für die Meinungs- und Informationsfreiheit ausgehen, liegen wohl auf der Hand. Wenn letztlich nur noch ein Anbieter alleine darüber entscheiden kann, was der größte Teil der Internetnutzer zu sehen bekommt, dann trifft dies sowohl die Informationsfreiheit der Nutzer, als auch die Meinungsfreiheit der Webseitenanbieter, im Kern.[37]

Nachdem das Bundesverfassungsgericht mit Recht angemahnt hat, potentiell irreversiblen Fehlentwicklungen bereits im Vorhinein zu begegnen, anstatt diese erst abzuwarten,[38] ist dem Gesetzgeber anzuraten, sich möglichst bald aus seiner netzpolitischen Starre zu lösen und freiheitssichernde Initiativen in der digitalen Welt zu starten.

---

35 Das legen jedenfalls die Ergebnisse der Eyetracking-Studie 2008 des Bundesverbandes Digitale Wirtschaft e.V., nahe, die unter http://bvdw.org/fileadmin/bvdw-shop/ets08.pdf abrufbar sind.

36 *Koreng*, Zensur im Internet, Baden-Baden 2010, S. 51; *Paal*, AfP 2011, 521, 527.

37 Vgl. *Holznagel*, AfP 2011, 532, 534; von Art. 5 Abs. 1 Satz 1 GG geschützt ist auch, dass die eigene Meinungsäußerung beim Adressaten ankommt, wenngleich sich daraus nicht das Recht ergibt, von jedermann gehört zu werden (vgl. *Jarass/Pieroth*, Grundgesetz, 9. Aufl. 2007, Art. 5, Rn. 6 m.w.N.). Zur entsprechenden Rechtslage in den USA: *Grimmelmann*, Some Skepticism About Search Neutrality, in: Szoka/Marcus, The Next Digital Decade: Essays on the Future of the Internet, S. 435, 441. Zweifelhaft ist es daher, wenn *Grimmelmann* (a.a.O., S. 458 f.) einen künstlichen Gegensatz zwischen Usern und Websites aufbaut: Auch hinter Websites stehen User, die gehört werden wollen – dies sind zwei Seiten der gleichen Medaille.

38 Vgl. BVerfGE 119, 181, 217; 121, 30, 52.

4.2 Öffentlich-rechtliche versus privatrechtliche Regulierung

Das führt freilich zu der Frage, wie denn eine gesetzliche Regulierung auszusehen hätte, durch die die Meinungsvielfalt auch in der digitalen Welt wirksam gesichert werden könnte. Es ist nicht zu verkennen, dass der Gesetzgeber hier vor einer Reihe besonderer Probleme steht, von denen etwa die Internationalität des Internet nur eines, wenngleich ein besonders gewichtiges, ist.

Wenn der Gesetzgeber die Regulierung eines Marktes ins Auge fasst, dessen Versagen er fürchtet, so stehen ihm zwei grundlegend unterschiedliche Optionen zur Verfügung: Er kann einerseits eine Behörde mit der Aufsicht über die Marktteilnehmer betrauen. Das wäre die öffentlich-rechtliche Regulierungsoption. Er kann aber auch andererseits den anderen Marktteilnehmern die erforderlichen zivilrechtlichen Instrumente an die Hand geben, um das Gleichgewicht auf dem fraglichen Markt selbst wiederherstellen zu können. Im Bereich des Kartellrechts hat der Gesetzgeber eine Kombination aus beiden Instrumenten gewählt, sodass wir heute sowohl Kartellbehörden haben, die mit hoheitlichen Maßnahmen wirtschaftlichen Konzentrationsprozessen entgegenwirken können, als auch gesetzliche Ansprüche, die es den Marktteilnehmern ermöglichen, selbst gegen dominante Akteure vorzugehen.

Übertragen auf die Suchmaschinenregulierung bedeutet dies, dass der Gesetzgeber die Wahl hätte, entweder eine Behörde mit deren Regulierung zu beauftragen,[39] oder aber durch die Schaffung entsprechender zivilrechtlicher Normen die Regulierung sozusagen in die Hand des Marktes selbst zu legen. In diesem Zusammenhang bietet das geltende Kartellrecht ein gewisses Fundament,[40] das jedoch angesichts der Schwierigkeiten in der praktischen Durchsetzung die Vielfaltssicherung nicht in ausreichendem Umfang wird gewährleisten können, zumal die Sachverhalte „wirtschaftliche Vielfalt" und „publizistische Vielfalt" nicht notwendigerweise deckungsgleich sind.[41]

---

39 In diese Richtung gehen die Vorschläge von *Danckert/Mayer*, MMR 2010, 219, 220 f., die eine entsprechende Änderung des Rundfunkstaatsvertrags anregen.

40 *Paal*, AfP 2011, 521, 531: Es „bilden die wettbewerbsrechtlichen Vorschriften einen belastbaren Grundfundus zur Verhinderung von unbilligen Diskriminierungen im Kontext der Netz- und Suchmaschinenneutralität, ohne allerdings einen spezifischen Schutz für die Neutralität zu gewährleisten."

41 Hierzu ausführlich *Danckert/Mayer*, MMR 2010, 219, 219 ff.; vgl. auch *Gounalakis*, Konvergenz der Medien, 2002, S. 78; *Koreng*, CR 2009, 758, 758.

4.3 Suchmaschinenneutralität als Voraussetzung der Haftungsprivilegierung des Suchmaschinenanbieters

Letzteres, also die zivilrechtliche Regulierungsoption, böte sich für die Suchmaschinenregulierung in besonderer Weise an. Denn weil Suchmaschinen, wie ausgeführt, heute von überragender Bedeutung für den Informationszugang sind, werden sie auch besonders häufig von Personen angegriffen, die sich durch (vermeintlich) ehrabträgliche Veröffentlichungen im Internet in ihren Persönlichkeitsrechten verletzt sehen.

Dass die Betroffenen häufig gegen die Suchmaschine, anstatt unmittelbar gegen die rechtsverletzende Veröffentlichung vorgehen, hat einfache Gründe: Oftmals werden ehrverletzende Inhalte auf ausländischen Angeboten bereitgehalten, bei denen nicht ermittelbar ist, wer für das jeweilige Angebot verantwortlich zeichnet und wie er erreichbar ist. Selbst wenn man dies in Erfahrung bringen kann, wird häufig die Durchsetzung von Unterlassungs- und Beseitigungsansprüchen daran scheitern, dass internationale Rechtshilfe bemüht werden muss, was sich in der Praxis in vielen Fällen als aussichtslos erweist. Da das Problem häufig allerdings weniger darin besteht, dass ein ehrverletzender Inhalt irgendwo im Netz vorhanden ist, sondern in der Regel eher darin, dass er über Suchmaschinen so komfortabel auffindbar ist, gehen Betroffene häufig gegen die Suchmaschine vor, um *de facto* die Unauffindbarkeit des ehrverletzenden Inhalts durch Löschung des entsprechenden Eintrags im Index der Suchmaschine durchzusetzen. Das Vorgehen gegen die Suchmaschine hat überdies den Vorzug, dass deren Betreiber in der Regel einfach zu erreichen und damit auch einfach in Anspruch zu nehmen ist.

Suchmaschinenbetreiber verteidigen sich gegen derartige Ansprüche von Betroffenen typischerweise mit dem Argument, sie hafteten nicht für die über die Suchmaschine verlinkten Inhalte, da diese lediglich Resultat eines vollautomatisch ablaufenden, völlig neutralen technischen Prozesses seien und keinerlei menschliche Eingriffe in den Suchalgorithmus stattfänden. Daher sei schon keine Haftung als Täter einer Rechtsverletzung, mangels adäquat-kausalen[42] Tatbeitrags aber auch noch nicht einmal eine Haftung als Störer gegeben.[43] Dies ent-

---

42 Das bedeutet, dass eine Handlung nicht nur notwendige Bedingung (*conditio sine qua non*) für eine bestimmte Folge sein muss, sondern gerade diese Folge als Resultat gerade dieser Handlung auch nicht außerhalb der normalen Lebenserfahrung liegen darf; vgl. zusammenfassend *Grüneberg*, in: Palandt, BGB, 72. Aufl. 2013, Vor § 249, Rn. 26.

43 Dieser Argumentation folgt LG Mönchengladbach, Urt. v. 5. September 2013, Az. 10 O 170/12. Anders kann dies aber freilich dort sein, wo die Suchmaschine eigene Inhalte – sei es auch automatisch – generiert, etwa im Bereich der sog. „Autocomplete“-Vorschläge: BGH NJW 2013, 2348, 2350 – „Autocomplete“.

spricht der Rechtslage bei Access-Providern, die, weil sie sich schon von Gesetzes wegen (§ 88 TKG) nicht für die von ihnen transportierten Inhalte interessieren dürfen, dementsprechend auch keinerlei Haftung für diese Inhalte unterliegen.[44] Eine derart weitgehende Haftungsfreistellung lässt sich freilich nur dann rechtfertigen, wenn bzw. solange der Suchmaschinenbetreiber für sich in Anspruch nehmen kann, eine technisch vollkommen neutrale Dienstleistung zu erbringen. Beginnt er, Eingriffe in die Suchfunktion vorzunehmen, um bestimmte Einträge bevorzugt anzuzeigen oder andere gänzlich aus dem Index zu nehmen,[45] so fehlt es an der Neutralität des technischen Ablaufs und die Haftungsprivilegierung geht verloren.[46] Derartige Eingriffe müssen konsequenterweise zur Folge haben, dass der Suchmaschinenbetreiber sich in größerem Umfang als bislang für die von ihm verlinkten Inhalte zu verantworten hat. Diese Wechselwirkung von Neutralität und korrespondierender Haftungsfreistellung lässt sich – in Anlehnung an den Begriff der „Netzneutralität" – als „Suchmaschinenneutralität" bezeichnen.[47]

Angesichts des zu erwartenden Haftungsumfangs, dem sich ein Suchmaschinenbetreiber unter diesen Voraussetzungen ausgesetzt sehen würde, bedeutete eine solche gesetzliche Regelung einen erheblichen Anreiz für den Suchmaschinenbetreiber, seine Suchmaschine tatsächlich neutral auszugestalten. Auf diese Weise wäre das Regulierungsziel „Suchmaschinenneutralität" wohl einfacher und effektiver zu erreichen, als über behördliche Aufsichtsmaßnahmen, die überdies aus letztlich völkerrechtlichen Gründen ungleich größere Schwierigkeiten hinsichtlich der Überwindung nationaler Grenzen hätten, als jede zivilrechtliche Maßnahme.[48]

---

44 Zusammenfassend *Feldmann*, K&R 2011, 225, 227, wobei zu konstatieren ist, dass dieses Feld juristisch bislang wenig beackert worden ist.

45 Zu derartigen Eingriffen ist es wohl schon gekommen, vgl. hierzu *Grimmelmann*, Some Skepticism About Search Neutrality, in: Szoka/Marcus, The Next Digital Decade: Essays on the Future of the Internet, S. 435, 436.

46 So für die parallel gelagerte Problematik bei Access-Providern Art. 12 Abs. 1 lit. c der Richtlinie 2000/31/EG, der eine Haftungsprivilegierung des Betreibers eines Internetzugangs nur vorsieht, sofern dieser „die übermittelten Informationen nicht auswählt oder verändert". Diese Brisanz dieser Vorschrift im Hinblick auf Maßnahmen des Quality-Managements der Netzbetreiber wird bislang übrigens – gerade im Zusammenhang mit der Netzneutralitätsdebatte – noch deutlich unterschätzt.

47 Aus dem deutschen Schrifttum siehe nur *Paal*, AfP 2011, 521 ff. Insbesondere in der US-amerikanischen Debatte wird in Anlehnung an die Netzneutralität schon länger auch über eine „Suchmaschinenneutralität" debattiert, vgl. nur *Grimmelmann*, Some Skepticism About Search Neutrality, in: Szoka/Marcus, The Next Digital Decade: Essays on the Future of the Internet, S. 435, 437 m.w.N.

48 Vgl. *Koreng*, Zensur im Internet, Baden-Baden 2010, S. 122 ff.

Freilich wäre ein so ausgestaltetes Haftungsregime nur ein Element – wenngleich ein gewichtiges – einer vielfaltssichernden Suchmaschinenregulierung. Denn Neutralität betrifft zunächst einmal lediglich das innere Design einer Suchmaschine, garantiert also bestenfalls ihre Binnenpluralität. Es wäre darüber hinaus selbstverständlich wünschenswert, gäbe es auch eine (externe) Vielfalt der Suchmaschinenanbieter.

Darüber hinaus sagt der Umstand, dass eine Suchmaschine zur Neutralität verpflichtet ist, noch nichts über die konkrete Gestaltung des Suchalgorithmus aus. Mit Recht wird teilweise von Kritikern des Konzepts einer Suchmaschinenneutralität eingewandt, dass eine Suchmaschine per se nicht neutral sein kann, weil sie immer Auswahlentscheidungen treffen muss und nicht jeden Treffer an erster Stelle anzeigen kann, sondern naturgemäß werten soll und muss.[49] Gleichwohl spricht dies meines Erachtens nicht pauschal gegen das Konzept einer neutralen Suchmaschine, wenngleich es den Finger in die richtige Wunde legt: Die zentrale Frage ist, wie man im Suchmaschinenkontext den Begriff der „Neutralität“ definieren möchte. Solange die Auswahlentscheidung auf generellen, für alle Websites gleichermaßen gültigen Kriterien basiert und redaktionelle Auf- oder Abwertungen einzelner Websites nicht vorgenommen werden,[50] der Algorithmus also „objektiv fair“ ist, lässt sich die Suchmaschine in dem hier gemeinten Sinn durchaus noch als neutral bezeichnen. Problematisch sind lediglich die Fälle, in denen der Suchmaschinenanbieter, der beispielsweise noch andere Produkte vertreibt, Konkurrenten schlechter behandelt als seine eigenen Angebote oder aber etwa die Websites solcher Unternehmen im (organischen) Ranking an besserer Stelle platziert, die dafür bezahlt haben. Auch stellt sich freilich die Frage, ob und wie die Neutralität des Suchalgorithmus überprüfbar sein kann, ohne dass dieser dabei offengelegt werden muss.[51] All diese Aspekte können hier allerdings lediglich angedeutet werden und müssen einer wesentlich detaillierteren Untersuchung vorbehalten bleiben.

---

49 Vgl. die Nachweise bei *Grimmelmann*, Some Skepticism About Search Neutrality, in: Szoka/Marcus, The Next Digital Decade: Essays on the Future of the Internet, S. 435, 442 ff. Mit diesem Einwand beschäftigt sich auch *Paal*, AfP 2011, 521, 523 mit ähnlichen Überlegungen, wie sie hier vertreten werden.

50 „Abwesenheit von unzulässigen i.S. von wettbewerbswidrigen Einflussnahmen“: *Paal*, AfP 2011, 521, 523 m.w.N.

51 Das wäre letztlich für niemand wünschenswert, bedenkt man nur, welche Möglichkeiten dies kommerziellen Spammern eröffnen würde, vgl. *Grimmelmann*, Some Skepticism About Search Neutrality, in: Szoka/Marcus, The Next Digital Decade: Essays on the Future of the Internet, S. 435, 454 ff. Möglicherweise ließe sich dieses Problem durch eine Art „*in-camera-Verfahren*“, also die geheime Einsichtnahme durch eine entsprechend qualifizierte und zur Verschwiegenheit verpflichtete Behörde, lösen.

5 Zusammenfassung

Blickt man also aus einer etwas distanzierteren, eher medienrechtlichen Perspektive auf die derzeitige Netzneutralitätsdebatte, so drängt sich schnell die Erkenntnis auf, dass es sich bei dieser Debatte im Kern um einen digitalisierten Wiederaufguss der schon seit den Anfangsjahren der Bundesrepublik stets im Fluss befindlichen Diskussion um die mediale Vielfaltssicherung handelt.

Während hinsichtlich Rundfunk und Presse über die Jahrzehnte funktionierende Vielfaltssicherungskonzepte entwickelt und immer wieder neu justiert worden sind, hat die Politik bis heute noch nicht zu erkennen vermocht, dass auch in der digitalen Welt die Meinungsvielfalt nicht gänzlich ohne externe Eingriffe gesichert werden kann. Gerade auf dem stark monopolgeprägten Markt der Internet-Suchmaschinen, aber auch überall sonst, wo private Akteure Gatekeeper-Funktionen für die Teilnahme am „Markt der Meinungen" innehaben (Soziale Netzwerke, größere Meinungsforen, Access-Provider etc.) ist eine solche Regulierung zur Korrektur bestehender oder jedenfalls zur Vermeidung sich abzeichnender Fehlentwicklungen geboten.

Nicht ganz zu Unrecht ist der Gesetzgeber in einer – man möchte fast sagen: resignativen Weise zurückhaltend geblieben, was öffentlich-rechtliche Regulierung durch staatliche Behörden anbelangt. Derartige Regulierungsbemühungen werden in der digitalen Welt zu oft an Staatsgrenzen scheitern. Ein wesentlich simpleres und effektiveres gesetzgeberisches Werkzeug dürfte darin liegen, die weitestgehende Haftungsprivilegierung, die all die genannten „Gatekeeper" im Internet heute genießen, an deren strikte Neutralität zu knüpfen. Einer Suchmaschine könnte man dann eine völlige Freistellung von jeglicher Haftung für ihre informationsvermittelnde Tätigkeit zugestehen, wenn sie gewährleistet, dass diese Tätigkeit rein technisch-neutral determiniert ist und ohne redaktionelle Eingriffe von außen abläuft. Entsprechendes könnte für Access-Provider gelten, deren Haftungsfreistellung ja heute schon davon abhängt, dass die übermittelten Inhalte durch den Provider nicht verändert werden (Art. 12 Abs. 1 lit. c der Richtlinie 2000/31/EG). Es wäre überlegenswert, diese Privilegien auch auf andere Informationsgatekeeper zu erstrecken und entsprechende Vorschriften für alle Bereiche der Informationsvermittlung im digitalen Raum zu schaffen – und sei es nur zur Klarstellung. Der hierdurch entstehende Haftungsdruck wäre ein erheblicher Anreiz für alle Gatekeeper, sich strikt auf den Grundsatz der Neutralität zu verpflichten.[52]

52 Was den Staat freilich von einer weiteren Beobachtung der Entwicklungen gleichwohl nicht entbinden kann.

Literatur

Danckert, B. & Mayer, F. J. (2010). Die vorherrschende Meinungsmacht von Google. Bedrohung durch einen Informationsmonopolisten? *MultiMedia und Recht*, 13(4), S. 219-222.

Feldmann, T. (2011). Die Unterlassungsverpflichtung des Access-Providers als Störer. *Kommunikation und Recht*, 14(4), S. 225-228.

Frevert, T. (2012). Netzneutralität 2012: Aktueller Stand der Diskussion und Gesetzgebung. *Multimedia und Recht*, 15(8), S. 510-515.

Gersdorf, H. (2011). Netzneutralität: Juristische Analyse eines „heißen Eisens". *Archiv für Presserecht*, 3/2011, S. 209-217.

Görisch, C. (2012). Netzneutralität – ein Grundsatz des europäischen Regulierungsrechts? | *Europäische Zeitschrift für Wirtschaftsrecht*, 23(13), S. 494-498.

Gounalakis, G. (2002). *Konvergenz der Medien: Sollte das Recht der Medien harmonisiert werden?* Gutachten C zum 64. Deutschen Juristentag Berlin 2002. München: Beck.

Greve, H. (2013). Netzneutralität als zwingendes Prinzip zur Gewährleistung eines digitalen Meinungsmarktes? *Verwaltungsrundschau*, S. 109-113.

Grimmelmann, J. (2010). Skepticism About Search Neutrality. In B. Szoka & A. Marcus (Hrsg.), *The Next Digital Decade: Essays on the Future of the Internet.* (S. 435-459). Washington, DC, USA: TechFreedom.

Holznagel, B. (2010). Netzneutralität als Aufgabe der Vielfaltsicherung. *Kommunikation und Recht*, 2/2010, S. 95-100.

Holznagel, B. (2011). Internetdienstfreiheit und Netzneutralität. *Archiv für Presserecht*, 06/2011, S. 532-539

Hornig, M. (2001). Möglichkeiten des Ordnungsrechts bei der Bekämpfung rechtsextremistischer Inhalte im Internet – Zur Internet-Aufsicht auf der Grundlage des § 18 Mediendienste-Staatsvertrags. *Zeitschrift für Urheber- und Medienrecht*, 45(11), S. 846-857.

Jarass, H.D. & Pieroth, B. (Hrsg.) (2007). *Grundgesetz*, Kommentar, 9. Auflage, München: Beck.

Koenig, C. & Fechtner, S. (2011). Netzneutralität – oder: Wer hat Angst vor dem schwarzen Netzbetreiber? *Kommunikation und Recht*, 14(2), S. 73-77.

Kloepfer, M. (2010). Netzneutralität und Presse-Grosso in der Informationsgesellschaft. *Archiv für Presserecht*, 2/2010, S. 120-127.

Koreng, A. (2009). Meinungsmarkt und Netzneutralität. Kommunikationsgrundrechtliche Aspekte des diskriminierungsfreien Netzzugangs. *Computer und Recht*, 11/2009, S. 758-760.

Koreng, A. (2010). *Zensur im Internet. Der verfassungsrechtliche Schutz der digitalen Massenkommunikation.* Baden-Baden: Nomos.

Luhmann, N. (2004). *Die Realität der Massenmedien.* Wiesbaden: Verlag für Sozialwissenschaften, 3. Auflage.

Martini, M. (2011). Wie viel Gleichheit braucht das Internet? Netzneutralität als Stellschraube für die Zukunft des Internets. *Verwaltungsarchiv*, 102(3), S. 315-342.

Müller-Terpitz, R. (2012). Reizthema Netzneutralität – nach der Novelle ist vor der Novelle? *Kommunikation und Recht*, 7-8/2012, S. 476-482.

Paal, B. P. (2011). Netz- und Suchmaschinenneutralität im Wettbewerbsrecht. *Archiv für Presserecht*, 6/2011, S. 521-532.

Palandt, O. (Begr.) (2013). *Bürgerliches Gesetzbuch*, Kommentar, 72. Auflage, München: Beck. [zitiert: *Grüneberg*, Vor § 249, Rn. 26]

Petersen, J. (2010). *Medienrecht.* München: Beck, 5. Auflage.

Säcker, F. J. & Mengering, K. S. (2013). Netzneutralität - oder: die Himmelfahrt des Wortes. *Kommunikation und Recht*, 16(9), S. 559-568.

Schlauri, S. (2010). *Network Neutrality. Netzneutralität als neues Regulierungsprinzip des Telekommunikationsrechts.* Baden-Baden: Nomos.

Schrey, J.& Frevert, T. (2010). Muss die Bundesnetzagentur die Netzneutralität verteidigen - Eine Standortbestimmung zur Zulässigkeit des Bandbreitenmanagements. *Multimedia und Recht*, 13(9), S. 596-599.

Schütze, M. (2011). Sprachverkehr als schutzwürdiger Teil der Netzneutralität. *Computer und Recht*, 27(12), S. 785-792.

Soppe, M. (2013). Die gesetzliche Absicherung des Pressegrossovertriebssystems im Rahmen der achten GWB-Novelle. *Archiv für Presserecht (AfP)*, S. 365-372.

Ufer, F. (2010). Netzneutralität im Spannungsfeld zwischen Wettbewerb und Regulierung. *Computer & Recht*, 26(10), S. 634-640.

Will, M. (2013). Neutralität des Internet zwischen Recht, Ökonomie und Technologie. Plädoyer für eine Optimierung der Informationspflichten. *Zeitschrift für Vergleichende Rechtswissenschaft*, S. 102-122.

Dieter Dörr und Simon Schuster

Suchmaschinen im Spannungsfeld zwischen Nutzung und Regulierung

Rechtliche Bestandsaufnahme und Grundstrukturen einer Neuregelung

A Einleitung

Das Verhältnis der Gesellschaft zu Google als prominentestem Vertreter der Suchmaschinenanbieter ist von starker Ambivalenz geprägt. Dies gilt nicht nur für diejenigen, die Google als Suchportal für private Zwecke nutzen. Es gilt auch für die Wirtschaft, die Google für kommerzielle Zwecke und vor allem als Werbeportal einsetzt. Darüber hinaus ist der Nutzen von Suchmaschinen, den „freien Informationszugang und die Informationsvielfalt“ zu beflügeln, unbestritten.[1] Ebenso unbestritten ist aber auch das Gefahrenpotenzial für die Meinungs- und Informationsvielfalt, das durch den enormen Einfluss auf die Verwendbarkeit des Internets von den Suchmaschinen ausgeht. Es stellt sich die Frage, ob sich das Motto Googles „Don´t be evil“ in das zweite Jahrzehnt des 21. Jahrhunderts retten konnte.

I Die Ambivalenz bei der privaten Nutzung

Grund des ambivalenten Verhältnisses ist zum einen die große Funktionalität der Suchmaschinen als Inhaltevermittler und zum anderen die durch die große Marktpräsenz im Bereich der Suchmaschinen bedingten Einflussmöglichkeiten auf die Nutzer. Die Suchmaschinen machen durch ihre Dienste das Internet in seiner heutigen Form als grenzenloses Informationsportal überhaupt erst nutzbar. Durch *Webcrawler* und andere Softwareprogramme finden die meisten Internetseiten ihren Weg in den Index von Google und anderen Suchmaschinen. Sie machen sich somit bei Internetrecherchen auffindbar und beginnen darüber für die Mehrheit der Internetnutzer im Netz zu „existieren“. Ohne die von den Suchmaschinen angebotene Suchoption wäre es erheblich schwieriger, auf relevanten Webpages die für die spezielle Suchanfrage maßgeblichen Inhalte zu finden. Die Informationsvielfalt und die Meinungsbildung werden durch die Möglichkeit gestärkt, dass sich jeder im Internet äußern kann. Damit ist die Hoff-

1 *Kühling/Gauß*, ZUM 2007, 881 (889).

nung verbunden, dass diese Äußerungen bei entsprechenden Suchanfragen im Suchergebnis berücksichtigt werden. Auf diese Weise kann man sich über verschiedenste Themen über die im Internet verbreiteten Online-Angebote umfassend informieren. Die Suchmaschinen nehmen im Internet somit die Stellung eines Informationsintermediärs[2] ein und eröffnen dem Nutzer als sogenanntes *Bottleneck*-Unternehmen die Nutzung der Vielfalt des Netzes.

Auf dem Markt der Suchmaschinen hat Google eine herausragende Stellung erlangt. Der Marktanteil dieses Unternehmens in Deutschland lag 2012 bei über 90 %.[3] Eine derart starke Marktpräsenz führt zu einer großen Abhängigkeit der Nutzer von den Diensten dieser Suchmaschine. Angesichts der Quasi-Monopolstellung von Google stellt sich zwangsläufig die Frage nach dem Einfluss von Google auf die Entwicklung des Internets, den Nutzer selber und das (auffindbare) Angebot im Internet. Wegen des großen Einflusses des Dienstes auf die Informationssuche ist die Frage nach der Neutralität der erzielten Ergebnisse und des Rankings bei privaten Nutzern insbesondere bei Fragen nach der Sicherung der Meinungsvielfalt zentral. Die technische Funktionsweise Googles bei Suchanfragen, bei der durch die Auswertung dutzender relevanter „Keywords" das passendste, relevanteste Ergebnis für die Suchanfrage des Nutzers gefiltert werden soll, lässt das Unternehmen, wenn auch nur abstrakt-generell[4], entscheiden, was online-relevant ist.[5] Google tritt dadurch nicht mehr nur als *Informationsvermittler*, sondern auch als *Informationsanbieter* auf. Die Tätigkeit der Suchmaschine ist nicht nur „rein technischer, automatischer und passiver Art".[6] Sie kann theoretisch über die Existenz eines Angebots oder einer Meinung im Netz entscheiden. Google ist auf diese Weise zum Beispiel in der Lage, jugendgefährdende, pornografische oder extremistische Internetpräsenzen aus seinem Suchindex herauszufiltern. Der Zugang zu ihnen kann dadurch erheblich erschwert werden. Der Vorgang wird weithin als wirksames Sicherungsinstrument angesehen. Besteht diese Möglichkeit, wäre es theoretisch auch denkbar, dass Google aus der Vielfalt politischer Meinungen filtert oder eine Meinung protegiert. Diese würde dadurch eine verstärkte (unverhältnismäßige) Aufmerksamkeit erfahren.[7] Zu denken wäre dabei zum Beispiel an den

---

2 *Paal*, Suchmaschinen, Marktmacht und Meinungsbildung, S. 25.

3 Vgl. comScore qSearch, Future in Focus – Digitales Deutschland 2013, 12.2012, S. 43, Quelle: http://www.comscore.com/content/download/19685/955759/file/comScore-2013-Germany-Digital-Future-in-Focus.pdf (alle Internetquellen zuletzt abgerufen: 6.6.2014).

4 *Kühling/Gauß*, ZUM 2007, 881 (885).

5 Vgl. zu den maßgeblichen Ranking-Kriterien: *Kühling/Gauß*, ZUM 2007, 881 (882).

6 BGH Urteil vom 14.5.2013 – VI ZR 269/12 = VersR. 2013, 771 ff.

7 Vgl. *Schulz/Held*, in: Machill (Hrsg.), Die Macht der Suchmaschinen, S. 71 ff.; eine interessante „Studie" dazu findet sich bei *Weinberg*, Magic keywords on Google and the consequences of tailoring results, gabrielweinberg.com vom 5.11.2012, Quelle: http://www.gabrielweinberg.com/

Google-Dienst „Google News". Die Auswahl der dargestellten Quellen bei dieser Art der Nachrichten-Suchmaschinen wird allein von dem Diensteanbieter vorgenommen. Mangels einer Verpflichtung zur Transparenz seiner Auswahlkriterien ist deren Neutralität nicht überprüfbar.[8] Auf den abstrakt-generellen Einfluss des Dienstes an der inhaltlichen Vielfalt der dargestellten Meinungen hat auch die Personalisierungsfunktion keinen Einfluss. Sie verschiebt lediglich den räumlichen Umfang der einzelnen Themenfelder im Seitenlayout.

Probleme ergeben sich auch, wenn Betroffene etwas aus dem Suchindex bei Google oder aus der Selbstvervollständigungsfunktion gelöscht wissen wollen, weil aus ihrer Sicht ihr Persönlichkeitsrecht verletzt wird. Prominente Bespiele dafür sind ein in Hamburg anhängiges Verfahren des ehemaligen Präsidenten des Welt-Automobilverbandes und „Formel-1-Promis" Max Mosley[9] oder das Vorgehen der Frau des Bundespräsidenten a. D., Bettina Wulff, gegen die Selbstvervollständigungsfunktion.[10] Unabhängig vom Wahrheitsgehalt der im Netz aufgefundenen Informationen und der rechtlichen Verantwortung von Google für die Selbstvervollständigungsfunktion verdeutlichen diese Beispiele, welche Macht Google bei der öffentlichen Meinungsbildung zukommt. Die Betroffenen verlieren die Darstellungshoheit über ihre Person, was eine Verletzung in ihrem Recht auf informationelle Selbstbestimmung aus Art. 2 Abs. 1 GG in Verbindung mit Art. 1 Abs. 1 GG bedeuten kann. Der BGH führt in seiner aufsehenerregenden Google-Entscheidung vom 14. Mai 2013[11] dazu aus, dass in den herabsetzenden Begriffen, die durch die Selbstergänzungsfunktion bei Eingabe eines Namens erscheinen, Persönlichkeitsbeeinträchtigungen liegen, die der „Beklagten [Google] unmittelbar zuzurechnen" seien.

Hinzu kommt, dass Google über sein Recherche-Tool bereits weit verbreitete Internetseiten wegen der genutzten Such-Algorithmen bevorzugt. Auch dies könnte zu einer Abnahme der Meinungsvielfalt im Netz beitragen. In diesem Zusammenhang verweist eine US-Studie darauf, dass diese Gefahr nur bei häufig genutzten Suchbegriffen bestehe. Sobald der Suchbegriff an Komplexität zunehme, was die Regel bei der Suche sei, nähmen auch die angezeigten Suchergebnisse an Komplexität und Variabilität zu.[12]

---

blog/2012/11/magic-keywords-on-google-and-the-consequences-of-search-tailoring-results.html.

8 *Beiler/Machill*, in: Donges (Hrsg.), Von der Medienpolitik zur Media Governance?, S. 254.

9 Vgl. *Wefing*, Sturkopf gegen Welthirn, DIE ZEIT vom 4.10.2012 Nr. 41, S. 5.

10 Vgl. zu der Verantwortlichkeit des Suchmaschinenbetreibers für die Selbstvervollständigungsfunktion nunmehr BGH, Urteil vom 14.5.2013 - VI ZR 269/12 = VersR 2013, 771 ff.

11 BGH Urteil vom 14.5.2013 – VI ZR 269/12 = VersR 2013, 771 ff.

12 *Green*, Surprising Search Patterns, MIT Technology Review, 18.8.2006; http://www.technologyreview.com/news/406297/surprising-search-patterns.

Um Einfluss auf die Nutzer und Konsumenten zu nehmen, müssen Ergebnisse noch nicht einmal gelöscht werden. Grundsätzlich reicht es schon, das Ranking einer Seite zu verbessern. Dadurch werden die Click-Zahlen einer Seite erheblich erhöht. Dem Ranking kommt bei der praktischen Suche eine hohe Relevanz zu. Für Google als ein Unternehmen, das sich maßgeblich durch Werbung finanziert, spielt dieses Wissen eine monetäre Rolle. Regelmäßig ist den Nutzern kaum bewusst, wie eng bei Suchmaschinen die Interessenverflechtung zwischen dem Angebot einer möglichst neutralen und auf Nutzerinteressen fokussierter Recherche und den für Werbeklienten optimierten Rechercheergebnissen ist. Klar ist, dass letztere erheblich zu den enormen Gewinnmargen bei den Suchmaschinen beitragen.[13] Um dem Vorwurf einer Manipulation zuvor zu kommen, hat Google mit anderen Suchmaschinenanbietern als Selbstregulierungsmaßnahme einen „Verhaltenssubkodex für Suchmaschinenanbieter der FSM"[14] (VK-S) verabschiedet, in dem sich die Suchmaschinenanbieter in § 2 Nr. 2 VK-S verpflichten, ihre Ergebnisseiten transparent zu gestalten und werbefinanzierte Angebote zu kennzeichnen. Ob unter Berücksichtigung dieser Faktenlage die von den Nutzern erwartete „Neutralität" innerhalb der Suchergebnisse gewährleistet ist, muss zumindest kritisch hinterfragt werden.

Die begründete Sorge, dass Google durch seine Monopolstellung zur Herausbildung von Meinungsmacht fähig wäre, macht es notwendig, nach dem geltenden Rechtsrahmen zu fragen, den Suchmaschinenanbieter zu beachten haben. Dabei ist zu klären, ob dieser ausreicht, Gefahren für die Meinungsvielfalt und andere Rechtsgüter zu unterbinden. Sollte dies nicht der Fall sein, muss sich der Gesetzgeber seiner Gewährleistungsverantwortung für einen offenen Meinungsbildungsprozess stellen und geeignete Vorkehrungen im Rahmen gesetzlicher Neuregelungen treffen bzw. Co-Regulierungen (regulierte Selbstregulierung) vorsehen oder das Modell einer Selbstregulierung unterstützen.

II Die Ambivalenz bei der kommerziellen Nutzung

Mittlerweile ist die Internetpräsenz eines Unternehmens wohl zur wichtigsten Kommunikationsform mit den Kunden geworden.[15] Sie nimmt für die Außendar-

13 *Reißmann*, Streit um Suchmaschinensteuer: Warum Google am längeren Hebel sitzt, Spiegel.de vom 23.10.2012, wonach Google 44 % des Online-Werbebudgets weltweit vereinnahmt, welches 2011 bei etwa 70 Milliarden Dollar lag, Quelle: http://www.spiegel.de/netzwelt/netzpolitik/warum-google-am-laengeren-hebel-sitzt-a-862624.html.

14 http://www.fsm.de/de/Subkodex_Suchmaschinenanbieter.

15 Vgl. *Arnold/Schiffer*, Faktor Google – Wie deutsche Unternehmen Google einsetzen, S. 3, Quelle: http://www.iwconsult.de/imperia/md/images/iwconsult/pdf/download/google_studie_final110926.pdf.

stellung und die Präsentation der Dienstleistungen eine wesentliche Rolle ein. Der besondere Einfluss von Suchmaschinen im Netz beschränkt sich nicht nur auf die Möglichkeit, durch ihre Hilfe relevante Informationen zu *finden*. Für Betreiber von Internetseiten aus der Wirtschaft besteht insbesondere ein Interesse daran, im Netz von ihrer (potentiellen) Kundschaft *gefunden* zu werden. Dabei spielt die Suchfunktion eine zentrale Rolle, indem sie für Interessenten häufig den ersten Kontakt mit dem Unternehmen über die Darstellung der Suchergebnisse herstellt. Aufgrund des Nutzerverhaltens beim Umgang mit Suchergebnissen hängt die Möglichkeit, gefunden zu werden, weniger von der tatsächlichen Verfügbarkeit, also *„ob"* man ganz grundsätzlich im Index der Suchmaschinen auftaucht, ab. Entscheidend ist vielmehr die Zugänglichkeit, verstanden als *„wo"* bzw. verstanden als die relative Erreichbarkeit der Internetpräsenz.[16] Grund dafür ist – so haben Studien ergeben –, dass regelmäßig von den Nutzern nur die erste Seite der Suchergebnisse berücksichtigt wird. Dort sind zudem häufig nur die ersten vier Ergebnisse relevant. Ob ein Rechtsanspruch auf Aufnahme in den Index einer Suchmaschine besteht, beispielsweise über §§ 33 Abs. 1 Satz 1, 20 Abs. 1 GWB[17], spielt folglich gegenüber der Platzierung eine untergeordnete Rolle. Das Ranking einer Homepage bestimmt sich maßgeblich nach den jeweiligen Such-Algorithmen der Suchmaschinenbetreiber, zum Beispiel über den sogenannten *PageRank*. Er nimmt die Anzahl der Verlinkungen, die auf eine Seite führen, als Indikator für die Wichtigkeit einer Seite und damit das Ranking einer Seite.[18] Bereits etablierte Anbieter erfahren dadurch eine noch stärkere Relevanz.[19] Mindermeinungen und Randthemen können sich nur unter erschwerten Bedingungen etablieren. Inwiefern weitere (von Google steuerbare) Indikatoren Einfluss auf das Ranking haben, lässt sich nur schwer überprüfen.[20] Jedenfalls führt eine gesteigerte Relevanz insbesondere bei werbefinanzierten Internetangeboten, wie zum Beispiel bei Online-Zeitungen, zu einer erhöhten Click-Zahl auf die eigene

---

16 *van Hoboken*, in: Becker/Stalder (Hrsg.), Deep Search. Politik des Suchens jenseits von Google, S. 98; vgl. auch *Kühling/Gauß*, ZUM 2007, 881 (882).

17 Einen Anspruch bejahend *Bahr*, Rechtsanspruch auf Aufnahme in den Suchmaschinen-Index (am Beispiel Google)?, Quelle: http://www.suchmaschinen-und-recht.de/rechtsanspruch-auf-aufnahme-in-den-suchmaschinen-index.html; ablehnend *Beiler/Machill*, (Fn. 8), S. 254 m.w.N.

18 *Pasquinelli*, in: Becker/Stalder (Hrsg.), Deep Search. Politik des Suchens jenseits von Google, S. 171 ff.

19 *Röhle*, in: Machill (Hrsg.), Die Macht der Suchmaschinen, S. 131.

20 Verwiesen sei diesbezüglich auf Darstellungen innerhalb eines öffentlichen Hearings vor dem *Judiciary Committee* des US-Senats vom 21.9.2011 zu dem Thema „The Power of Google: Serving Consumers or Threatening Competition?". Dort werden Auffälligkeiten bei den Rankings Google-eigener Unternehmen aufgezeigt, die Hinweise auf eine Manipulation bieten, Quelle: http://www.judiciary.senate.gov/hearings/hearing.cfm?id =3d9031b47812de2592c3baeba64d93cb.

Seite. In der Folge wird eine größere Breitenwirkung erreicht, was bei den Betreibern zu höheren Werbeeinnahmen führt. Veranschaulichen lässt sich der Einfluss von Google auf die Click-Zahlen und damit auch auf die Einnahmen von Online-Zeitungen an dem Prozess der belgischen Verwertungsgesellschaft Copiepress. Diese wehrte sich „erfolgreich“ gegen die Nutzung von Textausschnitten durch Google News aus den Internetpräsenzen. Daraufhin entfernte Google die belgischen Zeitungen nicht nur von Google News, sondern aus dem gesamten Index. Ihre Online-Angebote verloren daraufhin zwanzig Prozent und mehr an Besuchern.[21] Der Streit, der sich an der Frage des Urheber- und Leistungsschutzrechts entfacht hatte, macht das Dilemma, in welchem nicht nur die Zeitungsverlage, sondern die gesamte Wirtschaft steckt, sichtbar. Trotz erheblicher Unzufriedenheit über die Verteilung der Werbeeinnahmen[22], über die angebliche Verletzung von Urheber- und Leistungsschutzrechten und über das teilweise undurchsichtige Prozedere bei der Vergabe von Rankings bei den Suchergebnissen ist die Wirtschaft aufgrund der Marktmacht von Google und deren Einfluss auf die Informationsgewinnung im Internet auf diesen Dienst angewiesen.

III Resümee

Die skizzierte Ambivalenz gegenüber Google sowohl für die privaten Nutzer als Informations*anbieter* als auch für die Wirtschaft als Dienstleister zeigt, dass bei Suchmaschinen und insbesondere bei Google Nutzen und Schaden nah beieinander liegen. Google kann als Aktiengesellschaft in einer freien Marktwirtschaft nicht versagt werden, sich seine Innovationskraft und Dienstleistungen vergüten zu lassen. Die Tatsache aber, dass unsere moderne Informationsgesellschaft auf die Dienste der Suchmaschinen angewiesen ist, verdeutlicht ihre machtvolle Position und lässt erkennen, dass aufgrund der gesellschaftlichen Relevanz ihres Dienstes eine rechtliche Regulierung geboten ist.[23]

21 *Reißmann*, (Fn. 13).
22 Ebid, (Fn. 13).
23 Vgl. zur Macht und Missbrauchsgefahr durch Suchmaschinen allgemein *Rieger*, Von Daten und Macht, APuZ 15-16/2013, S. 3, Quelle: http://www.bpb.de/shop/zeitschriften/apuz/157554/transparenz-und-privatsphaere.

B Der für Google *de lege lata* geltende rechtliche Rahmen

I Allgemeines

Die Schwierigkeiten bei der Einordnung von Suchmaschinen wie Google unter bereits vorhandene rechtliche Vorgaben ergeben sich zum einen aus der Vielschichtigkeit seines Angebots für private und kommerzielle Nutzer. Zum anderen spielt die Dynamik der Prozesse im Internet eine bedeutende Rolle. Google ist nicht mehr nur Inhalte*vermittler*, sondern Inhalte*anbieter*. Das Unternehmen nimmt so über seine Such-Algorithmen, die automatisierte Suchergänzungsfunktion (Selbstvervollständigungs-Funktion bzw. Autocomplete-Funktion) und teilweise personalisierte Suchprozesse redaktionell Einfluss auf die Suchergebnisse, mithin darauf, was als relevant erachtet wird. Nutzt Google seine marktbeherrschende Stellung aus, kann sich daraus potenziell eine erhebliche Gefahr für den freien Markt ergeben. Diese Gefahr hat auch die Europäische Kommission erkannt und im November 2010 ein förmliches Verfahren gegen Google wegen des Verdachts des Missbrauchs einer marktbeherrschenden Stellung eingeleitet.[24] Google tritt auch nicht mehr nur als Vermarkter und Makler von digitalen Werbebannern auf. Über seine vertikale Ausweitung des Geschäftsmodells wird Google mehr und mehr zum klassischen Konkurrenten und nimmt als solcher am Wettbewerb teil, zum Beispiel bei der Vermittlung von Reisen.[25] Aufgrund seiner Quasi-Monopolstellung auf dem europäischen Markt sowie seines Charakters als Bottleneck-Unternehmen für den Informationszugang ist eine verfassungs-, grund-, medien- und wettbewerbsrechtliche Einordnung Googles notwendig.

Dabei geht es in dieser Untersuchung vornehmlich um bereits vorhandene rechtliche Regulierungsmechanismen und nicht um die Problematik des Datenschutzes zwischen Suchmaschinen und Nutzern. In diesem Zusammenhang ist von Bedeutung, inwieweit die Suchmaschine von Google wegen ihrer Rolle als stärkster Anbieter am Markt rechtlich bereits in die Pflicht genommen wird. Besondere Relevanz kommt bei dieser Betrachtung dem Grundrecht auf freie Meinungsbildung und dem Zugang zu öffentlichen Informationen zu.

---

24 *Bischke/Boger/Fülling*, NZG 2011, 60; vgl auch *Meyer*, K&R 2012, 236.

25 Vgl. zum Problem der vertikalen Integration und Meinungsmacht nur *Dörr*, Rechtliche Grenzen der Verflechtung von Netz und Medieninhalten – Bestandsaufnahme der geltenden Regelungen, Studie, S. 12 ff.

II Die Vorgaben des Grundgesetzes

Zur Beantwortung der Frage, inwieweit Suchmaschinen, insbesondere Google, schon heute durch grund- und verfassungsrechtliche Vorgaben gebunden sind, ist vor allem der Einfluss von Google auf die Neutralität seiner Suchergebnisse sowie das Verhalten der Suchmaschinennutzer bedeutsam. Sie steht im Zusammenhang mit der Frage der Interpretation von Art. 5 Abs. 1 GG, der durch die Gewährleistungen der Meinungs-, Informations-, Presse-, Rundfunk- und Filmfreiheit insgesamt die Kommunikationsfreiheiten umfassend schützt. Der grundrechtliche Schutz der Berufsfreiheit nach Art. 12 Abs. 1 GG und der allgemeinen Handlungsfreiheit der Suchmaschinenanbieter steht dabei sowohl der Informationsfreiheit seiner Konsumenten auf die Möglichkeit, sich ein umfassendes Meinungsbild zu schaffen, als auch der objektiv-rechtlichen Gewährleistungspflicht des Staates, durch einen freien Austausch der Meinungen die Pluralität der Meinungen zu sichern, gegenüber.[26] Die Frage nach der Neutralität der Suchergebnisse meint dabei die Diskriminierungsfreiheit des Transports von Daten durch den Access-Provider Google.[27] Die Neutralität von Access-Providern ist entscheidend dafür, dass die Pluralität des Internets bewahrt werden kann. Denn über die Position Googles auf dem Suchmaschinenmarkt als Quasi-Monopolist nimmt das Unternehmen maßgeblichen Einfluss darauf, welche Inhalte im Netz gefunden werden können. Als privates Unternehmen kann es durch sein Geschäftsmodell der Ranking- und Werbevermarktung einen zentralen Einfluss auf Rezeption und Relevanz von Meinungen nehmen. Ähnlich wie im klassischen Rundfunkrecht besteht wegen der hohen Marktzugangsschranken[28] für neue Anbieter die Gefahr, dass Meinungsmonopole entstehen bzw. erhalten bleiben. Dabei muss Google noch nicht einmal vorgeworfen werden, bestimmte Meinungen zu fördern. Als marktbeherrschende Suchmaschine hat Google die Rolle eines publizistisch-redaktionellen Informationssystems übernommen. Die besondere gesamtgesellschaftliche Verantwortung, in die Google hineingewachsen ist, und die damit einhergehende Übernahme einer „öffentlichen Aufgabe“ [29] genügen, um vor dem Hintergrund der Rechtsprechung des Bundesverfassungsgerichts zur

26 Vgl. zu dieser Diskussion *Hain*, K&R 2012, 98 (102) m.w.N.

27 Vgl. *Koreng*, CR 2009, 758, wobei der Begriff des Access-Providers in diesem Zusammenhang auf das Angebot eines nur beschränkt verfügbaren Dienstes hinweist, vergleichbar mit Übertragungskapazitäten.

28 Vgl. *Paal*, (Fn. 2), S. 54, der darauf hinweist, dass signifikante Marktzugangsschranken durch hohe Kosten für Infrastruktur und des Erfordernisses von Spezialkenntnissen Google seine marktbeherrschende Stellung sichern.

29 Vgl. *Paal*, (Fn. 2), S. 25.

Rundfunkordnung[30] wegen der schwierigen Umkehrbarkeit von Fehlentwicklungen im massenmedialen Bereich, konkret nach einer normativen Absicherung zu fragen.[31] Die äußeren Umstände der Entwicklung von Google im Netz geben begründeten Anlass zur Sorge, dass Urheber bestimmter Meinungen für ihre privilegierte Behandlung oder eine Verhinderung von Angeboten der Konkurrenz bezahlen könnten.[32] Dies würde die Gefahr mit sich bringen, dass bestimmte Meinungspositionen in der demokratischen Debatte nicht mehr besetzt werden. Jede Einschränkung der Neutralität verengt also zumindest potentiell die Pluralität des Diskurses. Ob auf diese Entwicklung des Meinungsmarktes im Internet mit den Mitteln des einfach-gesetzlich geregelten Medienkonzentrationsrechts des Rundfunkstaatsvertrags reagiert werden kann, bedarf indes einer genaueren Untersuchung. Diese schließt sich in einem weiteren Teil an.

Neben die oben skizzierten Möglichkeiten Googles, auf den Meinungsmarkt im Internet Einfluss zu nehmen, treten die Eigenheiten des Umgangs der privaten Suchmaschinennutzer hinzu. Der Umgang der Nutzer mit den dargestellten Suchergebnissen und das allgemeine Nutzerverhalten haben nicht nur Einfluss auf die zukünftige Entwicklung und den Funktionalismus der Suchmaschinen. Sie bedürfen darüber hinaus einer gesonderten kritischen Bewertung in Bezug auf die Einordnung der angebotenen Dienste. Denn vor dem Hintergrund des Nutzerverhaltens besteht die Gefahr der Meinungsmanipulation, unabhängig davon, ob dies von den Suchmaschinenbetreibern gewollt ist. Wenn die Nutzer die Ergebnisse mit eigener Medienkompetenz selbstbewusst einzuordnen wüssten, könnte dies hingegen einen liberalen Umgang mit Google insgesamt rechtfertigen. Es wurde bereits angedeutet, dass einschlägige Studien eher eine gegenläufige Tendenz nahelegen. Vielfach scheinen die Suchmaschinenkonsumenten insgesamt unkritisch nicht nur mit den Ergebnissen, sondern auch mit der Arbeitsweise von Google umzugehen.[33] Ein grundsätzliches Hinterfragen der Suchergebnisse oder die Heranziehung einer „zweiten Meinung" durch einen alternativen Suchmaschinenanbieter finden kaum statt. Somit ist im Hinblick auf das Nutzerverhalten davon auszugehen, dass regelmäßig kein Ausgleich zwischen der Auswahl der Suchergebnisse durch die Suchmaschinen und einem Selbstaufklärungsinteresse der Nutzer stattfindet. Im Ergebnis haben die Suchmaschinen daher einen prägenden Einfluss auf die Informationen, die von den Nutzern rezipiert werden.

Aufgrund der Tatsache, dass die größtmögliche Gewährung eines freien öffentlichen Diskurses eine Grundvoraussetzung einer demokratischen Staats-

30 BVerfGE 119, 181 (217); BVerfGE 121, 30 (52 m.w.N.).
31 Vgl. *Degenhart*, CR 2011, 231 (232).
32 *Bischke/Boger/Fülling*, NZG 2011, 60; vgl. auch *Meyer*, K&R 2012, 236.
33 Z. B. mit der personalisierten Suche und der Speicherung bereits besuchter Seiten.

form ist, stünde der Gesetzgeber ähnlich wie im Falle der Schaffung einer Rundfunkordnung vor der Verpflichtung, der Gefahr der Schaffung von Meinungstendenzen vorzubeugen.[34] Aus den Grundrechten folgen nach ständiger Rechtsprechung des Bundesverfassungsgerichts auch staatliche Schutzpflichten.[35] Diese lassen sich durchaus unterschiedlich begründen. Während das Bundesverfassungsgericht[36] an die in den Grundrechten zum Ausdruck kommende objektive Werteentscheidung anknüpft, geht ein Teil der Literatur[37] davon aus, dass sich die Schutzpflicht auch aus dem Abwehrcharakter der Grundrechte herleiten lässt.[38] Sie führen jedenfalls zu einer Gewährleistungspflicht, falls ein Privater durch sein Handeln in die Ausübung der Grundrechte anderer eingreift. Das Internet stellt als Massenkommunikationsmittel im Sinne des Art. 5 Abs. 1 Satz 2 GG ein Grundrechtsgewährleistungsnetz dar, was zu einer staatlichen Ausgestaltungsgewährleistung führen kann.[39]

Fraglich ist in der Folge, ob das Grundgesetz innerhalb seines grund- und verfassungsrechtlichen Regelungskanons bereits die Möglichkeiten zu einer weitergehenden Plattformregulierung bereithielte bzw. ein entsprechendes gesetzgeberisches Handeln sogar verlangt. Dabei muss untersucht werden, ob und inwieweit bestehende Vorgaben aus dem Medien- und Regulierungsrecht Google im Bereich der Sicherung der Meinungsvielfalt bereits binden. Außerdem muss sich der Blick wegen der oben erwähnten Parallele auf dem Meinungsmarkt zwischen Google und dem Rundfunk vor allem auf die Dogmatik des Bundesverfassungsgerichts innerhalb der Rundfunkordnung richten. Zu untersuchen ist also zum einen, inwieweit die Regelungen nach Art. 5 Abs. 1 GG in ihrer objektivrechtlichen Dimension[40] Einfluss auf die Plattformregulierung haben können. Zum anderen stellt sich auch die Frage nach der individual-rechtlichen Komponente, nämlich des Gewährungsrahmens der individuellen Informationsfreiheit der Suchmaschinennutzer nach Art. 5 Abs. 1 Satz 1 Var. 2 GG und den weiteren Gewährleistungen nach Art. 5 Abs. 1 GG. Bestätigen sich über diese Analyse die Parallelen zwischen der Sachlage, die zur Ausarbeitung der Rundfunkordnung geführt hat, und der Ausgangslage von Google als marktbeherrschendem Unternehmen, dann erhöht sich der Regelungsdruck auf den Gesetzgeber.

34 *Koreng*, CR 2009, 758 (759 ff.).

35 Grundlegend BVerfGE 39, 1 (41); 46, 160 (164); 49, 89 (141 f.); 53, 30 (57); 56, 54 (73).

36 BVerfGE 39, 1 (41 f.); 49, 89 (141 f.), anknüpfend an BVerfGE 7, 198 (205).

37 Eingehend dazu *Murswiek*, Die staatliche Verantwortung für die Risiken der Technik, 101 ff.; *Isensee*, Das Grundrecht auf Sicherheit, S. 3 ff., 10 ff. und 33.

38 Eingehend zum Ganzen *Dörr*, Die deutsche Handelsflotte und das Grundgesetz, S. 172 ff.

39 *Paal*, (Fn. 2), S. 49; vgl. auch *Kloepfer*, AfP 2010, 120 (122).

40 Vgl. *Ladeur*, Hamburger Kommentar – Gesamtes Medienrecht, S. 89 Rn. 2.

III Die Regelungen des Medienrechts und des Wettbewerbsrechts

Im Rahmen der Untersuchung zu der bestehenden rechtlichen Regulierung von Suchmaschinen spielen das Medien- und Wettbewerbsrecht eine Rolle. Grund- und verfassungsrechtliche Aspekte sind dabei zu berücksichtigen, soweit sie inhaltliche Ausstrahlungswirkung auf den RStV und die weitere rechtliche Regulierung des Medien- und Telekommunikationsmarktes haben. Für die Frage nach den rechtlichen Vorgaben ist folglich eine Einordnung der Suchmaschinen in den bestehenden Regelungskanon notwendig. Zuletzt wird auf die Möglichkeiten der Sicherung der Meinungsvielfalt durch den Verhaltenssubkodex für Suchmaschinenanbieter (VK-S) der Freiwilligen Selbstkontrolle Multimedia (FSM) vom 21. Dezember 2004 eingegangen.

1 Regelungen zur Sicherung der Meinungsvielfalt im Medienkonzentrationsrecht

Die Vorschriften zur Sicherung der Meinungsvielfalt im privaten Rundfunk finden sich in den §§ 25 ff. RStV. Unstrittig handelt es sich bei Suchmaschinen aber nicht um Rundfunk im Sinne des § 2 Abs. 1 Satz 1 und 2 RStV. Sie bieten keine linearen Dienste an, die bundesweites Fernsehen entlang eines Sendeplans mit Bewegtbildern beinhalten.[41] Dies genügt, um eine direkte Anwendung der rundfunkspezifischen Regeln der §§ 25 ff. RStV zur Verhinderung vorherrschender Meinungsmacht auf Google auszuschließen.

a) Suchmaschinen als „medienrelevanter verwandter Markt"

Allerdings lässt es die zentrale Vorschrift des § 26 RStV zu, dass für die Frage, ob vorherrschende Meinungsmacht im bundesweiten privaten Fernsehen entsteht, im begrenzten Umfang auch „medienrelevante verwandte Märkte" mit einbezogen werden. Über die vertikale Integration und die steigende Konvergenz von Mediendiensten könnte über Google als Teil dieses medienrelevanten verwandten Marktes nachgedacht werden. Google könnte dann unter die Regelungstatbestände des Medienkonzentrationsrechts subsumiert werden.

41 *Paal*, (Fn. 2), S. 61; *Danckert/Mayer*, MMR 2010, 219; ebenso aber mit anderer Begründung *Kühling/Gauß*, ZUM 2007, 881 (886), die eine Anwendung der rundfunkspezifischen Regelungen mit Hinweis auf das Tatbestandsmerkmal der Darbietung i.S.d. § 2 Abs. 1 Satz 1 RStV ablehnen, indem sie auf die fehlende Suggestivkraft von Suchmaschinen verweisen.

Der medienrelevante verwandte Markt kann im Zusammenhang mit der Zulassung eines bundesweiten Fernsehveranstalters oder einer Beteiligungsveränderung Berücksichtigung finden, wenn einem Rundfunkveranstalter über eine Kooperation der Einfluss Googles auf den Meinungsmarkt zuzurechnen wäre. Ähnlich wie bei der Diskussion im Zusammenhang mit der Frage der Sicherung der Netzneutralität und der Verflechtung von Netzbetreiber und Inhalteanbieter stellt sich auch bei Google die Frage, ob nicht durch die aktuellen Aktivitäten des Unternehmens als Suchmaschinen- (Google) und Softwareanbieter (Google-Chrome), dem Engagement auf dem Smartphone-Markt (Android und Motorola), sowie die Entscheidung, über das Smart TV in Zukunft auch On-Demand-Angebote bereitzuhalten, bei einer etwaigen Beteiligung eines Fernsehveranstalters an Google oder eines Einstiegs Googles auf dem deutschen Fernsehmarkt vorherrschende Meinungsmacht im Sinne des § 26 Abs. 1 RStV entstehen könnte.[42] Erneut wird deutlich, dass das Unternehmen Google durch die Erweiterung seiner Geschäftsfelder über seine Suchmaschine im Bereich der (Tele-)Medien zu einem Access-Provider wird. Fraglich ist daher zunächst, ob Google durch diese Art der vertikalen Integration zu einem „medienrelevanten verwandten Markt" im Sinne des § 26 Abs. 2 Satz 2 RStV wird.

Unter vertikaler Integration ist der Sachverhalt zu verstehen, dass ein Unternehmen auf verschiedenen Stufen einer Wertschöpfungskette eines Produktes aktiv ist.[43] Im Falle von Google als Suchmaschinenanbieter bedeutet dies, dass es sich an Online-Diensten wie Reiseportalen und Ähnlichem beteiligt. Das gibt Google die Möglichkeit, über seine Suchmaschine vermehrt auf Firmen mit eigener Beteiligung hinzuweisen und dadurch seine Marketingmacht auszunutzen.[44] Google verfügt im Internet mithin über eine besondere Meinungsrelevanz. Daher stellen Suchmaschinen wie Google einen „medienrelevanten verwandten Markt" im Sinne des § 26 Abs. 2 Satz 2 RStV dar. Eine eventuelle Beteiligung eines Fernsehanbieters an Google beziehungsweise eine Beteiligung Googles an einem Fernsehanbieter würde im Ergebnis folglich zur Anwendung des Medienkonzentrationsrechts führen. Dabei wäre das Ausmaß der Relevanz auf die Meinungsvielfalt durch den crossmedialen Effekt einer Beteiligung von Google, betrachtet man seine Marktpräsenz im Internet, kaum zu unterschätzen.

42 Zu den Gefahren der vertikalen Integration allgemein vgl. nur *Dörr*, (Fn. 25); zu den Plänen von Google betreffend „Google TV" vgl. *Schweitzer*, Futter für die Glotze, DIE ZEIT vom 22.11.2012 Nr. 48, S. 39.

43 *Gersdorf*, in: Spindler/Schuster, Recht der elektronischen Medien (2011), § 11 TKG Rn. 41.

44 Vgl. Meyer, K&R 2012, 236.

b) Vielfaltsicherungspotential des § 26 Abs. 1 RStV bei Einfluss von medienrelevanten verwandten Märkten

Vor dem Hintergrund der Entscheidungen des BVerwG vom 24. November 2010[45] und des BayVGH vom 15. Februar 2012[46] kann das Medienkonzentrationsrecht nach jetzigem Stand auf eine solche Gefahr der Entstehung von „vorherrschender Meinungsmacht" im Sinne von § 26 Abs. 1 RStV nur in Ausnahmefällen reagieren. Die für die Vielfaltsicherung zentrale Vorschrift des § 26 RStV setzt nämlich voraus, dass es um die Zulassung eines privaten bundesweiten Fernsehprogramms oder um eine geplante Beteiligungsveränderung (§ 29 RStV) geht, die ein Unternehmen mit betrifft, dem ein bundesweites privates Fernsehprogramm zuzurechnen ist. Die Vielfaltsicherung, also des Medienkonzentrationsrechts, knüpft demnach stets an das bundesweite private Fernsehen an; das Medienkonzentrationsrecht ist also fernsehzentriert. Für die Erklärung der „Unbedenklichkeit" einer Beteiligung mitentscheidend sind die Vermutungsregelungen des § 26 Abs. 2 RStV. Diese setzen mindestens einen Zuschaueranteil im Bereich des bundesweiten Fernsehens von 25 % voraus, den zurzeit nur die RTL Group überschreitet. Die Bestimmung könnte also nur dann zur Anwendung kommen, wenn die RTL Group sich an Google oder Google sich an der RTL Group beteiligt.

Wegen des nicht abschließenden Charakters des § 26 Abs. 2 RStV bleibt allenfalls die Möglichkeit bestehen, über den § 26 Abs. 1 RStV auch unterhalb der Grenzen dieser Vermutungsregeln vorherrschende Meinungsmacht anzunehmen. Gerade diese Möglichkeit über die Vorschrift des § 26 Abs. 1 RStV auf die Dynamik des Medienmarktes und sich verschiebender Relevanzen auf dem Meinungsmarkt zu reagieren, wurde durch Interpretation des BVerwG[47] und des BayVGH[48] weitgehend verschlossen. Das BVerwG lässt den Rückgriff auf § 26 Abs. 1 RStV nur zu, wenn die 25 % Grenze lediglich geringfügig unterschritten ist und ein Ausnahmefall vorliegt. Es begreift nämlich § 26 Abs. 2 RStV nicht nur als Vermutungsregelung, sondern auch als Regelbeispiel. Noch weiter geht der BayVGH, der ein geringfügiges Unterschreiten nur bis zu einer Marge von 10 % für möglich hält und damit eine starre 22,5 % Untergrenze beim Zuschaueranteil als Voraussetzung für die Anwendung des § 26 Abs. 1 RStV postuliert.

Diese Auslegung der die Vielfalt sichernden § 26 Abs. 1 und 2 RStV durch den BayVGH wird dem Gebot einer effektiven Vielfaltsicherung nicht gerecht. Durch die von dem Gericht ausgesprochene starre Geringfügigkeitsgrenze wird bewirkt, dass es in der Praxis nur noch bei der RTL Group denkbar ist, crossme-

---

45 BVerwGE 138, 186 ff.

46 BayVGH, AfP 2012, 204 ff.

47 BVerwGE 138, 186 ff.

48 BayVGH, AfP 2012, 204 ff.

diale Effekte außerhalb des § 26 Abs. 2 Satz 2 RStV zu berücksichtigen. Nur diese überschreitet die 22,5 % Grenze. Es bleibt abzuwarten, ob das BVerwG nach der erfolgreichen Nichtzulassungsbeschwerde der Bayerischen Landeszentrale für neue Medien (BLM) diese Annahme des BayVGH im anstehenden Revisionsurteil korrigieren wird.

Schließlich muss aus Sicht des BVerwG und des BayVGH kumulativ ein atypischer Fall vorliegen, damit § 26 Abs. 1 RStV angewandt werden kann. Die besonderen Anforderungen zur Begründung eines atypischen Falls, die der BayVGH anders als das BVerwG aufstellt, bewirken, dass crossmediale Effekte bei § 26 Abs. 1 RStV überhaupt nicht berücksichtigt werden dürfen, da sie ihrer Art nach bereits in § 26 Abs. 2 Satz 2 RStV durch den Begriff der „medienrelevanten verwandten Märkte" angelegt seien. Eine Berücksichtigung crossmedialer Effekte kommt nach dieser Gesetzesauslegung nur noch in dem theoretischen Ausnahmefall in Betracht, dass es um meinungsverengende Umstände geht, die nicht von medienrelevanten verwandten Märkten ausgehen. Obwohl Google nach dem oben Gesagten erheblichen Einfluss auf die Meinungsvielfalt im Medium des Internets hat, mithin also einen medienrelevanten verwandten Dienst darstellt, könnten solche Effekte nach der Rechtsprechung des BayVGH über das Medienkonzentrationsrecht überhaupt nicht und nach der Rechtsprechung des BVerwG nur ausnahmsweise berücksichtigt werden.[49]

Demnach ist das geltende Vielfaltsicherungsrecht nicht geeignet, dem Phänomen Google gerecht zu werden.

2 Die Plattformregulierung

Des Weiteren ist noch an die Plattformregulierung der §§ 52 ff. RStV zu denken, die Suchmaschinen erfassen könnte. Der Begriff des Plattformanbieters ist in § 2 Abs. 2 Nr. 13 RStV legaldefiniert. Der Anbieter muss danach bestimmte Inhalte, Rundfunk und vergleichbare Telemedien, mit dem Ziel zusammenfassen, diese dem Nutzer als Gesamtangebot zugänglich zu machen, oder aber die Entscheidungsbefugnis über die Zusammenstellung des Gesamtangebotes haben. Ein Plattformanbieter muss demnach die Verfügungsgewalt über die Nutzung seiner Übertragungskapazitäten haben. Den zentralen Regulierungsgrund bildet auch hier die Bottleneck-Eigenschaft der Plattformanbieter. Über die Zuordnung von Übertragungskapazitäten soll die Offenheit der Netze, zu denen gemäß § 52 Abs. 1 Satz 1 Nr. 1 RStV auch das Internet gehört, garantiert werden. Offen sei ein Netz dann, „wenn es eine unmittelbare Beziehung zwischen dem Anbieter von Medieninhal-

49 Ausführlich zum oben besprochenen Abschnitt nur *Dörr*, (Fn. 25), S. 12 ff.

ten (und Diensten) und dem Nutzer (Verbraucher) gibt, ohne dass der Internet Service Provider die Bedingungen beeinflusst, zu denen ein bestimmter Inhalt zum Nutzer kommt."[50] Die Regulierung bezieht sich nicht auf meinungsrelevante Inhalte. Im Fokus steht die gerechte Verteilung der Übertragungskapazitäten, folglich die Netzneutralität. Der Rundfunkstaatsvertrag sieht einige regulatorische Maßnahmen vor, um die Netzneutralität sichern und überprüfen zu können. Zu diesen zählt ein Veränderungsverbot gemäß § 52a Abs. 2 RStV. Zudem stellt das Gesetz eine Must-Carry-Regel sowie ein Diskriminierungsverbot auf, § 52b RStV. Der Plattformanbieter kann davon befreit werden, wenn das Gebot der Meinungsvielfalt und Angebotsvielfalt berücksichtigt wurde, § 52a Abs. 3 Nr. 2 RStV. Das Gesetz sieht folglich für die Regulierung von Plattformen erhebliche „rundfunkspezifische Regulierungsmaßstäbe"[51] vor. Beim Schutz der Netzneutralität steht dabei systematisch sowie teleologisch nicht im Vordergrund, dass der freie Wettbewerb oder der Verbraucherschutz gesichert wird. Vielmehr dienen die Regularien der Sicherung der Meinungsvielfalt.

Obwohl Suchmaschinenanbieter und Suchmaschinennutzer augenscheinlich technisch ähnlichen Mechanismen und Begrenzungen unterworfen sind, fallen Suchmaschinen nicht unter den Tatbestand der Plattformen nach § 2 Abs. 2 Ziffer 12 RStV. Sie fassen weder Rundfunk noch vergleichbare Telemedien zusammen.[52] Die Regelungen für Plattformen sind somit unanwendbar.

3 Telemedien

Letztlich ist Google nach Maßgabe des § 2 Abs. 1 Satz 3 RStV als Telemedium zu qualifizieren.[53] Als solche müssen Suchmaschinen zwar wegen § 6 Abs. 1 Nr. 1 und 2 TMG eigene kommerzielle Kommunikation und solche natürlicher oder juristischer Personen, in deren Auftrag kommerzielle Kommunikation erfolgt, klar identifizieren und angemessen kennzeichnen. Bezüglich der Überprüfung und Kontrolle von Inhalten wird in § 1 Abs. 4 TMG auf den Rundfunkstaatsvertrag verwiesen. Die für Telemedien geltenden Bestimmungen der § 54 ff. RStV enthal-

50 ZAK, Thesenpapier der Medienanstalten zur Netzneutralität, 21.1.2011, Ziff. 5, Quelle: http://www.die-medienanstalten.de/fileadmin/Download/Publikationen/Positionen/Digitale_Welt/ZAK-Thesen_zur_Netzneutralitaet_21012011.pdf.

51 Ebid., S. 209 (213).

52 *Danckert/Mayer*, MMR 2010, 219; *Paal*, (Fn. 2), S. 61.

53 BGH 6. Zivilsenat vom 14.5.2013 – VI ZR 269/12 Rn. 20; *Danckert/Mayer*, MMR 2010, 219; *Paal*, (Fn. 2), S. 61.

ten aber gerade keine rechtlichen Vorgaben für Maßnahmen zur Sicherung der Meinungs- und Angebotsvielfalt.

4 Die Regelungen zur Sicherung der Meinungsvielfalt im Wettbewerbsrecht

Die allgemeinen Vorschriften des Wettbewerbsrechts, aber auch die speziellen Bestimmungen über den Zugang zu wesentlichen Einrichtungen (essential facilities), sind durchaus auf Unternehmen anwendbar, die Suchmaschinen betreiben. Die Forderung nach Netzneutralität, wie sie gegenüber klassischen Infrastrukturinhabern bekannt ist, wird unter dem Stichwort „Suchmaschinenneutralität" auch für Suchmaschinen diskutiert. An dieser Stelle wurde bereits auf die zentrale Bedeutung von Suchmaschinen hingewiesen, um die Informationsvielfalt des Internets sinnvoll erschließen zu können.[54] Die Einschätzungen über Infrastrukturbetreiber zu ihrer Gatekeeper-Funktion, zu ihrer Bedeutung als Bottleneck-Unternehmen sowie zu den Gefahren der vertikalen Integration sind auf die Suchmaschinenanbieter sinngemäß übertragbar. Gerade für vertikal integrierte Suchmaschinenbetreiber wie Google besteht ein erheblicher Anreiz, von ihrer zentralen Bedeutung im Internet Gebrauch zu machen. So könnten sie die betreffenden Such-Algorithmen so ausgestalten, dass eigene Inhalte und Dienstleistungen mit einem guten Ranking versehen werden oder sogar nur noch auf eigene Inhalte verwiesen wird.[55] Der Gefahr eines Missbrauchs der Marktmacht versucht das Wettbewerbsrecht durch Regulierung entgegenzutreten. Suchmaschinenneutralität meint in diesem Zusammenhang eher die Abwesenheit wettbewerbswidriger Einflussnahme auf die Suchmaschinenergebnisse als die Meinungsneutralität.[56] Zwar berücksichtigt das Wettbewerbsrecht in seiner Ausgestaltung nicht den Verfassungsgrundsatz des Schutzes der publizistischen Vielfalt, eine Relevanz der Wettbewerbsregelungen für die Sicherung der Meinungsvielfalt bei Suchmaschinen besteht dennoch. Das Wettbewerbsrecht versucht, Machtungleichgewichte auf dem Markt durch Regulierung auszugleichen, indem ein weitgehend diskriminierungsfreier Zugang zu wesentlichen Einrichtungen sichergestellt wird. Dieser Schutz soll sich positiv auf die publizistische Vielfalt auswirken.[57] Mit den Regeln des Wettbewerbsrechts kann den Suchmaschinenanbietern als zentrale Informationsintermediäre der sachlich ungerecht-

---

54 Vgl. dazu oben A.
55 *Paal*, (Fn. 2), S. 32.
56 *Paal*, AfP 2011, 521 (523).
57 *Monopolkommission*, Sondergutachten 11: Wettbewerbsprobleme bei der Einführung von privatem Hörfunk und Fernsehen, Rn. 11; ähnlich auch *Bullinger*, JZ 2002, 264 (265).

fertigte Ausschluss digitaler Angebote untersagt werden. Dadurch leistet das Wettbewerbsrecht folglich zumindest einen indirekten Beitrag zur Erhaltung der Informationsvielfalt im Internet.

Nichtsdestotrotz ist das Wettbewerbsrecht anders als das Medienkonzentrationsrecht ökonomisch ausgerichtet. Es hat daher weniger die Meinungsvielfalt im Blick als vielmehr die Sicherung der Chancengleichheit wirtschaftlicher Akteure innerhalb eines freien Marktes. Ob und inwieweit das Wettbewerbsrecht unter diesen Vorzeichen das Medienkonzentrationsrecht bei der Sicherung der Meinungsvielfalt entlasten kann[58], soll im Folgenden untersucht werden.

a) Anwendbarkeit des Wettbewerbsrechts neben den Regelungen zur Sicherung der Meinungsvielfalt

Vor dem Hintergrund des spezifischen Medienkonzentrationsrechts[59], das die Meinungsvielfalt sichern soll, ist aber zunächst die Frage zu klären, wie sich die Bestimmungen des Rundfunkstaatsvertrages zu den Vorschriften des Gesetzes gegen Wettbewerbsbeschränkungen (GWB) verhalten. Dies ist bereits an anderer Stelle dargestellt worden und kann daher hier nochmals wiederholt werden.[60] Zunächst ist darauf hinzuweisen, dass die Regelungskomplexe unterschiedliche Zielsetzungen haben. Das GWB zielt auf die Beschränkung wirtschaftlicher Macht ab, um auf diese Weise wirtschaftlichen Wettbewerb als Steuerungsinstrument auch im Interesse der Verbraucher zu erhalten. Dem Rundfunkrecht geht es darum, die verfassungsrechtlich gebotene Meinungsvielfalt zu gewährleisten. Dabei ist einzuräumen, dass die Erhaltung wirtschaftlicher Vielfalt dazu beitragen kann, auch die Meinungsvielfalt zu fördern. Das Kartellrecht kann also das Rundfunkrecht tendenziell entlasten.

Dadurch wird auch deutlich, dass das Rundfunkrecht und das Kartellrecht, obwohl sie sich partiell ergänzen, nebeneinander zur Anwendung kommen. Dies liegt auch daran, dass die Länder zur Regelung des Rundfunks und damit auch zur Sicherung der Meinungsvielfalt die Gesetzgebungszuständigkeit besitzen, wohingegen der Bund aufgerufen ist, die wirtschaftliche Macht durch das von ihm zu schaffende Kartellrecht zu begrenzen. Schon vom Anwendungsbereich her gesehen erfasst das geltende Kartellrecht die Problematik nur unvollkommen. Der Fusionskontrolle nach §§ 35 f. GWB unterliegt nur der Zusammenschluss von Unternehmen, nicht aber der Fall des inneren Wachstums. Wenn durch inneres

58 Vgl. *Dörr*, (Fn. 25), S. 65.
59 Vgl. dazu oben C.
60 Vgl. *Dörr/Schiedermair*, Ein kohärentes Konzentrationsrecht für die Medienlandschaft in Deutschland, Studien zum deutschen und europäischen Medienrecht, Bd. 28, S. 33 f.

Wachstum eine marktbeherrschende Stellung wie bei Google entsteht, verbietet das Kartellrecht nur deren Missbrauch.

Für Zusammenschlüsse von unionsweiter Bedeutung ist gemäß Art. 21 Abs. 2 FKVO ausschließlich das europäische Fusionskontrollrecht und nicht das nationale Recht anwendbar. Die Fusionskontrollverordnung stellt in Art 21 Abs. 4 FKVO klar, dass die Mitgliedstaaten berechtigt sind, Zusammenschlüsse zusätzlich am Maßstab des Pluralismus, also der Sicherung der Meinungsvielfalt, zu messen. Das Unionsrecht erkennt also ausdrücklich an, dass neben dem Europäischen Wettbewerbsrecht das nationale Medienrecht mit seinen Vorschriften zur Sicherung der Meinungsvielfalt Anwendung finden darf.

b) Meinungsvielfaltsicherung bei Suchmaschinen durch das Wettbewerbsrecht?

Das Wettbewerbsrecht bietet als möglichen relevanten Tatbestand im Zusammenhang mit der Sicherung der Meinungsvielfalt insbesondere das „Missbrauchsverbot marktbeherrschender Stellungen". Wenn die Tatbestandsmerkmale vorliegen, schließen sich gewisse wettbewerbs- und eventuell meinungsvielfaltfördernde Steuerungsinstrumente des Kartellrechts an. Der Tatbestand ist auf europäischer Ebene in den Art. 102, 103 AEUV und auf nationaler Ebene im § 19 GWB geregelt.[61] Ziel beider Tatbestände ist es, den Missbrauch einer marktbeherrschenden Stellung zu verhindern, wodurch der freie Markt und Leistungswettbewerb geschützt werden sollen. Bevor über die Relevanz dieser Gewährleistungen für den „freien Meinungsmarkt" und die Sicherung des publizistischen Wettbewerbs[62] entschieden werden kann, stellt sich die Frage, ob der Suchmaschinenmarkt einen eigenen Markt im Sinne des Kartellrechts darstellt. Zudem müsste eine einzelne Suchmaschine auf diesem Markt eine marktbeherrschende Stellung im Sinne der essential facilities-Doktrin haben. Insbesondere könnte das Tatbestandsmerkmal der wesentlichen Einrichtung auf die Google-Suchmaschine zutreffen. Der EuGH fragt bei der Feststellung, ob einer Einrichtung eine hervorgehobene Marktstellung zukommt, nach der wirtschaftlichen Machtstellung eines Unternehmens. Dies muss das Unternehmen „in die Lage versetzen, die Aufrechterhaltung eines wirksamen Wettbewerbs auf dem relevanten Markt zu verhindern, indem sie ihm die Möglichkeit verschafft, sich seinen Wettbewerbern, seinen Abnehmern und

---

61 Anm.: Die folgenden Ausführungen gelten aufgrund der Parallelität ihrer Struktur für beide Tatbestände entsprechend, vgl. *Dörr/Heer-Reißmann*, in: Dörr/Kreile/Cole (Hrsg.), Handbuch Medienrecht – Recht der elektronischen Massenmedien, Abschnitt F. Rn. 68 ff.

62 *Paschke/Tacke*, in: Paschke/Berlit/Meyer (Hrsg.), Hamburger Kommentar – Gesamtes Medienrecht, Rn. 134.

schließlich den Verbrauchern gegenüber in einem nennenswerten Umfang unabhängig zu verhalten.“ [63]

Markt im Sinne des Kartellrechts

Ob ein Markt im Sinne des Kartellrechts besteht, wird anhand des sogenannten Bedarfsmarktkonzepts mit dem Kriterium der funktionalen Austauschbarkeit ermittelt. Dieser wettbewerbsrechtlich relevante Markt wird für den Suchmaschinenmarkt mit Hinweis auf die Übermittlung kommerzialisierbarer Daten durch die Nutzer bei Suchanfragen und wegen der engen Verbindung von Aufnahme in den Index mit einer rechtlich relevanten Vervielfältigung angenommen.[64] Mit einem Marktanteil von über 90 % und signifikanten Marktzutrittsschranken, verursacht durch hohe Kosten für Infrastruktur und den notwendigen Erwerb von Spezialkenntnissen, hat die Google-Suchmaschine auch eine marktbeherrschende Stellung auf diesem Markt. Aufgrund dieser hohen Marktzutrittsschranken erreicht Google eine „kritische Masse“[65]. Daraus folgt für den Suchmaschinenmarkt, dass es zur Google-Suchmaschine keine Wechselalternative mehr gibt. Die Google-Suchmaschine ist folglich eine wesentliche Einrichtung im Sinne der essential facilities-Doktrin. Google ist mithin den Steuerungsinstrumenten des Kartellrechts unterworfen.

Mögliche Steuerungsinstrumente des Kartellrechts

Die vorhandenen Steuerungsinstrumente sehen abstrakt zum einem gemäß § 19 GWB den Anspruch auf Zugang zu wesentlichen Einrichtungen als Unterfall der Geschäftsverweigerung vor. Zum anderen besteht eine Gleichbehandlungspflicht bei Zugang und Nutzung der Einrichtung, das heißt, dass Ungleichbehandlungen gemäß § 20 GWB sachlich gerechtfertigt werden müssen. Bezogen auf Suchmaschinen bedeutet dies für Inhalte- und Diensteanbieter konkret, dass sie einen Anspruch haben, in den Suchmaschinenindex aufgenommen zu werden, sowie von den Such-Algorithmen der Suchmaschinenanbieter gleichbehandelt zu werden.[66] In Anbetracht der Entwicklung Googles vom Informationsintermediär

---

63 EuGHE 1978, 207 (387 ff.) – United Brands.

64 Vgl. zum relevanten Markt *Dörr*, (Fn. 25), S. 73; sowie *Paal*, AfP 2011, 521 (525); für eine Erweiterung des „Suchmarktes“ plädierend *Haller*, Untersuchungsausschuss neue Medien (22), 18. Sitzung, 27.2.2012, S. 15.

65 Anm.: § 19 Abs. 3 Satz 1 GWB vermutet eine marktbeherrschende Stellung bereits ab einem Marktanteil von einem Drittel.

66 *Bahr*, (Fn. 17).

zum Informationsanbieter und dem Voranschreiten der vertikalen Integration Googles mit den Sekundär- und Drittmärkten kommt diesen Ansprüchen für den Wettbewerb erhebliche Bedeutung zu.

Mögliche Auswirkungen auf die Meinungsvielfalt

Darüber hinaus kann sich die Zugangsgewährungs- und Gleichbehandlungspflicht auch positiv auf die Informations- und Meinungsvielfalt von Suchergebnissen, mithin auf die Suchmaschinenneutralität, auswirken, wenn jedem Inhalte- und Diensteanbieter ein Zugangsrecht zum Suchmaschinenindex zusteht. Jede auf einer Seite im Internet dargestellte Meinung könnte demnach theoretisch im Internet gefunden werden.[67] Entscheidend ist wegen der Fülle an Informationen im Internet aber nicht nur, wie bereits angesprochen, die theoretische Möglichkeit im Internet, als Informationsanbieter gefunden zu werden, sondern vor allem an welcher Stelle im Ranking man als Anbieter auftaucht. Über das Ranking entscheidet der Such-Algorithmus der Suchmaschine, sodass die Anbieter auf die Gleichbehandlung durch den Such-Algorithmus bei Suchanfragen angewiesen sind. Ob diese tatsächlich gewährleistet wird, lässt sich aufgrund mangelnder Transparenz nur schwer nachprüfen, beziehungsweise eine Abweichung nur schwer beweisen, wenn der Verdacht der Benachteiligung Google-fremder Anbieter gegenüber anderen Google-Diensten naheliegt. Im Wettbewerbsrecht genügt anders als im Medienkonzentrationsrecht gemäß §§ 26 ff. RStV[68] nicht die Vermutung einer Ungleichbehandlung bzw. einer Entstehung vorherrschender Meinungsmacht. Vielmehr muss diese bewiesen werden. Dieser Beweis wird wegen der Intransparenz selten zu erbringen sein. Die Verhaltensregeln aus dem Verhaltenssubkodex für Suchmaschinenbetreiber (VK-S) können dieses Ungleichgewicht nicht beseitigen.[69] Hinzu kommt, dass das Wettbewerbsrecht internes Wachstum nicht sanktioniert, folglich ein Zusammenhang zwischen marktbeherrschender Stellung eines Unternehmens und meinungsrelevantem Einfluss im Wettbewerbsrecht irrelevant ist.

c) Ergebnis

Im Ergebnis sind die Regelungen zur Sicherung der Meinungsvielfalt im Bereich der Suchmaschinen nicht ausreichend. Das nicht für den Schutz der Meinungs-

67 Ebid., (Fn. 17).
68 Vgl. BVerfGE 57, 295 (323); 95, 163 (172).
69 Anm.: § 2 Nr. 2 Satz 1 VK-S Suchmaschinen verpflichtet die Suchmaschinenbetreiber zu größtmöglicher Transparenz.

vielfalt, sondern vielmehr an der Verhinderung von Wettbewerbsschranken ausgerichtete Wettbewerbsrecht begünstigt zwar durch seine allgemeinen Sicherungsmaßnahmen eine umfassende Informationslandschaft. Es sieht jedoch keine ausreichenden Schutzmaßnahmen vor, um vorherrschende Meinungsmacht zu verhindern. Daher kann das Wettbewerbsrecht den freiheitlichen Prozess der Meinungsbildung nicht in ausreichendem Maße gewährleisten.[70] Die mangelnde Transparenz und Überprüfbarkeit der Behandlung der Suchanfragen bringt zudem die Gefahr mit sich, dass die Relevanz und Objektivität der dargestellten Meinungen manipuliert werden. In Ansehung der Monopolstellung Googles wird eine „Erpressung, Kontrolle und Dominanz" der Internetwelt befürchtet.[71]

IV Selbstregulierung – Der Verhaltenssubkodex für Suchmaschinenbetreiber (VK-S)

Am 21. April 2004 haben sich (damals) führende Suchmaschinenbetreiber, darunter AOL, Google, Yahoo und MSN im Verhaltenssubkodex für Suchmaschinenbetreiber (VK-S) auf grundlegende Verhaltensregeln im Bereich des Verbraucher- sowie Kinder- und Jugendschutzes verständigt. In diesem Dokument erkennen die Suchmaschinenbetreiber ihre besondere Rolle bei der Informationsvermittlung im Internet an. Die Verhaltensregeln des § 2 Nr. 1 bis 5 VK-S umfassen Maßnahmen zur Aufklärung über die Funktionsweise der Suchmaschinen (§ 2 Nr. 1), die Verpflichtung zur transparenten Gestaltung der Ergebnisseiten, insbesondere die Kennzeichnung von Werbung bzw. „Sponsored-Links" (§ 2 Nr. 2) sowie Maßnahmen zum Schutz von Kindern und Jugendlichen durch die Sperrung bestimmter Internetpräsenzen. Fraglich ist, ob diese Form der Selbstregulierung zum Schutz der Vielfalt der Informationen und Meinungen im Internet beitragen kann. Zweifel kommen diesbezüglich schon dadurch auf, dass der VK-S keine Maßnahmen zum Schutz der Meinungsvielfalt enthält. Dies beruht erkennbar auf der Annahme, dass Suchmaschinen nur „Inhaltevermittler" seien und keine eigenen „Inhalte" bereitstellten.

Einen indirekten Schutz der Meinungsvielfalt könnten die Verhaltensregeln im VK-S über die Verbraucheraufklärung zur Funktionsweise von Suchmaschinenbetreibern sowie die Verpflichtung zur transparenten Gestaltung der Ergebnisseiten haben. Mögen die Suchmaschinenbetreiber diesen Verpflichtungen

70 *Paschke/Tacke*, (Fn. 62), Rn. 134.
71 Paal, AfP 2011, 521 (523).

auch in gewissem Maße nachkommen,[72] zeigen Studien sowie Verfahren vor der Wettbewerbskommission der EU, dass bei der Um- und Durchsetzung der Verhaltensregeln Verbesserungsbedarf besteht. Funktions- und Technologiehinweise auf der Google-Homepage sind sehr allgemein gehalten und weisen zum Beispiel bei der personalisierten Suche nicht auf die Möglichkeit hin, diese auszuschalten. Eine intensive Aufklärung der Nutzer findet nicht statt, sodass durch diese Maßnahmen relevante positive Auswirkungen auf die Informations- und Meinungsvielfalt nicht zu erwarten sind.[73]

Auch die Transparenzkriterien sind wiederholt Grund für Diskussionen bei der Wettbewerbskommission der EU gewesen.[74] Diese fordert von Google eine Stellungnahme zu vier möglichen Marktverstößen. Im Zentrum der Kritik steht dabei die Bevorzugung eigener vertikaler Dienste, wobei die Abweichungen vom allgemeinen Such-Algorithmus durch Einflussnahme auf denselben nicht ausreichend kenntlich gemacht wurden. Das Verfahren läuft. Die Forderung nach mehr Transparenz über die Auswahlprozesse im Hintergrund ist, wie sich noch zeigen wird, eine zentrale Schnittstelle für die Sicherung einer unter demokratischen Gesichtspunkten zu bewertenden Meinungsdiversität. Die Probleme bei der Umsetzung durch die Google-Suchmaschine offenbaren ein zentrales Hindernis für einen positiven Einfluss durch den VK-S: Es ist bei einer reinen Selbstregulierung profitorientierter Suchmaschinenbetreiber nicht zu erwarten, dass sie in ausreichendem Maße tätig werden.[75] Gerade wenn es um die Verwertung und Nutzung von Daten als das Kapital der Suchmaschinenanbieter[76] bei Suchanfragen geht, wird eine Regulierung als geschäftsschädigend angesehen.

Der Verhaltenssubkodex stellt einen Anfang in der Regulierung von Suchmaschinenanbietern dar. In seiner jetzigen Ausgestaltung schützt er die Informations- und Meinungsvielfalt nur unzureichend. Eine Anpassung und Ausweitung der Verhaltensregeln und Sanktionsmechanismen ist daher angeraten.

---

72 Anm.: Es finden sich auf google.de sowohl Hinweise zu Nutzerbedingungen, Datenschutzbestimmungen und Technologieprinzipien. Auch werden gesponserte Links hervorgehoben und als solche gekennzeichnet.

73 Vgl. allgemein zur Wirkung solcher Maßnahmen *Jarren/Wassmar*, in: Berka/Grabenwarter/Holoubek (Hrsg.), Persönlichkeitsschutz in elektronischen Massenmedien, Bd. 9, S. 120 ff., 130 ff.

74 Stellungnahme des Wettbewerbskommissars *Joaquín Almunia* zur kartellrechtlichen Untersuchung von Google vom 21.5.2012, Quelle: http://europa.eu/rapid/press-release_SPEECH-12-372_en.htm?locale=en.

75 *Beiler/Machill*, (Fn. 8), S. 259 ff.; vgl. auch *Jarren/Wassmer*, (Fn. 73), S. 134, die darauf hinweisen, dass Einstellungen immer besonders positiv für Anbieter gestaltet sind.

76 vgl. *Callas*, Google, Facebook und der Staat, DIE ZEIT vom 1.10.2011 Nr. 40, in dem er die Nutzer als Produkt bezeichnet, welches es zu vermarkten gilt, Quelle: http://www.zeit.de/2011/40/Jon-Callas-ueber-Facebook.

V Ergebnis

Im Ergebnis enthalten das bestehende Medien- und Regulierungsrecht des Rundfunkstaatsvertrags und das Wettbewerbsrecht keine speziellen rechtlichen Vorgaben für Suchmaschinen im Allgemeinen und Google im Speziellen, mit denen auf eine eventuell gesteigerte Relevanz dieser Dienste für die öffentliche Meinungsbildung angemessen reagiert werden könnte. Die Kategorisierung Googles als marktbeherrschendes Unternehmen hat aber durchaus Bedeutung für das Wettbewerbs- und Kartellrecht. Wenn in diesem Zusammenhang von einer Gefahr für die Märkte ausgegangen und eine Regulierung mit den gegebenen rechtlichen Marktregulierungsinstrumenten für notwendig erachtet wird, dann ist dies ein klares Indiz dafür, dass eine solche Stellung auch erhebliche Relevanz für die Konkurrenz auf dem Meinungsmarkt haben kann.[77] Den Marktregulierungsmechanismen ähnliche Instrumente fehlen aber wie dargelegt im Medienrecht.

C Verfassungsrechtliche Gründe für eine weitergehende Regulierung

I Allgemeines

Die bestehenden Regulierungsmechanismen zur Sicherung der Meinungsvielfalt kommen bei Suchmaschinen regelmäßig schon gar nicht zur Anwendung. Daher soll in der Folge darüber nachgedacht werden, ob eine Ausweitung der rechtlichen Regulierung innerhalb der verfassungsrechtlichen Vorgaben möglich und sogar geboten ist. Die Kriterien werden dafür den Maßgaben des Art. 5 Abs. 1 GG entnommen. Nicht entscheidend ist hier die Einordnung unter eine der besonderen Freiheiten an sich. Vielmehr wird von einem Verständnis des Art. 5 Abs. 1 GG als Medien- beziehungsweise Kommunikationsfreiheit ausgegangen, der in ihrer objektiv-rechtlichen Dimension das Ziel der Vielfaltsicherung obliegt.[78] Auch das Recht der Nutzer, sich umfassend und frei, das heißt ohne die unkontrollierte Einschränkung durch externe Faktoren, informieren zu können, ist Teil

77 Vgl. nur *Koreng*, CR 2009, 758.
78 Vgl. zum Streitstand für die Einordnung der Kommunikationsfreiheit *Hain*, K&R 2012, 98 m.w.N.; eine Internetdienstefreiheit propagierend *Holznagel*, AfP 2011, 532 (534 f.); sowie *Holznagel/Schumacher*, ZRP 2011, 74 (77).

des verfassungsrechtlichen Auftrags der Meinungsvielfaltsicherung.[79] Als meinungsrelevantes Medium profitiert natürlich auch Google mit seinem Suchmaschinendienst von der durch Art. 5 Abs. 1 GG gewährten Freiheit. Demnach ist eine stärkere Regulierung nur zulässig, wenn Schutzlücken bei der Vielfaltsicherung bestehen[80], dementsprechend eine Einschränkung des grundrechtlichen Schutzbereichs gerechtfertigt werden kann. Denn dem Gesetzgeber obliegt bei einer zusätzlichen Regulierung und einer damit einhergehenden Einschränkung von Grundrechten immer eine besondere Rechtfertigungspflicht.[81]

Für die Ausweitung der Medienfreiheit auf Google lässt sich nicht nur auf Grundlage der Transformation vom Inhaltevermittler zum Inhalteanbieter argumentieren.[82] Auch die besondere Stellung Googles, die die Erschließung des Informationsangebots des Internets erst ermöglicht, spricht für einen Grundrechtsschutz nach Art. 5 Abs. 1 Satz 2 GG.[83] Für die nachfolgenden Ausführungen ist daher von einem Grundrechtsschutz für Google aus Art. 5 Abs. 1 Satz 2 GG auszugehen,[84] der sich im Wege der praktischen Konkordanz mit den grundgesetzlichen Anforderungen an die Sicherung der Meinungsvielfalt messen lassen muss. Zudem genießt Google als Unternehmen selbstverständlich den Schutz der Berufsfreiheit nach Art. 12 Abs. 1 GG.

Zum Schutz der Meinungsfreiheit und Meinungsvielfalt stehen zwei mögliche Regulierungsrahmen zur Verfügung. Sie weisen wesentliche Unterschiede in der Art der einfach-gesetzlichen und grundrechtlichen Ordnungsmodelle auf.[85] Dabei ist die Rede von der wenig regulierten Presse und dem stark regulierten Rundfunk. Dieser starken Regulierung des Rundfunks liegt das Verständnis einer „dienenden" Rundfunkfreiheit zugrunde.[86] Entscheidend für die unterschiedliche Ausgestaltung der Ordnungsmodelle ist vor allem die Sicherung der Meinungsvielfalt innerhalb der jeweiligen Massenmedien. Danach bedarf es im Bereich des Pressewesens einer besonderen staatlichen Regulierung nicht. Auf-

79 So BVerfGE 65, 1 (42 ff.); auch *Meckel*, Vielfalt im digitalen Medienensemble, Institut für Medien- und Kommunikationsmanagement, S. 15.

80 *Gersdorf*, AfP 2011, 209 (212).

81 Vgl. Ebid., S. 209 (216). *Gersdorf* argumentiert in diesem Zusammenhang mit der (unternehmerischen) Privatautonomie.

82 Vgl. *Gasser/Thurman*, in: Machill (Hrsg.), Die Macht der Suchmaschinen, S. 45, die auf den Fall Search King, Inc. v. Google Technology, Inc. verweisen. Google führt dort aus, dass es „keinen Anspruch auf ein bestimmtes Ranking gebe, sondern dass jede Platzierung eine Meinung" darstelle.

83 Vgl. *Schulz*, CR 2008, 470 (472); ähnlich *Kühne*, Haftung von Suchmaschinenbetreibern, S. 22 ff.

84 Vgl. *Schulz*, CR 2008, 470 (472).

85 Vgl. dazu *Degenhart*, CR 2011, 231 (232).

86 BVerfGE 119, 181 (214).

grund der niedrigen Zugangsschranken und des großen Angebots sei die Entstehung einer demokratie-schädigenden Meinungsmacht im Bereich der Presse nicht zu befürchten.[87] Vielmehr reichen das Kartell- und Wettbewerbsrecht aus, Gefahren einer Konzentration zu begegnen. Demgegenüber stehen die besonderen gesetzlichen Anforderungen an den Rundfunk, reguliert in einer positiven Rundfunkordnung[88]. Argumentiert wurde für die Regulierung des Rundfunks zunächst damit, dass aufgrund der hohen Zugangsschranken und des notwendigen Know-Hows die Wirtschaft nicht für ausreichend Meinungsvielfalt sorgen kann. Zusätzlich gesteht man dem Rundfunk eine besondere „Breitenwirkung, Aktualität und Suggestivkraft der Darbietungen“[89] sowie der meinungsbildenden Wirkung der Angebote, insbesondere aufgrund der Einbindung in ein planhaftes Programm, zu.[90] Die besondere Suggestivkraft, die Macht der bewegten Bilder, ist nunmehr das entscheidende Argument für die besondere Regulierung des Rundfunks.

Es ist also zu erörtern, ob die Argumente der besonderen Suggestivkraft und Breitenwirkung, die für die Sonderordnung des Rundfunks zur Sicherung der Meinungsvielfalt angeführt werden, auf die Google-Suchmaschine im Internet zutreffen. Konkret steht also die Frage nach einer Vergleichbarkeit der Ausgangssituationen im Raum. Sind diese vergleichbar, erhöht sich der Regulierungsdruck auf den Gesetzgeber. Dafür bedarf es zunächst einer genaueren Analyse der Sonderordnung für den Rundfunk.

II Hintergründe der Sonderordnung für den Rundfunk

Eine zusätzliche rechtliche Regulierung Googles muss sich an den Maßgaben der Meinungsfreiheit aus Art. 5 Abs. 1 GG messen lassen. Um festzustellen, ob danach eine verstärkte Regulierung der Suchmaschinen möglich und sogar geboten ist, bietet sich der Vergleich mit der Ausgestaltung der Rundfunkfreiheit und dem daraus folgenden System der „positiven Ordnung“[91] an. Das Bundesverfassungsgericht hat in seinen sogenannten „Rundfunk-Urteilen“ eine auf der besonderen Bedeutung des Rundfunks für die öffentliche Meinungsbildung basierende Ausgestaltung der Rundfunkordnung gefordert. Demnach ist die Rundfunkfreiheit

87 Vgl. *Ladeur*, (Fn. 40), S. 90 Rn 7.
88 Kritisch dazu *Hain*, K&R 2012, 98 (102 ff.); *Holznagel*, MMR 2011, 1.
89 BVerfGE 90, 60 (87); 114, 371 (387).
90 *Ladeur*, (Fn. 40), S. 90 Rn 7.
91 BVerfGE 57, 295 (319); *Ladeur*, (Fn. 40), S. 106 Rn. 68 ff.; *Hartstein/Ring/Kreile/Dörr/Stettner/Cole/Wagner*, Rundfunkstaatsvertrag, Kommentar, Loseblattsammlung, B 2, Rn. 20 f.

anders als die anderen Grundrechte eine „dienende Freiheit“[92]. Systematisch bedeutet dies, dass neben einer individual-rechtlichen, also abwehrrechtlichen Dimension des Grundrechtschutzes eine objektiv-rechtliche Dimension tritt, die die Rundfunkfreiheit als objektives Prinzip der Gesamtrechtsordnung konstruiert, wobei die Elemente einander bedingen und stützen.[93] Das Grundrecht der Rundfunkfreiheit bedarf folglich einer einfach-gesetzlichen Ausgestaltung. Diese muss sich an den Notwendigkeiten des Schutzes der freien und individuellen öffentlichen Meinungsbildung orientieren, sowie eine inhaltliche Ausgewogenheit und Sachlichkeit gewährleisten.[94]

Entscheidendes führt das Bundesverfassungsgericht in seiner dritten Rundfunkentscheidung aus.[95] Darin entwickelt das Gericht ein grundlegendes Leitbild für alle Garantien des Art. 5 Abs. 1 GG. Die Kommunikationsfreiheiten ermöglichen einer demokratischen Gesellschaft die freie, individuelle und öffentliche Meinungsbildung und gewährleisten eine umfassende Vermittlung von Informationen und Meinungen. Der Rundfunk nimmt in diesem Zusammenhang als *„modernes Massenkommunikationsmittel“* die Aufgabe der *„Ergänzung und Verstärkung“* dieser Freiheiten wahr. Ihm kommt dabei wegen seiner besonderen *„Breitenwirkung, Aktualität und Suggestivkraft“* eine übergeordnete Aufgabe zu, sodass nach Maßgabe des Bundesverfassungsgerichts eine positive Ordnung notwendig ist. Diese soll sicherstellen, *„dass die Vielfalt der bestehenden Meinungen [im Rundfunk] in möglichster Breite und Vollständigkeit Ausdruck findet und dass auf diese Weise umfassende Information geboten wird“*[96]. Als dienende Freiheit muss sie die Ausübung der Meinungs- und Informationsfreiheit der Bürger schützen und darf aus diesem Grund auch nicht einer gesellschaftlichen Gruppe ausgeliefert werden.

Rekurrierte das Bundesverfassungsgericht in früheren Entscheidungen auf die Knappheit der Sendefrequenzen und den hohen finanziellen Aufwand für die Veranstaltung von Rundfunkdarbietungen, stellte es im dritten Rundfunkurteil erstmals klar, dass die Sondersituation auch bei Wegfall dieser Umstände bestehen bleibt. Vielmehr genügen in der Folge die *„Eigengesetzlichkeit“* privatwirtschaftlicher und wettbewerblicher Zwänge, um die Sondersituation aufrecht zu erhalten. Dazu führt das Gericht aus:

---

92 BVerfGE 83, 238 (296).
93 BVerfGE 57, 295 (319 f.).
94 BVerfGE 12, 205 (263).
95 BVerfGE 57, 295.
96 BVerfGE 57, 295 (319).

> Es muss der Gefahr begegnet werden, dass auf Verbreitung angelegte Meinungen von der öffentlichen Meinungsbildung ausgeschlossen werden und Meinungsträger, die sich im Besitz von Sendefrequenzen und Finanzmitteln befinden, an der öffentlichen Meinungsbildung vorherrschend mitwirken [...]; zumindest muss eine hinreichende Wahrscheinlichkeit bestehen, dass sich in dem gesetzlich geordneten Rundfunksystem eine solche gleichgewichtige Vielfalt einstellt. [97]

Die verfassungsrechtlichen Hintergründe, die zu der besonderen Dogmatik hinsichtlich der Rundfunkfreiheit als dienender Freiheit geführt haben, müssen nicht zwangsläufig zu einer positiven Ordnung führen. Genauso hätte man auch innerhalb der allgemeinen Grundrechtsdogmatik eine umfassend verstandene Rundfunkfreiheit einfach-gesetzlich regulieren können. Wichtiger für die vorliegende Untersuchung ist daher weniger die Art der tatsächlichen Ausgestaltung, sondern vielmehr das vom Bundesverfassungsgericht entwickelte Umfeld, welches zu seiner Dogmatik geführt hat. Diese begründet sich zum einen im Rundfunk als (damals) neues Phänomen der Massenkommunikation mit Bewegtbildern „live und in Farbe" und der damit verbundenen Wirkung auf die öffentliche Meinungsbildung. Zum anderen betont das Gericht wiederholt den gesellschaftlichen Auftrag der Massenmedien, zu einer umfassenden Meinungsbildung beizutragen. Innerhalb derer dürfen nicht aufgrund von eigenen Tendenzen und marktwirtschaftlichen Zwängen Meinungen und Informationen zurückgehalten werden. Darin sieht es eine Gefahr für die Meinungs- und Informationsfreiheit der Individuen. Ziel war es, die öffentliche Meinung auch mit Meinungsinhalten zu konfrontieren, die vielleicht noch nicht im Zentrum des gesellschaftlichen Fokus stehen. In Anbetracht der Revolution auf dem Markt der Medien durch das Internetzeitalter und der Bedeutung von Suchmaschinen für die Nutzung dieser Quelle zur Meinungsbildung drängt sich die inhaltliche Vergleichbarkeit des Phänomens „Rundfunk = Google" auf. Inwieweit diese tatsächlich angenommen werden kann, soll in der Folge untersucht werden.

III Rechtliche Aspekte für eine Vergleichbarkeit Googles mit dem Rundfunk

Ähnlich wie der Rundfunk in den 60er Jahren ist auch das Internet zu einem modernen Massenkommunikationsmittel geworden und damit Teil der kommunikativen Grundversorgung[98] der Gesellschaft, mit welcher sich die Vielfalt der

---

97 BVerfGE 57, 295 (323 ff).

98 *Holznagel*, K&R 2010, 95; ähnlich *Flecken*, Protokoll zum „Expertenworkshop – Suchmaschinen im Spannungsfeld zwischen Nutzung und Regulierung" am 8.2.2013 (Johannes Gutenberg-Universität Mainz), S. 7 ff.

Informationsangebote für die Nutzer des *World Wide Web* kontinuierlich gesteigert hat. Zur effektiven Nutzung dieses neu geschaffenen (Über-)Angebots an Informationen sind die Internetnutzer fast immer auf Suchmaschinen als zentrale Vermittler, Wegweiser und Anbieter angewiesen. Schon 2003 merkte der BGH in seiner *Paperboy*-Entscheidung an, dass „ohne die Inanspruchnahme von Suchdiensten die sinnvolle Nutzung der unübersehbaren Informationsfülle im *World Wide Web* praktisch ausgeschlossen"[99] sei. Die „Systemrelevanz" der Suchmaschinen für das Internet ist in den letzten zehn Jahren noch einmal erheblich gestiegen. Demgegenüber steht eine Entscheidung darüber, inwieweit eine ähnliche gesellschaftliche und meinungspolitische Relevanz Googles auch zu einer Vergleichbarkeit mit dem Massenkommunikationsmittel des Rundfunks führt, noch aus, und somit auch die Entscheidung über die Notwendigkeit einer Regulierung.[100] Das mag auch daran liegen, dass sich die beiden Mediendienste auf den ersten Blick erheblich voneinander unterscheiden. Ein zentrales Unterscheidungsmerkmal zwischen Rundfunk und Google ist dabei, dass der Dienstleistungsnutzer beim Rundfunk „nur" Rezipient sein kann, während er bei Nutzung der Suchmaschine mit dem Programm interagiert. Der Nutzer ist nicht nur Konsument eines vorgefertigten Potpourris an Meinungen. Vielmehr kann er durch sein Verhalten Einfluss auf die Ergebnisse der Informationssuche und die dargestellten Inhalte nehmen. Die Annahme des Bundesverfassungsgerichts, dass der Rundfunk als Massenkommunikationsmittel im Meinungsbildungsprozess nicht nur *Medium*, sondern auch *Faktor*[101] sei, beruht aber im Wesentlichen darauf, dass die Rundfunkanbieter durch das planhafte Gestalten und Formen eines Programms, insbesondere auch durch die Entscheidung, was nicht gesendet werden soll, eine gewisse Meinungstendenz transportieren, auf die der Rezipient keinen Einfluss hat. Diese Annahme bildete die Grundlage für die gesetzliche Verpflichtung der öffentlich-rechtlichen Rundfunkanbieter, durch die Festlegung binnenpluralistischer Strukturen einen ausgewogenen, neutralen Querschnitt der Meinungen in ihrem Programm sicherzustellen.

1 Die Google-Suchmaschine und ihre Nutzer

Wie angedeutet befindet sich der Internetnutzer – im Gegensatz zum Rundfunknutzer als reiner Rezipient des Angebots – in seinem Verhältnis zur Google-Suchmaschine in einer Position der Interaktion bei der Informationsgewinnung. Par-

99 BGH, NJW 2003, 3406 (3410); *Paal*, AfP 2011, 521 (522).
100 Zu weiteren Ursachen *Gasser/Thurman*, (Fn. 82), S. 47 ff.
101 BVerfGE 12, 205 (259).

allel zu dieser Angebotsveränderung bei der Inhaltssuche und dem Austausch von Meinungen unterliegen auch die Nutzungs- und Selektionsmuster durch diese Bilateralität einem Transformationsprozess. Bedingt durch die neuen technischen Interaktionsmöglichkeiten („Affordances“) sollte es den Nutzern grundsätzlich erlaubt sein, über den „Programmverlauf“ autark zu entscheiden und als maßgebliche Person bei der Suche zu fungieren. Die Google-Suchmaschine nimmt bei diesem Verständnis „nur“ die Rolle eines neutralen Inhaltevermittlers ein, dessen Ergebnisse auf den immer gleichen Kodifikationen der Such-Algorithmen basieren. Zwar wird die Suchmaschine schon aufgrund von „natürlichen“ Faktoren ihrer Funktionsweise, über Such-Algorithmen und Hyperlinks die Validität eines Suchergebnisses und damit sein Ranking zu bestimmen, nie vollständig frei vom Einfluss der Diensteanbieter sein. Die Neutralität der Suchergebnisse wird darüber hinaus aber durch technische Weiterentwicklungen, ein gezieltes Interaktionsdesign und wirtschaftliche Interessen des Google-Unternehmens[102] bewusst beeinträchtigt. Die Gefahr, dass die Neutralität und Objektivität der Suchergebnisse und damit der Informationen durch spezifische Entscheidungen der Suchmaschinenbetreiber – etwa durch Gestaltungsmerkmale der Dienste – ausgehöhlt werden und maßgeblichen Einfluss auf das Nutzerverhalten genommen wird, erhöht sich. Vor diesem Hintergrund können die Wertungsentscheidungen der Suchmaschinenbetreiber bei der Auswahl der Suchparameter zur Diskriminierung von Anbietern und Inhalten führen.[103] Zudem generieren sie den Suchmaschinenanbietern eigens zurechenbare Aussagen mit eigenem Wahrheitsgehalt.[104] Dadurch könnte das Navigieren im Internet in einer Weise beschränkt werden, die die Meinungsvielfalt und Meinungsfreiheit unzulässig beeinträchtigt, sei es aus politischen Interessen der Suchmaschinenbetreiber oder aus rein wirtschaftlichen Interessen, etwa im Hinblick auf steigende Werbeeinnahmen durch die „Anpassung“ der Suchergebnisse.

---

102 Anm.: Das Bundesverfassungsgericht misst bei der Frage nach der Sicherung der Meinungsvielfalt im Rundfunk dem Problem der Wirtschaftlichkeit eine hohe Relevanz bei. Die Begründung des „öffentlich-rechtlichen Grundversorgungsauftrags“ und damit die duale Rundfunkordnung argumentiert vornehmlich mit der Abhängigkeit der privaten Rundfunkanbieter von der Finanzierung durch Werbung, vgl. BVerfGE 73, 118 (155).
103 *Paal*, AfP 2011, 521 (523).
104 Vgl. BGH 6. Zivilsenat vom 14.5.2013 – VI ZR 269/12 Rn. 22, 26.

2 „Gatekeeper“[105] Google – „Faktor“ im Meinungsbildungsprozess?

Dies wirft unter anderem die Frage auf, ob die Suchmaschinennutzer tatsächlich von der theoretisch möglichen Spannbreite an Informationsquellen im Internet Gebrauch machen können. Dass dies ohne besondere Hindernisse möglich sein muss, entspricht der verfassungsrechtlichen Gewährleistung einer freien und öffentlichen Meinungsbildung gemäß Art. 5 Abs. 1 GG. Die Meinungsfreiheit enthält den Anspruch, geäußerte Meinungen zur Kenntnis nehmen zu können und sich außerdem allumfassend und wahrheitsgemäß zu informieren.[106] Google und andere Suchmaschinen könnten durch besondere Arten der Einflussnahme negativ auf diese Freiheit einwirken und dadurch als Faktor im offenen Meinungsbildungsprozess identifiziert werden. Eine derartige Gefahr könnte bestehen, wenn sich nachweisen ließe, dass die Suchmaschinenbetreiber durch ihr Interaktionsdesign auf Nutzer und ihre Navigationspfade einwirken. Sie würden darüber das spezifische Bedienverhalten der Suchmaschinennutzer und damit den freien Informationsfluss beeinträchtigen. Dann bestünde für Google bei der heutigen Bedeutung des Internets auf dem Kommunikationsmarkt auch die vom Bundesverfassungsgericht für den Rundfunk herausgearbeitete Sondersituation. Es soll an dieser Stelle nochmals betont werden, dass der Vergleich mit der Sondersituation für den Rundfunk allein dazu dient, die Möglichkeit und die Notwendigkeit einer Regulierung von Suchmaschinen auszuloten.

a) Die „Sondersituation“ im Rundfunk

In seiner ersten Rundfunkentscheidung[107] aus dem Jahr 1961 stützte das Bundesverfassungsgericht die „*Sondersituation*“ des Rundfunks und vor allem des Fernsehens wesentlich auf zwei Argumente: zum einen auf die technischen Hindernisse und den großen finanziellen Aufwand für die Veranstaltung eines Rundfunkprogramms, zum anderen auf die dadurch begrenzte Zahl möglicher Anbieter, wodurch der Schutz der Rundfunkfreiheit besonderer Vorkehrungen bedürfe.[108] Zunächst ist die Etablierung einer Suchmaschine aufgrund des erforderlichen technischen Know-Hows und dem Bezug zum Sonderwissen der Such-Algorithmen sowie den hohen Kosten für die Bereitstellung der Kapazitäten mit

---

105 Der Begriff „Gatekeeper“ bezeichnet ein publizistisches Konzept, mit dem ursprünglich die Selektionsleistung des Journalisten bei der Auswertung der Einflüsse seines Umfelds auf seine Arbeit bezeichnet wurde, vgl. dazu *Röhle*, (Fn. 19), S. 132 m.w.N.

106 BVerfGE 57, 295 (320 ff.).

107 BVerfGE 12, 205.

108 BVerfGE 12, 205 (261 ff.).

hohem Aufwand verbunden. Abgesehen davon wäre selbst mit der Entwicklung einer neuen Suchmaschine, ob auf öffentlich-rechtliche oder privat-rechtliche Initiative hin als Konkurrenz zu Google, nicht gesagt, dass sich diese gegen den Quasi-Monopolisten Google Zutritt zum Markt verschaffen und dann auf diesem behaupten kann.[109] Zusätzlich lässt sich die Sondersituation mit den Kriterien der *„Breitenwirkung, Aktualität und Suggestivkraft“* des Angebots auf den Google-Suchmaschinendienst übertragen. Versteht man Breitenwirkung mit dem Bundesverfassungsgericht als *„Möglichkeit der Beeinflussung großer Bevölkerungsteile“*, Aktualität als Fähigkeit, dass *„Inhalte schnell, sogar zeitgleich, an die Rezipienten übertragen werden können“* und Suggestivkraft – sinnverwandt mit den Ausführungen des Bundesverfassungsgerichts – als besondere Gestaltungsform, die den Darstellungen und Funktionen des Dienstanbieters *„den Anschein der Authentizität verleiht“*, dann könnte sich auch anhand dieser Kriterien eine Vergleichbarkeit begründen lassen.[110]

b) Die „Sondersituation“ und die Suchmaschinen

Mag man der Vergleichbarkeit der Dienste bei den ersten beiden Merkmalen, Breitenwirkung und Aktualität, ohne großes Zögern zustimmen, bedarf die Begründung einer Vergleichbarkeit Googles mit dem Rundfunk anhand des Merkmals der „Suggestivkraft“ einer gesonderten Betrachtung und Beweisführung. Eine solche besteht beim Medium des Rundfunks *“insbesondere aus der Möglichkeit, die Kommunikationsformen Text und Ton sowie beim Fernsehfunk zusätzlich bewegte Bilder miteinander zu kombinieren und der programmlichen Information dadurch insbesondere den Anschein hoher Authentizität zu verleihen.“*[111] Das Bundesverfassungsgericht betont hierbei offensichtlich den Anschein der Authentizität vor dem Hintergrund der Bewegtbilder und der bewussten Auswahl derselben zur Darstellung eines Sachverhalts, der dadurch den besonderen Anschein der Objektivität und Vollständigkeit erhält. Somit vermag der Rundfunk durch seine Darstellungsform in besonderem Maße auf das Meinungsbild des Rezipienten einzuwirken. Durch die Bilder wird der Eindruck vermittelt, dass eine Auswahl

---

109 Anm.: So konnte sich die Suchmaschine „Bing“ von Microsoft trotz hohen Aufwands und Know-Hows nicht etablieren, sondern stagniert bei einem Marktanteil von vier Prozent; vgl. auch *Paal*, AfP 2011, 521 (530), der in diesem Zusammenhang von einem „Lock-In-Effekt“ des Nutzers an die dominierende Google-Suchmaschine spricht.

110 BVerfG, 1 BvR 2270/05 vom 11.9.2007, Absatz-Nr. 1 – 213 (116); ähnlich *Neuberger/Lobigs*, Die Bedeutung des Internets im Rahmen der Vielfaltsicherung, Gutachten im Auftrag der Kommission zur Ermittlung der Konzentration im Medienbereich (KEK), S. 48.

111 BVerfG, 1 BvR 2270/05 vom 11.9.2007, Absatz-Nr. 1 – 213 (116).

der Informationen und externe Einflussnahme auf die dargestellten Ereignisse nicht stattgefunden haben.

Nutzerrezeption dargestellter Suchergebnisse

Fraglich ist, ob ähnliches auch bei der Auswahl der Informationen durch die Google-Suchmaschine zutrifft. Dem Suchmaschinennutzer kommt wegen seiner Möglichkeit, aktiv auf die Deutung der Suchergebnisse Einfluss zu nehmen, eine zentrale Bedeutung zu. Inwieweit sich im Wechselspiel von Nutzer und Betreiber der Google-Suchmaschine eine ähnliche Suggestivkraft der Authentizität und Vollständigkeit der Suchergebnisse ergibt, lässt sich über die Auswertung einer „qualitativen und quantitativen Untersuchung des Wirkungspotentials von Google aus Rezipientensicht" ermitteln, die einen Teil dieses Forschungsprojekts bildet.[112] In der qualitativen Untersuchung wurden die Nutzer zur generellen Nutzung des Internets bzw. der Suchmaschinen befragt, deren Entscheidungsverhalten im Suchprozess untersucht, Fragen zur Wahrnehmung und zum Image von Google sowie Fragen zum Bewusstsein und zur Beurteilung potentieller Problemfelder gestellt. Die Studie stellt fest, dass die Suche im Netz nach Informationen für alle Befragten zum Internetalltag gehört. Neue Inhalte und Webseiten im Internet eröffnen sich dem Nutzer vornehmlich über die Suchmaschinen. Die Suche erfolgt dabei fast ausschließlich über Google. Die Suche nach Informationen und die Auswahl der Ergebnisse sind geprägt von dem Wunsch, die Komplexität der Suche zu reduzieren. Die Entscheidungen über mögliche relevante Informationen sollen so schnell wie möglich getroffen werden können. Lange Evaluationen finden nicht statt. Regelmäßig lassen sich die Nutzer bei der Auswahl und Ausgestaltung der Suchstichworte durch Hinweise von Google leiten, zum Beispiel in Form der Auto-Vervollständigung. Hierüber beeinflusst der Suchmaschinenbetreiber bereits vor der eigentlichen Ergebnisdarstellung das Selektionsverhalten der Nutzer und trägt durch manche Vorschläge selber zur Meinungsbildung nicht unerheblich bei.[113] Google betreibt dadurch in jedem Fall – wenn auch passiv – Agenda-Setting,[114] ähnlich wie Zeitungen oder das Fernsehen. Diese Tendenzen werden auch durch die Ergebnisse der quantitativen Studie bestätigt. Besonders auffällig ist die Diskrepanz zwischen der Erwartung der Teilnehmer an die Suchergebnisse und ihrer tatsächlichen Kenntnisse darüber, wie die dargestellten Ergebnisse ermittelt werden. Auf der einen Seite

112 Vgl. hier und im Folgenden den Beitrag von *Stark/Magin/Jürgens* i. d. B.
113 Vgl. dazu BGH Urteil vom 14.5.2013 – VI ZR 269/12 = VersR. 2013, 771 ff.
114 *Röhle*, (Fn. 19), S. 133.

werden die Vorteile, die aus der Personalisierung resultieren, begrüßt. Auf der anderen Seite werden direkte Einschnitte in die Privatsphäre weithin abgelehnt.

Die Tendenz der Nutzer, sich mehrheitlich auf schnelle, oberflächliche Suchstrategien zu beschränken, ist auch bei der Auswahl der Suchergebnisse zu beobachten.[115] Eine inhaltliche Auseinandersetzung mit den Suchergebnissen findet häufig nicht statt. In der überwiegenden Zahl der Fälle wird eine der oberen vier gerankten Treffer angeklickt. Häufig beschränkt sich die Auswahl sogar auf den obersten Treffer. Die Ursache für diesen grundsätzlich unkritischen Umgang der Nutzer mit den von Google präsentierten Suchergebnissen liegt in den positiven Erfahrungen, welche die Nutzer mit Google gemacht haben. Sie betrachten die Treffer als quasi-objektiven Spiegel der Realität. Die Nutzer gehen folglich davon aus, dass die von Google angezeigten Treffer, ganz objektiv betrachtet, das passendste Ergebnis unter Millionen sind. In der quantitativen Studie bestätigt sich zudem die Vermutung, dass Google durch die Gestaltung seines Internetauftritts, insbesondere über die Funktion der Auto-Vervollständigung, das Auswahlverhalten der Nutzer maßgeblich mit beeinflusst. Die Folgen, die diese Vorselektion für die dargestellten Ergebnisse hat, bleiben dagegen weitgehend unbeachtet.

Diese Einschätzung findet sich auch in dem bereits erwähnten Urteil des BGH zur Zurechenbarkeit von Hinweisen durch die Autocomplete-Funktion wieder.[116] Diese Funktion bietet dem Nutzer bereits während der eigenen Sucheingabe in einem extra Fenster passend zum Suchbegriff mögliche, weitergehende Wortkombinationen an. Die Suchvorschläge werden durch einen Algorithmus ermittelt, der für die Ermittlung möglicher relevanter Kombinationen unter anderem auf die Häufigkeit der Eingabe der vorgeschlagenen Suchanfrage durch andere Nutzer zurückgreift. Das OLG Köln lehnte in seiner Berufungsentscheidung vom 10. Mai 2012[117] eine Persönlichkeitsverletzung des Klägers durch das Suchmaschinenunternehmen ab, da dem Unternehmen der unwahre Aussagegehalt nicht zurechenbar sei. Den Wortkombinationen lasse sich lediglich die eigene Aussage der Suchmaschine entnehmen, dass „andere Nutzer die gewählten Begriffskombinationen zur Recherche eingegeben hätten oder dass sich die Ergänzungssuchbegriffe in verlinkten Drittinhalten jeweils als solche auffinden lassen."[118] Diese Auslegung wies der BGH nun zurück. Seiner Ansicht nach präsentieren die

115 Vgl. *Green*, (Fn. 12), da sich dieses Ergebnis insofern mit der Studie ergänzt, als bei weniger komplexen Suchbegriffen eine geringere Vielfalt an Webseiten erscheint, widerspricht aber ihrer Annahme, dass Suchmaschinennutzer dazu übergehen, komplexere Sucheingaben zu nutzen.

116 BGH Urteil vom 14.5.2013 – VI ZR 269/12 = VersR. 2013, 771 ff.

117 OLG Köln, ZUM 2012, 987 ff.

118 OLG Köln, ZUM 2012, 987 ff.

Suchmaschinen den Nutzern nicht „x-beliebige ergänzende Suchvorschläge“. Vielmehr verstehen die Nutzer sie als Hilfestellung bei der Ermittlung relevanter Informationen. Die dargestellten ergänzenden Begriffe stellen insofern inhaltliche Bezüge zur Sucheingabe her und vermitteln bei einem „unvoreingenommenen und verständlichen Durchschnittsrezipienten“[119] den Eindruck, dass zwischen der Eingabe der Nutzer und den Ergänzungsvorschlägen ein „sachlicher Zusammenhang“ besteht.[120] Der BGH geht dabei von einem ähnlichen Nutzungsverständnis aus, welches auch in der oben genannten Studie nachgewiesen werden konnte. Die Nutzer halten sich bei der Bewertung der Aussagen weniger an der technischen Funktionsweise fest als vielmehr an dem vermittelten Eindruck des Zusammenhangs und der Richtigkeit der vorgeschlagenen Information zur eigenen Suchanfrage. Darin besteht der Aussage- und Meinungsgehalt der Darstellung, der der Suchmaschine als eigene Aussage zurechenbar ist.[121] Eine Verbindung zwischen Nutzeranfrage und den Wortergänzungen wird suggeriert und vom Nutzer als relevante Verknüpfung aufgegriffen.

Eine solche Rezeption der Ergebnisse scheint vor dem Hintergrund der mangelnden Kenntnis über die Funktionsweise von Google und deren tatsächlichen Rankingmechanismen angemessen. Denn nicht nur kann Google über die Kodierung und Anpassung der Such-Algorithmen Einfluss auf die Suchergebnisse nehmen, indem Werbe- oder Geschäftspartner in den Suchergebnissen bevorzugt werden, wie es zum Beispiel im Fall der vertikalen Integration von Unternehmen mit Googlebeteiligung vermutet wird. Mehr noch kann Google auch verstärkt über das Instrument der personalisierten Suche aufgrund eigener Wertungsentscheidungen Suchergebnisse beeinflussen. Bei der personalisierten Suche trifft Google anhand eines durch frühere Suchanfragen entstandenen Nutzerprofils Entscheidungen über die möglichen Präferenzen des Nutzers. Es ist offensichtlich, dass Google dadurch erheblichen Einfluss auf die angezeigten Suchergebnisse hat, diese also in hohem Maße subjektivieren kann. Zudem bietet die personalisierte Suche das beste Beispiel für die Gefahr der Verengung der Informations- und Meinungsvielfalt durch technische „Optimierungsprozesse“[122]. Durch die personalisierte Suche stellt die Suchmaschine die aktuelle Suchanfrage eines Nutzers in den Kontext seines personalisierten Benutzerprofils. Anhand dessen stellt der Such-Algorithmus Vermutungen über Präferenzen des Nutzers auf und passt die

119 BGH Urteil vom 14.5.2013 – VI ZR 269/12 = VersR. 2013, 771 ff.
120 BGH Urteil vom 14.5.2013 – VI ZR 269/12 = VersR. 2013, 771 ff.
121 BGH Urteil vom 14.5.2013 – VI ZR 269/12 = VersR. 2013, 771 ff.
122 *Flecken*, (Fn. 98), S. 7.

Suchbegriffe an.[123] Über eine Verknüpfung mit anderen Googlediensten im Internet und auf Smartphones entsteht so eine Google-optimierte „Filter-Bubble“. In der Erklärung der Datenschutzbestimmung von Google liest sich die Passage zur Optimierung wie folgt:

> Wir nutzen die im Rahmen unserer Dienste erhobenen Informationen zur Bereitstellung, zur Instandhaltung, zum Schutz sowie zur Verbesserung dieser Dienste, zur Entwicklung neuer Dienste und zum Schutz von Google und unseren Nutzern. Wir nutzen diese Informationen außerdem, um Ihnen **maßgeschneiderte Inhalte anzubieten** – beispielsweise um Ihnen **relevantere Suchergebnisse** und Werbung zur Verfügung zu stellen.[124] (Hervorhebungen nicht im Original).

Diese Optimierung der Suche – die durchaus hilfreich sein kann – könnte zu einer Einschränkung der Informationsvielfalt im Internet führen. Es ist die Entstehung von „Cyberkaskaden“ zu befürchten, in welchen ständig identische Informationen hervorgebracht werden.[125] Die in einem demokratischen Prozess notwendig kritische Auseinandersetzung mit divergierenden Meinungen wird so erschwert. Für den Nutzer verbleibt die Möglichkeit, die Suchanfragen zu „entpersonalisieren“. Abgesehen davon, dass die Studie gezeigt hat, dass die Nutzer von der Personalisierung ihrer Suchanfragen keine Kenntnis haben, stellt die Notwendigkeit der Modifikation der Standardeinstellungen eine nicht zu unterschätzende Hürde für den Normalverbraucher dar.[126]

Die Untersuchung zeigt, dass eine derartige Einflussnahme für die Nutzer einen Bruch mit der Neutralitätsannahme bei Google darstellt und als Beschneidung der Entscheidungsfreiheit sowie als Verletzung des „Grundrechts auf Neutralität der Suche“ interpretiert wird.[127] Der Prozess der Personalisierung und marktwirtschaftlichen „Optimierung“ der Suche erfolgt von dem Suchmaschinennutzer weitgehend unbemerkt als schleichender Prozess. So kann man festhalten, dass in Anbetracht der Ergebnisse der oben benannten Untersuchung den Suchergebnissen von den Nutzern ein hohes Maß an Objektivität bescheinigt wird, sie folglich auch eine hohe Authentizität besitzen, obwohl Google tatsächlich erheblichen Einfluss auf die Suchergebnisse nehmen könnte und im Einzelfall auch nimmt.[128]

---

123 Anm.: So auch erklärt auf der Google-Homepage unter dem Thema „Technologie und Prinzipien“, Quelle: http://www.google.de/intl/de/policies/technologies/.

124 Datenschutzerklärung von Google, Stand: 6.6.2013, Quelle: http://www.google.de/intl/de/policies/privacy/.

125 Siehe dazu *Meckel*, (Fn. 79), S. 3.

126 *Jarren/Wassmer*, (Fn. 73), S. 137 ff.

127 So die wortwörtliche Äußerung eines Studienteilnehmers.

128 Ähnlich *Kühne*, (Fn. 83), S. 18.

Die Darstellung der Suchergebnisse und ihre Meinungsrelevanz

Mit der Feststellung, dass die Suchergebnisse als authentisch wahrgenommen werden, ist aber allein noch nichts über den tatsächlich meinungsrelevanten Einfluss des Suchmaschinenangebots gesagt. Dieser wurde mit der „Autocomplete"-Funktion und der Funktion der personalisierten Suche angedeutet, lässt sich aber nur im Zusammenhang mit der sonstigen allgemeinen Funktionsweise von Google verifizieren. Die weiteren Funktionsweisen stehen im Zusammenhang mit der marktbeherrschenden Stellung und der Gatekeeper-Funktion der Google-Suchmaschine sowie der Komplexität der Ermittlung der relevantesten Suchergebnisse und des *PageRanking*. Bei den meisten dieser Faktoren lässt sich das genaue Ausmaß auf die Wirkungsweise bei den Suchergebnissen nicht feststellen, da sie zum Betriebsgeheimnis gehören. Öffentlich stellt Google sich als politisch neutrale und objektive Suchmaschine dar, die wenig bis gar keinen Einfluss auf die Suchergebnisse nimmt. Die Tendenz, dass diese Selbstdarstellung in der Öffentlichkeit reproduziert wird, hat sich auch in der Studie bestätigt.[129]

Tatsächlich vorgenommene Beschränkungen weisen jedoch auf weitergehende Möglichkeiten der Einschränkung der Meinungsvielfalt durch eine Manipulation der Suchergebnisse hin. Google kann seinen Such-Algorithmus nach Belieben modifizieren, entweder, um auf gesetzliche Vorgaben zu reagieren, zum Beispiel indem jugendpornografische oder rassistische Darstellungen bei Google gefiltert werden, oder um staatlichen Restriktionen nachzukommen. Ein Beispiel dafür ist China, wo Google Millionen von Internetpräsenzen unterdrückt[130] und dies in Zukunft nicht mehr anzeigen möchte und zudem „Zensur-Warnungen" abschaltet.[131] Viele weitere Fälle der Einflussnahme, die von staatlicher Seite initiiert wurden, sind bekannt. Die meisten davon betroffenen Informationsangebote sind zwar theoretisch weiter im Internet verfügbar. Vor dem Hintergrund der Gatekeeper-Funktion Googles und seiner Monopolstellung stehen sie aber als Informationen und Meinungen den meisten Nutzern nicht mehr zur Verfügung, da sie – ohne Hinweis auf den Grund des Ausschlusses – aus dem Suchmaschinen-Index entfernt wurden.[132] Es ist zumindest nicht auszuschließen, dass Google die Möglichkeit, meinungspolitisch auf die Suchergebnisse einzuwirken, nutzt oder

---

129 *Stark/Magin/Jürgens* i. d. B.

130 *Hamann/Rohwetter*, Vier Sheriffs zensieren die Welt, DIE ZEIT vom 6.8.2012 Nr. 32, Quelle: http://www.zeit.de/2012/32/Zensur-Apple-Facebook-Amazon-Google.

131 Aus *Böhm*, Internet in China: Google schaltet Zensur-Warnungen ab, Spiegel.de vom 7.1.2013, Quelle: http://www.spiegel.de/netzwelt/web/internet-in-china-google-schaltet-zensur-warnung-ab-a-876123.html; dazu auch Amnesty International UK, Undermining freedom of expression in China – The role of Yahoo!, Microsoft and Google, 19.7.2006, Quelle: http://www.amnesty.org/en/library/asset/POL30/026/2006/en/1ce1ac2d-d41b-11dd-8743-d305bea2b2c7/pol300262006en.pdf.

132 Vergleiche zu Fällen der staatlichen Einflussnahme *Hamann/Rohwetter*, (Fn. 130).

nutzen wird. Es besteht folglich die Möglichkeit einer erheblichen Einflussnahme auf den demokratischen Meinungsfindungsprozess.[133] Gegen solche potenziellen Gefahren für eine gleichgewichtige Meinungsvielfalt muss der Gesetzgeber nach der Rechtsprechung des Bundesverfassungsgerichts vorbeugend tätig werden.[134]

In dem Zusammenhang mit der Gefahr mangelnder Suchmaschinenneutralität und den Auswirkungen auf die Meinungsvielfalt im Netz steht auch die Frage der tatsächlichen Wahlmöglichkeit der Verbraucher bei der Nutzung der Suchmaschine. Die Nutzer können bei Unzufriedenheit mit der Google-Suchmaschine durchaus auf andere Anbieter ausweichen. Sie haben also die Wahl, welchen Anbieter sie nutzen. In Anbetracht der Ergebnisse der Studie dürfte die „Objektivitäts-Variable" bei der Suche für die Nutzer das entscheidende Kriterium sein. Dies ließe die Annahme zu, dass bei Bekanntwerden einer groben Beeinträchtigung der Suchergebnisse durch den Provider dieser eine Abwanderungsbewegung seiner Kunden zu befürchten hätte, der Nutzer mithin seine Meinungsfreiheit und damit die Meinungsvielfalt im Internet schon aus Eigeninteresse schützt. Allerdings vermag eine solche Argumentation nur auf den ersten Blick zu überzeugen. Es kann keineswegs davon ausgegangen werden, dass die Nutzer von der Anpassung ihrer Suchergebnisse Kenntnis erlangen oder sich wegen des schleichenden Prozesses der personalisierten Such-„Optimierung" in ihrem Surfverhalten gestört fühlen. Dieser Annahme entspricht auf der einen Seite die weitgehend unreflektierte Rezeption der Suche und ihrer Ergebnisse durch die Nutzer, wie sie sich in der Studie darstellt.[135] Auf der anderen Seite ist im Grundsatz keine generelle Einflussnahme Googles auf die Suchergebnisse zu befürchten. Sinnvoll ist eine solche nur bei besonderem Interesse.

Darüber hinaus vermag auch das Argument der Wahlmöglichkeit über die Nutzung von Suchmaschinen nicht zu überzeugen. Denn zum einen besteht hinsichtlich der Nutzung von Suchmaschinen ein sogenannter Lock-In-Effekt, der sich auch in der Studie nachweisen lässt. Die Nutzer sind mit ihren Suchergebnissen zufrieden, da sie meinen, dass man immer finde, was man suche.[136] Vor dem Hintergrund der eben erwähnten Informationsasymmetrien zwischen Nutzer und Suchmaschinen ist von einer Wechseldynamik nicht auszugehen.[137] Zum anderen besteht ohne weiteres auch bei den der Google-Suchmaschine in der Relevanz

---

133 Vgl. dazu auch den „H.R.491 - Global Online Freedom Act of 2013" des House of Representatives vom 4.2.2013, im Volltext abrufbar unter: http://beta.congress.gov/113/bills/hr491/113hr491ih.pdf.

134 BVerfGE 57, 295 (323 ff.).

135 Vgl. *Stark/Magin/Jürgens* i. d. B.

136 Vgl. *Stark/Magin/Jürgens* i. d. B.

137 *Paal*, AfP 2011, 521 (530).

nachgeordneten Suchmaschinen, wie *Bing* und *Yahoo*, ein Regulierungsbedürfnis: Auch hier ist von den Möglichkeiten der Einflussnahme auszugehen. In der Tat erhöht die Quasi-Monopolstellung der Google-Suchmaschine im Internet den Regulierungsdruck. Wegen der Systemrelevanz von Suchmaschinen für das Internet im Allgemeinen würde sich hingegen auch bei zwei bis drei *Big-Playern* keine Änderung ergeben. Eine theoretische Wahlmöglichkeit schließt einen möglichen Regulierungsbedarf somit nicht aus.

Neben dieser politischen, häufig von staatlicher Seite bewirkten Einflussnahme sind die Auto-Vervollständigungsfunktion und die Personalisierung der Suche ein Ansatzpunkt, um die Meinungsrelevanz Googles zu belegen. Durch die Personalisierung der Suchergebnisse trifft Google anhand bestimmter Kriterien für den Nutzer eine individualisierte Auswahl an Suchergebnissen, die das vergangene Suchverhalten des Nutzers in die Bewertung der Relevanz der Suchergebnisse einbezieht, folglich das Pageranking stark beeinflusst. So können zwei Nutzer bei derselben Suchaufforderung unterschiedliche Ergebnisse erzielen, ohne dass sie davon Kenntnis erlangten. Die dem Nutzer dargebotene Informationsvielfalt ist bei der personalisierten Suche Folge seines Surfverhaltens und mag die Suche grundsätzlich unterstützen. Die Gefahr durch die Personalisierung, das ihm dargebotene Informationsangebot erheblich zu beschränken, liegt aber auf der Hand. Besondere Relevanz erhält dieses Merkmal zum einen dadurch, dass viele Nutzer von der Personalisierung ihrer Suchergebnisse keine Kenntnis haben. Zum anderen erlangt es Relevanz dadurch, dass die Personalisierung der Suchergebnisse schwer unterbunden werden kann.[138]

3 Ergebnis

Es zeigt sich, dass das Potenzial der Einflussnahme auf die Informationsvielfalt im Internet durch Google kaum abzuschätzen ist. Durch die Geheimhaltung der Such-Algorithmen, die kaum zu unterbindende Personalisierung der Suche, das Treffen eigener Aussagen durch die Suchergänzungsfunktion, die Gerüchte über eventuelle Absprachen mit Geschäftspartnern,[139] die Einflussnahme auf die Suchergebnisse sowie nicht zuletzt die tatsächliche Beschränkung des Suchindexes aufgrund staatlichen Drucks und durch die Monopolstellung Googles können

---

138 Vgl. zum Problem der Personalisierung auch *Schmitt*, Algorithmen: Automatisch vorsortiert, DIE ZEIT vom 22.6.2011, Nr. 26, Quelle: http://www.zeit.de/2011/26/Internet-Surfverhalten-Filter/; vgl. auch Kühling/Gauß, ZUM 2007, 881 (885).

139 Vgl. zum Beispiel *Raether*, „Haben sie schon gehört", ZEITmagazin vom 13.12.2012 Nr. 51, S. 19.

den Suchmaschinennutzern Informationen und Meinungen weitgehend unbemerkt vorenthalten werden. Der Eindruck der Suchmaschinennutzer, dass die Suchmaschine und ihre Suchergebnisse neutral, unabhängig und authentisch seien, entspricht demnach nicht der Realität. Obwohl die internen Optimierungen der Suchmaschine durch technische Weiterentwicklungen unbestritten Vorteile bei der Bedienungsfreundlichkeit haben, nimmt sie erheblichen Einfluss auf die im Internet relevante Meinungsvielfalt. Durch die Programmierung der Such-Algorithmen und die Einrichtung der „Autocomplete"-Funktion, sowie die Wahl der Kriterien zur Personalisierung der Suche gestaltet Google Suchergebnisse mittlerweile redaktionell und entscheidet zumindest abstrakt-generell, was für den Nutzer relevant ist. Es besteht die begründete Gefahr, dass man nicht mehr „findet, was man sucht", sondern, dass man das findet, wovon Google möchte, dass es gefunden wird. Der Einfluss von Suchmaschinen auf die Meinungsvielfalt verschiebt sich zeitlich nach vorne. Zentral ist nicht mehr die Frage nach den rezipierten Inhalten, sondern nach dem Auswahlprozess derselben durch den Intermediär.[140] Darin drückt sich die „Suggestivkraft" Googles aus.[141]

Der Einfluss Googles im neuen Informationsmedium „Internet" als modernem Massenkommunikationsmittel ist im Wesentlichen vergleichbar mit der Sondersituation des Rundfunks. Auch für Google lassen sich insbesondere bei den meinungsrelevanten Merkmalen „Breitenwirkung, Aktualität und Suggestivkraft" Entsprechungen nachweisen. Die Tatsache, dass sich nicht alle Einflussszenarien beweisen lassen, spielt rechtlich keine Rolle, wenn man der Rechtsprechung des Bundesverfassungsgerichts folgt. Das Schutzgut der Meinungsfreiheit ist für eine demokratische Gesellschaft von solcher Bedeutung, dass allein die abstrakt-generelle Möglichkeit der Einflussnahme ausreicht, um regulierend tätig zu werden.[142] Dies gilt auch deshalb, weil das Internet stetig an Relevanz für die Meinungsbildung zunimmt und somit noch stärker zu einem Grundrechteverwirklichungsnetz wird. Es konnte nachgewiesen werden, dass zumindest die Gefahr einer abstrakt-generellen Einflussnahme auf die Meinungsvielfalt durch die Google-Suchmaschine besteht. Demnach besteht nicht nur die Gefahr der Verletzung der individuellen Meinungsfreiheit, sondern auch der objektivrechtlichen Dimension der Meinungsfreiheit. Diesbezüglich trifft den Gesetzgeber eine Gewährleistungspflicht. Die Grundrechte Googles, auch ein mögliches Grundrecht aus Art. 5 Abs. 1 GG, müssen sich in ihrer Ausübung dieser Bedeutung anpassen.

---

140 *Röhle*, (Fn. 19), S. 130.

141 Eine Suggestivkraft ablehnend *Paal*, AfP 2011, 521 (529); *Kühling/Gauß*, ZUM 2007, 881 (886); *Degenhart*, CR 2011, 231 (236).

142 Vgl. BVerfGE 57, 295 (323); 95, 163 (172).

IV Bedeutung der Vergleichbarkeit für die einfach-gesetzlichen Regelungen des Medienkonzentrationsrechts, §§ 25 ff. RStV

Die Vergleichbarkeit der Situation der Google-Suchmaschine auf dem Suchmaschinenmarkt mit der Sondersituation des Rundfunks macht einen kurzen Blick auf die einfach-gesetzliche Ausgestaltung der verfassungsrechtlichen Vorgaben notwendig. Der Blick ist dabei in Anbetracht zukünftiger Regulierungsansätze, auf die Regelungen des Medienkonzentrationsrechts zu richten. Der gemäß § 25 Abs. 1 RStV verfolgte Regelungszweck, „inhaltlich die Vielfalt der Meinungen" im Wesentlichen zum Ausdruck zu bringen, wird auch der Regelungszweck möglicher Ansätze zur Regulierung der Suchmaschinen im Internet sein. Zwar lassen sich die Regeln zur Sicherung der Meinungsvielfalt im Rundfunk nicht auf die Problematik der Suchmaschinen übertragen. Die Regelungen des Medienkonzentrationsrechts geben aber Hinweis darauf, welche Maßnahmen der Gesetzgeber zur Sicherung der Meinungsvielfalt als verfassungsmäßig geboten ansieht. Sie können folglich einen wichtigen Input für die Regulierung von Suchmaschinen geben.

1 Sicherung der Vielfalt der Meinungen gemäß § 25 ff. RStV

Das verfassungsrechtliche Gebot der Sicherung der Meinungsvielfalt im privaten Rundfunk hat insbesondere in den §§ 25 ff. RStV seine einfach-gesetzliche Ausgestaltung gefunden. Aufgabe des sogenannten Medienkonzentrationsrechts ist es sicherzustellen, dass ein möglichst breites Spektrum an Meinungen in den Meinungsbildungsprozess Eingang finden kann. § 25 RStV stellt dafür die Inhaltsnorm dar. Sie konkretisiert den Begriff der Meinungsvielfalt nach den verfassungsrechtlichen Vorgaben.[143] § 25 Abs. 1 S. 2 RStV sieht vor, dass „die bedeutsamen politischen, weltanschaulichen und gesellschaftlichen Kräfte und Gruppen [...] angemessen zu Wort kommen." Versteht man § 25 RStV als Inhaltsnorm, ist § 26 RStV ihr Korrelat als Eingriffsnorm. Sie sichert die Funktionalität des Gebots der Meinungsvielfalt, welches § 25 Abs. 1 RStV aufstellt. § 26 Abs. 1 RStV sieht die Möglichkeit der Vornahme verschiedener meinungsvielfaltsichernder Maßnahmen vor, sollte ein Veranstalter vorherrschende Meinungsmacht erlangen. Ob ein Rundfunkveranstalter „vorherrschende Meinungsmacht" besitzt, bestimmt sich dabei nach dem Zuschaueranteilmodell. Dieses wird näher in § 26 Abs. 2 RStV

143 *Paschke/Tacke*, (Fn. 62), Rn. 92.

ausgeführt und ist als Vermutungsregel ausgestaltet.[144] Im Ergebnis hängt die Entstehung vorherrschender Meinungsmacht trotz alledem von einer Vielzahl von Faktoren ab, deren Feststellung eine Gesamtbetrachtung aller relevanten Umstände verlangt.[145] Ziel ist es, über die Herstellung von Außenpluralismus publizistischen Wettbewerb zu erzeugen. Auf diese Weise sollte einer strukturellen Verengung des Meinungsangebots vorgebeugt werden. Denn bei einer solchen strukturellen Verengung bestünde die Gefahr, dass *„Rezipienten keine Möglichkeit mehr haben, zwischen einer ausreichenden Anzahl von unterschiedlichen meinungsrelevanten Programmtendenzen frei zu wählen, weil das Angebot auf einen einseitigen, in hohem Maße ungleichgewichtigen Einfluss auf die öffentliche Meinungsbildung verengt ist."*[146]

Als vielfaltsichernde Maßnahmen sieht § 30 RStV nach Nr. 1 die „Einräumung von Sendezeit für unabhängige Dritte" (§ 31), sowie gemäß Nr. 2 die „Einrichtung eines Programmbeirats" (§ 32) vor. Beide Maßnahmen sollen durch externe oder interne Einflussnahme dazu beitragen, ein von den Meinungstendenzen des Veranstalters unabhängiges Meinungsfenster zu etablieren. Dem Programmbeirat stehen zum Beispiel zur Sicherung der Meinungsvielfalt gemäß § 32 Abs. 4 und 5 RStV Auskunfts- und Zustimmungsrechte zu.

2 Übertragbarkeit des Regelungszwecks der §§ 25 ff. RStV auf die Suchmaschinenregulierung

Die technische Funktionsweise und Voraussetzung von Fernsehen und Suchmaschinen unterscheiden sich erheblich. Dennoch ist die Gefahr für die Vielfalt der Meinungen auf dem jeweiligen Meinungsmarkt im Wesentlichen vergleichbar. Der mit der einfach-gesetzlichen Ausgestaltung im Medienkonzentrationsrecht verfolgte Zweck, die Meinungsvielfalt im privaten Rundfunk zu sichern, betrifft sodann inhaltlich auch eine eventuelle Suchmaschinenregulierung. In der Folge sollen einige Beispiele die Nähe des Regelungsansatzes für den Rundfunk zur Suchmaschinenregulierung verdeutlichen. Sie dienen lediglich als Anhaltspunkte für notwendige regulatorische Maßnahmen, die dann *in concreto* selbstverständlich die Eigenheiten der Suchmaschinen und ihres Umfeldes berücksichtigen müssen.

---

144 Vgl. *Dörr*, (Fn. 25), S. 15 ff.

145 Entscheidung KEK vom 10.1.2006, Az: 293-1 bis -5, S. 80.

146 *Paschke/Tacke*, (Fn. 62), Rn. 146.

a) §§ 22 und 23 RStV

§ 22 RStV räumt den Landesmedienanstalten Auskunftsrechte und Ermittlungsbefugnisse ein. § 23 RStV sieht darüber hinaus eine Publizitätspflicht der Veranstalter vor. Die Regelungen sollen die Informationsbeschaffung und Sachverhaltsaufklärung effektivieren und dienen den Landesmedienanstalten zur Erfüllung ihrer Kontrollaufgaben bezüglich der Sicherung der Meinungsvielfalt nach § 26 ff. RStV. Ohne diese Befugnisse wäre eine Einschätzung dahingehend, ob ein Veranstalter über vorherrschende Meinungsmacht verfügt und welche Ausgleichsmaßnahmen zu Abwendung getroffen werden sollten, schwierig.

Suchmaschinen treffen keine derartigen Kontrollpflichten. Die Auswahlkriterien des jeweiligen Such-Algorithmus sind geheim und ohne externe Kontrollmechanismen nicht auf möglichen meinungsrelevanten Inhalt überprüfbar. Es fehlt folglich ein wirksames Instrument zur Kontrolle der Meinungsrelevanz von Suchmaschinen.

b) § 25 RStV

§ 25 RStV verpflichtet die privaten Rundfunkveranstalter, inhaltlich die Vielfalt der Meinungen zum Ausdruck zu bringen. Sie sind als Inhaltsproduzenten zur aktiven Vielfaltsicherung angehalten, das heißt sie müssen in ihrem Programm ein breites Spektrum an Meinungen bedienen. Diese Verpflichtung gilt sowohl für das Vollprogramm (Abs. 1) als auch für einzelne Programme (Abs. 2). Er vertraut zur Sicherung der Meinungsvielfalt auf das Modell der außenpluralen Vielfaltsicherung, wonach aufgrund einer Vielzahl von Veranstaltern sich ein publizistischer Wettbewerb entwickelt, in welchem die wesentlichen Meinungen zum Ausdruck kommen. Über die Relevanz der kommunizierten Meinungen kann nach diesen Vorgaben der öffentliche Kommunikationsprozess entscheiden.

Auf dem Suchmaschinenmarkt hingegen dominiert ein Anbieter, die Google-Suchmaschine. Zwar produziert sie im engeren Sinne keine Inhalte, sondern vermittelt nur. Die Suchergebnisauswahl orientiert sich jedoch am Such-Algorithmus, sodass eine abstrakt-generelle Auswahl der Inhalte stattfindet. Ein Außenpluralismus indes, der Pluralismus bezüglich der Beurteilung der Relevanz einer Meinung gewährleistet, existiert nicht. Über die Relevanz kann vielmehr der Suchmaschinenanbieter über Suchmaskenanpassungen, wie die Auto-Vervollständigung entscheiden. Sollten sich die Suchangebote der bei der Auto-Vervollständigung angebotenen Begriffe auch aus einer neutralen Ermittlung ergeben, werden Mindermeinungen über diesen Mechanismus ausgegrenzt. Zudem steht bei Suchmaschinen die Optimierung der Suchergebnisse zur besseren Vermarktung von Werbeprodukten und nicht das öffentliche Interesse an der Darstellung eines umfassenden Meinungsspektrums im Vordergrund. Vergleichbar mit der „Quotenjagd“ der privaten Rundfunkanbieter und ihrer Vorliebe für seichte Unterhaltungsprogramme kann dies in erheblichem Maße die „individuellen Befähigungen zu produktiver Meinungsbildung“ beeinflussen und „den Entfaltungsräumen kollektiv-öffentlicher Meinungsbildung“ schaden.[147]

c) §§ 26 ff. RStV

Die Bestimmung des § 26 Abs. 1 RStV enthält das Verbot der vorherrschenden Meinungsmacht im bundesweiten privaten Fernsehen. § 26 Abs. 2 RStV regelt, wann vorherrschende Meinungsmacht vermutet werden kann. Dies ist nach § 26 Abs. 2 Satz 1 RStV regelmäßig bei einem vermuteten Zuschaueranteil von 30 vom Hundert der Fall. Auch bei einem Zuschaueranteil von über 25 vom Hundert kann vorherrschende Meinungsmacht beim Hinzutreten weiterer Faktoren vermutet werden. Unterhalb der Vermutungsgrenzen ist es nach der bereits dargestellten Rechtsprechung des Bundesverwaltungsgerichts nur ausnahmsweise möglich, vorherrschende Meinungsmacht zu bejahen.[148] Zweck der §§ 26 ff. RStV ist es, den publizistischen Wettbewerb durch ein gewisses Maß an Ausgewogenheit und Vielfalt zu sichern. Des Weiteren ergibt sich nach Maßgabe der §§ 30 ff. RStV, welche Maßnahmen zur Sicherung der Meinungsvielfalt getroffen werden können. Dazu gehören Sendezeiten für Dritte, § 31 RStV sowie die Einrichtung eines Programmbeirats, § 32 RStV. Dies soll sich positiv auf die Meinungsvielfalt innerhalb des Vollprogramms der Veranstalter mit vorherrschender Meinungsmacht auswirken.

V Ergebnis

Am Beispiel des Quasi-Monopolisten der Google-Suchmaschine konnte nachgewiesen werden, dass eine Regulierung der Suchmaschinendienste allgemein zur Sicherung der Meinungsvielfalt im Netz dringend geboten ist. Aufgrund der zunehmenden Relevanz des Internets in einer digitalisierten Informationsgesellschaft haben sich Suchmaschinen über die dynamische Entwicklung und Vernetzung der neuen Medien zum „Medium und Faktor“ entwickelt. Als privatwirtschaftliches Unternehmen orientiert sich Google bei seiner Entwicklung und Interessenabwägung vornehmlich an den allgemeinen Marktinteressen. Dadurch unterliegen Suchmaschinen internen und externen Einflüssen, die für die Nutzer

---

147 *Rossen-Stadtfeld/Trute*, in: Hahn/Vesting, Beck`scher Kommentar zum Rundfunkrecht, 3. Aufl., § 25 RStV Rn. 58; *Paschke/Tacke*, (Fn. 62), Rn. 110.
148 Ausführlich dazu oben III. 1.

unüberschaubar sind. Dies zeigt, dass es bei der Diskussion um die und der Forderung nach der Bewahrung der Meinungsvielfalt im Internet durch den Intermediär „Suchmaschine“ zentral um die Sicherung und den Schutz der unabhängigen Entscheidungskompetenz der Nutzer geht. Dem steht das Nutzerverhalten entgegen, das durch die hohe „Funktionalität“ der Suchmaske „geschult“ ist, was eine Verringerung der Komplexität der Suche bedeutet. Neue Entwicklungen bei den Suchmaschinen, wie die personalisierte Suche, die Auto-Vervollständigungsfunktion und Erkenntnisse über das allgemeine Nutzerverhalten helfen zwar, genau diese Komplexität zu verringern. Sie reduzieren aber im Ergebnis das auffindbare Angebots- und Meinungsspektrum. Dieser Prozess verläuft zu schleichend und zu versteckt, als dass der Nutzer den Effekt erkennen könnte. Daher besteht die begründete Gefahr, dass sich die Nutzer nicht mehr ungehindert über ein möglichst breites Spektrum an Meinungen informieren können. Zudem ist eine unzulässige Beeinträchtigung der Suchmaschinenneutralität, gepaart mit unbedarftem Nutzerverhalten nicht auszuschließen. All dies belegt die Meinungsrelevanz der Suchmaschinen. Wegen dieser Ausgangssituation trifft den Gesetzgeber eine besondere Gewährleistungspflicht bezüglich der Sicherung der Meinungsvielfalt. Sie verpflichtet ihn dazu, im Rahmen seiner Kompetenz, geeignete und angemessene Regelungen zur Sicherung der Meinungsvielfalt zu treffen.

D Die Grundstrukturen einer Neuregelung

I Allgemeines

Für die Regulierung des Suchmaschinenmarktes muss das Rad nicht neu erfunden werden. Das deutsche Recht hält auf unterschiedlichen Rechtsgebieten bereits Regelungen vor, die sich konzeptionell mit der Lösung ähnlicher Problemstrukturen beschäftigt haben. Zu nennen sind diesbezüglich insbesondere das Wettbewerbs-, das Telekommunikations- und das Medienkonzentrationsrecht. Unabhängig vom Rechtsgebiet hat der Gesetzgeber Antworten darauf gesucht, wie auf einem gesellschaftlich relevanten Gebiet den Gefahren einer Machtkonzentration begegnet werden kann. Die Ansätze zeigen inhaltliche Parallelen. Grundsätzlich soll durch eine verstärkte Überwachung und Marktöffnungsmechanismen negativen Tendenzen Einhalt geboten werden. Im Zentrum stehen regelmäßig Diskriminierungsverbote, Zugangs- und Transparenzgebote sowie Auskunfts- und Überwachungsrechte. Ähnliche Ansätze scheinen auch für die Regulierung des Suchmaschinenmarktes, speziell im Bezug auf den Big-Player

Google, sinnvoll. In Anbetracht der technischen Funktionsweise und besonderen Aufgabe von Suchmaschinen sowie den Besonderheiten des Informationsmarktes Internet werden einige Anpassungen an die Anforderung dieses dynamischen Umfeldes nötig sein. Diese sollen in der Folge erarbeitet und diskutiert werden.

II Ausgangsüberlegungen

1 Die medienpolitische Ausgangslage

Suchmaschinen sind über die Informationsflut im Internet zu einem „Grundversorgungsunternehmen" avanciert.[149] Im digitalen Zeitalter, in welchem Bürger weite Teile ihrer Informationen aus dem Internet beziehen, übernehmen sie über den technischen Auswahlprozess ihrer „Such-Codes" eine unabdingbare Selektions- und Interpretationsleistung.[150] Die „Auktion um Aufmerksamkeit" vermögen Suchmaschinen auf diese Weise zu lenken. Sie leisten dadurch eine Orientierungsfunktion, die die Möglichkeiten der Teilhabe der Bürger an Meinungsbildungs- und Kommunikationsprozessen potenziert.[151] Diesem Mehr an Information und potenzieller Teilhabe steht die Gefahr der Einschränkung der Meinungsvielfalt entgegen. Suchmaschinenbetreiber sind als private Dienstleister grundsätzlich nicht der Sicherung der Meinungsvielfalt, der Informationsfreiheit oder der informationellen Selbstbestimmung ihrer Nutzer verpflichtet. Sie denken in wirtschaftlichen Maßstäben. Ihr Kapital sind die Daten der User, deren Inhalte der Werbebranche tiefe Einblicke in das Konsumverhalten jedes einzelnen Nutzers bieten. Um diesen Werbemarkt besser bedienen zu können, erweitern die Suchmaschinenanbieter die Breite der gesammelten Daten. Mit dem Rückgriff auf gespeicherte Cookies sowie das Vorhalten personalisierter Daten hoffen die Suchmaschinenanbieter aber nicht nur, die Vermarktung der Werbeflächen zu erhöhen, sondern auch die Suchergebnisse ihrer Nutzer zu „optimieren". Laut Google sind für das Suchergebnis einer Suchanfrage bis zu 200 Kriterien entscheidend.[152] Diese Suchgesetze ermitteln für jeden Nutzer individuell nach abstrakt-generellen Maßstäben, welche Information für ihn relevant sein könnte, das heißt: der Suchmaschinenanbieter entscheidet, was relevant ist und was nicht. Die Zustimmung zur Erhebung und Sicherung der Daten, die die Suchkriterien

---

149 *Callas*, (Fn. 76).
150 *Beiler/Machill*, (Fn. 8), S. 250.
151 *Jarren/Wassmer*, (Fn. 73), S. 119 ff.
152 Nachzulesen unter: Google, Woran wir glauben – Unsere Zehn Grundsätze, Nr. 4, Quelle: http://www.google.de/intl/de/about/company/philosophy/.

optimieren, erfolgt durch die Nutzung des Suchprogramms und ist nur teilweise zu beeinflussen. Im Rahmen dieser Standardeinstellungen der Anbieter reduziert sich der Einfluss der Nutzer auf ihr vorheriges Suchverhalten erneut. Die mögliche Einflussnahme auf die Suchtreffer durch die erhobenen persönlichen Informationen bleibt unerwähnt. Die Nutzer werden nicht aktiv auf ihre Möglichkeit der Einwirkung auf die Suchkriterien hingewiesen. Die Suchergebnisse basieren folglich in erheblichem Maße auf Auswahlkriterien der Suchmaschinenanbieter. Such-Algorithmen sind, anders als die gängige Meinung vermutet, nicht objektiv und neutral, sondern unterliegen den wirtschaftlichen (und politischen) Interessen der Suchmaschinenbetreiber.[153] Auf einem hochkonzentrierten, monopolisierten Suchmaschinenmarkt mit der Google-Suchmaschine als einzigem Big-Player gewinnen die Einflüsse, die die Suchmaschine auf den Informationsmarkt nimmt, nochmals zusätzliches Gewicht. Das Argument des Google-Konzerns, dass die Konkurrenz „nur einen Klick entfernt" sei, trifft in der Theorie zu. In der Praxis aber erfolgt in Ansehung ihrer Marktmacht, zum Teil über Praktiken bei den Vertragsgestaltungen mit Werbetreibenden oder über Verpflichtungen bei der Softwaredistribution auf dem Mobilfunkmarkt, zum Teil über sogenannte Gewöhnungseffekte der Nutzer, ein „Lock-In"-Effekt.[154] Dieser verstärkt sich noch durch Erweiterung paralleler Kommunikationsdienste.[155]

2 Die rechtliche Ausgangslage

Bei der Erarbeitung eines angepassten rechtlichen Rahmens für Suchmaschinendienste müssen die bereits geltenden Regeln berücksichtigt werden. Die Ergebnisse der Untersuchung des für Suchmaschinen *de lege lata* geltenden rechtlichen Rahmens geben einen ersten Aufschluss darüber, welche zusätzlichen regulatorischen Maßnahmen getroffen werden könnten. Das Medienkonzentrations- sowie das Wettbewerbsrecht als auch die Selbstregulierung durch die Suchmaschinenanbieter haben gezeigt, dass sie die entscheidenden Schutzgegenstände erkennen. Zur Gewährung der nötigen Schutzintensität fehlt es aber noch an wirksamen Regelungsmechanismen. Dies auch, weil Suchmaschinen als relativ junges Phänomen der Massenmedien trotz struktureller Vergleichbarkeit nicht unter die bestehenden Regularien subsumiert werden konnten. Dies zeigt

153 *Fiedler*, Untersuchungsausschuss neue Medien (22), 18. Sitzung, 27.2.2012, S. 4.
154 *Paal*, AfP 2011, 521 (530); vgl. *Beiler/Machill*, (Fn. 8), S. 253, die von einer „habitualisierten Verwendung" sprechen.
155 Vgl. Ergebnis der qualitativen Studie, *Stark/Magin/Jürgens* i. d. B.; sowie *Meckel*, (Fn. 79), S. 12 ff.

sich deutlich beim Medienkonzentrationsrecht. Mangels Rundfunkeigenschaft von Suchmaschinen können die Regelungen der §§ 25 ff. RStV trotz ähnlichen inhaltlichen Ansatzes nicht angewendet werden. Das Motiv der Sicherung der Vielfalt der Meinungen durch die Verhinderung vorherrschender Meinungsmacht ließe sich aber inhaltlich übertragen.[156] Diese Regelungslücke vermag auch das Wettbewerbsrecht nicht aufzufangen, obwohl es gewisse Anforderungen an die Google-Suchmaschine als marktbeherrschendes Unternehmen stellt. Der Rechtsanspruch zur Aufnahme in den Suchmaschinenindex sowie das Gebot der Suchmaschinenneutralität bleiben in Anbetracht der Funktionsweise von Suchmaschinen und mangelnder Transparenzvorschriften für die Sicherung der Meinungsvielfalt weitgehend ohne nennenswerte Auswirkung. Im Wettbewerbsrecht bleiben medien- und meinungspolitische Gründe unberücksichtigt. Es hat die Verhinderung vorherrschender Meinungsmacht, zum Beispiel durch die Berücksichtigung internen Wachstums und die Ermöglichung präventiver Maßnahmen nicht im Blick. Auch der Verhaltenssubkodex der Suchmaschinenbetreiber schließt diese Lücke nicht. Zwar verpflichtet er Suchmaschinenanbieter zu einem gewissen Maß an Transparenz und Nutzeraufklärung.[157] Seine konsequente Umsetzung ist aber fraglich. Darüber hinaus sieht er keine Maßnahmen vor, die die Nutzer aktiv einbinden, die Neutralität der Suche sichern oder sonstige Maßnahmen, die dem Schutz der Meinungsvielfalt dienen.

3 Die Kriterien der Neutralität, Transparenz und Kompetenz

Filtert man in der Diskussion die wesentlichen Punkte zu Fragen einer vorhandenen Regulierung heraus, konzentriert sie sich auf die Frage nach der Möglichkeit der Sicherung der Meinungsneutralität der dargestellten Suchergebnisse. Diese sind aufgrund unzureichender Transparenzvorschriften nicht überprüfbar. An das Problem der (Meinungs-)Neutralität anschließend fehlt es an der nötigen Einbindung der Nutzer in den Suchprozess. Dieser stellt auch den Informationsgewinnungs- und Meinungsbildungsprozess dar. Kurz gefasst sind die drei zentralen Orientierungspunkte für eine Neuregulierung: Neutralität, Transparenz und Kompetenz (NTAKT-Kriterien).[158] Die Marktsituation, die technische Funktions-

156 So auch *Paal*, AfP 2011, 521 (530).

157 Vgl. dazu *Horchert*, EU-Kartellverfahren: Google beugt sich Wettbewerbshütern, Spiegel.de vom 13.4.2013, Quelle: http://www.spiegel.de/netzwelt/netzpolitik/kartellverfahren-google-beugt-sich-wettbewerbshuetern-a-894222.html.

158 Ähnlich wohl *Meckel*, (Fn. 79), S. 24, die diese Kriterien „Angebots-, Distributions- und Nutzungsdimension" nennt.

weise von Suchmaschinen sowie potentielle Einflussmöglichkeiten der Nutzer stellen den Ansatzpunkt für eine sinnvolle Regulierung dar.

Bei der Einbettung der drei Kriterien Neutralität, Transparenz und Kompetenz in eine umfassende Suchmaschinenregulierung müssen die Regulierungsansätze die verfassungsrechtlichen Voraussetzungen beachten und zweckmäßig sein. Durch eine zusätzliche Regulierung würde in die Grundrechte der Suchmaschinenbetreiber aus Art. 5 Abs. 1 GG und Art. 12 Abs. 1 GG eingegriffen werden. Diese Eingriffe müssen sich am Verhältnismäßigkeitsgrundsatz messen lassen, insbesondere ist das zur Erreichung des Zwecks mildeste Mittel zu wählen, und das Mittel müsste im Rahmen einer Interessenabwägung angemessen sein. Zunächst muss die regulierende Stelle aber formell zum Erlass des Gesetzes berechtigt sein, mithin die Gesetzgebungskompetenz besitzen. Dabei ist nicht nur die Verteilung der Gesetzgebungskompetenzen gemäß Art. 70 ff. GG zu berücksichtigen. Da es sich bei den Betreibern der Suchmaschine darüber hinaus um international operierende Unternehmen handelt, müssen auch eventuelle Einwirkungen und Regelungskompetenzen des EU-Rechts beachtet werden. Zudem ist auch dem Prinzip der Staatsferne Rechnung zu tragen, da es sich um den sensiblen Bereich der Meinungsfreiheit handelt.

Neben diese rechtlichen Erwägungen treten praktische Überlegungen, die bei einer Regulierung beachtet werden sollten. Zunächst muss man berücksichtigen, dass Suchmaschinen im Internet die wichtige Funktion der Informationsselektion erfüllen. Somit erhöhen sie grundsätzlich die Benutzer- und Bedienungsfreundlichkeit des Internets. Auf einem dynamischen und wachsenden Markt an Informationen unterstützen die zusätzlichen Tools und Innovationen, wie die personalisierte Suche, die Nutzer bei der Orientierung im Internet. Im Rahmen der Regulierung ist es demnach wichtig, diese Dynamik und die Innovations- und Investitionsbereitschaft der Suchmaschinenanbieter zu würdigen und zu berücksichtigen. Die Optimierung und individuelle Anpassung ist *per se* nichts Negatives, sondern sollte eher als Fortschritt betrachtet werden. Es sind Regulierungsansätze zu bevorzugen, die die Betreiber mit einbeziehen und die Bereitschaft, innovative Ideen zu entwickeln, fördert. Des Weiteren muss geprüft werden, ob nationale oder europäische Regulierungsansätze auf nationaler Ebene tatsächlich die angedachte Wirksamkeit entfalten können. Die Suchmaschinenregulierung zur Sicherung der Meinungsvielfalt ist grundsätzlich auf den nationalen Rechtsrahmen beschränkt. Somit ist fraglich, inwieweit Maßnahmen durch einen einzelnen Staat regulatorischen Druck auf ein international operierendes Unternehmen aufbauen können und ob und wie die Wirksamkeit der Maßnahmen sichergestellt werden kann.

Die angedeuteten Kriterien bilden die Ausgangslage für die zu erarbeitenden Handlungsoptionen, die der Gesetzgeber bei der Wahrnehmung seiner Ausgestaltungs- und Gewährleistungsverantwortung berücksichtigen sollte. Anspruch einer Regelung muss sein, die Meinungsvielfalt zu sichern, ohne unverhältnismäßig in den Wettbewerb und die dynamischen Entwicklungsprozesse der digitalen Medien einzugreifen.

In der Wissenschaft wird eine Vielzahl verschiedener möglicher regulatorischer Maßnahmen diskutiert. Das Ideenspektrum reicht dabei von Anpassungen der Normenanwendungspraxis über die stärkere Ausgestaltung selbstregulatorischer Maßnahmen beziehungsweise eine Anpassung allgemeiner Nutzungs- und Geschäftsbedingungen. Ebenso wird über die Ausweitung oder Übertragung wettbewerbs-, medien- oder kommunikationsrechtlicher Regularien bis hin zur Inbetriebnahme einer öffentlich-rechtlichen Suchmaschine diskutiert. Die Wirksamkeit der vorgebrachten Gestaltungsmöglichkeit wird vielfach kritisch gesehen.[159] Zu wenig greifbar, zu vielschichtig erscheint die Problematik, um in den Grenzen nationaler Gesetze zufriedenstellend gelöst werden zu können. Unbestritten ist die Aufgabe der Regulierung von Suchmaschinen komplex. Dennoch sollen in der Folge die maßgeblichen Leitlinien erörtert werden, die bei einer künftigen Regulierung zu beachten sind. Dabei wird davon ausgegangen, dass die mit der Regulierung verbundenen Herausforderungen ähnlich vielschichtig angegangen werden müssen, wie die Probleme gelagert sind. Über eine Erweiterung und punktuelle Anpassung der bereits existierenden Kontroll- und Schutzmechanismen zum Beispiel des Wettbewerbs- und Medienrechts soll die Wirksamkeit möglicher Maßnahmen gesichert werden. Besondere Wichtigkeit erlangen die Kriterien der Neutralität, Transparenz und Kompetenz, deren Anforderungen die Maßnahmen *de lege ferenda* nachkommen sollten. Sie stellen das Spannungsfeld zwischen technischen Voraussetzungen und Grenzen der Suchmaschinenregulierung, der Möglichkeit der Kontrolle der neuen materiell-rechtlichen Maßgaben und der Eigenverantwortung der Verbraucher dar. Diese drei zentralen regulatorischen Ansatzpunkte und ihre spezielle Bedeutung im Zusammenhang mit der Suchmaschinenregulierung sollen kurz dargestellt werden.

III Die maßgeblichen Leitlinien

Zunächst soll nicht im Detail die Frage abgehandelt werden, wie eine Regulierung tatsächlich aussehen könnte. Behandelt werden soll, welche inhaltlichen Anforderungen die NTAKT-Kriterien bei der Suchmaschinenregulierung aufstellen. Die Begriffe der Neutralität, Transparenz und Medienkompetenz sind aus anderen Zusammenhängen bekannt und haben im jeweiligen Umfeld ihre Entsprechung

159 So *Kühling/Gauß*, ZUM 2007, 881 (888 ff.); *Paal*, AfP 2011, 521 (532).

gefunden. Im Umfeld der Regulierung von Suchmaschinen müssen für diese Begriffe teilweise neue, angepasste Tatbestände definiert werden. Für die Regulierung bedarf es daher genauerer Ausführungen, welche Bedeutung ihnen zwischen Nutzung und Regulierung von Suchmaschinen im Einzelnen zukommt.

1 Suchmaschinenneutralität

Der Punkt der „Suchmaschinenneutralität" nimmt Bezug auf die Diskussion um die Durchsetzung des kartellrechtlichen und telekommunikationsrechtlichen Anspruchs des Marktes auf Diskriminierungsfreiheit und Netzneutralität. Der Anspruch auf Diskriminierungsfreiheit und Netzneutralität bezieht sich bei der Frage der Regulierung von Suchmaschinen auf den Anspruch nach einer neutralen Auswahl und Darstellung der Suchergebnisse.[160] Das meint eine objektive Darstellung der Suchergebnisse ohne Übervorteilung durch den Suchmaschinenbetreiber. Die Frage der „Objektivität" bezieht sich dabei auf die Frage nach einer möglichst neutralen Ausgestaltung der Such-Algorithmen, um Suchmaschinenneutralität im meinungsrelevanten Sinne zu erreichen.[161] Im Blickpunkt steht insbesondere der Vorwurf, dass die Suchmaschinenbetreiber die Angebote eigener, verbundener Inhalteanbieter durch ein besseres Ranking bevorzugen.[162] Diskutiert werden neben Maßnahmen zur Sicherung der Neutralität der Suchergebnisse auch Maßnahmen, die den Nutzer zum Beispiel durch eine besondere Kennzeichnung auf die Verbindung des Suchmaschinenanbieters zu dem Inhalteanbieter hinweisen (sog. vertikale Integration[163]). Ziel ist es, den Nutzern die neutrale Auswahl aus dem gesamten vorhandenen Angebotsspektrum zu ermöglichen, ohne interne Einflussnahme durch den Betreiber. Die benachteiligten Inhalteanbieter machen Ansprüche gegen die Google-Suchmaschine aus dem Kartellrecht geltend. Weil es sich bei dieser um ein marktbeherrschendes Unternehmen handele, müsse jeder nicht nur das Recht auf Aufnahme in den Index, sondern vor allem dieselbe Chance auf ein aussichtsreiches Suchmaschinenranking haben. Interne Einflussnahme durch die Konditionierung der Such-Algorithmen wird als unzulässig erachtet.[164]

---

160 Dazu *Gersdorf*, AfP 2011, 209; *Koreng*, CR 2009, 758; *Holznagel*, AfP 2011, 532; *Paal*, AfP 2011, 521.
161 So auch Paal, AfP 2011, 521 (523).
162 Vgl. *Almunia*, (Fn. 74).
163 Vgl. dazu nur *Dörr*, (Fn. 25), S. 6 ff.
164 Eine Übersicht dazu bietet „fairsearch.org". Darin hat sich eine Vielzahl von Google-Konkurrenten zusammengeschlossen, Quelle: http://www.fairsearch.org/key-resources/.

Der Ansatz der Sicherung der Suchmaschinenneutralität im Wettbewerb kann analog auf die Sicherung der Meinungsvielfalt über die dargestellten Suchergebnisse erweitert werden. Offensichtlich muss eine Regulierung dabei schon allein aufgrund der technischen Funktionsweise von Suchmaschinen andere Wege gehen, als sie für die Kenntlichmachung vertikal integrierter Angebote diskutiert werden. Eine Hervorhebung, zum Beispiel durch farbliche Kenntlichmachung, widerspräche dem Anspruch, divergierenden Meinungen gleichgeartete Zugangschancen zum „Markt der Meinungen“ zu gewähren. Der Lösungsansatz liegt eher darin, wie der Zugang einzelner Meinungen auf ein Suchmaschinenranking ausgestaltet werden könnte.[165] Der Anspruch auf Aufnahme in den Index einer Suchmaschine muss funktional erweitert werden und sollte in Zukunft den Anspruch auf Suchmaschinenneutralität mit umfassen. Durch diesen zusätzlichen Anspruch soll gesichert werden, dass das Ranking eine möglichst neutrale Orientierung bei der Sondierung des Meinungsmarktes bieten muss.[166] Interne und externe Manipulationen des Such-Algorithmus und des Rankings werden unzulässig. Der Begriff der Suchmaschinenneutralität, verstanden als Neutralität bei Indexierung und Positionierung der Informationen und Meinungen, erkennt so die Funktionsweise von Suchmaschinen und deren Aufgabe für die Informationsgewinnung an.

Das Internet hat die Menge der rezipierbaren Informationen und Meinungen erhöht. Es ist aufgrund des niedrigschwelligen Zugangs zum Internet davon auszugehen, dass im Internet eine ausreichende Meinungsvielfalt besteht. Suchmaschinen müssen in diesem Zusammenhang (wieder) zum Informationsvermittler werden. Denn sie produzieren durch die Darstellung der Suchergebnisse keine eigenen Inhalte. Die Suggestivkraft entsteht vielmehr durch die Auswahl und das Ranking, welche den Zwängen der Such-Algorithmen folgen. Ihre publizistische Leistung besteht in der Auswahl der Inhalte. Individuelle Suchmaschinenoptimierung zum Beispiel durch die personalisierte Suche würde dabei grundsätzlich keine Verletzung dieser Neutralitätspflicht darstellen. Gesichert werden muss nur, dass auch im angepassten Rahmen innerhalb der gesetzten Schwerpunkte die neutrale, d.h. gleichberechtigte Darstellung gesichert ist. Im Ergebnis verlangt das Kriterium der Suchmaschinenneutralität den chancengleichen Zugang zu einem aussichtsreichen Suchmaschinenranking.[167]

---

165 Ähnlich *Meckel*, (Fn. 79), S. 2; *Kühne*, (Fn. 83), S. 18.

166 siehe *Paal*, (Fn. 2), S. 66, der den Anspruch auf Aufnahme in den Suchmaschinenindex ohne Kontrolle des Rankings folgerichtig als Makulatur bezeichnet.

167 Ebenso *Jarren/Wassmer*, (Fn. 73), S. 127; vgl. auch *Stark*, Protokoll zum „Expertenworkshop – Suchmaschinen im Spannungsfeld zwischen Nutzung und Regulierung“ am 8.2.2013 (Johan-

2 Transparenz

Das Kriterium der Transparenz hat als Schnittstelle zwischen Sicherung der Suchmaschinenneutralität und Erweiterung der Kompetenzen der Nutzer dualen Charakter. Das Transparenzgebot hat sowohl gestalterischen Einfluss auf die Regulation zwischen staatlichen Kontrollorganen und den Suchmaschinen als auch auf das Verhältnis der Nutzer zur Such-maschine.

a) Bedeutung bei Ausgestaltung des staatlichen Kontrollauftrags

Die Verpflichtung zur Suchmaschinenneutralität allein bewirkt nicht, dass die aufgestellten Kriterien auch eingehalten werden. Erneut kann die Diskussion im Wettbewerbsrecht (und Telekommunikationsrecht) als symptomatisch gelten. Der Suchmaschinenanbieter Google steht trotz Beteuerung der eigenen Unschuld unter ständigem Manipulationsverdacht.[168] Als marktbeherrschendes Unternehmen muss die Google-Suchmaschine seinen Wettbewerbern Zugang zum Index der Suchmaschine und diskriminierungsfreie Behandlung gewähren, §§ 19 ff. GWB. Ob die Google-Suchmaschine letzterer Pflicht nachkommt, lässt sich mangels Verpflichtung zur Offenlegung der Auswahlkriterien nicht kontrollieren.[169] Die gesammelten Indizien reichen bis dato nicht aus, um Google einen Missbrauch seiner Marktmacht nachzuweisen. Die Ahndung ist aber nur bei dem erbrachten Beweis einer Manipulation möglich.[170] Im Gegensatz zum Wettbewerbsrecht genügt aufgrund des Stellenwerts der Meinungs- und Informationsvielfalt im Grundgesetz die Gefahr, dass eine Verzerrung der Meinungsvielfalt durch vorherrschende Meinungsmacht oder Manipulation auf einem relevanten Massenmedienmarkt entsteht.[171] Weder im Wettbewerbsrecht noch im Medienrecht existieren Regeln, die die Überprüfbarkeit der Neutralitätsverpflichtung gewährleisten können. Der Suchmaschinenkodex hält zwar Transparenz- und Sanktionsvorschriften vor. Die Durchsetzung scheitert aber in ähnlichen Stadien wie bei der staatlichen Regulierung. Vorwürfe der internen Einflussnahme können von der Manipulation des Rankings bis hin zur Entfernung bestimmter Inhalte reichen. Ohne eine Übersicht über die Auswahlkriterien sind Verstöße

---

nes Gutenberg-Universität Mainz), S. 8, die darauf hinweist, dass sich die Definition der „Filter Bubble" weg von der Inhaltsebene und hin zur Zugangsebene verschiebt.

168 Vgl. http://www.fairsearch.org.

169 Vgl. auch *Flecken*, (Fn. 98), S. 7.

170 *Paal*, AfP 2011, 521 (528).

171 Vgl. BVerfGE 57, 295 (323); 95, 163 (172).

kaum überprüfbar.[172] Zum Schutz der Meinungsvielfalt durch Suchmaschinenneutralität ist die Etablierung umsichtig ausgestalteter Transparenzvorschriften daher unabdingbar. Sie müssen zum einen berücksichtigen, dass die Such-Algorithmen das Kapital einer Suchmaschine ausmachen. Sie entscheiden über die Qualität der Ergebnisse für die Nutzer. Zum anderen dürfen Transparenzvorschriften nicht dazu führen, dass die Such-Algorithmen durch externe Einflussnahme der Suchmaschine die Erfüllung ihrer Dienstleistung unmöglich machen, indem Suchergebnisse von außen manipuliert und verfälscht werden. Die Regelung eines Transparenzgebots, welches die Neutralität der Such-Algorithmen bei der Auswahl des Rankings gewährleisten soll, wird auf diese beiden Probleme Antworten finden müssen.

b) Bedeutung für Suchmaschinen-Nutzer-Verhältnis

Die Verpflichtung zu mehr Transparenz geht über die Sicherung der Suchmaschinenneutralität hinaus. Sie muss weiter den Nutzer im Blick haben. Für einen bewussten Umgang mit Suchmaschinen und Suchergebnissen bedarf es aufgeklärter Nutzer. Dafür ist es notwendig, dass sie ein Grundverständnis für die technische Funktionsweise von Suchmaschinen entwickeln. Die Folgen der Anpassung des Interaktionsdesigns oder die Auswirkungen durch die Optimierung der Such-Algorithmen zum Beispiel durch die Personalisierung müssen transparent und leicht zugänglich gemacht werden. Den Nutzern wird somit ermöglicht, auf aktive und passive Informationsfilter, die die Suchmaschinenoptimierung bewirken kann, zu reagieren.

Das Kriterium der Transparenz entfaltet somit Wirkung sowohl auf die Sicherung der Suchmaschinenneutralität als auch auf die Sicherung der Medienkompetenz. Durch sie würden mögliche Verstöße der Meinungsneutralität erst überprüfbar. Die tatsächlichen Einwirkungsmöglichkeiten auf die dargestellten Suchergebnisse würden so erst in das Bewusstsein vieler Nutzer gerückt. Bei einer möglichen Regulierung der Suchmaschinenanbieter wird die Wirkungspotenz der Maßnahmen folglich wesentlich von der adäquaten Ausgestaltung der Transparenzvorschriften abhängen.

3 Erweiterung der Medienkompetenz

Das Kriterium der Medienkompetenz hat die Interaktionsmöglichkeiten zwischen Nutzern und Suchmaschinenanbietern im Blick. Es spielt bei der Sicherung der

172 *Beiler/Machill*, (Fn. 8), S. 255.

Meinungs- und Informationsvielfalt innerhalb der Suchergebnisse eine tragende Rolle. Denn trotz geheimen Such-Algorithmus und Suchmaschinenoptimierung à la „personalisierte Suche" kann der Nutzer durch seine Sucheingabe den entscheidenden Faktor für das Suchresultat setzen. Er könnte durch Erhöhung der Komplexität der Suchanfrage, eine genaue Evaluation der Suchergebnisse oder durch benutzerdefinierte Einstellung des Internetproviders, zum Beispiel über das Löschen von Cookies, die Objektivität seiner Suchergebnisse erhöhen. Gleichzeitig würde sich der Einfluss von individualisierenden Optimierungsmaßnahmen in den Such-Algorithmen verringern. Die Suche würde generalistischer, vorausgesetzt der Such-Algorithmus bietet im Grunde eine neutrale Auswahl an. Es liegt folglich zu einem bedeutenden Teil in den Händen des Nutzers, die Möglichkeiten und die Vielfalt des Internets zu nutzen. Die Verantwortung der Interpretations- und Selektionsleistung verlagert sich von den Institutionen auf ihn.[173] Dieser Aspekt steht in einem engen Zusammenhang mit dem Schutz der eigenen, persönlichen Daten, mithin mit dem Recht der informationellen Selbstbestimmung.[174]

Allein das generelle Nutzerverhalten deutet auf eine gegenteilige Verfahrensweise bei der Suche hin. Die Suche ist geprägt von der Reduktion der Komplexität und der schnellen Entscheidungsfindung. Das Potential der eigenen Einwirkungsmöglichkeiten[175] beziehungsweise die Folgen der Übernahme der Suchmaschinenstandards sind dem Nutzer kaum bewusst oder nicht bekannt. Dieses Nutzerverhalten korreliert mit dem Verständnis der Suchmaschinen als neutrale Informationsvermittler. Sie stellen nur eine Zwischenstation auf der Suche nach der Internetpräsenz mit der „richtigen" Information dar. Die Verweildauer ist entsprechend kurz. Auf dieses Nutzerverhalten stellen sich die Suchmaschinen ein, in dem sie durch Vorgaben und Anpassungen des Interaktionsdesigns den Suchvorgang vereinfachen und beschleunigen. Hilfsinstrumente bei der Suche, wie die Auto-Vervollständigung, die Rechtschreibkorrektur oder die personalisierte Suche beginnen, die Nutzer auf „empfohlene" Navigationspfade zu leiten. Die technischen Gestaltungsmerkmale können so zu einem technologiebestimmten Selektionsverhalten der Nutzer führen. Das Verhalten der Nutzer wird durch subtile, langfristige und bewusste Manipulation beeinflusst. Man spricht in diesem Fall vom sogenannten „Behaviroal Targeting" und „Marketing

---

173 *Röhle*, (Fn. 19), S. 131; auch *Pauer/Pham/Wefing*, Die große Vergiftung, DIE ZEIT vom 16.5.2013 Nr. 21, S. 2.

174 *Gasser/Thurman*, (Fn. 82), S. 57 ff.

175 Vgl. dazu schon *Machill/Beiler/Zenker*, in: *Machill* (Hrsg.), Die Macht der Suchmaschinen, S. 30 ff..

durch Experience Design".[176] Es besteht die Gefahr, dass die Ergebnisse der Suchanfragen in gewissem Maße von der Suchmaschine selber determiniert werden, der Nutzer folglich unbewusst zu einer bestimmten Lösung gelenkt wird. Dies verbindet sich mit der Erkenntnis, dass Nutzer unkritisch mit den Suchergebnissen umgehen und häufig die obersten Suchergebnisse bevorzugen. Ein bedeutender, zumindest passiver Einfluss auf die Meinungs- und Informationsvielfalt ist die Folge.

Mit der Stärkung der Medienkompetenz soll auf dieses Risiko reagiert werden, indem Nutzern das eigene Ausmaß der Einwirkungsmöglichkeiten offen gelegt wird und sie an ihre Eigenverantwortung erinnert werden. Den Suchmaschinenanbietern kommt dabei eine zentrale Bedeutung zu. Aufgrund der ständigen Interaktion wird es ihre Aufgabe sein, die Suchmaschinenkompetenz der Nutzer zu fördern. Die Ausbildung der Kompetenz der Nutzer im Umgang mit den Suchmaschinen bedarf einer verstärkten Kommunikation mit und einer Aktivierung der Nutzer durch die Anbieter. Der Ablauf des Auswahlprozesses ihres Suchvorgangs darf den Nutzern nicht mehr gänzlich verborgen bleiben. Zur Erhaltung der Meinungs- und Informationsvielfalt, die das Internet grundsätzlich bietet, müssen die Nutzer die Kontrolle über die Selektierungsmechanismen ausüben können. Dafür müssen ihnen neue Instrumente an die Hand gegeben werden, die zum einen die Transparenz des Einflusses der Gestaltungsmerkmale sichern und zum anderen ermöglichen, die Suchkriterien an die eigenen Bedürfnisse anzupassen.[177] Regelungen zur Stärkung der Suchmaschinenkompetenz sollen den Rahmen für eine Aktivierung der Nutzer schaffen. Dadurch soll ein Ende des „mitgemacht werdens"[178] bei der Suchoptimierung erreicht werden.

4 Ergebnis

Die Kriterien-Trias von Suchmaschinenneutralität, Transparenz und Medienkompetenz sollte das Gerüst einer weitergehenden Regulierung von Suchmaschinen bilden. Eine richtige Abstimmung der Kriterien innerhalb möglicher Regulierungsoptionen könnte dafür Sorge tragen, dass eine Balance zwischen

---

176 *Jürgens*, Protokoll zum „Expertenworkshop – Suchmaschinen im Spannungsfeld zwischen Nutzung und Regulierung" am 8.2.2013 (Johannes Gutenberg-Universität Mainz), S. 3 ff.

177 Vgl. auch Paal, AfP 2011, 523 (530), der von einer Ausgestaltung als Informations- und Wahlfreiheit spricht: „Zu verbessern sind deshalb die informationsbezogenen Grundlagen für eine qualifizierte Ausübung der beschriebenen Freiheiten (Informationsfreiheit u. Wahlfreiheit) vermittels einer Vergleichbarkeit der Leistungen, die den Qualitätswettbewerb durch **Transparenz** erst eröffnen."

178 *Meckel*, (Fn. 79), S. 23.

den Interessen der Suchmaschinenbetreiber und der Sicherung der Meinungsvielfalt gefunden wird. Verzerrende Einwirkungsmöglichkeiten der Suchmaschinen auf die öffentliche Meinungsbildung können so auf ein Mindestmaß reduziert werden. Die Gefahr von Manipulationen muss auf ein unvermeidliches Maß reduziert werden.[179]

IV Schlussfolgerungen für künftige Regulierungsansätze

Die Frage zu dem „Ob" und „Wie" einer Regulierung von Suchmaschinen im Allgemeinen und der Google-Suchmaschine im Speziellen ist geprägt von den technischen Fortschritten und der Digitalisierung der Gesellschaft. Sie haben den Einfluss des Internets auf die Meinungsvielfalt in der öffentlichen Diskussion gegenüber den konventionellen Massenmedien, wie Presse und Fernsehen, verschoben. Es werden nicht nur vermehrt professionelle, journalistisch-redaktionell verfasste Inhalte online rezipiert. Das Internet hat für viele die Möglichkeiten geschaffen, sich selber aktiv mit eigenen Inhalten in den Meinungsbildungs- und Meinungsfindungsprozess einzubringen. Beteiligungsschranken wurden im Laufe der Jahre mehr und mehr abgebaut. Die Prozesse hinter der Maske bleiben aber weiterhin höchst komplex. Die Folge ist ein unüberschaubares Angebot an Informationen, deren Einordnung, Selektion und Interpretation die Suchmaschinenanbieter übernahmen. Die Google Suchmaschine kodifizierte 1998 ihren Such-Algorithmus basierend auf der Anzahl der Verlinkungen einer Internetpräsenz. Dadurch glaubten die Betreiber, die Relevanz der jeweiligen Seiten am objektivsten darstellen zu können. Heute werden von der Google-Suchmaschine bei der Ermittlung der Relevanz über 200 Kriterien berücksichtigt, von denen viele individualisiert sind. Die im Hintergrund ablaufenden Prozesse sind noch komplexer und unübersichtlicher geworden. Dagegen haben sich die Suchmaske und die Suche für den Nutzer auf den ersten Blick vereinfacht. Funktionen, wie die Autovervollständigung, die Rechtschreibüberprüfung sowie die Verwendung von Cookies, haben dazu geführt, dass die Relevanz der Suchergebnisse individuell auf den Suchenden zugeschnitten wird. Weil es funktioniert, wird es akzeptiert. Die Dynamik, der Fortschritt und die Innovationsbereitschaft des Internets stellen auch grundsätzlich keine Bedrohung für die Meinungs- und Informationsvielfalt dar. Aufgrund dieser unklaren Interessenlage tut man sich mit der Einsicht schwer, dass dem Suchmaschinenmarkt ein speziell angepasster regulatorischer Rahmen gegeben werden muss. Stimmen verweisen auf die Einsicht der Suchmaschinenanbieter, die sich mit der Verabschiedung des Verhaltenssub-

179 *Schneider*, in: Machill (Hrsg.), Die Macht der Suchmaschinen, S. 67.

kodexes für Suchmaschinenanbieter – zumindest im wirtschaftlichen Rahmen – selbst regulierten. Weitere regulatorische Maßnahmen zur Sicherung der Meinungsvielfalt und Suchmaschinenneutralität schienen nicht erforderlich; schon aus Eigeninteresse würden die Suchmaschinenbetreiber im Hinblick auf das Qualitätsmanagement und den Wettbewerb die notwendige Objektivität wahren.[180]

Die Untersuchung hat aber gezeigt, dass eine weitergehende Regulierung nötig ist. Nicht zuletzt die Optimierungsprozesse der Suchmaschinenanbieter haben zu einer regulatorischen Schieflage zwischen Meinungsrelevanz und Kontrolle geführt. Über diese Optimierungsprozesse wandeln sich die Suchmaschinenanbieter vom reinen Inhaltevermittler zum Inhalteanbieter. Sie treffen eigene Aussagen und beeinflussen die Meinungsbildung und Informationsgewinnung ihrer Nutzer. Die Komplexität der Auswahlprozesse und nicht zuletzt die öffentliche Wahrnehmung der Suchmaschinen als „unpolitisch", das heißt als objektiv und meinungsneutral, begründen ihre Suggestivkraft. Der bestehende Regulierungskanon des Medien- und Wettbewerbsrechts kann der Gefahr einer Einschränkung der Meinungsvielfalt mangels Anwendbarkeit nur unzureichend begegnen. Für den öffentlichen Diskurs wesentliche Bereiche bleiben ohne hinreichende Aufsicht und Kontrolle. In der Wissenschaft werden bereits Lösungen diskutiert, wie man in einem sinnvollen Rahmen der gesetzgeberischen Gewährleistungspflicht nachkommen und das Interessenungleichgewicht zwischen Suchmaschinenanbietern und Suchmaschinennutzern abbauen kann.

Die diskutierten Regulierungsmechanismen gehen zwar in die richtige Richtung. Die Ansätze konzentrieren sich dabei aber zu häufig auf einzelne Regulierungspunkte. Sie übersehen insoweit, dass eine Regulierung von Suchmaschinen nur bei einer Sicherung und Stimulierung der Meinungsvielfalt auf den unterschiedlichsten Ebenen zielführend ist. Staatliche Aufsichtsmechanismen und die Nutzerkompetenz bei der Einstellung des Suchmaschinenlayouts müssen ebenso gestärkt werden wie die Verantwortung der Suchmaschinenbetreiber für den Schutz der Neutralität der Suche. Das besondere Umfeld der digitalen Medien nimmt gerade die Anbieter als Innovations- und Entwicklungsmotor in die Pflicht. Die drei identifizierten Kriterien der **Suchmaschinenneutralität**, der **Suchmaschinentransparenz** sowohl gegenüber möglichen Kontrollinstanzen als auch gegenüber den Nutzern und die **Medienkompetenz** können als Anhaltspunkte dienen, anhand derer eine wirkungs- und maßvolle Regulierung gelingen kann. Sie stimulieren den Informations- und Meinungsbildungsprozess niederschwellig auf unterschiedlichen Wegen und erreichen auf diese Weise das notwendige Schutzniveau. Die Kriterien machen deutlich, dass es nicht sinnvoll ist, die Überwachung vornehmlich den Behörden zu überlassen. Künftige Rege-

180 Ebid., S. 68.

lungsstrukturen, die die drei Kriterien ausreichend einbeziehen wollen, müssen konzeptionell auf einer institutionell ausdifferenzierten Kompetenzverteilung beruhen. Die unterschiedlichen Akteure müssen ausreichend integriert werden. Dem Gesetzgeber kommt dabei die Aufgabe zu, die Kompetenzfelder der einzelnen Akteure abzustecken und sinnvoll nach dem jeweiligen Einflussgebiet zu verteilen. Er sollte lediglich den Rahmen für eine Überwachung der Suchmaschinen schaffen und die Suchmaschinenanbieter bei der Etablierung und Umsetzung neuer Regelungen zur Sicherung der Meinungsvielfalt beaufsichtigen und unterstützen. Eine Regulierung kann demnach auf zwei Ebenen erfolgen:

- **Erste Ebene, Die staatliche Regulierung:** Sie schafft zum einen die Basis für das notwendige Vertrauensverhältnis zwischen den Akteuren „Intermediär" und „Nutzer". Zum anderen trifft sie aufgrund der Gewährleistungspflicht des Staates die Aufgabe, die ausreichende inhaltliche Tiefe der getroffenen Vereinbarungen zu überwachen.
- **Zweite Ebene, Die Selbstregulierung:** Auf der Ebene der Selbstregulierung setzen die Suchmaschinenbetreiber die staatlichen Vorgaben zur Sicherung der Meinungsvielfalt um. Eigenen Bedürfnissen und Konzepten folgend müssen Maßnahmen entwickelt werden, über die die Suchmaschinenneutralität durch die zu schaffenden Selbstkontrollorgane nachgewiesen und überprüft werden kann. Zudem muss der Rahmen für ein neues Anbieter-Nutzer-Verhältnis abgesteckt werden. Dieser muss die Transparenz der Suche und seiner Auswahlprozesse erhöhen sowie die Möglichkeiten der Nutzer verbessern, bei der Entscheidung über die maßgeblichen Suchvariablen zu partizipieren, ohne dass sich die Komplexität der Suche besonders erhöht.

Die digitale Welt und ihre dynamischen Prozesse faszinieren durch ihre unbegrenzten Möglichkeiten. Im Bereich der Informationsgewinnung auf diesem Feld bieten Suchmaschinen einen nicht zu unterschätzenden Mehrwert. Ihr wachsender Einfluss macht sie aber zum Fluch und Segen zugleich. Damit sie auch in Zukunft mit dem Spruch „Don´t be evil" werben können, werden sie um eine stärkere Zusammenarbeit mit staatlichen Instanzen und ihren Nutzern nicht herumkommen. Regulierung muss dabei nicht zwingend die Einschränkung der unbegrenzten Möglichkeiten bedeuten. Geschickt verpackt werden alle Seiten davon profitieren.

Literatur

Almunia, J. (2012). Statement of VP Almunia on the Google antitrust investiagtion. Speech/12/372. Vice President of the European Commission for Competition Policy. Brüssel. Online verfügbar unter http://europa.eu/rapid/press-release_SPEECH-12-372_en.htm?locale=en (6.6.2014).

Amnesty International (2006). *Undermining Freedom of Expression in China. The Role of Yahoo!, Microsoft and Google*. London: Amnesty International.

Arnold, R. & Schiffer, M. (Hrsg.) (2012). *Faktor Google - Wie deutsche Unternehmen Google einsetzen*. Köln: Institut der deutschen Wirtschaft.

Bahr, M. (2007): *Rechtsanspruch auf Aufnahme in den Suchmaschinen-Index (am Beispiel Googles)?*. Kanzlei Dr. Bahr. Online verfügbar unter http://www.suchmaschinen-und-recht.de/rechtsanspruch-auf-aufnahme-in-den-suchmaschinen-index.html (6.6.2014).

Becker, K. & Stalder, F. (Hrsg.) (2010). *Deep Search. Politik des Suchens jenseits von Google* (Lizenzausg.). Bonn: Bundeszentrale für politische Bildung.

Beiler, M. & Machill, M. (2007). Suchmaschinen im Internet als Governance-Problem. In P. Donges (Hrsg.), *Von der Medienpolitik zur Media Governance?* (1. Aufl., S. 250–265). Köln: Halem.

Berka, W., Grabenwarter, C. & Holoubek, M. (Hrsg.) (2012). Persönlichkeitsschutz in elektronischen Massenmedien. Österreichisches Rundfunkforum (Schriftenreihe Recht der elektronischen Massenmedien, Bd. 9). Wien: Manz.

Bischke, A.-H., Boger, M. & Fülling, D. (2011). Kommission leitet Kartellverfahren gegen Google ein. *Neue Zeitschrift für Gesellschaftsrecht (NZG)*, *2*, 60–61.

Böhm, Markus (2013, 7. Januar). Internet in China: Google schaltet Zensur-Warnungen ab. *Spiegel Online*. Online verfügbar unter http://www.spiegel.de/netzwelt/web/internet-in-china-google-schaltet-zensur-warnung-ab-a-876123.html (6.6.2014).

Bullinger, M. (2002). Konzentration im digitalen Rundfunk. *Juristische Zeitung (JZ)*, *6*, 264–268.

Callas, J. (2011, 1. Oktober). Google, Facebook und der Staat. *DIE ZEIT*, *40*. Online verfügbar unter http://www.zeit.de/2011/40/Jon-Callas-ueber-Facebook (6.6.2014).

Danckert, B. & Mayer, F. J. (2010). Die vorherrschende Meinungsmacht von Google. Bedrohung durch einen Informationsmonopolisten?. *MultiMedia und Recht (MMR)*, *4*, 219–222.

Degenhart, C. (2011). Verfassungsfragen der Internet-Kommunikation. *Computer und Recht (CR)*, *4*, 231–237.

Deutscher Bundestag, 17. Wahlperiode (2012). Unterausschuss Neue Medien (22). Wortprotokoll Nr. 17/18. 18. Sitzung, 27.2.2012.

Donges, P. (Hrsg.) (2007). *Von der Medienpolitik zur Media Governance?* (1. Aufl.). Köln: Halem.

Dörr, D. (1988). *Die deutsche Handelsflotte und das Grundgesetz* (Studien zum öffentlichen Recht und zur Verwaltungslehre, Bd. 39). München: F. Vahlen.

Dörr, D., Kreile, J., Cole M. D. (Hrsg.) (2011). *Handbuch Medienrecht. Recht der elektronischen Massenmedien* (2. Aufl., Schriftenreihe Kommunikation & Recht, 20). Frankfurt am Main: Recht u. Wirtschaft.

Dörr, D. (2013). Rechtliche Grenzen der Verflechtung von Netz und Medieninhalten. Bestandsaufnahme der geltenden Regelungen. Studie. Unter Mitarbeit von Jan Oster, Steffen Janich, Nicole Zorn und Felix Sperling. Unveröffentlichter Projektbericht.

Dörr, D. & Heer-Reißmann, C. (2011). Meinungsvielfaltssicherung und Wettbewerbsrecht. In D. Dörr, J. Kreile & M. D. Cole (Hrsg.), *Handbuch Medienrecht. Recht der elektronischen Massenmedien*. (2. Aufl., S. 219–277). Frankfurt am Main: Recht u. Wirtschaft.

Dörr, D. & Schiedermair, S. (2007). *Ein kohärentes Konzentrationsrecht für die Medienlandschaft in Deutschland* (Studien zum deutschen und europäischen Medienrecht, 28). Frankfurt, M., New York: Lang.

Gasser, U. & Thurman, J. (2007). Themen und Herausforderungen der Regulierung von Suchmaschinen. In M. Machill (Hrsg.), *Die Macht der Suchmaschinen* (S. 44–64). Köln: Halem.

Gersdorf, H. (2008). §§ 9-15 TKG. In G. Spindler & F. Schuster (Hrsg.), *Recht der elektronischen Medien. Kommentar* (S. 829-905). München: Beck.

Gersdorf, H. (2011): Netzneutralität: Juristische Analyse eines „heißen Eisens". *Archiv für Presserecht (AfP), 3*, 209–217.

Green, K. (2006). Surprising Search Patterns. Online verfügbar unter http://www.technologyreview.com/news/406297/surprising-search-patterns/ (6.6.2014).

Hahn, W. & Vesting, T. (Hrsg.) (2012). Beck'scher Kommentar zum Rundfunkrecht. Rundfunkstaatsvertrag, Jugendmedienschutz-Staatsvertrag, Rundfunkgebührenstaatsvertrag, Rundfunkbeitragsstaatsvertrag, Rundfunkfinanzierungsstaatsvertrag (3. Aufl.). München: C.H. Beck.

Hain, K.-E. (2012). Ist die Etablierung einer Internetdienstefreiheit sinnvoll. *Kommunikation und Recht (K&R), 2*, 98–103.

Hamann, G.; Rohwetter, M. (2012, 6. August). Vier Sheriffs zensieren die Welt. *DIE ZEIT, Nr. 32*. Online verfügbar unter http://www.zeit.de/2012/32/Zensur-Apple-Facebook-Amazon-Google (6.6.2014).

Hartstein, R., Ring, W.-D., Kreile, J., Dörr, D., Stettner, R., Cole, M. D., Wagner, E. E. (2013). Rundfunkstaatsvertrag. Kommentar zum Staatsvertrag der Länder zur Neuordnung des Rundfunkwesens und zum Jugendmedienschutz-Staatsvertrag. Loseblattsammlung in 3. Bänden, 56. Ergänzungslieferung. Band 2. Heidelberg: Hüthig Jehle Rehm.

Holznagel, B. (2010). Netzneutralität als Aufgabe der Vielfaltsicherung. *Kommunikation und Recht (K&R), 2*, 95–100.

Holznagel, B. (2011a). Die Zukunft der Mediengrundrechte in Zeiten der Konvergenz. *MultiMedia und Recht (MMR), 1*, 1–2.

Holznagel, B. (2011b). Internetdienstfreiheit und Netzneutralität. *Archiv für Presserecht (AfP), 6*, 532–539.

Holznagel, B. & Schumacher, P. (2011). Netzpolitik Reloaded – Pflichten und Grenzen staatlicher Internetpolitik. *Zeitschrift für Rechtspolitik (ZRP), 1*, 74–78.

Isensee, J. (1983). Das Grundrecht auf Sicherheit. Zu den Schutzpflichten des freiheitlichen Verfassungsstaates (Erw. Fassung). Berlin: W. de Gruyter.

Jarren, O. & Wassmer, C. (2012). Persönlichkeitsschutz in der Online-Kommunikation am Beispiel von Social Media-Anbietern. Durch regulierte Selbstregulierung zu einer Kultur der Selbstverantwortung. In W. Berka, C. Grabenwarter & M. Holoubek (Hrsg.), *Persönlichkeitsschutz in elektronischen Massenmedien*, S. 117–145. Wien: Manz.

Horchert, J. (2013, 13. April). EU-Kartellverfahren: EU beugt sich Wettbewerbshütern. *Spiegel Online*. Online verfügbar unter http://www.spiegel.de/netzwelt/netzpolitik/kartellverfahren-google-beugt-sich-wettbewerbshuetern-a-894222.html (6.6.2014).

Kloepfer, M. (2010). Netzneutralität und Presse-Grosso in der Informationsgesellschaft. *Archiv für Presserecht (AfP), 2*, 120–126.

Koreng, A. (2009). Meinungsmarkt und Netzneutralität. Kommunikationsgrundrechtliche Aspekte des diskriminierungsfreien Netzzugangs. *Computer und Recht (CR), 11,* 758–760.

Kühling, J. & Gauß, N. (2007). Suchmaschinen - eine Gefahr für den Informationszugang und die Informationsvielfalt? *Zeitschrift für Urheber- und Medienrecht (ZUM), 12,* 881–889.

Kühne, A. (2012). Haftung von Suchmaschinenbetreibern (Studien zum deutschen und europäischen Medienrecht, 52). Frankfurt am Main: Peter Lang.

Ladeur, K.-H. (2011). Deutsches Verfassungsrecht. In M. Paschke, W. Berlit & C. Meyer (Hrsg.), *Hamburger Kommentar - Gesamtes Medienrecht* (2. Aufl., S. 102–143). Baden-Baden: Nomos.

Machill, M. (Hrsg.) (2007). *Die Macht der Suchmaschinen*. Köln: Halem.

Machill, M., Beiler, M. & Zenker, M. (2007). Suchmaschinenforschung. Überblick und Systematisierung eines interdisziplinären Forschungsfeldes. In M. Machill (Hrsg.), *Die Macht der Suchmaschinen* (S. 7–2). Köln: Halem.

Meckel, M. (2012). *Vielfalt im digitalen Medienensemble. Medienpolitische Herausforderungen und Ansätze.* Universität St. Gallen, St. Gallen: Institut für Medien- und Kommunikationsmanagement.

Meyer, S. (2012). Aktuelle Rechtsentwicklungen bei Suchmaschinen im Jahr 2011. *Kommunikation und Recht (K&R), 4,* 236–244.

Murswiek, D. (1985). *Die staatliche Verantwortung für die Risiken der Technik. Verfassungsrechtliche Grundlagen und immissionsschutzrechtliche Ausformung.* Berlin: Duncker & Humboldt.

Neuberger, C. & Lobigs, F. (2010). *Die Bedeutung des Internets im Rahmen der Vielfaltssicherung. Gutachten im Auftrag der Kommission zur Ermittlung der Konzentration im Medienbereich (KEK).* Berlin: Vistas.

Paal, B. P. (2011). Netz- und Suchmaschinenneutralität im Wettbewerbsrecht. *Archiv für Presserecht (AfP), 6,* 521–532.

Paal, B. P. (2012). *Suchmaschinen, Marktmacht und Meinungsbildung* (1. Aufl.). Baden-Baden: Nomos.

Paschke, M., Berlit, W. & Meyer, C. (Hrsg.) (2011). *Hamburger Kommentar - Gesamtes Medienrecht* (2. Aufl.). Baden-Baden: Nomos.

Paschke, M. & Tacke, S. C. (2011). Marktzugangsregulierung. In M. Paschke, W. Berlit & C. Meyer (Hrsg.). Hamburger Kommentar - Gesamtes Medienrecht (2. Aufl., S. 163–296). Baden-Baden: Nomos.

Pasquinelli, M. (2010). Googles PageRank. Diagramm des kognitiven Kapitalismus und Rentier des gemeinsamen Wissens. In K. Becker & F. Stalder (Hrsg.), *Deep Search. Politik des Suchens jenseits von Google* (Lizenzausg., S. 171–180). Bonn: Bundeszentrale für politische Bildung.

Pauer, N., Pham, K. & Wefing, H. (2013, 16. Mai). Die große Vergiftung. *DIE ZEIT, 21,* Nr. 3.

Raether, E. (2012, 13. Dezember). „Haben sie schon gehört?“. *ZEITmagazin, Nr. 51.* Online verfügbar unter http://www.zeit.de/2012/51/Geruechte-Tratsch-Internet (6.6.2014).

Reißmann, O. (2012, 23. Oktober). Streit um Suchmaschinen-Steuer: Warum Google am längeren Hebel sitzt. Online verfügbar unter http://www.spiegel.de/netzwelt/netzpolitik/warum-google-am-laengeren-hebel-sitzt-a-862624.html.

Rieger, F. (2013). Von Daten und Macht. *Aus Politik und Zeitgeschichte (APuZ), 63* (15-16), 3–7.

Röhle, T. (2007). Machtkonzepte in der Suchmaschinenforschung. In M. Machill (Hrsg.), *Die Macht der Suchmaschinen* (S. 127–141). Köln: Halem.

Rossen-Stadtfeld, H. & Trute, H.-H. (2012). § 25 RStV. In W. Hahn & T. Vesting (Hrsg.), *Beck'scher Kommentar zum Rundfunkrecht. Rundfunkstaatsvertrag, Jugendmedienschutz-Staatsvertrag, Rundfunkgebührenstaatsvertrag, Rundfunkbeitragsstaatsvertrag, Rundfunkfinanzierungsstaatsvertrag* (3. Aufl., S. 923-952). München: C.H. Beck.

Schmitt, S. (2011, 22. Juni). Algorithmen: Automatisch vorsortiert. *DIE ZEIT, Nr. 26*. Online verfügbar unter http://www.zeit.de/2011/26/Internet-Surfverhalten-Filter/

Schneider, N. (2007). Die Notwendigkeit der Suchmaschinenregulierung aus Sicht eines Regulierers. In M. Machill (Hrsg.), *Die Macht der Suchmaschinen* (S. 65–70). Köln: Halem.

Schulz, W. (2008). Von der Medienfreiheit zum Grundrechtsschutz für Intermediäre? Überlegungen zur Entwicklung der Gewährleistungsgehalte von Art. 5 Abs. 1 GG am Beispiel von Suchmaschinen. *Computer und Recht (CR), 7*, 470–476.

Schulz, W., Held, T. & Laudien, A. (2005). *Suchmaschinen als Gatekeeper in der öffentlichen Kommunikation. Rechtliche Anforderungen an Zugangsoffenheit und Transparenz bei Suchmaschinen im WWW.* Düsseldorf, Berlin: LFM; Vistas.

Schulz, W. & Held T. (2007). Der Index auf dem Index? Selbstzensur und Zensur bei Suchmaschinen. In M. Machill (Hrsg.), *Die Macht der Suchmaschinen* (S. 71–126). Köln: Halem.

Schweitzer, E. C. (2012, 22. November). Futter für die Glotze. *DIE ZEIT, Nr. 48*, 39.

Sondergutachten der Monopolkommission gemäß § 24 b Abs. 5 Satz 4 GWB (1981). Wettbewerbsprobleme bei der Einführung von privatem Hörfunk und Fernsehen (1. Aufl.). Baden-Baden: Nomos-Verlag.

Spindler, G. & Schuster, F. (2011). *Recht der elektronischen Medien. Kommentar. Begründet von Alexander Ditscheid.* 2. Aufl. München: Beck.

Stark, B., Dörr, D. & Aufenanger, S. (2013). Protokoll zum „Expertenworkshop - Suchmaschinen im Spannungsfeld zwischen Nutzung und Regulierung“. Mainz, 8.2.2013.

van Hoboken, J. (2010). Suchmaschinen-Gesetzgebung und die Frage der Ausdrucksfreiheit. Eine europäische Perspektive. In K. Becker & F. Stalder (Hrsg.). *Deep Search. Politik des Suchens jenseits von Google* (Lizenzausg., S. 98–111). Bonn: Bundeszentrale für politische Bildung.

Wefing, H. (2012, 4. Oktober). Sturkopf gegen Welthirn. *DIE ZEIT, Nr. 41*. Online verfügbar unter http://www.zeit.de/2012/41/Prozess-Max-Mosley-Google

Weinberg, G. (2012, 5. November). Magic keywords on Google and the consequences of tailoring results, gabrielweinberg.com. Online verfügbar unter http://www.gabrielweinberg.com/blog/2012/11/magic-keywords-on-google-and-the-consequences-of-search-tailoring-results.html (6.6.2014).

ZAK - Kommission für Aufsicht und Zulassung der Landesmedienanstalten (2011): *Keine inhaltebezogene Priorisierung im offenen Internet. Thesen der Medienanstalten zur Netzneutralität.* Online verfügbar unter http://www.die-medienanstalten.de/fileadmin/Download/Publikationen/Positionen/Digitale_Welt/ZAK-Thesen_zur_Netzneutralitaet_21012011.pdf (6.6.2014).

Autorinnen und Autoren

Stefan Aufenanger ist Professor für Erziehungswissenschaft und Medienpädagogik an der Johannes Gutenberg-Universität Mainz. Er hat in Soziologie mit einem familiensoziologischen Thema promoviert und in Erziehungswissenschaft zur Entwicklungspädagogik habilitiert. Seine Arbeitsschwerpunkte liegen u. a. im Bereich der Medienerziehung in Familie, Kindergarten und Schule sowie dem Lehren und Lernen mit Medien. Er hat aktuell mehrere Publikationen zu hochschuldidaktischen Themen sowie zum Tablet-Einsatz in Schulen vorgelegt. Zu seinen Buchpublikationen zählen u. a. die Mitherausgeberschaft von zwei Bänden zum Thema „Bildung in der Demokratie" (Leverkusen 2010 und 2012: Barbara Budrich Verlag) sowie eine empirische Studie zur „Medienintegration in Grundschulen", zusammen mit Andreas Breiter u. a. (Berlin 2013: Vistas).

Jasmin Bastian ist wissenschaftliche Mitarbeiterin in der Arbeitsgruppe Medienpädagogik am Institut für Erziehungswissenschaft der Johannes Gutenberg-Universität Mainz. Sie studierte Erziehungswissenschaft, Germanistik und Sprachwissenschaft an der Universität Mainz mit Aufenthalten in Tokio und Shanghai. Bastian promovierte im Jahr 2013 in der Erziehungswissenschaft an der JGU Mainz mit einer Arbeit im Bereich der Literacyforschung. Ihr Forschungsinteresse gilt den Bereichen des Lernens mit (digitalen) Medien, der Entwicklung von Medienkompetenz und dem Literacyerwerb. Ihre aktuellste Veröffentlichung beschäftigt sich mit Vätern und dem Vorlesen (Springer VS 2014).

Dieter Dörr ist Inhaber des Lehrstuhls für Öffentliches Recht, Völker- und Europarecht, Medienrecht an der Johannes Gutenberg-Universität Mainz und Direktor des Mainzer Medieninstituts. Außerdem gehört er als sachverständiges Mitglied der Kommission zur Ermittlung der Konzentration im Medienbereich (KEK) an und ist als Richter im Nebenamt am Oberlandesgericht Koblenz tätig. Nach dem Studium der Rechtswissenschaft promovierte er mit einer verfassungsrechtlichen und rechtsvergleichenden Arbeit über den Grundsatz des Fairen Verfahrens und habilitierte er sich mit einer völker- und verfassungsrechtlichen Abhandlung über das Seerecht. Seine Arbeitsschwerpunkte umfassen das nationale, europäische und internationale Medienrecht sowie das Selbstbestimmungsrecht der Völker. Aktuelle Buchpublikationen: Rundfunkstaatsvertrag, Kommentar. Zusammen mit Reinhard Hartstein, Wolf-Dieter Ring, Johannes Kreile, Rupert Stettner, Mark D. Cole und Eva Ellen Wagner. Heidelberg: rehm 2013; Medienrecht, 4. Auflage. Zusammen mit Rolf Schwartmann. Heidelberg: C. F. Müller 2012; Handbuch Medienrecht, Recht der elektronischen Massenmedien, 2. Auflage. Zusammen mit Johannes Kreile und Mark D. Cole. Frankfurt a. M: Verlag Recht und Wirtschaft 2011.

Dr. Eva Flecken leitet seit Mai 2014 das Berliner Büro von Sky Deutschland. Zuvor verantwortete sie bei der Medienanstalt Berlin-Brandenburg (mabb) die Bereiche Digitale Projekte, Netz- und Medienpolitik. Als Referentin für Plattformregulierung und Medienpolitik in der Gemeinsamen Geschäftsstelle der Medienanstalten befasste sie sich bereits mit Themen rund um die Digitalisierung des Rundfunks. Sie hat in Münster und Wien Kommunikationswissenschaft studiert. Während der Promotion, die sie 2010 an der Universität Münster abschloss, arbeitete Eva Flecken bei einem Bundestagsabgeordneten in Berlin.

Dr. Hans Hege ist seit 1992 Direktor der Medienanstalt Berlin-Brandenburg (mabb). Von 1985 bis 1992 war er bereits Direktor der Anstalt für Kabelkommunikation. Von 2008 bis Ende 2013 war Dr. Hans Hege Beauftragter für Plattformregulierung und Digitalen Zugang der Kommission für Zulassung und Aufsicht (ZAK). Außerdem ist er Mitglied der Kommission zur Ermittlung der Konzentration im Medienbereich (KEK).

Pascal Jürgens ist wissenschaftlicher Mitarbeiter am Institut für Publizistik der Johannes Gutenberg-Universität Mainz. Seine Forschungsinteressen und Publikationen liegen im Bereich der computervermittelten Kommunikation mit den Schwerpunkten der Netzwerkstruktur sozialer Interaktionen, Aufmerksamkeitsdynamiken und politischer Kommunikation in sozialen Netzwerken. Ein besonderer Fokus liegt in der Weiterentwicklung sozialwissenschaftlicher Methoden für die Online-Forschung. Sein Dissertationsprojekt befasst sich mit Themenvielfalt im Internet.

Friederike Kerkmann ist Forschungsreferentin für den Bereich Design, Medien und Information an der Hochschule für Angewandte Wissenschaften (HAW) Hamburg. Nach dem Studium des Bibliotheks- und Informationsmanagements arbeitete sie zunächst im Verlagswesen sowie als wissenschaftliche Mitarbeiterin in einer informationswissenschaftlichen Forschungsgruppe an der HAW Hamburg. Ihre Forschungsinteressen umfassen die Bereiche Web-Suche sowie Barrierefreiheit und Zugänglichkeit von Informationen. Weitere Informationen: www.searchstudies.org/friederike

Ansgar Koreng ist Rechtsanwalt und seit 2011 für die Kanzlei JBB Rechtsanwälte in Berlin tätig. Seine Schwerpunkte liegen im Urheber- und Medienrecht. In diesen Bereichen vertritt er Zeitungsverlage und Journalisten ebenso wie Online-Portale, Communities und Blogger. Er studierte Rechtswissenschaften mit dem Schwerpunktbereich „Internationales und europäisches Recht" an der Universität Leipzig und der Università di Roma „La Sapienza". Im Jahr 2010 wurde er in Leipzig mit einer Arbeit zum Thema „Zensur im Internet" promoviert. Sein Referendariat absolvierte er unter anderem in den Justitiariaten des Deutschen Bundestags und der Frankfurter Allgemeinen Zeitung. Ansgar Koreng ist Autor zahlreicher Fachpublikationen im Bereich des Medienrechts und beschäftigt sich schwerpunktmäßig mit Fragen der Meinungsfreiheit, der Netzneutralität und der Informationsfreiheit. Seit April 2013 ist er außerdem Lehrbeauftragter für Internetrecht an der Universität Leipzig.

Dirk Lewandowski ist Professor für Information Research & Information Retrieval am Department Information der Hochschule für Angewandte Wissenschaften Hamburg. Davor war er unter anderem unabhängiger Berater im Themenbereich Suchmaschinen und Information Retrieval, Rechercheur und Bibliothekar. Seine Forschungsinteressen sind Web Information Retrieval, Qualitätsfaktoren von Suchmaschinen sowie das Rechercheverhalten der Suchmaschinen-Nutzer. Zu seinen Veröffentlichungen gehören neben dem „Handbuch Internet-Suchmaschinen" (als Herausgeber; bislang drei Bände 2009-2013) zahlreiche Aufsätze, die in deutschen und internationalen Fachpublikationen veröffentlicht wurden. Dirk Lewandowski ist Herausgeber der Zeitschrift ASLIB Journal of Information Management und Associate Editor (Europe) der Zeitschrift Online Information Review. Weitere Informationen: www.searchstudies.org/dirk

Astrid Mager, Dr. Phil, ist Post-Doc Forscherin am Institut für Technikfolgenabschätzung (ITA), Österreichische Akademie der Wissenschaften, und Lektorin am Institut für Wissenschafts- und Technikforschung, Universität Wien. Momentan leitet sie das Projekt „Glokale Suche – Suchtechnologie an der Schnittstelle von globalem Kapitalismus und lokalen sozio-politischen Kulturen“ (finanziert durch den Jubiläumsfonds der Österreichischen Nationalbank (OeNB), Projektnummer 14702). Ihr disziplinärer Hintergrund liegt in der Wissenschafts- und Technikforschung (STS) und ihre Forschungsinteressen inkludieren Internet und Gesellschaft, Suchmaschinenpolitik, Wissensproduktion, Datenschutz und Privatsphäre, digitale Methoden und kritische Theorie. Aktuelle Publikationen: “Is small really beautiful? Big search and its alternatives”, in Society of the Query Reader: Reflections on Web Search, eds R. König and M. Rasch, Amsterdam: Institute of Network Cultures, issued April 2014, “Defining algorithmic ideology: Using ideology critique to scrutinize corporate search engines”, in TripleC, 2014, “Technoscientific promotion and biofuel policy. How the press and search engines stage the biofuel controversy”, in Media, Culture & Society, 2013 (mit Jenny Eklöf). Weitere Informationen unter: www.astridmager.net, email: astrid.mager@oeaw.ac.at.

Melanie Magin, Dr. phil., ist seit 2011 wissenschaftliche Mitarbeiterin bzw. Akademische Rätin am Institut für Publizistik der Johannes Gutenberg-Universität Mainz. Zuvor war sie wissenschaftliche Mitarbeiterin an der Kommission für vergleichende Medien- und Kommunikationsforschung der Österreichischen Akademie der Wissenschaften in Wien. Sie promovierte 2011 mit einer Arbeit über die Wahlkampfberichterstattung deutscher und österreichischer Tageszeitungen im Langzeitvergleich (1949-2006). Ihre Forschungsschwerpunkte liegen in den Bereichen politische Kommunikation, Mediensysteme und -strukturen, komparative Forschung und Medienwandel.

Lori McCay-Peet is currently a postdoctoral fellow at the University of Western Ontario in the Department of Sociology. She successfully defended her interdisciplinary PhD thesis in December 2013 in the fields of information management and computer science, Dalhousie University. She was granted a Social Sciences and Humanities Research Council (SSHRC) scholarship (2009) in support of her PhD research and received the Thomas Reuters Information Science Doctoral Dissertation Proposal Scholarship (2012). Her research interests include support for serendipity in digital environments, user perceptions of digital environments and their features, and interactive information seeking and use. Together with Elaine Toms, her most recent publication in the Journal of the Association for Information Science and Technology (JASIST) examines how serendipity unfolds and what may influence it (in press).

Anabel Quan-Haase is an Associate Professor at the Faculty of Information and Media Studies and the Department of Sociology, the University of Western Ontario and runs the SocioDigital Lab. Dr. Quan-Haase holds a Ph.D. in Information Studies from the University of Toronto. She investigates questions around digital technologies and social media, their use, implementation, and social consequences. She currently holds a 5-year SSHRC Insight Grant to study how electronic resources and digital tools are changing the nature of scholarship in the digital humanities. Her book “Technology and Society: Inequality, Power, and Social Networks” was published in 2013 with Oxford University Press.

Simon Schuster ist wissenschaftlicher Mitarbeiter am Lehrstuhl für Staatsrecht, Verwaltungsrecht, Europarecht, Recht der neuen Technologien sowie Rechtsgeschichte an der EBS Law School, Wiesbaden. Er ist Doktorand an der Johannes Gutenberg-Universität Mainz am Lehrstuhl von Prof. Dr. Dieter Dörr und promoviert dort im Staats- und Verfassungsrecht. Er untersucht in diesem Zusammenhang die Autonomiestrukturprinzipien der zapatistischen Bewegung in Chiapas,

Mexiko. Seine aktuellen Forschungsinteressen betreffen die Möglichkeiten und Grenzen neuer Beteiligungs- und Kommunikationsmechanismen in politischen Entscheidungsprozessen.

Tabea Siebertz ist als Medienpädagogin innerhalb der AG Medienpädagogik, Institut für Erziehungswissenschaft der Johannes Gutenberg-Universität tätig. Hier ist sie Mitbegründerin des Media Literacy Labs und schreibt an ihrer Master-Thesis im Bereich Suchmaschinenkompetenz. Ihre aktuellen Arbeitsschwerpunkte umfassen alle Ebenen von Media Literacy und Digital Citizenship. Insbesondere interessiert sie dabei die Frage, wie und ob sich Bildungsräume digital öffnen können, sei es über durch Massive Open Online Courses (MOOCs) oder die Implementierung von Tablets o.ä. Hierzu hält sie gemeinsam mit den Mitgliedern der AG Medienpädagogik Vorträge und berät Bildungsinstitutionen.

Friederike Siller ist Professorin für Handlungsorientierte Medienpädagogik in der Sozialen Arbeit an der Fachhochschule Köln. Zuvor war sie Juniorprofessorin für Medienpädagogik an der Universität Mainz. Siller studierte Erziehungswissenschaft und Germanistik an den Universitäten Freiburg i. Brsg. und Hamburg und promovierte im Jahr 2007 an der JGU Mainz. Nach ihrer Promotion übernahm Siller die Leitung von fragFINN bei der Freiwilligen Selbstkontrolle Multimedia-Diensteanbieter e.V (FSM) im Rahmen der Initiative „Ein Netz für Kinder“ und war nach Überführung von fragFINN in einen eingetragenen Verein deren Geschäftsführerin bis 2012.

Birgit Stark ist Professorin für Kommunikationswissenschaft und geschäftsführende Leiterin des Instituts für Publizistik an der Johannes Gutenberg-Universität Mainz. Außerdem ist sie Sprecherin des Forschungsschwerpunktes Medienkonvergenz an der Johannes Gutenberg-Universität Mainz. Zuvor forschte sie an der Akademie der Wissenschaften in Wien (Kommission für vergleichende Medien- und Kommunikationsforschung). Sie promovierte an der Universität Hohenheim mit der Arbeit „Fernsehen in digitalen Medienumgebungen. Eine empirische Analyse des Zuschauerverhaltens“. An der Universität Stuttgart-Hohenheim arbeitete sie auch mehrere Jahre als wissenschaftliche Mitarbeiterin im Fachgebiet Kommunikationswissenschaft und Sozialforschung und als Projektmitarbeiterin an der Forschungsstelle für Medienwirtschaft und Kommunikationsforschung. Berufspraxis außerhalb der Universität sammelte sie nach dem Studium der Sozialwissenschaften am Institut für Arbeitsmarkt- und Berufsforschung und am Institut für empirische Sozialforschung in Nürnberg. Zu ihren Forschungsschwerpunkten zählen insbesondere Themen der Medienkonvergenz, die Nutzungs- und Rezeptionsforschung, Methoden der Markt- und Kommunikationsforschung sowie die vergleichende Medienforschung. Aktuelle Buchpublikation: Birgit Stark, Oliver Quiring & Nikolaus Jackob (Hrsg) (2014): Von der Gutenberg-Galaxis zur Google-Galaxis. Alte und neue Grenzvermessungen nach 50 Jahren DGPuK. Konstanz: UVK Verlag.

Sebastian Sünkler ist wissenschaftlicher Mitarbeiter an der HAW Hamburg am Department Information und arbeitet hauptsächlich in einem Forschungsprojekt zur automatisierten Kontrolle des Lebensmittelmarktes im Internet. Neben der Projektarbeit liegen seine weiteren Forschungsschwerpunkte im Bereich der Evaluierungen von Suchmaschinen und dem Verhalten von Suchmaschinennutzern. Im Rahmen seiner beruflichen Tätigkeiten hat er das Relevance Assessment Tool mitentwickelt, das zur Realisierung von Retrievaltests mit Suchmaschinen eingesetzt wird. Weitere Informationen: www.searchstudies.org/sebastian.

Kolibri 360 GmbH
Ferdinand-Jühlke-Straße 7
99095 Erfurt, Deutschland
produktsicherheit@kolibri360.de